자율적인 미국
가족 같은 일본

자율적인 미국
가족 같은 일본

이정원 지음

한국학술정보

목차

2 __ 조직의 방향과 철학

서문

청춘이 눈부셨던 어느 날, 반복적인 일상을 던져 버리고 어디론가 훌쩍 떠나고 싶었다. 결국 무작정 길을 나서게 되었다. 길이 끊어질 때마다 계속 새로운 길을 찾아 헤매었다. 계속해서 길을 재촉해 가면서도 문득문득 그간 지나온 길을 되돌아본다. 어느덧 세월이 이렇게 흘러 버렸다. 이제는 그간 걸어왔던 지난 이야기를 펼치면서 독자들과의 만남을 그려본다.

여기에 담긴 이야기는 내가 외국의 기업에서 조직생활을 하면서 새로운 삶의 현장에서 느끼고 고민하였던 내용들이다. 삶의 고통에 직면하였을 때마다 초심으로 돌아가고자 노력하였다. 누군가 앞서간 이의 가이드가 필요하였다. 그때마다 선배 저자들의 경험담이 나에게는 무엇보다 많은 도움이 되었다.

한국을 떠나기를 결심한 직후 거리의 서점들부터 뒤지기 시작하였다. 단편적인 온라인상의 정보보다는 깨달음의 울림을 주는 진실되고 정성어린 경험담이 절실하였기 때문이다. 당시 막 길을 나서려던 청년에게 여정을 끝마쳐가는 저자들의 통찰은 무엇보다도 중요하였다.

머나먼 여정을 떠나려면 자기 객관화가 우선적으로 이루어져야 한다. 나 역시 수많은 시행착오를 겪었지만, 사전에 얻은 정보 덕에 나락으로 떨어지는 결정적인 실수는 피할 수 있었다. 인생을 좌우하는 중요한 의사결정을 함에 있어서 무엇이든지 이루어 낼 수 있을 것 같은 막연한 용기는 사실 위험하다.

우리는 어느 누구도 고생스러운 길로 들어서는 것을 원하지 않는다. 어느 정도 시련은 각오해 가겠지만 실패를 예상하면서 함부로 길을 나서는 사람은 없다. 우리의 본성은 계속 변화를 추구하고 새로운 길로 끌어당긴다. 누구를 막론하고 막연한 동경 단계를 넘어서 다음 단계로 한 발짝 다가서야 하는 시기가 온다.

모든 변화에는 위험과 고통이 따르고 먼저 길을 나선 누군가의 도움이 필요하다. 마음의 준비를 돕고 도전할 용기가 생길 때까지 지속적인 응원이 필요하다. 우리가 변화의 고통을 극복해 내는 과정은 결국에는 축복이 된다. 그 여정에서 여러분들이 길을 잃지 않도록 곁에서 함께하고자 한다.

외국에서 이방인으로 살아간다는 것은 항상 어떤 위험을 감수하고 거기에 익숙해져야 함을 의미한다. 개인의 의식이 그들의 존재 양식을 따라가지 못하면 결국에는 마음속의 고통에 이르게 된다. 의식이 양식에 부응하지 못하면 결국에는 현실과 충돌하고 말기 때문이다. 의식이 계속 정체되어 있다면 누군가의 가이드에 의한 학습이 필요하다. 물론 사전 학습은 더 효과적이다.

문화가 무의식의 영역이라면 생활양식은 의식의 영역을 차지하며 개인의 행동으로 드러나는 부분이다. 문화를 이해하려면 먼저 양식을 알아야 한다. 반대로 상황에 적합한 양식을 예측하려면 그들의 문화를 이해해야 한다. 문화와 양식은 서로를 비추는 거울처럼, 하나를 이해하려면 다른 편에 대한 이해가 필수적이다.

나의 경우 이질적인 두 문화를 동시에 교차적으로 접하고 수용해야 하는 상황에서 적지 않은 어려움을 경험했다. 미일 두 나라에 대한 한국인 관점에서의, 특히 실무와 현장 경험에 기반한 문화와 생활양식에 대한 직관적이고 실무적인 이해가 필요하였다. 한쪽으로 치우쳤다가는 나머지 하나를 잃을 수 있었기 때문이다.

인류의 문화와 생활양식은 공통되는 부분과 상이한 부분을 가지고 있으며 각각 고유의 가치를 가지고 있다. 미일 두 나라는 한국인들에게 문화적으로 가장 큰 영향력을 가지고 있다. 하지만 공교롭게도 그들은 생활양식이나 언어적 측면에서 우리를 기준으로 서로 반대 방향에 위치하고 있다.

새로운 삶의 터전에서 그들의 생활 패턴 하나하나를 이해하고, 보다 높은 차원에서 함께하는 삶과 이들의 본질을 생각해 보는 것은 인생의 즐거움이다. 평상시에는 그들의 일원으로서 빨려 들어갔다가도, 때에 따라 잠시 이방인의 입장으로 돌아온다. 그 순간순간들을 놓치기 싫어서 하나하나 기록으로 남겼다.

여정을 지속해 오면서 벽에 부딪힐 때마다 삶 자체가 주는 고통에 대한 의문을 계속 던졌다. 나 스스로 그 본질을 이해하는 데에는 많은 세월이 필요하였다. 긴 시간을 통해 얻은 나의 체험을, 시간의 제약 속에서 직접 겪기 어려운 독자들과 함께 나누고자 한다. 온라인 시대 작가로서 나의 소명은 독자들과의 진솔한 소통에 있다. 여러분들이 의식을 한 단계 높이고, 더 넓은 곳으로 나아가는 데에 작은 도움이 되고자 한다.

1

조직 문화의 기반

1.1. 개인을 중시하는 미국기업

1.1.1. 프라이버시에 대한 존중

미국 조직문화의 대표적인 특징으로 항상 먼저 거론되는 사항은 그들 특유의 개인주의다. 기업에 소속된 직원들은 조직자체의 이익보다는 개인을 위주로 한 직장생활을 한다. 개인 중심의 사고방식은 인간의 본성이며 사회생활을 위한 협업과 소통의 방법을 가르치는 것이 교육이다. 미국인들은 그들이 추구하는 양식에 부합된 훈련을 받는다. 어려서부터 개인의 개성을 중시하고 그들의 생각을 명확하게 말하는 교육이 이루어진다.

미국 사회의 구성원으로서 기업이나 조직은 직원들의 개인주의를 인정하고 보호해야 할 의무를 가지고 있다. 위계질서와 역량에 기반한 조직의 권위보다는 개인 각각의 자율과 그에 따른 효율을 더 중요시한다. 특히 전문분야에 종사하는 전문가들의 경우 대부분 출퇴근 시간에 구애받지 않고 자유롭게 일하며, 개인에게 주어진 시간을 보다 더 효율적으로 사용한다.

나와 함께 근무하였던 젊은 동료들은 직장 생활을 하면서 학업을 병행하였다. 미국의 대부분 회사는 실무와 관련된 전공의 대학원 학비를 무료로 지원하기 때문이다. 학비보다 더 큰 직원들에 대한 혜택은 개인이 자유롭게 출퇴근 시간을 정할 수 있다는 점이다. 대학원은 단순히 전문지식을 늘리기보다는 새로운 삶의 터전에서 동종업계의 친구들을 만들기 위한 장소이다. 대부분의 동료들은 인맥 만들기를 위해 직장 근처의 대학에서 오프라인 코스를 수강하였다.

대학원에 다니는 동료들은 새벽에 출근하여 일찍 업무를 마치고 오후 3시쯤에는 학교로 향하게 된다. 코어 타임이라고 하여, 공통적으로 직장에서 함께 보내야 하는 시간대가 규정되어 있기는 하지만, 최소한의 조직 운영을 고려한 요구이며 반드시 지켜야 하는 사항은 아니다. 대부분의 정기적인 회의나 보고는 코어 타임에 진행되며 아침 일찍 또는 오후 늦게 부서 회의를 소집하는 경우는 드물다.

나의 경우는 이미 풀타임으로 석사를 마친 상태였기 때문에 비즈니스 영어 코스에 등록하게 되었다. 지역 대학의 주요 수입은 주변의 기업들로부터 오기 때문에 다양한 고급 영어 과정을 운영한다. 코스에서는 이민자 출신 직장인들에게 전문가 수준의 보고서 작성이나 프레젠테이션 방법 등을 가르친다. 덕분에 나는 전 세계에서 온 많은 새로운 친구들을 사귈 수 있었다. 한때는 회사의 업무보다는 새로운 이민자 출신 친구들에게 더 많은 에너지를 쏟았다.

가끔씩 과음을 하고 해가 중천에 떴을 때에 사무실에 들어선 적도 있었다. 하지만 관리자는 물론 동료들 아무도 개의치 않는 눈치였다. 물론 그런 날은 저녁시간까지 남아서 밀린 업무를 처리하였다. 지각이나 조퇴는 순전히 개인의 프라이버시이므로 사유를 이야기할 의무는 없다. 나중에 알았지만 인사팀에서 백엔드로 출근 체크인 기록을 관리하고 정리해고 시에 참고로 하는 정도다.

부서에서 개인의 프라이버시에 대한 존중이 시각적으로 드러나는 부분은 사무실의 개인 칸막이이다. 칸막이는 동료나 관리자가 직원의 모니터를 들여다볼 수 없을 정도의 높이로 되어 있다. 많은 미국인들은 업무 상황이 공개되지 않는 쪽이 업무 효율이 올라간다고 생각한다. 물론 자율적인 근무 시간이 적용되는 전문성을 요구하는 직군의 경우이다. 업무와 상관없는 사적인 시간낭비의 피해는 개인 자신에게 바로 돌아온다.

내가 처음 미국의 기업에서 일하기 시작하였을 때 가장 먼저 가슴에 와 닿았던 동료들의 행동은, 그들이 상당히 자유분방하게 행동하면서 관리자들의 시선에 별로 구애받지 않고 일한다는 것이었다. 특히 주변을 전혀 의식하지 않는 듯한 행동은 나를 당황하게 하기도 하였다. 당시 나는 바로 직전에 근무하였던 일본계 회사에서 위계질서와 절제된 행동에 익숙해졌었기 때문이다. 회사에 일하러 나온 건지 놀러 나온 건지 구별이 힘들 정도로 즐겁게 일하는 동료를 보면 신기하기까지 하였다.

조직에서 관리자의 주요 임무는 직원들의 프라이버시와 자율성을 최대한 보장하면서 동기부여에 의한 성과를 이루어 내는 일이다. 위계적인 역량 기반 조직에 비하여 전문가로 이루어진 역할조직의 관리에는 보다 전문적인 스킬이 필요하다. 상습적으로 암묵적인 선을 넘어서면서 성과가 저조한 직원이 있다면 동료 직원이 거부감을 느끼지 못하는 수준에서 조용히 제거하여야 한다. 그렇다, 미국기업은 대신 정리해고가 비교적 자유롭다.

내가 개인영역에 익숙하지 못하여 난처해졌던 경우는 동료의 업무에 지나친 관심을 주었을 때였다. 시행착오를 거듭하는 젊은 동료에게 도움을 주려는 마음으로 접근하였지만, 상대는 내가 그의 업무 영역을 침범하여 간섭하는 것으로 오해를 하였던 것이다. 나중에 안 사실이지만 동료에게 너무 많은 도움을 받는 경우 대체 가능한 직원으로 인식되고, 그 직원은 정리해고 시에 우선 정리 대상이 된다.

그 이후에는 나는 그 동료의 영역을 항상 존중하면서 조심스럽게 행동하였고, 그도 그런 나를 직장 선배로서 존중해 주었다. 나와 같은 이민자 출신인 그는 시크교도였는데 그를 따라서 근처의 시크 사원에 가서 함께 명상을 하기도 하였다. 세월이 지나 그가 정리해고 되었을 때는 내가 근무하던 V 사에 인터뷰를 주선해 주었다. 미국에서의 이직에는 이전 직장 선배의 추천이 중요한 역할을 한다. 그는 결국 완성차 G 사에 전자제어 전문가로서 채용되었고, 배터리 제어 협력사인 한국의 L 사에 기술 지도를 하기도 하였다.

내가 미국에서 일하기 시작한 이후 가장 큰 문화적 충격을 받았던 기억은 사무실에서 아기 울음소리를 들었던 때이다. 직원 한 명이 급하게 아기를 맡아줄 곳을 찾지 못했는지 아기와 함께 출근한 것이다. 중요하고 긴급한 업무가 있는 듯 아기를 자리에 놓고 임원방에 들어가 진행상황 보고를 하고 있었다. 보고를 마친 후 한 손에 아기를 안고 다른 손에는 랩톱을 들고 재택근무를 하러 다시 집으로 향하는 모습이 나에게는 마냥 신기하게 느껴졌다. 물론 코로나로 재택근무가 일상화되기 이전의 일이다.

어린 자녀들을 동반해서 출근하는 동료, 2주 휴가를 한꺼번에 몰아서 쓰는 동료, 퇴근 시간 직전에 업무 이야기를 꺼내면 불편해하는 동료, 개인 휴대폰 번호를 절대 알려주지 않는 동료, 모두들 내가 이전에는 전혀 경험해 보지 못했던 개인주의적 모습을 보여 주었다. 관리자 입장에서는 직원들의 개인 행동이 조직의 통념을 벗어나지만 않는다면, 전체의 분위기를 위해서 용인해 줘야 하는 모습들이다.

미국은 전 세계에서 개인주의 성향이 가장 강한 국가라고 할 수 있다. 특히 중산층 미국인들에게서는 수평적 개인주의 성향이 더욱 강하게 나타난다. 그들은 개인의 정체성과 목표를 조직의 목표보다 더 중요시한다. 그들의 조직은 개개인이 모인 집단이라는 관점을 기반으로 개인의 다양성을 존중하고, 개개인을 배려하는 특징을 보인다. 같은 미국 안에서도 신세대로 갈수록 개인적인 성향은 더욱 강해진다. 미국의 산업 자체가 제조업 중심에서 IT 중심으로 이동해 가면서 심화되고 있는 현상이다.

1.1.2. 명확하고 공평한 업무분담

미국의 직장인들은 명확하게 정의되고 공평하게 분담된 업무를 부여받고, 개인의 역량에 따라 각자 주어진 업무를 자율적으로 수행함을 원칙으로 한다. 직원들의 근무 시간 역시 각자의 역량과 능력에 따라 차이가 나며, 직원 개인에게 주어진 일을 빨리 끝내는 경우 근무 시간이 단축되며 정시에 퇴근이 가능하다. 반대로 동료들에 비하여 상대적으로 자주 늦은 시간까지 연장 근무를 할 경우에는 오히려 무능력자로 인식될 수도 있다. 즉 업무분담 자체는 공평할 터인데 누군가가 늦게까지 잔업을 해야 하는 상황은 그의 실력이 부족하거나 업무 효율이 떨어짐을 의미한다.

물론 업무를 공평하게 정의하고 분배하는 일은 미국의 관리자들에게 요구되는 필수적인 능력이다. 더 많은 급료를 받는 핵심 직원들에게는 고난이도의 추가적인 업무가 배분되지만, 이들이 한정된 시간에 더 많은 일을 처리할 수 있는 경우에 한한다. 부서에서 누군가가 혼자 남아서 연장근무를 해야 한다면 관리자가 그 비효율에 대한 책임을 져야 한다. 임원 입장에서는 자신이 관리하는 특정 부서에 잔업자가 많은 것은 별로 달가운 일이 아니다. 그 부서장은 리더십 평가에서 불이익을 당하게 될 수도 있다.

특히 보안에 민감한 테크기업의 경우 회사 경비원들이 각 부서들을 돌며 밤늦게 남아있는 잔업자들을 체크하고 날마다 인사팀에 보고하게 되어 있다. 내가 B 사에서 잔업을 하게 되는 경우에 가장 부담스러운 과정이 바로 순찰을 도는 경비원에게 나의 신상을 일일이 알려줘야 하는 일이었다. 다른 직장에서는 그런 일이 없었지만 유독 B 사의 보안규정은 까다로웠다.

특별한 사유 없이 직원들의 비효율적인 잔업이 빈번한 부서의 관리자는 우선 정리해고 대상이 된다. 명확하고 공평한 업무분담을 지시할 수 있는 관리 능력이 부족하다고 여겨지기 때문이다. 직원들이 수시로 연장근무를 하는 모습은 해당 부서장의 비효율적 부서운영 즉 무능함을 가장 쉽게 밖으로 드러내는 부분이다. 보편적인 미국의 직장인들은 충성심보다는 효율을 더 중요시한다.

물론 핵심부서의 사유가 타당한 연장 근무는 인정되지만, 경영진과 임원들의 집중 관리를 받는 수준의 긴급한 상황에 한한다. 나의 경우에는 고객사의 설계품질 불량에 대한 긴박한 조사요구가 잔업을 정당화할 수 있는 상황이었다. 설계단계에서의 실수 가능성은 경영진 차원의 주의를 요하였고 기한이 촉박한 경우 연장 근무가 필요하기 때문이다. 설계결함이 아닌 제조 공정상의 실수임을 빠른 시일 내에 밝혀내고 이를 규정된 보고서 형태로 고객사에 제출하고 나서야만 한숨 돌릴 수 있다.

설계상의 실수로 밝혀지는 경우 그간 납품된 모든 제품에 대한 리콜까지 갈 수 있고 때로는 기업의 존립 자체를 위태롭게 하는 경우도 있다. 실제로 일본의 에어백 업체 타카타는 외국 현지 설계자의 제품설계 실수로 회사가 결국 파산에 이르기도 하였다. 타카타는 파산 당시 세계 두 번째 규모의 차량용 에어백 제조 회사였다.

내가 미국의 직장에 처음 근무하기 시작하던 2000년대 중반은 아직 고객에 대한 전화 응대 업무가 보편적인 시기였다. 당시만 해도 헤드셋을 이용한 화상회의보다는 전화통화가 더 일반적이었기 때문이다. 다자간 업무 회의도 유선 전화를 이용해 진행되던 시절이다. 그때 특이하게 여겼던 부분은 미국의 직장에서는 동료 직원에게 걸려 오는 전화를 대신 받아줄 필요가 전혀 없었다는 점이다. 자리에 앉아 외부에서 걸려 오는 유선 전화에 응대하는 일은 당시 전 세계 직장인들 업무의 주요한 부분이었다.

당시 미국의 일터에서는 직원들이 다른 동료 직원에게 걸려 오는 전화를 대신 받을 수는 없게 되어 있었다. 본인 부재 시에는 항상 음성응답기가 작동되어 반드시 본인만이 녹음된 내용을 확인하는 것이 가능하였다. 회사에서 일반 직원들에게 휴대폰이 지급되기 이전이었고, 개인 휴대폰은 철저하게 개인 용도로만 사용되던 시절이었다. 따라서 긴급한 용무가 있는 경우, 동료를 통한 긴급사항 전달 및 확인이 어렵다는 점이 업무진행에 치명적이었다. 즉 해당 직원이 자리에 없는 경우 급한 연락을 취할 방법이 없었던 것이다.

이는 부재중 녹음에 의존하는 시스템의 치명적인 단점이지만 당시 직원 어느 누구도 이를 불평하지 않았다. 누구에게나 업무분담은 공평해야 하기 때문에 개인에게 걸려 오는 유선 전화를 후배 직원이 대신 응대하는 것은 허용되지 않았다. 당시 일본기업에서는 신입사원들의 주요 업무 중 하나는 부서에 걸려온 유선 전화에 응대하는 것이었다. 그것은 같은 시기에 미국에 있는 신입들이 전혀 하지 않아도 되는 업무였다.

1.1.3. 개인과 조직의 경계는 어디일까?

미국인들은 업무 시간에는 동료들끼리 사적인 교류를 자제하는 대신, 식사나 회식 자리에서만은 업무 관련 대화는 피하고, 서로 간의 개인적인 관심사나 거벼운 화젯거리를 다룬다. 인간사회의 정글에서 식사 시간만큼은 한숨 돌릴 수 있는 피난처 역할을 하는 것이다. 식사를 함께 나누는 자리에서는 불가피하게 업무에 관한 화제가 나오더라도, 지금 당당 처리해야 할 업무라든가 뭔가 부담스러운 부분은 거론하지 않는 것이 직원들 간의 예의라고 할 수 있다.

내가 임원과 함께 점심 식사를 함께하는 자리에서도 그는 한 번도 업무 이야기를 한 적이 없었다. 대신 그는 현재 자신이 투자하고 있는 주식 이야기, 함께 근무하는 동료가 자신의 학과 선배라는 이야기 등 상당히 사적인 이야기들을 나누었다.

어떤 임원은 회식 자리에서 자신의 가정에서 아내가 어떻게 자신을 괴롭히는지 하는 사담까지도 들려주었다. 자신의 흰머리가 늘어나는 이유가 다 그의 가정불화 때문이라고. 그때 그의 금발머리가 하얀 머리로 변해 가는 모습을 보았다. 금발머리의 백인도 스트레스를 받으면 금발이 하양게 변한다는 것을 그때 처음 깨달았다.

미국의 직장생활에서는 정해진 시간 안에 주어진 과제를 끝내야 하므로, 개인생활과 직장생활 간의 경계가 뚜렷해진다. 개인에 따라 점심시간을 줄여서 퇴근 시간을 앞당기기도 한다. 사내체조나 부서 월례회 같은 조직적인 활동은 미국에서는 좀처럼 찾아보기 힘들다. 이런 단체운동이나 활동은 일본의 기업에서 조직체계 유지와 근무기강 확립을 위하여 보급된 것들이다.

미국에서 굳이 사내체조와 유사한 단체운동을 찾아보려 한다면 주로 여성을 위하여 개발된 다이어트용 운동이다. 전통적인 에어로빅이 태권복싱, 줌바 등으로 진화하였다. 하지만 단체 체력강화 운동을 미국에서 조직의 단합을 위하여 실행하는 경우는 거의 없다. 직장에서 체력단련은 오히려 근무 시간의 사적인 사용으로 오해를 받을 수도 있다.

업무공간에는 개인별 칸막이가 설치되어 있어서 누구나 프라이버시를 보호받지만 항상 예외는 있다. 일반적으로 미국의 많은 공간들이 격리되어 있는 편이지만 화장실만은 예외이다. 화장실은 항상 누가 사용하는지 알 수 있게 문 아래쪽이 오픈되어 있다. 한국이나 일본에서는 찾아볼 수 없는 미국과 중국만의 공통된 문화이다.

미국인들에게 화장실은 절대로 휴식 공간이 아니다. 그렇기 때문에 본질적인 사용만 하게 되고, 그들의 화장실 사용은 상당히 신속하다. 특히 급히 볼일을 보기 위하여 회사의 화장실 앞에서 줄을 서서 기다려야 하는 일은 거의 없다. 프라이버시가 워낙 없는 공간이기도 하지만, 아까운 시간을 화장실에 앉아서 보낸다는 것을 상당히 비효율적으로 여긴다.

위에서 설명한 대로 미국에서는 회사에서 보조하지 않는 개인 휴대폰에 대한 정보는 팀원들은 물론, 직속 상관이라도 알려 주지 않는다. 물론 고객이나 동료들에게도 개인 휴대폰 전번은 좀처럼 알려주지 않는다. 회사에서 개인 휴대폰을 지급하지 않는 이상, 직원이 실시간으로 전화 응대를 할 이유가 없는 것이다.

사실 간혹 관리자가 나의 개인 전번을 정중하게 물어 오는 경우가 있는데, 물론 긴급 상황을 대비한 것이다. 물론 이것은 상당히 실례여서 나를 제외한 대부분의 동료들이 이를 정중하게 거절한 적이 있었다. 그 이후에 관리자에게서 지금까지 단 한 번도 업무에 관련된 전화나 문자 메시지를 나의 개인 휴대폰으로 받은 적은 없다. 단 한 번 내가 회식장소를 혼동하여 다른 음식점으로 갔다가, 동료들이 모인 위치를 확인하기 위하여 매니저에게 문자를 보낸 적이 있을 뿐이다.

개인과 조직의 경계는 어디일까? 생활양식과 기업문화와 따라 그 경계는 어떤 식으로 움직일까? 세스 고딘은 일과 삶의 균형에 대해 이야기하는 순간, 당신은 이미 균형을 놓친 거라고 충고한다. 일과 삶은 겹치기 때문이다. 누구도 쉽게 단정하기 어려운 조직과 프라이버시에 대한 경계의 설정은, 이 책에서 앞으로 다루어 보고자 하는 주요 내용이다.

1.1.4. 자율에서 찾는 의미와 행복

개개인의 행동은 조직이 정한 규율보다는 각자의 자율적인 판단에 맡겨진다. 사람에 따라 다른 가치관이나 선호도에 따라 행동하는 것이 효율적이기 때문이다. 각자의 업무습관이 다르더라도, 원하는 성과를 얻을 수 있다면 그 과정에 구애받지 않는 것이 미국 사회다.

출퇴근 시간 운영에 최대한의 자율성이 부여되는 데서 오는 가장 큰 이점은 정해진 업무시간 안에 능률적으로 업무에 집중할 수 있다는 점이다. 각자가 주어진 업무를 빨리 끝내야 빨리 퇴근할 수 있으므로, 업무시간 내에는 단지 시간을 때우기 위한 불필요한 시간낭비나 사적인 일을 피하게 된다. 자연스럽게 각자의 핵심 업무에 집중하게 되며, 다른 직원 업무의 진행에 지장을 주는 행위는 상당한 실례가 될 수도 있으므로 가급적 사적으로 동료의 시간을 빼앗는 행동은 피하게 된다.

특히 전문가들이 일하는 사무실은 직원들이 각자의 업무에 집중할 수 있는 독립 구조로 되어 있으며, 개인의 프라이버시를 보호하기 위한 개별적인 칸막이가 설치되어 있다. 업무 시간을 사적인 일에 사용한다면 그 손해는 직원 개인에게 돌아간다. 관리자는 업무성과 자체만 관리하므로 제한된 업무 시간을 어떻게 효율적으로 사용하느냐는 직원 개인의 능력과 직결된다.

내가 근무하였던 V 사의 경우 러시아워를 피해 오전 9시 정도에 회사에 도착하면 보통 절반 정도의 직원이 출근해서 업무를 하고 있었다. 미국에서는 7시 반 정도가 출퇴근길이 가장 붐비는 시간이고 9시 이후부터 도로는 한산해지기 시작한다. 9시쯤에는 관리자들은 대부분 출근해 있지만, 실무자들은 10시 정도 되어야 출근하는 경우도 많다. 내가 일하였던 조직의 경우 제조업 직종이어서 10시부터 명목상의 코어 타임이 시작되었지만, IT 분야로 간다면 특별히 규정된 코어 타임은 운영되지 않는 것이 보통이다.

점심시간의 경우도 일본의 기업들과 달리 특별한 시간이 규정되어 있지는 않다. 20분 정도 걸려 자신의 자리에서 간단하게 식사를 마치는 경우가 많고, 때에 따라 외부에서 한 시간 반 정도를 식사시간으로 사용하는 경우도 있다. 어쩌다가 팀 동료들과 바깥에서 외식을 한다면 절대 복귀를 서두를 필요가 없다. 부서 회식비가 절약되니 조직 차원에서도 이익이다.

나의 동료들은 보통 점심시간을 많이 쓰는 경우보다 빠른 속도로 식사를 하는 경우가 더 많다. 미국 생활 초기에는 다들 점심시간에 뭘 먹는 둥 마는 둥 하는 분위기가 희한하게 느껴졌다. 딱히 출퇴근 시간이 규정되어 있지 않으므로 되도록이면 점심시간을 줄이고 빨리 퇴근하는 쪽을 선호하기 때문이다. 점심시간이나 출퇴근 시간은 개인의 전적으로 자율적인 판단에 의해 결정된다. 물론 과제에 따라 고객의 요구 등 긴급한 사항이 발생하면 밤늦게 일해야 하는 경우도 있지만, 꼭 필요한 경우에 한정된다.

내가 첫 미국 직장에서 근무하였을 때 함께 일하던 수석급 동료로부터 점심시간에 아이스하키 연습을 함께 하자는 제안을 받았다. 점심시간에 하키장까지 이동하는 시간과 하키복을 갈아입는 시간만 해도 30분 이상이 걸려서 처음에는 주저하였지만, 결국 하키를 시작하게 되었다.

결과적으로 나는 점심시간마다 하키 연습에 두 시간 정도를 할애하게 되었다. 업무에 복귀한 이후 죄책감 때문에 낭비된 시간만큼 업무 시간을 연장하여 근무하였지만, 그 동료는 별로 개의치 않는 듯 다른 동료들과 함께 바로 퇴근해 버렸다. 물론 능력과 성과를 인정받았던 동료였기에 가능한 일이었다.

시간에 대한 통제권은 우리 삶을 보다 의미 있게 만든다. 시간을 직접 통제할 수 있을 때, 자신에게 의미 있는 일에 시간을 쓸 수 있게 되며, 삶은 더 큰 의미를 갖게 되고 행복으로 다가갈 수 있다. 하지만 주어진 기간 안에 성과를 내지 못한다면, 그 조직을 떠나야 한다. 역할중심 조직은 냉엄한 성과주의를 기반으로 한다. 회사가 직원을 전문가 또는 프로페셔널 파트너로 대하기 때문이다. 직원들은 자기가 가진 통제권에 대해 책임을 성과로써 응답해야 한다.

미국인들이 추구하는 자율적 조직문화의 근원을 살펴보자면 고대 유럽으로 거슬러 올라갈 수 있다. 특히 고대 그리스인들은 스스로 삶을 통제할 수 있다는 확신이 유독 강했다. 그들은 다른 문화권에서 볼 수 없는 개인의 자율성에 대한 강한 신념을 가지고 있었다. 그들이 정의하는 행복이란 아무런 제약이 없는 상태에서 자신의 능력을 발휘하여 탁월성을 추구하는 것이었다. [1] 특히 문화적 배경이 다른 구성원들이 많을수록 규칙을 적게 두는 것이 평화적으로 조직의 효율을 높이는 방법이 된다.

특히 많은 IT 관련 테크 기업들이 개인의 창의력과 업무영역을 위계질서보다 우선시하는 역할조직을 운영하고 있다. 역할중심 조직을 운영하는 대표적 기업들은 구글, 페이스북, 에어비엔비, 휴렛팩커드, IBM 등 기술 트렌드에 민감한 IT 기업들이다. 휴렛팩커드의 경우 직원들이 20%의 개인시간을 창의적 업무를 위해 사용하도록 권장하고 있다. 조직에 융화되기 위한 힘과 창조의 불꽃을 켜기 위한 힘은 서로 끊임없이 상충한다.

1.2. 조직을 중요시하는 일본기업

1.2.1. 성과보다 중요한 근태

일본에서 직장생활을 하자면 근태는 개인에 대한 평가에서 실무능력이나 성과 못지않게 중요한 요소가 된다. 업무 시작 직전 스피커에서 나오는 구령에 맞추어 실시하는 실내체조, 출근 시간과 점심시간 직후 팀원 간의 간단한 보고회 등 근태를 관리하기 위한 절차가 시스템적으로 구축되어 있다. 결국 직원 개인이 철저하게 시간을 지키지 않으면 쉽게 눈에 띌 수밖에 없는 구조다.

정규 근무 시간 중에 자리를 비울 경우 행선지는 관리자에게 보고되어야 하며, 부서 상황판에 기재되어 동료 누구라도 쉽게 파악할 수 있어야 한다. 상황판 운영을 지켜본 느낌으로는 보고 자체보다 조직 전체가 모두의 정보를 공유하는 것에 의미를 두는 것으로 보였다. 잠시 화장실에 다녀오는 정도라면 보고 없이 자리를 떠나는 것이 허용되지만, 오랜 시간을 사유 없이 외부에서 보내는 행동은 주의 대상이 된다.

내가 근무하였던 조직에서도 사무실 앞쪽에 커다란 상황판이 비치되어 있었다. 누구나 자리를 비운 조직원들의 행선지와 업무 내역을 일목요연하게 파악 가능한 시스템이었다. 미국의 조직에서라면 당연히 프라이버시 침해에 해당하는 사항이었다. 모두가 같은 공간에서 함께 움직이고 있다는 소속감이 서로의 감시보다는 정보공유로 받아들여지는 모습이다.

일본인들의 철저한 근태관리 습관은 점심시간이 끝난 직후 복귀여부의 점검에서도 확인할 수 있다. 회사나 조직에 따라, 점심시간에 끝나면 복귀인원을 팀별로 공식적으로 확인하는 과정을 거친다. 내가 근무하였던 부서에서는 점심시간이 끝난 직후 오후 1시 정각이 되면 모두 자리에서 일어나 파트장의 리드 하에 점호를 실시하였다.

직원들이 모두들 자리에서 도시락을 꺼내 먹고, 그 자리에 바로 엎드려 잠을 청하는 모습은, 내가 일본에서 직장생활을 하면서 얻은 가장 특이한 경험이었다. 그 오침 시간은 나에게는 정말로 꿀잠을 자는 시간이었다. 달콤한 20분짜리 잠에서 미처 깨어나기도 전에 비몽사몽간에 자리에서 벌떡 일어나 동료들의 복귀 여부를 함께 확인하였던 기억이 아직도 생생하다.

항상 시간적 압박감에서 점심 식사를 하는 것이 가장 힘들었다. 특히 회사의 외부에 나가서 식사를 하는 경우 급하게 주문을 하고 식사를 해야 하는 것이 고역이었다. 규정된 점심시간 준수 여부는 출근 시간 못지않게 근태 평가에서 중요한 부분을 차지하기 때문이다. 물론 직장 주변의 음식점들은 이 사정을 잘 알기 때문에 빠르게 주문이 들어가고 음식이 나오는 속도도 신속하다.

일본에서 조직 생활을 슬기롭게 하려면, 주어진 점심 식사시간을 실수 없이 잘 활용하여야 한다. 특히 업무에 너무 집중하여 실수로 식사를 거르고 점심시간을 넘겨 버린다면, 이후의 근무 시간에 개인적으로 음식을 섭취하는 것은 현실적으로 힘들기 때문에 유의해야 한다. 규정된 점심시간 이외에는 업무공간에서의 식사는 일반적으로 허용되지 않기 때문이다.

직원들에게 가장 관대한 것은 바로 흡연실 사용이다. 흡연실은 보통 외부에서도 들여다볼 수 있게 유리로 되어 있으며, 담배는 자주 피우거나 오랫동안 머무르더라도 비난의 대상이 되지 않는다. 오히려 흡연은 업무 스트레스를 단기간에 효율적으로 해소해 주고 직원들 간의 비공식적인 소통에 도움을 주므로, 조직을 위해 개인의 건강을 희생하는 공동체 정신으로 간주한다. 나의 경우에도 처음 함께 일하게 된 동료들과의 많은 진솔한 대화가 흡연실에서 이루어졌다.

일본인들에 있어서 개인의 성과보다는 근태가 더 중요한 평가 기준이 된다. 근태는 일본 직장문화의 뿌리인 호렌소(報連相)의 근간을 이룬다. 보고, 연락, 상담은 책임을 공유하기 위한 안전 장치이자 일체감을 형성하는 협업의 기본 틀이다. 능력 있는 개인보다 조직에 잘 어울리는 직원이 높게 평가받는다.

1.2.2. 항상 늦은 퇴근 시간

일본에서의 조직 생활을 가장 힘들게 하는 것은 역시 늦은 퇴근 시간이다. 조직 중심의 직장 생활을 하기 때문에, 개인 간 업무의 분담이 명확하지 않으며, 책임과 권한은 비교적 불명확하다. 각자의 업무가 명확히 정의되어 있지 않으므로, 개인의 효율을 희생시키더라도 조직 전체의 업무진행에 더 우선권을 둔다. 문제는 조직 전체의 당일 업무가 완전히 종료될 때까지 조직원들이 늦게까지 근무를 하게 된다는 것이다. 어느 누구도 긴 근무 시간을 좋아하지는 않지만, 조직을 위한 숙명으로 받아들일 수밖에 없는 분위기다.

내가 일본의 기업에서 근무할 당시에 특이하게 생각했던 점은 금요일 저녁이 되어도 함께 일하는 동료들이 퇴근할 기미를 전혀 보이지 않았다는 것이다. 주말이 다가오는데도 불구하고 모두들 흔들리는 모습을 보이지 않으려고 다들 일주일의 마지막 순간까지 노력하는 모습을 보여 주었다. 금요일 늦게까지 업무에 집중하는 것은 쉬운 일은 아니지만, 토요일에 출근해야 하는 상황과 비교한다면 그나마 견딜 만한 것이다. 다행히도 내가 근무하였던 부서의 경우에는 토요일에는 출근하지 않았다. 토요일까지 출근해야 하는 상황은 상당히 긴급한 경우였다.

개발 부서끼리의 근무 강도만 비교해 보자면 내가 근무했던 한국기업의 조직보다는 약간 더 여유 있는 분위기라고 볼 수 있으나, 미국의 조직에 비한다면 선진국치고는 근무 분위기가 상당히 경직되어 있다고 비교 평가 할 수 있다.

주어진 근무 시간에 아무리 열심히 일했다 하더라도 업무 일정상 토요일, 휴일, 연휴에도 특근을 하게 되는 경우가 적지 않다. 항상 제품개발이나 프로젝트의 납기는 잔업과 특근 가능성까지 감안하여 촉박하게 주어지기 때문이다. 내가 소속했던 개발 부서의 경우, 개발자들의 잔업수당은 눈치껏 일부만 신청하는 경우가 적지 않았으나, 일단 규정에 의해 기록된 공식적인 잔업시간은 정규 업무시간 이상에 상응하는 수당이 반드시 지급되었다. 결과적으로 잔업을 올리지 않는 관리자와 잔업비를 수령하는 실무자 간에 실질 급여의 차이는 얼마 되지 않았다.

납기가 촉박한 경우에는 퇴근 이후에도 집에까지 업무를 가지고 가서 일하는 경우도 있다. 업무와 개인 생활의 구분이 불확실하기 때문에 가능한 일이다. 정보보안 또한 그다지 철저하지 않기 때문에 재택근무를 위한 문서 자료의 반출이 허용된다. 집에서 근무하는 동안에는 직원들의 가족조차도 조직의 일원으로서 회사에 봉사하는 셈이다.

미국의 직장인들이 단거리 달리기 선수라고 한다면 일본의 직장인들은 장거리 달리기 선수로 비유할 수 있다. 장거리를 뛰어야 하는 경우 레이스 초반에 너무 에너지를 많이 써버리면 후반전에 가서 탈진할 수도 있다. 따라서 일본의 직장에서는 일단 정시 출근을 한 이후 어느 정도 여유를 가지고 체력을 안배하면서 업무를 서서히 진행해야 한다. 업무강도가 가장 높아지는 피크타임이 직원 중 일부가 퇴근하기 시작하는 저녁시간임을 충분히 감안해야 하는 것이다.

갑자기 장거리 선수가 단거리 선수가 되거나 그 반대의 경우가 생긴다면 상당한 적응훈련 기간이 필요하다. 즉 미국에서 일본으로 전직하거나 일본에서 미국으로 전직한 경우, 예기치 못하였던 수준의 조직문화 충격에 맞닥뜨릴 수도 있다. 나와 함께 미국에서 근무하였던 일본인 동료들이 일본으로 귀국한 이후에 항상 토로해 오던 고충이다. 업무방식이 성과중심에서 활동중심으로 바뀌는 과정에는 그 반대의 경우보다 더 큰 고통이 따른다.

1.2.3. 근무복이 주는 전체적인 조화

일본기업 특징 중 하나는 집단의식에 기반한 규정된 제복의 착용이 요구된다는 점이다. 특히 제조업 계통이라면 지급되는 근무복을 반드시 착용해야 한다. 사무직의 경우에도 착용하는 복장에는 상당한 제약이 따른다. 사규에 명시되어 있지는 않지만, 하얀 셔츠에 검은 양복을 입는 것이 일반적인 암묵적 규정이다. 복장에 약간씩 변형을 주는 데에는 특별한 제약은 없지만, 집단의식에서 벗어나는 행위이므로 주의를 기울여야 한다. 자신이 조직 안에서 우월적인 위치라는 것을 은근히 드러내는 것으로 오해를 받을 수도 있기 때문이다.

사무직에 종사하는 경우라도 여성이라면 회사에서 지급되는 근무복을 착용하여야 한다. 명백히 성차별에 해당하지만 대부분 여직원들은 하위 실무 레벨이므로, 조직의 위계에 따라 표면적인 불만 없이 이를 받아들여야 한다. 미국으로 이직한 일본인 여성들은 자신들이 미국에서는 상상할 수도 없었던 명시적인 차별을 일본에서 숙명적으로 받아들여야만 했던 과거의 어두운 기억에 분노한다.

나의 경우도 미국에서 일본에서 파견 근무를 시작할 때부터 본사 소속의 정직원들이 착용하던 근무복이 지급되었다. 어떤 직원이든 간에 규정된 근무복을 무료로 지급하는 것 또한 고용주의 의무 사항이기 때문이다. 대부분의 기술직 직원들에게도 회사 제복의 착용이 의무화되어 있다. 대부분의 기술직 직원들은 상의뿐 아니라 하의까지 지급되는 근무복으로 착용하여야 한다. 내가 근무하였던 일본의 S 사에는 사업장 내에 탈의실 건물이 별도로 있었다, 아쉬웠던 점은 여기서 출퇴근길에 옷을 갈아입는 시간은 근무 시간에 포함되지 않았다는 거다.

공장의 생산라인을 방문하는 경우에는 개발자 신분이라도 반드시 근무복과 모자 착용이 요구된다. 나는 일본에서 지급된 근무복을 버리지 않고 미국으로 가지고 돌아와 미국의 현장에서 적극적으로 활용하였다. 특히 생산 라인에 방문할 때 본사의 근무복 착용은 많은 이점을 가져왔다. 미국 현장의 리더들과 일본인 현채인들이 나에게 주재원 수준의 예우를 해주었기 때문이다.

일본인들은 미국을 출장으로 방문하는 경우에도 본사 소속 조직의 근무복을 착용하는 경우가 많다. 일본계 회사들이 모여 있는 지역의 일본 음식점에서는 일본 본사의 근무복을 착용한 상태로 식사를 하는 일본인 출장자들을 어렵지 않게 찾아볼 수 있다. 어떤 경우는 근무복 가슴에 기업 슬로건이 적힌 배지까지 그대로 부착한 채이다. 심지어는 공항 대기실에서도 본사의 근무복을 그대로 착용한 일본인 출장자를 만나볼 수 있다.

나 역시 일본인들의 이러한 습성에 익숙해져 공장출장을 근무복 차림으로 떠났다가, 의외의 상황에서 당황했던 적이 있다. 공항 대기실에서 마주친 같은 근무복 차림의 다른 출장자가 나를 너무나 반가워했던 것이다. 내가 착용한 근무복을 보자 나를 같은 본사 출신의 일본인 출장자로 오해를 했던 것이다. 그쪽으로 다가가서 인사를 건네는 것이 예의였으나, 내가 같은 본사의 일본인 직원이 아님을 알고 그가 실망할까 봐 그냥 웃으면서 목례로 답하였다. 그는 낯선 이국땅에서 익숙한 제복을 발견하고 순간 일체감과 동질감을 느끼면서 기뻐했던 것이었다.

일본에서 기술 계통에 종사하고 있다면 제조 현장이 아니어도 항상 사내에서는 규정된 유니폼 착용이 요구된다. 대부분의 경우 근무복에는 보수적인 디자인이 적용되며, 규정상 바지 착용까지 의무화되어 있는 경우가 많다. 생산라인이나 작업현장의 경우 모자 착용까지 의무규정에 포함된다. 제복은 개인의 개성과 창의성을 떨어뜨리는 반면에, 소속 구성원들에게 일체감 및 동질감을 형성한다는 장점이 있다.

유니폼이 요구되지 않는 사무직의 경우는 가능한 한 튀지 않는 색상과 디자인의 복장을 선택하는 것이 보통이다. 눈에 띄지 않는 것 자체가 하나의 미덕처럼 여겨진다. 다들 너무 무난한 색상과 디자인의 복장을 지향하다 보니, 심한 경우에는 지나치게 수수하여 남루하게 보이기까지 한다. 미국인의 관점에서는 얼핏 봐서 이게 노숙자나 거지가 아닐까 하는 생각이 들 정도이다.

가끔 눈에 띄는 색상의 복장이나 양복을 착용한 직장인과 마주한다면, 그는 십중팔구 특별한 위치에 있는 경우이다. 직급과 무관하게 갑의 위치에 있거나, 특별한 능력을 가지고 있는 경우이다. 나의 경우도 구레나룻을 기르는 등 튀는 외모나 복장을 한 거래처 직원들을 대하면, 항상 더 신경을 써서 대하게 된다. 반드시 전체의 조화를 깨는 사유가 있을 것이기 때문이다.

직원들의 지나치리만치 무난한 복장은 각자의 개성보다 전체적인 조화를 중요시하는 일본식 조직 문화의 산물이다. 그들의 외형은 개성을 표현하기보다는 집단의 질서와 균형을 유지하는 수단으로 여겨진다. 이러한 복장 의식은 학창 시절부터 경험해 온 교복 문화에서 비롯된 측면이 강하다. 튀지 않음으로써 신뢰를 얻고 조화를 통해 안정감을 제공하는 것이 일본의 조직문화가 복장에 부여하는 역할이다.

1.2.4. 집단의식과 집단이기주의

조직의 일체감을 조성하는 일본인들의 집단의식에 있어서 빠지지 않는 것이 매일 출근 후 동료들과 함께하는 아침 체조이다. 특히 생산직이나 현장의 경우 집단체조는 정시 출근여부 체크를 겸한 집단의식이다. 집단체조는 대부분 기업이 일본 전체의 표준에 따르는 것이 특징이다.

일본의 직장에서 근무를 하게 되면서 무엇보다 특이하게 보였던 부분이 바로 현장직 직원들이 출근 시간에 모두들 동일한 근무복 차림으로 모여서 일사불란하게 보건체조를 하던 모습이었다. 한번은 내가 아침시간에 지각을 하면서 사업장 내부의 모든 현장들을 체조 시간에 지나치게 되었다. 사업장 전체에 보건체조 음악이 흘러나오는 와중에, 부서 인원의 많고 적음에 상관없이 직원들이 각자 담당하는 현장에 모여서 체조를 하는 모습을 볼 수 있었다. 정시 출근을 마친 인원을 점검함과 동시에 하루 일과를 시작하면서 동질성을 확인하는 집단 의식인 것이다.

표준화된 집단체조는 일본국민보건체조라고 불리며 1928년에 처음 제정되었다. 소정의 음악과 구령에 맞추어 정해진 동작을 전체 인원이 함께하는 형식이다. 전체 조직원들이 일시에 같은 동작을 보여 주는 모습은 일체감과 팀워크를 상징한다. 한국의 국민체조는 이의 영향을 받은 것이며 서구에서는 찾아보기 힘든 전형적인 집단지향의 의식이다.

일본에서 직장 생활을 함에 있어서 조직기반의 집단의식은 보건체조 이외에도 근무복 착용, 사내정규 배식, 획일적인 식사시간, 정기적인 회식 등으로 나타난다.

일본인들은 인간의 자기 개성 요구를, 조직을 위해 희생하는 사고를 어려서부터 훈련받는다. 대부분의 평범한 일본인들은 자기 자신의 개성을 표현하거나, 창의적이고 진취적이어야 하는 인간의 근본 욕구를 억누르는 교육을 받는다. 일반적인 군대 생활과 비슷하다고 볼 수 있지만, 이러한 비관용이 사회적인 조직에 적응됨으로써 사회 부적응자가 늘어난다. 개인의 희생 자체에 의미를 두기 때문에 사회생활에서의 스트레스를 증가시키기 때문이다.

군 생활을 하는 경우 이를 착실하게 마치고 다시 민간인으로 돌아오면, 자연스럽게 다시 민간인다운 사고와 행동을 하게 된다. 하지만 사회 전체가 개성의 억제를 요구하면서 비관용적이 된다면 이에 적응하지 못하는 개인은 빠져나갈 구멍이 없게 된다. 일본 특유의 오타쿠나 히키코모리는 이러한 집단의식에 반해서 나타나는 현상이다. 군대라면 강제적으로 이러한 도피 성향에 대한 통제가 가능하지만, 사회에서는 특정한 조직이 아니라면 개인의 행동에 대한 제약이 불가능하기 때문이다.

유년기부터 훈련된 공동체적이면서 사회주의적인 사고방식이 집단의식에 반영된다. 많은 일본인들이 사회에 피해가 되더라도 내 조직에 이익이 된다면 적극 협조한다는 생각을 가지고 있다. 이는 미국인들에 비해 집단이기주의 및 국가이기주의적 성향이 훨씬 강하다는 것을 의미한다. 조직이 사법적 위기에 처하는 경우 그 비밀을 지키기 위해 직원이 자살까지 불사하는 경우도 나타난다. 자신의 생명을 버려서라도 자기 집단을 보호하려는 사고는 일본인들의 명예를 중시하는 관습과도 관련이 깊다.

조직 차원에서는 이러한 집단의식과 이기주의가 보편적인 관점에서 긍정적으로 받아들여지지만, 반대로 조직 몰락의 원인이 되기도 한다. 미국 기업의 몰락은 직원들의 주인의식 결여에 의한 것이 대부분이지만, 일본 기업의 몰락은 직원들의 주인의식이 너무 강하여 일어난다. 조직 내부의 비리나 불합리함이 계속 누적되어 결국에는 걷잡을 수 없는 상황까지 가기도 한다. 책임 주체가 명확하지 않은 조직은 거대한 무책임으로 이어지기 마련이다.

조직의 규칙이 상식을 벗어난다고 하더라도 개인으로서 그 조직이 정한 규칙에 저항하기 어려운 분위기가 형성된다. [2] 조직의 추진력은 강해지지만, 옴진리교처럼 잘못된 길로 들어서는 경우 조직에 매몰된 조직원들은 극단적인 행동으로 내몰린다. 포용성이 부족한 일본인들의 내향적 성향이 자신이 소속된 조직의 집단이기주의에 대한 비판을 자제하게 만든다.

1.2.5. 일본인들의 직업의식

일본인들의 직업의식은 조직에 대한 충성심과는 또 다른 측면의 노동관이다. 일정한 조직에 속해 있지 않은 자영업자들도 상당한 직업 의식을 가지고 실무에 임한다. 에도시대에 대대로 가업을 이어 전수되는 장인정신과도 일맥상통한다. 일본에서의 가업은 가문의 명예로 대대로 이어져 왔고, 100년 이상 된 기업만 만 개가 넘는다.

한국의 경우 역사적으로 과거 장인들은 대부분 노비 신분이었고 신분과 가업이 강제적으로 자손들에게 세습되는 시스템이었다. 일본의 경우 장인들은 평민 신분을 가지되 가업을 변경할 수 없는 부분은 역시 강제되었다. 본질적으로는 두 나라 장인들은 생계수단에 대해서는 동일한 처지에 놓여 있었지만, 정신적으로는 평민의 경우가 더 부담이 될 수밖에 없다. 그들끼리 경쟁을 해야 했고 거기에서 도태될 경우 규정된 유일한 생계수단이 사라져 버리기 때문이다.

일본인들의 직업의식은 기독교적 윤리관과 소명에 기반한 미국인들의 직업의식에 대비된다고 할 수 있다. 일본인들은 미국인과 마찬가지로 노동 자체를 중시하지만 종교적 윤리의식에 기반한 것은 아니기 때문이다. 소명으로서의 직업은 봉사의 수단인 데 반해 충성심에 기반한 직업은 자기 자신을 연마하는 수단으로서의 의미를 가진다. 일본인들은 직업과 노동 자체를 그들의 존재를 완성하는 기쁨의 근원으로서 받아들인다.

일본인들의 직업의식에는 기업 간이나 직종 간 임금 차가 크지 않다는 점도 크게 작용한다. 이직에 의해서 얻어지는 이익이 한 곳에 집중해서 얻어지는 이익에 비하여 얼마 되지 않는다. 개인이 담당하는 업무를 명확하게 규정하기보다는, 조직이나 개인의 사정에 따라 융통성 있게 조절하는 기업문화도 이들의 이직에 대한 욕구를 줄인다. 한 우물을 파면서 주변을 넓혀 가는 것만으로도 미국인들이 이직으로서 얻는 이익을 충분히 가져갈 수 있다.

일본인들의 이러한 직업의식은 진입장벽이 높은 고유의 기술이나 노하우를 가진 전문기업을 유지하는 데 상당히 유리하게 작용한다. 장기불황 속에서도 일본이 경쟁력을 유지하는 부분이 바로 산업계 전반에 포진한 전문기업들이다. 오랜 역사를 가진 전문기업들은 변화에 덜 민감한 원천기술이나 기반기술을 보유하고 있다. 전 세계의 모든 IT 기기와 휴대폰 제조사들은 일본제 수정 진동자를 사용하고 있다.

학문 분야에서도 일본인들은 세대 간의 연속성을 중요시한다. 2002년 뉴트리노 연구로 노벨 물리학상을 수상한 동경대 고시바 교수의 연구를 이어받아 그의 제자인 가지타 교수가 역시 뉴트리노 연구로 2015년에 노벨 물리학상을 다시 수상하게 된다. 특정 분야를 계속 다지면서 도를 수련하듯이 하나씩 쌓아가는 일본인 고유의 지속적 개량창조의 직업의식이 나타난다.

직업의식에 대해서는 연예인의 경우도 예외는 아니다. 일본인들의 철저한 직업 의식은 사망하기 사흘 전까지 자신의 생애 마지막 음반을 녹음했던 원로가수 시마쿠라 지요코(島倉千代子)에게서도 엿볼 수 있다. 간암에 의한 장기투병으로 75세의 나이로 사망하기 며칠 전, 자택에서 데뷔 60주년 기념 음반을 녹음하기로 한 것이다.

그녀의 건강상태가 걱정이 된 작곡가가 진정으로 마지막 녹음을 원한다면 딱 한 번만 노래를 불러달라고 요청했으나, 사망 직전의 가수는 내리 세 번을 연속으로 마지막 노래를 불렀다. 그리고 함께 자택을 방문했던 스태프들에게, 가수로서의 인생 최후의 선물에 감사의 인사를 표하였다. 일반적으로 연예인들이 병사 직전에는 자신 모습을 공개하기를 꺼리는 관행이 일본인들의 직업의식에는 반영되지 않았다. 사망 직전까지 연예인으로서의 철저한 직업의식을 보여준 것이다.

1.3. 명확한 책임과 권한이 효율로

1.3.1. 명확한 규정이 주는 혜택

세상의 모든 조직에는 문서화된 명시적 규정과 관행적으로 지켜져 온 암시적 규정이 공존한다. 일반적으로 비합리적인 조직일수록 암시적 규정의 비율이 늘어나지만, 합리적인 조직이라고 해서 반드시 명문화된 규정의 비율이 높은 것은 아니다. 하지만 현실적으로 조직생활을 지속하는 데에 필요한 암시적 규정의 비율이 클수록 해당 조직에 오랜 기간 근무한 직원이 유리할 수밖에 없다. 특히 문서적으로 명문화된 규정 자체가 미흡할수록 더 그렇다. 역사가 오래된 일본기업일수록 암시적 규정의 비중이 늘어나는 현상이 두드러지게 나타난다.

내가 한국의 완성차 S 사 기술연구소에 근무할 당시 일본의 완성차 N 사와 제휴하여 기술을 제공받으면서 업무를 진행하게 되었다. 한국 측에서는 계약대로 설계된 차량의 평가방법에 대한 전체 프로세스를 공유해 줄 것을 요구했으나, 일부 항목에서는 결국 원하는 문서를 얻지 못하였다. 처음에는 일본측이 계약을 무시하고 고의로 핵심 부분을 누락시키고 건네주지 않는다고 의심하였다.

지루한 줄다리기 끝에 결국 얻어낸 것은 직접 손으로 여러 번에 걸쳐 고쳐 적은 흔적이 보이는 수십 년 되어 보이는 누더기 같은 문서의 복사본이었다. 결론적으로 일부 부문의 평가 프로세스는 규정된 매뉴얼이나 문서데이터로 업데이트되지 않고, 사람의 경험 그 자체로 전수되어 왔다는 것을 의미하는 것이었다. 마치 명주를 빚는 할머니가 노트 같은 거 없이 며느리에게 현장 실습으로만 그 비법을 전수하는 것처럼. 그들이 명시적인 평가 규정이 없이 제품에 대한 평가가 가능했던 이면에는 책임과 권한이 명확하지 않은 가족 같은 평생 직장이라는 배경이 존재하였다.

책임과 권한이 명확하기 위해서는, 충실한 표준과 작업매뉴얼이 뒷받침되어야 한다. 미국의 기업들은 상대적으로 더 오래된 기업 역사를 가지고 있으며, 매뉴얼의 분량은 일본의 기업들과는 다르게 해당 기업의 지나온 역사와 비례하는 편이다. 새로운 기업이나 조직의 경우라도 기존 경쟁사들의 매뉴얼을 참조하기 때문에, 표준화 정도는 상당히 진척되어 있다.

시스템화 및 전산화도 많은 부분이 전문적인 전산 툴 도입과 함께 상당히 체계적으로 이루어져 있다. ISO나 IEC를 비롯한 많은 국제 업무 표준이 미국의 주도 하에 그 체계를 갖추게 되었다. 프로젝트 진행관리를 전문화하기 위한 PMP 자격증 제도 또한 미국에서 고안되었다. 품질관리 프로세스에서는 일본이 우위에 있지만 업무 자체의 프로세스 개발에는 미국이 압도적으로 앞서 나가고 있다.

표준화된 매뉴얼은 업무 범위뿐만 아니라, 업무의 상세한 프로세스, 문제점의 원인분석 및 해결방법, 과거의 실수와 재발 방지방법 등이 기록된다. 창업 초기에는 표준 작업에 많은 시간과 노력을 들여야 하지만, 이직률 높은 미국기업에서 새로 고용된 직원이 바로 실수 없이 순차적으로 고유 업무를 진행할 수 있으므로, 결국에는 이익으로 회사에 돌아온다.

매뉴얼에는 각 직책에 따른 책임과 권한이 명확하게 설정되어 있으므로, 직원들의 업무 분담에 따른 혼란과 이에 따른 불만이 줄어든다. 업무 자체의 융통성이 떨어지는 단점은 중복되는 업무를 줄이는 것으로 보완할 수 있다. 주어진 표준에 따르느라 업무 처리 시간이 지연되는 경우가 있더라도, 담당자 선에서 일이 종결되고 전체적인 효율은 상승한다.

법치기반 사회를 지향하는 미국인들의 전통에 따라 직원들이 합의하여 명시적 규칙을 정하게 되면, 비록 규정 자체가 자신에게 불리하다고 해도 일단 주어진 규정을 준수한다. 규정에 따르는 데에 계속 어려움이 따르는 경우, 규칙을 현실적인 업무의 효율을 증가시키는 쪽으로 수정한다. 예외를 인정하는 경우도 있지만, 예외조차 규정으로 만들어서 지키려고 노력한다. 물론 관리자에게만 유리한 보고서 작성의무나 납기준수 같은 규정은 지양한다. 업무 성과에 대한 평가 방법도 규정 속에 포함되어 있어서 대부분 큰 불만 없이 받아들인다.

평가를 하는 데 있어서, 미국인들의 판단기준은 많은 부분들이 정량적이다. 팀워크 자체보다는 개인에게 주어진 목표 완수를 더욱 중요시한다. 개인플레이가 조직의 효율을 크게 저하하지 않는 정도라면, 분위기에 대한 영향 자체만으로는 크게 문제삼지 않는다.

1.3.2. 매뉴얼에 따른 설계 및 평가

특히 제조업이나 플랜트 등의 산업 분야라면 작업 매뉴얼이 차지하는 비중은 서비스업을 비롯한 기타 분야에 비하여 월등히 높다. 미국이 경쟁력을 가지는 우주항공, 방위산업, 의료기기 등 대규모 시스템 기반의 제조업은 직원들이 매뉴얼에 거의 전적으로 의지한다고 보아도 과언이 아니다. 미국의 많은 기업들이 매뉴얼을 관리하는 데 많은 인력과 시간을 투입한다. 역할조직에서는 직무에 대한 명확한 정의가 중요하기 때문이다.

공학 설계의 경우 매뉴얼에 따라 규정된 방법과 툴을 사용한다면, 협업 과정과 그 산출물이 정확하고 명확하며 특히 계산이나 평가결과의 재현성이 뛰어나다. 설계 담당자가 상세한 기초 원리까지 모두 이해하지 못하더라도, 계산과정이나 평가과정에서 결과에 오류가 생길 위험은 줄어들기 때문이다. 설계된 제품이나 시스템에 대한 검증 과정에서도 검증 매뉴얼에 따르다면 오류의 위험성은 감소한다.

내가 미국의 기업에서 처음 공학적 설계를 하였을 때 놀랐던 것은, 아무리 경험이 많은 설계자라 할지라도 그가 설계한 제품을 블럭별로 규정된 설계 툴과 검증 툴을 사용하고 이 결과를 다른 설계자로부터 확인을 받아야 하는 과정이었다. 즉 아무리 납기가 시급해도 설계담당은 디자인 리뷰 등의 규정된 절차를 거치지 않고는 절대로 공식 도면을 출도할 수 없게 되어 있었던 것이다. 어떤 면에서는 상당한 비효율을 안고 있었는데 아주 간단한 설계변경이라도 이에 소요되는 인력과 비용이 관건이었다. 미국이 민생용 전자기기 개발을 포기하게 된 배경에는 이러한 고비용과 납기지연의 문제가 있었다.

노동시장이 유연한 미국의 기업들에는 매뉴얼 개발과 그 절차를 따르는 데에 많은 비용을 투입해야 하는 고충이 있다. 직원은 기업의 유동 자산인 데 반하여 업무 매뉴얼은 고정 자산이기 때문이다. 테크기업들의 경우 보안을 고려하여 매뉴얼과 검증절차에 관한 한 고유의 툴을 만들어야 하는 부담도 있다. 검증 툴은 해당분야에 정통한 전문기업의 툴을 구입하여 사용하지만, 매뉴얼 레벨의 데이터베이스를 다루는 툴은 기업이 자체적으로 구축하여야 한다. 따라서 업무 프로세스에 관련된 전산화 비용은 매뉴얼의 분량에 비례하여 늘어날 수밖에 없다.

미국 제조업의 공산품 설계 과정에서 계산과정이 얼마나 정확한지는, 전 세계의 국가나 기업이 도입하는 설계표준 규모를 보면 쉽게 실감할 수 있다. 일본의 경우도 독자적인 JASO 표준이 있지만, 상세한 설계 매뉴얼에 있어서는 미국에 비한다면 미약한 편이라고 할 수 있다. 일본의 품질 관리 실무기술은 세계 최고 수준이지만 그 표준은 대부분 미국의 것을 모방하거나 그대로 따르고 있다.

내가 근무하였던 독일 B 사의 경우에도 해당 분야 실무에서는 기술력은 세계 최고를 자랑하였지만, 설계계산 및 검증은 미국의 시스템과 툴을 도입하여 사용하고 있었다. 독일 자체적으로 시스템과 검증 툴을 개발하려는 많은 노력을 하였지만, 경쟁력과 시장지배력에서 계속 고배를 마셔야 했다.

나 개인적으로는 판단해 보았을 때 독일산 검증 툴은 성능 면에서는 미국제품과 큰 차이는 없었다. 하지만 GUI 부문에서 미국제품에 많이 뒤처진다는 느낌을 받았다. 이미 미국식 GUI가 세계 표준으로 자리 잡고 유저들에게 익숙해진 상태에서, 독일다운 제품이 외국은 물론 독일 내부에서도 환영받지 못했던 것이다. 결과적으로 독일의 직장인들도 미국 전문기업의 검증 툴에 익숙하게 되었고, 미국 이외 국가의 검증 툴은 점점 경쟁력을 잃어버렸다.

독일 역시 미국식 표준과 매뉴얼을 도입하기 이전까지는, 대부분의 설계 작업이 순전히 개인의 역량에 의존하여 이루어졌다. 뛰어난 역량을 가진 경험 많은 개발자들이 평생 같은 직장에서 근무하는 문화이기에 가능한 일이었다.

건설업계에서도 안전 매뉴얼을 사용함으로써 안전사고를 획기적으로 줄일 수 있다. 물론 이에 따르는 건설비 증가는 현실적으로 피할 수 없다. 시공에 대한 매뉴얼도 기초부분까지 모두 도식화되어 있어서 매뉴얼에 따르는 건설기간은 늘어나지만 하자는 최대한 줄일 수 있게 되어 있다.

매뉴얼의 상세도면이 너무 많아서 경험 많은 장인들에게는 오히려 불편하게 느껴질 수도 있다. 준공검사 또한 철저하게 매뉴얼에 따라서 이루어지니, 직관적이고 융통성 있는 빠른 시공에 오히려 장애가 되기도 한다.

일반적인 산업계뿐만 아니라 식품분야의 경우도 유효기간 선정방식을 보면 그 프로세스의 표준화 정도를 실감할 수 있다. 미국에서는 유통기한 아닌 유효기간으로 식품의 신선도를 표기한다. 식품 매장들이 매뉴얼에 따라 식품 판매대의 온도 관리를 하기 때문에 식품공학적 유효기간 계산이 용이하다. 유효기간을 사용하는 경우 유통기간 기준에 비하여 식량 낭비를 최대한 줄일 수 있다.

1.3.3. 융통성 부족에 의한 손실

명확한 책임과 권한에 의한 효율 증대는 미국의 기업들이 중점적으로 지향하는 바이지만, 모든 시스템에는 장단점이 있기 때문에 이에 대한 부작용도 고려하여야 한다. 명확한 규정이 포괄하는 업무 영역이 넓어질수록 그에 비례하여 효율이 계속 무한대로 늘어만 가는 것은 아니기 때문이다.

미국기업들의 직원들은 상부에서 지시되거나 매뉴얼에 명시된 업무만 수행하고, 맡겨진 범위 이상의 업무에 손대기를 꺼리는 편이다. 일본 조직문화에서는 보편적으로 여겨지는 주인의식을 가지고 접근하였다가, 오히려 동료나 관리자의 업무 영역을 침범하려는 시도로 오해를 받을 수도 있기 때문이다.

따라서 업무 매뉴얼이 완벽하지 않은 경우, 예기치 않은 손실이 발생하는 경우를 방지하기 힘들다. 매뉴얼에 따른 책임소재가 명확하지 않으면 직원 개인이 아닌 조직과 기업의 손해로 돌아오는 것이다. 퇴사하는 직원들에게 떠나기 전에 업무 인수인계가 의무사항이 아닌 점도 회사에 결국 손실로 돌아올 수 있다.

규정된 매뉴얼의 절차에 따르는 프로세스의 증가에 대한 비용은 결코 만만치 않다. 실무자의 직관에 의하여 생략해도 무난한 절차라 하더라도 매뉴얼에 명시되어 있는 절차라면 반드시 따라야 한다. 매뉴얼의 프로세스를 생략하여 발생하는 문제는 실무자가 모두 책임을 떠안아야 한다. 관리자 입장에서는 무조건 매뉴얼에 따르도록 지시함으로써 책임의 회피가 가능하다. 이는 업무 유연성 저하와 추가 비용이 발생하는 가장 큰 요인이 된다.

무조건 절차에 따라야 함에 의한 비용 증가의 실례는 미국의 의료 시스템에서 확연하게 나타난다. 병원 응급실 방문 비용은 환자가 의료보험에 가입되어 있다고 해도 본인 부담이 수십만 원을 호가한다. 나의 경우도 자녀가 밤에 열이 나서 병원의 응급실을 방문한 결과 300불 이상의 본인부담금을 지불해야 했다. 응급실 접수 이후 열이 다시 떨어졌으나, 병원 규정상 수십 가지의 검사를 해야만 했다. 결국 아무 이상 없다는 최종 결과가 나올 때까지 절대로 병원을 나설 수 없었다. 일단 응급실에 접수된 환자는 의사의 재량과 상관없이 매뉴얼에 따른 모든 검사를 마쳐야 한다.

체계적으로 구성된 매뉴얼에 따른다면 어떤 조직이라도 직원들의 전반적인 업무의 질과 일관성은 개선된다. 하지만 융통성 면에서 발생하는 손실은, 업무에 소요되는 비용을 증가시킬 수밖에 없다. 직원들이 철저하게 규정된 매뉴얼에 따르게 함에서 발생하는 손실과 추가비용은 크게 두 가지의 요인에서 발생한다. 하나는 늘어난 업무 자체에 대한 추가시간 비용의 증가이고 또 다른 손실은 작업인력에 대한 단위 시간당 인건비의 증가이다.

고용주는 노동시간 증가에 따른 추가 비용뿐만 아니라 매뉴얼을 따르는데 필요한 정신노동의 대가를 직원에게 추가로 지불해야 한다. 미국 사회에서 규정된 절차에 따르는 노동에 대한 급료는 창의적인 업무에 대한 급료보다 더 높아야 함은 보편적으로 받아들여진다. 청년들이 첫 직장은 급료가 낮더라도 미래지향적인 업무를 찾는 이유이기도 하다. 경제적으로 어려운 청년들이 단순반복 업무로 몰리면서 사회문제가 되기도 한다.

나의 경우도 매뉴얼에 따른 반복적인 절차를 거쳐야만 하는 업무가 정신적으로 가장 힘들었다. 직관적으로 생략해도 되는 업무를 수행하는 과정은 심리적으로 상당히 고통스럽다. 특히 매뉴얼의 확인 리스트에 체크마크와 데이터를 기록하는 업무는 정말 미치도록 하기 싫었다. 계속 그 업무만 하다가는 돌아 버릴 지경까지 되었다. 급료는 만족스러웠지만 결국 반복적인 업무를 회피하기 위하여 경쟁사로 전직을 시도하게 되었다. 같은 실무능력에 같은 급료의 조건이라면 누구라도 자유롭고 창의적인 업무를 선택하려 한다. 전문성이 강한 업무를 매뉴얼에 따라 반복해야 하는 업무에는 반드시 고임금이 따른다.

직원들이 매뉴얼에 따르는 것은 그들의 권리이기도 하기 때문에 근무시간에 대한 계산도 정확하다. 정해진 근무 시간을 준수하는 것도 업무 매뉴얼의 주요 내용이기 때문이다. 근무 시간대는 자유롭지만 전체 근무시간은 매뉴얼에 명시되어 있으며, 연장 근무 시에는 규정된 추가 급료를 지불해야 한다. 추가 급료는 평상시 급료보다 높아야 하며 이 또한 매뉴얼에 규정되어 있다.

규정된 근무 시간이 지나면 직원들은 대부분 정확하게 자리를 떠난다. 관리자 입장에서는 근무 시간이 자유롭게 주어지는 보답으로 상황에 따른 추가 근무를 해 주었으면 좋겠는데, 직원들 생각은 그렇지 아니하다. 그날 늦게까지 남아서라도 끝내야 되는 일이 있는데 실무자가 자리를 떠나버리게 된다면, 당연히 그 부분에서 업무 효율은 떨어질 수밖에 없다.

한번은 내가 사내 전파시험소에서 새로 제작한 제어기의 전자파 측정을 하게 되었다. 나의 임무는 제어기 시작품을 평가 규정에 따른 조건으로 전파무향실 내부에 설치하는 일이었다. 내가 소프트웨어 담당이 아니었기 때문에 평가 기준에 맞는 고객의 요구사항에 맞는 동작조건을 설정하는데 그날 거의 반나절이 걸렸다. 이제 드디어 테스트를 시작하면 되겠구나 하고 안도의 한숨을 쉬면서 잠시 화장실을 다녀왔다. 현장으로 돌아와 보니 고생 끝에 시험조건에 맞추어 셋업한 제어기의 전원공급 장치가 꺼져 있었다.

전파시험실을 운영하는 평가 담당자가 자신의 퇴근 시간이 다가오자 평가 시스템의 전원을 내리고 곧바로 퇴근해 버린 것이다. 결국 나는 다음 날 아침에 출근하여 테스트를 위한 셋업을 처음부터 다시 시작해야 했다. 그때 그 평가 담당 직원에 대해 폭발했던 나의 분노는 아직도 잊을 수가 없다. 그 이전 일본계 기업에서 비슷한 측정 업무를 하였을 때에는 도저히 있을 수 없는 일이었기 때문이다.

나중에 마음을 가라앉히고 생각해 보니, 시험실 운영 담당 입장에서는 연장 근무를 해서 돈을 더 받는 것도 아니고, 그렇다고 시험 장비들과 제어기의 전원을 그대로 켜 놓고 퇴근하는 것도 매뉴얼의 규정을 위반하는 행동이었다.

결국 시험실 담당이 스스로 나서서 나와 함께 잔업을 해주리라고 기대했던 내가 어리석었던 것이었다. 원래 그와 개인적으로 친하던 사이도 아니었다. 함께 남아서 일해줄 것을 원했다면 미리 인간적으로 연장 근무가 가능한지 특별히 나를 도와줄 수 있는지 정중하게 부탁을 했어야 했다. 나는 그의 사내 고객이었지만 일방적으로 잔업을 요구하는 것은 전적으로 나의 권한 밖이었고, 그의 자발적인 자비가 필요한 상황이었기 때문이다.

매뉴얼 보강 관행에 따른 극단적인 효율 저하는, 과거 테러대응 검색 매뉴얼에서도 나타났다. 9.11테러 이후 신발을 이용한 테러범이 적발되자 모든 승객들은 검색대에서 신발을 벗도록 규정되었다. 그 이후 액체폭탄을 이용한 테러범이 적발되자, 모든 액체를 검색하는 절차가 추가되었다. 몸속에 폭발물을 숨겨 통과한 테러범이 적발되자 신체내부를 촬영하는 장비가 추가되어 모든 항공 승객은 방사선 검색을 받도록 되었다.

물론 검색에 소요된 시간은 기하 급수적으로 증가하여, 2009년 12월 28일에는 7시간 전에 공항에 도착해야만 예정된 비행 편에 탑승이 가능하였다는 사연이 뜨기도 하였다. 매뉴얼에 내용을 추가하는 것이, 상부에서 취할 수 있는 주요 대책이었고, 어느 누구도 감히 매뉴얼의 내용을 완화하는 제안을 내놓지는 못하였다. 만에 하나 완화한 부분에서 사고가 발생하면, 엄청난 책임을 물어야 하는 것은 자명한 일이기 때문이다.

매뉴얼 중심의 업무 환경이라 하더라도 멘토, 즉 실무를 전수해 줄 수 있는 직장선배는 조직생활의 핵심이다. 미국이 주력으로 하고 있는 업종이나 기술이 대부분 진입장벽이 높은 것들이기 때문에, 상호 간에 신뢰할 수 있는 멘토를 만나는 것이 업무 매뉴얼 못지않게 매우 중요하다. 어떤 이유로든 노하우 전수가 막혀 버리면 업종이나 기술의 수명이 끝나버리는 경우가 많다. 매뉴얼에만 의존하다 노하우의 맥이 끊겨버린 사례는 특히 사양화 되어버린 제조업에서 많이 관찰된다. 베들레헴 철강이나 웨스팅하우스가 그 일례이다.

1910년대에 미국의 거리를 활주하던 전기 자동차들은 그 기술의 맥이 끊겨버려 다시 부활하는 데 80년이라는 세월이 소요되게 된다. 나사의 달 탐사 기술의 경우 1970년대 초반 이후 노하우 전수가 끊겨버려 그 이후 어느 누구도 지금까지 다시는 달에 가보지 못하게 되었다. 특히 이때까지는 모든 문서가 종이로 기록되어 다음 세대가 이를 판독하기보다는 처음부터 다시 시작하는 쪽을 선택하기도 하였다.

결론적으로는 미국식 기업 문화와 개인주의 환경에서 명확한 규정이 주는 혜택은 융통성 부족의 손실을 압도한다고 할 수 있다. 개인적이고 독립적인 조직 생활에서 매뉴얼이 차지하는 영역은 위계 조직에서 매뉴얼이 차지하는 영역과는 비교할 수 없을 정도로 그 비중이 높다.

1.3.4. 명시된 역할에 따른 전문성

업무 매뉴얼의 주요 기능 중 하나는 각 직무별로 담당자의 역할이 명시되어 있다는 점이다. 매뉴얼 기반 업무방식은 담당자의 전문성을 중시한다는 장점이 있다. 반면에 개인의 역할과 업무영역이 한번 규정되어 버리면, 다른 분야로 개인의 영역을 넓히는 과정은 쉽지 않다는 단점도 있다. 본인이 원하는 새로운 분야로 도전하거나 조금 더 핵심적인 역할로 바꾸고자 하면 매뉴얼에 규정된 절차를 따라야 하기 때문이다.

이민자들의 경우 처음 미국의 매뉴얼 기반 업무방식을 이해하지 못한 상태에서, 일단 자신이 원하지 않는 역할의 담당에 지원해서 일하다가 원하는 업무로 전환하려는 실수를 범하기도 한다. 미국의 기업들은 일반적으로 특정 업무에 공석이 생기는 경우, 다른 직원을 전환 배치하기보다는 해당 분야의 전문가를 새로 고용하는 것을 선호한다.

특히 미국의 테크 기업들은 일본과 달리 제품개발을 하는 과정에서 테크니션과 엔지니어 신분의 구분이 명확하다. 한번 테크니션으로 일하기 시작하면, 평생 테크니션으로 은퇴하는 경우도 많다. 엔지니어는 설계, 해석, 공정 또는 평가의 전반적인 업무를 담당하는 데 반해, 테크니션은 장비유지 보수나 시작품 조립작업, 평가 셋업 작업 등 엔지니어를 보조하는 상대적으로 단순한 작업을 하게 된다.

내가 처음 미국에서 설계하게 된 차량용 제어기를 고객사인 완성차 업체에 가지고 가서 고객들과 함께 평가를 하게 되었을 때 이야기다. 나로서는 미국생활 시작 후 처음으로 신선한 문화충격을 경험하게 된 것이다.

내가 이전에 근무했던 한국의 완성차 업체 R 사에서는, 제어기를 차량 내부의 지정된 부분에 설치하는 일은 담당 개발자의 주요 업무 중 하나였다. 협력업체로부터 납품된 제어기의 평가를 위해서, 차량의 일부를 분해하여 제어기를 설치하고 다시 조립하는 과정을 수없이 반복하면서 상당히 많은 시간을 소모했던 기억이 떠 올랐다.

당시 일하던 팀에서는 내가 가장 나이가 어렸기 때문에 제어기를 차량에 설치하거나 교체하는 작업은 주로 나의 몫이었던 경우가 많았기 때문이다. 교체 작업을 도와줄 테크니션은 충분치 않았고, 대부분 나보다 직장 고참이어서 그때그때 함부로 업무를 부탁하기도 힘든 상황이었다.

고객사를 방문한 우리 일행은 새로 제작한 제어기 시작품 성능평가를 담당하게 된 신입 개발자에 건네었다. 신입 직원이 제어기를 직접 차량에 설치하려면 시간이 좀 걸릴 것으로 생각하고 느긋하게 기다리려던 참이었다. 사실 평가까지 완전히 끝나려면 며칠 정도 걸릴 것으로 예상하고 근처 숙소까지 예약한 상태였다.

그런데 나의 눈앞에서 의외로 놀라운 일이 일어났다. 신입 개발자는 즉시 테크니션을 부르고 작업 매뉴얼을 건네면서 무언가를 열심히 지시했다. 신입 개발자보다 훨씬 나이가 들어 보이는 고참 테크니션은 그의 지시에 따라 숙달된 빠른 속도로 차량의 해당 부분을 분해하기 시작했다.

차량의 분해를 마치고 지정된 위치에 제어기를 설치한 이후 다시 차량을 조립할 때까지 정말 잠깐이었다. 그 동작이 너무 능숙하고 숙달되어 보여서 감탄을 불러일으킬 정도였다. 차량의 전선 다발을 주어진 도면에 따라 제어기의 커넥터에 하나하나 연결하는 데까지 걸리는 시간은 말 그대로 순식간이었다.

테크니션에 의해 제어기 설치와 평가 셋업이 끝나자 담당 개발자는 두꺼운 성능평가 매뉴얼을 가져와 주어진 순서대로 입력조건을 바꾸어 가며 계측업무를 진행했다. 이것이 내가 미국에 건너가 처음 받은 기업문화에 대한 충격이었다. 개발자는 순수한 설계 및 성능평가 업무에만 집중하면 되는 것이었다.

테크니션이 미국에서 엔지니어 즉 개발자로 신분 변경을 하고자 한다면, 기본적으로 4년제 대학을 졸업하여야 한다. 하지만 실제로 내 주변에서는 신분 변경을 위하여 4년제 야간 대학에 진학하여 학업을 병행하는 테크니션은 의외로 드물었다. 조금만 투자를 한다면 평생 조금 높은 급료를 받을 수 있는데, 현실에 안주하고 아예 시도조차 해보지 않는 태도가 처음에는 이해가 힘들었다.

나중에 깨달은 사실이지만 이들에게는 이미 과거에 충분한 기회가 주어졌었고, 개발직이 자신의 적성과 능력에 맞지 않다고 일찍이 판단했기 때문이었다. 미국이라는 나라는 개인에게 무한에 가까운 기회를 주기 때문에, 이들 기회를 충분히 사용해 보고 결국 실패하면 미련 없이 포기해 버려도 억울한 일은 없는 것이다.

그들에게는 그동안 많은 기회가 주어졌었기 때문에 자신이 개발자가 아니라 테크니션이라도 억울할 일이 전혀 없는 것이다. 대신 테크니션은 노조원 신분을 가질 수 있기 때문에, 개발직과 달리 정리해고의 위험이 극히 적다는 장점을 누릴 수 있다. 미국 자동차노조(UIW) 소속 노조원의 경우 회사가 파산한 경우에만 정리해고가 가능하다.

처음 미국 회사에 경력 사원으로 입사한 동양계 이민자들을 당황하게 하는 상황 중 하나가, 자신보다 나이가 훨씬 많은 사람들을 관리하거나 업무 지시를 해야 하는 상황이다. 연장자로서의 기득권 개념이 희박한 미국 문화에서, 자신보다 나이가 많은 부하 사원을 자연스럽게 대하는 경우는 흔한 일이다. 수직적인 관계가 아닌 역할조직에서 관리자와 실무자는 서로 명시된 역할을 수행할 뿐이다.

이는 존대가 없는 언어를 사용하는 남유럽의 문화를 그 기원으로 보아도 좋다. 유럽 소설 그리스인 조르바에 나오는 환갑이 넘은 조르바는 고용주인 주인공보다 무려 서른 살이 많다. 조르바는 항상 나이 어린 주인공을 보스라고 호칭하면서 소설 전반에서 자신의 나이와 상관없이 자신을 낮추는 모습을 보여준다. 노인의 지혜라기보다는 확 트인 화끈한 영혼과 힘찬 육체를 통하여 절대적인 자유의 추구를 보여준다. 지속해서 수평적인 관계를 유지하면서도 나이 어린 주인공의 정신적 스승이 되어 가는 과정이 묘사된다. [4]

1.4. 적재적소의 융통성

1.4.1. 분화 가능한 개인역량

일본의 기업들은 한 가지 분야에 전문성을 가지는 것도 중요시하지만 일반적으로 다재다능한 직원을 선호한다. 특히 박사급이나 고도의 전문성을 필요로 하는 업무가 아닌 일반 직원들의 경우에는 상사가 지시하는 사항이 어떤 것이든 고루고루 무난하게 수행할 수 있는 역량을 가진 직원이 더 가치를 인정받는다.

직원 개인이 가지고 있는 지식 자체보다는 선배들을 존중하는 태도 그리고 새로운 무언가를 배우겠다는 자세가 올바를 때 그 직원의 조직적합성이 뛰어나다고 여겨진다. 끊임없는 자기 수양을 통하여 조직원들과 조화를 이루고 조직의 요구에 대한 순응의 준비가 되어 있어야 한다. 마치 어떤 세포로도 분화할 수 있는 줄기세포에 이미 분화된 세포보다 더 가치를 주는 것과 비교할 수 있다.

내가 처음 일본계 S 사에 채용되었을 때 회사 측에서는 향후 담당하게 될 업무는 개발 업무라 설명하였다. 그때 정확히 어떤 업무를 하게 되는지 알아봐야 했는데 막연하게 설계 업무를 맡는 걸로 여겼었다. 채용이 결정되고 첫 출근을 한 이후 어떤 업무를 담당하게 될지 자세히 알게 되었다. 일단 일본에서 파견된 주재원을 보조하는 업무로 시작하여 평가된 역량에 따라 전문성을 가진 업무로 옮겨 간다는 것이었다.

내가 실무를 시작한 부서의 일본인 상사는 앞으로 하게 될 일을 나에게 농담조로 이렇게 설명하였다. "일본어로 개발(Kaihatsu) 업무를 한다는 말이 무슨 의미인지 아시지요? 개발이란 '주어진 업무는 어떤 일이든지 수행한다(Nannimo yaru)'라는 의미입니다." 처음에 담당한 일은 생산라인에서 발생한 불량의 원인을 파악하고 대책을 수립하여, 이를 고객사에 보고하는 일이었다. 결과적으로 일본 본사에 파견되어 그곳의 핵심개발자와 플랫폼 설계 업무를 하게 되었지만 이는 결코 조직에서 처음부터 약속할 수 있는 일이 아니었다.

이런 분화 가능한 역량에는 직원의 나이가 주요한 요소가 된다. 나이가 많을수록 새로운 분야에 대한 학습능력이 떨어지기 때문이다. 이런 기준을 충족시켜 채용된 직원들은 조직의 필요에 따라 장기적으로 활용할 수 있는 범위가 다양하다는 강점을 가진다. 필요한 해당 전문가를 즉시 채용하여 활용한 이후에, 프로젝트가 끝나면 해고시키는 미국식 인사 관리 방식은 일본의 조직에서는 적용하기가 쉽지 않기 때문이다. 아무리 외국인 직원이라고 해도 쉽게 채용하고 이미 조직에 융화된 충성스러운 직원을 갑자기 내보내는 것에 일본인들은 정서적으로 익숙하지 않다.

일본기업들의 직무에 대한 규칙과 업무의 표준화에 대한 경시 현상은, 직원들 입장에서는 경력에 비례하여 업무 선택의 자율권이 늘어난다는 장점을 가져온다. 물론 개인의 역량과 업무에 대한 열정이 뒷받침해주어야 한다는 조건을 전제로 한다. 반면 개인의 성과가 저조하거나 충성도가 미흡한 경우 담당했던 핵심 업무를 다른 동료에게 빼앗길 우려도 존재한다. 개인의 역량과 실력은 계속 경력에 비례하여 분화하면서 지속적인 조정 과정을 거치고 조직의 효율에 맞추어 최적화되어 가는 것이다.

분화 가능성을 중요시하는 일본인들이지만, 같은 부서가 아닌 타 부서의 업무영역을 침범하거나 물건에 손을 대는 일은 자제하는 편이다. 한국에 비한다면 개인 간의 업무 영역은 의외로 상호 간에 명확한 편이다. 상대방을 배려한 협업의 경우에도 항상 담당자의 의견을 물어보고 처리해야 한다.

지나친 배려는 오히려 상대방에게 폐가 되니 주의하는 것이다. 여기에는 일본식 개인주의가 개입된다. 프라이버시 위주의 미국식 개인주의와는 달리, 한 지붕 아래 가족 간의 영역설정에 더 가깝다. 남편이 부인의 영역인 부엌에 들어가 프라이팬을 사용하여 요리를 하고 나서 그것을 원래 위치가 아닌 다른 장소에 두는 것으로 비유할 수 있다. 아내 입장에서는 부엌의 물건들이 위치가 바뀌는 것이 요리를 도와주어서 고마운 것보다 오히려 자신의 활동에 방해가 되는 것이다.

일본인 직원들은 지시받은 일에는 열심히 정성을 다하지만, 지시가 없거나 담당이 아니면 움직이지 않는 편이다. 나의 일본인 동료들은 자신들에게 주어진 범위 밖에서는 소극적이고 자신이 없는 편이었다. 미국의 기업문화보다는 융통성이 훨씬 좋다고 볼 수 있지만 한국이나 중국에 비한다면 융통성에 대한 한계는 확연하다.

직원 간 업무 영역이 명확하다는 것은 미국과 마찬가지로 전문성 면에는 유리하게 작용한다. 일본인들 역시 광범위한 분야에는 약한 편이지만 자신이 담당한 분야에 대한 전문지식은 높은 편이다. 집단조직의 전문성

또한 뛰어난 편이며, 어떤 면에서는 미국을 능가하기도 한다. 일본의 전통적인 기술과 실무중심 문화의 영향이기도 하다. 이는 학자 및 직장인들의 노벨상 수상 실적으로 정량화될 수 있다. 즉 일본 입장에서 본다면 미국은 결코 넘볼 수 없는 수준이지만, 일본인들 나름대로 전문성을 가지고 있다는 이야기다.

1.4.2. 인력의 적재적소 배치

대부분 일본기업의 경우 다수의 신입이나 경력 인원을 일시에 채용하는 공채형식의 채용 제도를 전통적으로 유지하고 있다. 일반적으로 실제로 근무하게 될 그룹의 계열사나 부서, 담당할 업무는, 본인의 의사보다도 조직의 필요에 따라 결정된다. 채용 권한의 대부분은 실무 부서가 아닌 인사 부서에 있으며, 인사 부서는 정기적으로 채용된 인력을 각 부서에 전문분야와 우선 순위를 종합적으로 고려하여 배치시킨다.

무엇보다 가장 중요한 핵심 사항은 기업 전체 관점에서의 신규 인력의 적재적소 분배이다. 전체적인 기업단위의 관점으로 인력을 배치하게 되면, 각 사업장이나 부서별로 균형적인 인력분배를 할 수 있다. 따라서 고급인력이 한쪽으로만 쏠린다든지, 비인기 부서에서 필요한 인력을 구하지 못한다든지 하는 경우를 방지할 수 있다.

물론 비인기 부서나 지역으로 배치된 우수한 신입 직원의 경우 상당한 불이익이 될 수도 있다. 미국이라면 이에 따른 금전적인 보상이 반드시 따르지만 일본이라면 그렇지 않기 때문이다. 물론 향후 진급 등 장기적인 현장중시의 보상이 따르지만, 단기적으로 본다면 철저하게 조직원으로서의 희생을 요구하는 부분이다.

내가 근무했던 일본계 기업 S 사에서는 주재원이 주도하여 미국에 유학하여 천문학을 전공한 일본인을 채용한 적이 있다. 처음에는 실무와 관계가 없는 석사급 인력을 뽑는 데 대한 우려가 있었으나, 사실은 주재원이 면접에 직접 참가하여 이 지원자의 인성과 태도를 좋게 본 것이다. 잔업시간에 늦게까지 남아 있다가 때마침 그 주재원과 공장에 파견 중인 다른 주재원과의 통화 내용을 엿들을 수 있었다.

대화의 내용은 임원급인 공장 주재원에게 연구소 쪽에서 공장에 보낼 우수한 인력을 확보했다는 기쁜 소식을 보고하는 형식이었다. 지원자는 업무나 지역에 상관없이 조직에서 원한다면 기꺼이 따르겠다는 태도였기 때문에, 처음에는 연구소 인력으로 채용되었으나 공장 근무가 확정된 것이었다. 나도 처음에는 이 직원의 태도가 정말 수용적인 줄 알았는데, 배치 후 나중에 공장에 출장을 가서 그의 이야기를 들어보니 오지에서 상당히 힘든 나날을 보내고 있었다.

그는 혹시라도 그곳에서 열심히 일하면 연구소로 돌아올 수 있을까 하는 희망을 버리지 않고 있었다. 하지만 연구소 입장에서는 비교적 쉽게 우수 인력을 구할 수 있는 상황이었고, 미국 공장의 인원은 좀처럼 구하기 힘들었기 때문에 사실상 전직 가능성이 없었다. 양산준비를 하러 공장에 갈 때마다 그 친구 이야기를 들어주고 위로해 주는 것이 나로서는 최선이었다. 천문학자의 꿈을 안고 미국으로 건너온 이야기 그리고 지나온 흩어져버린 나날들.

일본에서는 신입 직원이 실무 부서에서 담당하게 되는 업무는 일반적으로 명확하게 규정되지 않는다. 조직이나 개인의 사정에 따라 쉽게 그때그때 변경될 수 있다. 특히 신입 직원이 입사 초기에 담당하는 업무는 의외로 향후 조직 생활이나 경력관리에서 그다지 중요시되지는 않는 잡일들이 많다.

사실 담당하게 되는 업무의 성격 자체보다는 그를 오랫동안 지도하게 될 직장선배 즉 멘토가 더욱 중요하다. 멘토의 업무가 바뀌게 되면 멘티는 자연스럽게 그쪽으로 따라간다. 사내에서 경력이 쌓여갈수록 지도선배의 존재는 더욱 가치를 더해간다. 동료 직원들은 누군가의 첫 담당업무보다는 그의 멘토가 누구였는지에 다들 더 관심을 가지기 때문이다.

내가 일본에서 근무할 때는 의외로 쉽게 동료들과 친해질 수 있는 방법이 있었다. 나와 같은 멘토를 두었던 직원으로부터 교류를 시작하는 것이다. 일본인 동료들과의 회식 자리는 항상 일 관련 이야기로 시작하는 것이 무난하다. 업무가 중심이 되면서 동심원처럼 대화의 소재를 조금씩 넓혀 가면 서로 간의 사생활 이야기에 접근하는 네마와시가 되는 것이다.

그와의 첫 술자리에서 우리의 멘토에 대한 의견을 나누면서 쉽게 친해질 수 있었다. 그 또한 나와 비슷한 고민을 하고 시행착오를 거치면서 조직 생활을 해 왔던 것이다. 당연히 긍정적인 부분만 있을 수는 없고, 우리를 힘들게 하였던 부분까지 함께 공유하는 부분이 더 가치를 가진다.

일본의 조직생활에서 멘토가 중요한 또 다른 이유는 그들이 담당하는 업무를 수월하게 변경할 수 있다는 부분일 것이다. 업무는 바꾸기 쉬운 반면 멘토는 거의 조직생활의 평생을 좌우하는 바꾸기 힘든 부분이다. 이는 새로운 입사를 원하는 직원 입장에서 입사 직후에 담당하게 될 업무가 예측이 힘들다는 우려에 대한 보완책이라고도 할 수 있다. 어떤 업무가 주어지든 간에 커다란 위험부담 없이 기꺼이 수용할 수 있기 때문에, 기업 입장에서는 인재들의 적재적소 배치에 의한 전체 인력의 효율을 높일 수 있다.

조직 안에서의 담당 업무 변경뿐 아니라 직군 자체의 변경도 상대적으로 용이하게 되어 있다. 테크회사의 경우 고졸 테크니션 레벨로 입사했더라도, 본인의 능력에 따라 엔지니어나 개발직으로 보직 변경이 가능하다. 요구되는 학력이나 경력은 처음 입사 시에만 필요한 것이고, 일단 입사를 한 이후는 이력보다는 본인의 조직적합성, 능력 및 성과가 더 중요시되는 것이다. 형식상의 학력이 요구되는 경우에는 회사 지원으로 야간 대학에 다니면 된다.

적재적소 배치의 또 다른 보완책은 순수 연구업무보다는 개발업무와 현장을 더 중요시하는 부분이다. 연구와 창의력에 더 많은 비중을 두는 미국의 테크기업과는 반대의 현상이다. 따라서 연구역량을 가진 엔지니어가 양산 관련 업무를 담당하게 되어도 장기적으로 그에 대한 보상이 따르게 되어 있다. 일본의 기업들은 항상 보다 많은 혜택을 현장에 근무하는 직원들에게 주려고 노력한다.

1.4.3. 성과가 낮아도 같은 급료

일본의 직장인들이 받는 급여에 대한 특징 중 하나는 일을 못하거나 성과가 좋지 않더라도, 일을 잘하고 좋은 성과를 내는 동료 직원과 거의 같은 급료를 받는다는 부분이다. 조직의 성과를 모두에게 균등하게 분배하는 과정은 조직원들을 단합시키는 핵심적인 부분이다.

심리학자들이 일본 직장인들의 고성과자를 대상으로 분배에 관한 의견을 조사한 결과 대부분의 직원들은 그들의 급료를 평등하게 나누는 균등분배의 원칙을 긍정적으로 받아들인다는 결과가 나왔다. 단 이것은 면식이 있는 조직내부의 동료들과의 분배에 한해서다. 조사에 응한 직원들은 그들과 교류가 없는 다른 조직의 직원을 대상으로 한 균등분배에는 상응분배가 더 합당하다는 반응을 보였기 때문이다. [3]

즉 급료를 균등하게 분배하는 조건에 대한 긍정적인 사고는 상호 간의 교감이 있는 동료 조직원으로 제한된 것이다. 이는 혜택을 균등분배의 혜택을 받게 되는 저성과자로부터 반대급부로 얻어지는 것이 있기 때문이다. 이들은 물질적인 부분뿐만 아니라 암묵적인 내부 서열, 그리고 수혜자들이 고성과자들에게 보여주는 감사하는 자세를 중요하게 생각한다.

미국의 상호 간에 대등한 조직원들 간의 관계와 달리 일본에서는 각자의 역량과 기여도에 따른 암묵적인 서열이 존재한다. 평생 같은 조직에 몸담는 동료들과의 지속적인 관계에서는 실력과 역량에서 차이 나는 부분은 결국 드러나게 마련이다. 그들과 가족 같은 관계를 지속시켜 나가는 과정에서 서로 실력차이를 계속 속이기도 힘들고 이를 보충하려고 과도한 에너지를 낭비하는 모습도 효율적이지 않다.

일본의 조직생활에서 부서원 간에는 급료가 아닌 실력과 성과에 따른 조직내부에서의 서열이 정해진다. 미국이라면 급료의 차이로 보상되는 부분이 일본에서는 조직 내의 예우로 보상되는 것이다. 고성과자에 대한 인센티브는 존재하지만 미국처럼 급료에 크게 차이가 나지는 않는다. 물론 일본의 조직에서 나이와 호봉은 절대 무시할 수가 없다. 하지만 핵심부서에서는 나이에 비례한 성과가 없으면 지원조직으로 밀려나는 것이 일반적이다.

내가 근무하던 일본기업의 부서 내에서도 암묵적인 서열이 존재하였고, 서로 간에 함께하는 구성원이 서로 달랐다. 조직원 전체가 일사불란하게 움직이는 듯하면서도, 가만히 들여다보면 그들 사이에 직급과 급료체계를 뛰어넘는 질서가 있었다. 이 서열과 질서에 순응하지 않으면 결국 조직에서 따돌림을 당하게 된다. 균등한 금전적 보상에 대한 반대 급부이다.

나는 물론 외국인 신분이었지만 다행히 핵심 개발자들을 가까이하면서 함께 업무를 진행할 수 있었다. 이전 미국에서 근무할 때에 출장으로 오는 핵심직원들과 친해 놓은 것이 주요 인적 자산이었던 것이다. 하위 그룹의 동료들은 모두들 약속이나 한 듯이 아무도 나에게 말을 걸어오지 않았다. 내가 먼저 말을 걸기에도 상당히 눈치가 보였다. 나는 두루두루 여러 부류의 사람들과 교류하고 싶었지만, 결과적으로 항상 같은 그룹의 동료들과만 붙어 다녀야 했다. 일본에서의 조직생활에서 가장 힘들었던 부분이다.

직무와 성과에 구애받지 않고 동일한 급료를 받는다는 사실은 개인에게는 또 다른 융통성을 준다. 즉 내가 핵심부서에서 핵심적인 일을 하지 않고 지원부서에서 잡무를 하더라도 급료는 변하지 않기 때문에 부서이동을 당하더라도 크게 억울한 일은 없다는 부분이다. 특별한 취미가 있거나 삶 자체를 관조하는 성향이라면 굳이 핵심 역할을 고집하지 않아도 된다.

대조적으로 부서와 직무에 따라 급료가 차등 지급되는 미국의 기업에서는 부서이동은 거의 일어나지 않는다. 인원충원은 대부분 신규나 경력채용에 의존한다. 이런 융통성 저하는 인력 분배 효율을 떨어뜨릴 수 있다.

1.4.4. 융통성이 경쟁력으로

일본기업에 근무하는 직원들의 책임과 권한은 미국의 기업들에 비한다면 그다지 명확하지 않은 편이다. 그러한 것들은 그때마다의 부서 사정과 인원분배 요구에 따라 융통성 있게 결정된다. 사실 일본기업들의 조직 내

직무에 대한 규칙 설정의 표준화 정도와 이에 대한 문서화는 상당히 빈약한 편이라고 할 수 있다. 얼마 되지 않는 규정마저도 실제로 업무에 적극적으로 활용되지 않는 경우가 많다.

미국인들 입장에서 본다면 법이 없어도 생활이 가능한 일본인들은 조직 내에서도 그러하다고 여겨질 것이다. 부서 업무의 프로세스나 담당 인력은 그때그때의 상황에 따라 최적화될 수 있다. 규정 자체보다는 조직의 자율권이 존중되는 것이다. 하지만 조직원 개인의 자율권이 함께 보장되지는 않는다. 업무지시는 주로 경험 많은 상사의 판단에 의해 이루어지기 때문이다. 업무의 효율은 매뉴얼보다는 관리자의 역량이나 인성에 많이 좌우된다.

많은 종업원들이 고용된 이후 평생 근무할 수 있는 일본의 기업 문화가 매뉴얼에 의존하지 않는 업무환경을 가능하게 만든다. 불필요한 문서작업이 줄어들고, 회사의 노하우는 장기간에 걸쳐 평생 근무할 부하 사원에게 체험으로써 전달되므로, 기업비밀의 유출 또한 최소화될 수 있다. 과거의 일본기업 문화에서는, 전직이란 상당한 위험이 따르는 일탈 행위로, 전직자는 이전 직장에서 문제가 있었다는 오해를 받기가 십상이었다.

정형화된 프로세스에 따르지 않는 업무처리 방식은 예기치 않은 실수들로 연결되는 경우가 많다. 이러한 실수들을 최소화하기 위하여, 사원들의 업무는 명확한 구분 없이 유기적으로 연결되어 있다. 한 직원이 업무상 실수를 하더라도, 다른 사원이 이 실수를 쉽게 발견할 수 있게 되어있는 것이다.

부서의 업무에 중대한 문제점이 발생한 경우, 전 부서원이 이를 해결하기 위하여 밤을 새워 가면서 일하는 경우는 일본의 조직에서는 흔한 모습이다. 이들은 시스템에 의존하여 문제 발생 가능성을 줄이는 능력보다도, 발생하는 문제들을 적기에 해결하는 능력이 더 중요하게 여겨진다. 예기치 못했던 문제에 유연하면서도 신속하게 대하는 업무방식은 일본식의 효율이며 또한 그들 고유의 경쟁력이다.

나는 처음에는 문제해결에 직접적인 도움이 전혀 되지 않으면서도 분위기에 맞추어 밤늦게 자리에 남아있는 동료들을 이해하기 힘들었다. 하지만 시간이 지남에 따라서 이러한 모습들이 직접 문제를 해결해야 하는 당사자들에게는 큰 힘이 된다는 것을 깨달았다. 조직 입장에서는 불필요한 야근을 하는 여러 직원들의 추가적인 인건비보다도, 담당자가 중요한 문제를 해결하는 시간을 앞당김으로써 얻어지는 금전적 이득이 더 큰 것이다.

물론 일본에서는 융통성 기반에 너무 집착하여 조직이 죽어가는 사례도 많다. 어느 쪽으로든 비효율이 고착화되면 조직은 위기를 맞이하게 된다. 갑자기 몰락하기 시작한 무인양품을 전격적인 매뉴얼의 도입으로 살린 사례는 유명하다. [5] 하지만 이는 조직의 존폐가 달린 위기가 닥치고 거기에 새로 투입된 구원투수만이 실행이 가능하다. 혁신가에게는 조직의 거센 저항을 이길 수 있는 전격적인 권한이 필요하다.

미국의 직장이라면 업무의 진행 방식에 서로 간의 마찰이 생기면 매뉴얼에 따라 하자는 쪽이 결국 승리하게 마련이다. 물론 매뉴얼에 따르는 것이 리스크를 최소화하는 방법이기는 하지만 반드시 정답이라고는 할 수 없다. 나의 경우에 이미 숙달된 회로 수정작업의 경우 매뉴얼에 실린 검증과정을 생략하고 바로 설계도면과 설계계산서를 내는 경우도 적지 않았다. 하지만 여러 부서의 디자인리뷰를 거쳐야 하는 수준의 설계라면 모든 계측과 시뮬레이션을 하나하나 매뉴얼대로 진행하고 그 결과를 공유해야 했다.

이와는 대조적으로 일본인들은 업무진행 방식에 대한 분쟁 발생 시 매뉴얼 기반 프로세스의 단점을 피하고 더 합리적이고 유연한 선택을 하고자 노력한다. 일본 조직의 융통성 있는 사고방식을 따른다면 복잡한 프로세스에 의한 비효율을 피할 여지가 그만큼 많은 것이다. 공식적으로 미국에서는 반드시 거쳐야 할 회로 시뮬레이션 과정을 생략하여도 이에 대해 반론을 제기하는 관계 부서는 한 번도 없었다. 그들도 다들 한때는 설계 업무를 담당했었고 납기 준수를 위하여 융통성을 발휘하였다. 설계계산과 계측결과가 일치한다는 수준만으로도 별도의 모델링과 시뮬레이션 과정이 필요 없었던 것이다.

일본인들은 초등학교 시절부터 교과주제의 본질과 거리가 있는 잡다한 일을 하는 교육이 이루어진다. 방과 후 교실 청소나 교실의 환경미화는 일본 공교육의 주요한 부분이며 미국의 공교육과는 차등화된 부분이다. 이렇게 소년기에 이루어진 사고방식이 조직에서의 생활양식으로 이어져서, 직장에 가서도 업무의 본질과는 거리가 있는 잡다한 업무를 기꺼이 맡게 된다.

신입 직원 입장에서는 억울한 일일 수도 있지만, 고참직원 입장에서는 숙달된 경험을 필요로 하는 중요한 업무에 집중할 수 있고, 조직 차원에서의 효율은 올라간다. 미국에서는 신입 직원에게 채용 시 논의되지 않았던 잡무를 분담시킨다면 당연히 거부할 권리가 있다. 이는 물론 유사시에 다른 전문적인 업무를 찾아서 이직을 해야 하기 때문이다.

일본인들이 신규 채용 과정에서 전문성보다는 인성이나 분화 가능한 직원의 기본역량을 중요시하는 이유는 유연하게 업무를 할당하기 위한 것이다. 미국처럼 업무의 성격에 따라 그에 맞는 전문성을 가진 인력을 구해야 한다면 인건비는 늘어날 수밖에 없다. 부서단위의 지원업무를 담당하는 여직원을 구한다고 한다면 서무와 경리를 따로 구해야 한다.

잡일만 전담하는 직원을 따로 구한다고 해도 이는 결코 만만한 일이 아니다. 누군가가 전문성이 없는 잡일을 전담해야 하는 경우, 그 직원의 입장에서는 경력에 반비례하여 그의 가치는 점차로 떨어지는 경험을 하게 된다. 따라서 잡일전담 비숙련공들은 노조의 도움을 받아야만 하고, 사실상 정리해고가 평생 불가능하게 된다.

조직 입장에서는 잡일을 신입에게 분담시키고, 경력에 비례하여 서서히 전문성이 있는 업무로 옮겨가게 하는 편이 가장 효율이 높다. 초기 이직률을 낮추고 신입 직원의 조직 적합성도 시험할 수 있는 좋은 기회이기 때문이다. 서서히 핵심 업무로 옮겨가는 과정을 겪으면서 직원들은 장기간에 걸쳐서 업무의 바닥부터 꼭대기까지, 그리고 처음부터 끝까지 완결성을 경험하게 된다.

1.4.5. 조화를 고려한 조직의 질서

미국기업들이 개인 중심 문화를 기반으로 해서 움직인다고 한다면, 일본기업은 조직 중심의 문화를 기반으로 유지되고 있다. 미국에서는 개인의 자율성과 효율이 중요하다면, 일본에서는 조직원들 간의 조화로운 관계와 조직 단위의 효율이 더 중요시된다. 출퇴근 시간도 개인의 역량이나 성과보다는 조직의 요구에 따라서 결정된다. 미래역량은 충분하나 조직에 충성심이 약한 직원보다는, 늦게까지 남아서 근무하는 성실한 직원이 조직 차원에서는 더 환영을 받는다.

내가 처음 일본의 기업에서 근무할 당시 해당부서의 많은 동료 직원들이 저녁 10시 정도에 퇴근하는 분위기였다. 물론 모든 직원이 그때까지 남아있는 것은 아니었지만 핵심 개발자들은 대부분 저녁 늦게까지 연장 근무를 하였다. 경력채용으로 새로 합류한 한 동료는 이제 좀 살 만하다고, 이전에 근무하던 D 사에서는 항상 11시에 퇴근을 하였는데 이곳 S 사로 전직한 이후 퇴근 시간이 한 시간 정도 앞당겨졌다고 기뻐하였다.

나는 새로이 일본에서 일하기 시작한 직후에는 계속 사무실에 저녁 11시까지 남아서 연장 근무를 하였다. 늦은 잔업이야말로 조직에 대한 충성심을 가장 손쉽게 표현할 수 있는 방법이기 때문이었다. 퇴근 전 마지막 두 시간 정도가 새로운 동료 직원들과 함께 교류할 수 있는 최고의 시간대였다. 특히 늦은 저녁 시간에 이루어지는 핵심 직원들과의 교류는, 한적해진 사무실 분위기의 느슨함 속에서 상호 간의 유대를 강화할 수 있는 좋은 기회였다.

예상했던 대로 나에 대한 주변 동료들의 평가가 올라가기 시작하는 것을 느낄 수 있었다. 초반의 가시적인 업무 성과보다는, 장기적으로 조직의 질서유지에 도움이 된다는 점을 높이 산 것이다. 외국인 직원이 먼저 솔선 수범하여 조직에 충성심을 보인다면, 조직 전체의 근무 분위기에 도움이 되기 때문이다.

미국적인 관점에서 본다면 개인의 근무 효율이나 성과 차원에서는 사실 무의미한 희생이었다. 연장 근무한 시간만큼 일을 더 많이 한 것도 아니고, 오히려 전체 근무 효율을 떨어뜨릴 수도 있었다. 기존 동료 입장에서 보면 외국인 직원이 자신들의 근무강도를 높여 불안감을 조성하는 것으로 비칠 수도 있다. 미국인들은 과도한 질서가 오히려 근무환경을 악화시킨다고 여기고, 이런 경우 능력 있는 직원들이 먼저 떠나기 시작한다.

나의 경우 그런 식으로 계속 늦게까지 마냥 연장 근무를 할 수는 없었기 때문에, 어느 정도 조직의 일원으로서 인정을 받은 단계에서 퇴근 시간을 조금씩 앞당겼다. 이미 동료로서의 이미지가 형성되었고 핵심 그룹에 들어갈 수 있어서 더 이상 과도한 충성심은 필요하지 않았기 때문이기도 하였다. 어느 정도 자리를 잡은 이후에는 때때로 정시에 퇴근하거나 연휴에 휴가를 붙여 쓴다고 해도 크게 눈치가 보이지는 않았다.

오히려 그들의 내면에서는 외국인 직원이 이국적인 분위기로 조직의 방향에 영향을 주는 점에서 환영했을 수도 있다. 나와 친했던 한 후배 직원은 자신이 연휴에 붙여 휴가를 가야 하는 이유로, 나의 예를 들면서 일본문화 고유의 공평성을 주장하기도 하였다. 조직의 전체 질서를 흩트리지 않으면서 방향을 살짝 트는 데 성공한 것이다. 특히 사업부 내부에서 친분이 생겼던 재일교포 직원들이 가장 기뻐하는 눈치였다. 직원들 사이에 의외로 소문이 빨라서 놀라기도 했다.

어떤 조직이든지 늦게 남아 일하는 직원이 늘어난다고 해서 조직 자체의 업무 효율이 그들의 근무 시간에 정비례하여 상승하는 것은 아니다. 하지만, 팀워크 측면에서는 긍정적인 역할을 한다. 일과 개인생활의 차이를 거의 느끼지 못하게 하는 것이 조직의 목표이기 때문이다. 개인의 능력이 조금 떨어지더라도 어느 정도의 충성심을 보여 준다면, 조직단위에서는 충분히 경쟁력을 가질 수 있다.

특히 평생, 같은 조직에 속하는 일본식 조직의 경우에는 개인의 능력보다는 충성심과 일체감을 더 중요시한다. 오히려 능력이 좋은 직원이 잘못된 방향으로 가는 경우 조직의 분위기를 흐리고 부정적인 영향을 끼친다고 여긴다. 개인의 탁월함보다는 전체의 조화를 더 중요시한다.

일본의 1973년도 노벨 물리학상 수상자인 에사키 레오나(江崎 玲於奈)는 미국인들의 움직임이 기체의 분자라면, 일본인들의 움직임은 액정 상태라고 비유하였다. 기체의 분자는 넓은 공간을 각각 독립적으로 서로 충돌하는 일 없이 움직여 간다. 반면 액정 상태에서의 분자는 열심히 움직이고는 있으나 그 배열에 특별한 질서가 있어서 그 질서 자체는 변하지 않는다. [3]

운동경기를 연상한다면 선수들 개개인의 역량은 조금 부족하더라도 감독과 주장의 지시에 따라 일사불란하게 호흡을 맞추어 움직이는 축구 팀에 비유할 수 있다. 상대 팀이 좀 더 우수한 개인기를 가진 선수들을 보유하고 있더라도 전체적인 팀워크가 부족한 경우라면, 그들을 충분히 압도할 수 있다는 발상이다.

일본인들은 단지 단기적인 조직의 효율뿐만 아니라 조직차원의 끈기와 인내심에 관해서도 그들 고유의 장점을 보여준다. 특히 장기적인 투자와 오랜 팀워크를 요구하는 소재나 부품 등 원천기술 분야에서 강한 면을 보인다. 전문기업의 번성은 일본 특유의 조직력에 의한 장인정신과 직업의식의 산물인 것이다.

1.5. 돈 받은 만큼 일하는 미국

1.5.1. 합리적인 근무 시간

미국인들은 자신들 직장생활의 근간을 한마디로 이렇게 요약한다. '기업은 직원이 퇴사하지 않을 만큼의 최소한의 급료를 지불하며, 직원은 기업에서 해고되지 않을 만큼의 최소한의 일을 한다'. 물론 지구상의 어느 직장에도 본질적으로 적용되는 공통된 사항이기는 하나, 미국의 직장인들에게는 이러한 사고방식이 더욱 철저하게 적용된다.

미국에서의 직장생활이 선망의 대상이 되는 첫째 이유는, 실무를 담당하는 직원들의 근무 시간이 합리적으로 관리된다는 점이다. 각자에게 주어지는 급료는 기본적인 근무 시간을 기준으로 선정된 것이기 때문에, 정해진 근무 시간에 합당한 업무량만이 주어진다. 개인의 퇴근 시간은 누군가가 규정한 것이 아니라 각자 회사 문을 나서는 시간이 바로 퇴근 시간이 된다.

미국의 역할기반 조직 구조는 직원 개개인의 전문성과 역량은 물론, 조직이 보유하고 있는 체계적인 시스템에 의존하여 최상의 효율을 낼 수 있도록 되어 있다. 이는 개인의 조직에 대한 충성심과 헌신을 기반으로 성과를 내는 방식과는 분명히 구별된다. 이들에게서 성과는 전문성과 시스템의 산물이며, 시간과 자원의 효율적 운용을 통해 발생한다.

직원이 업무시간에 일거리가 없어서 오랫동안 계속 쉬고 있다거나, 과중한 업무에 쫓겨서 규정 근무 시간을 넘긴다면, 이 책임은 업무할당을 제대로 하지 못한 관리자에게 전가된다. 미국의 관리자에게 요구되는 주요 자질 중 하나가 직원들의 역량에 맞게 업무를 조정하고 할당하는 능력이다. 조직원들의 업무량을 최적화하고 균형을 주는 작업은 관리자의 세심한 노력을 필요로 한다.

내가 미국에서 처음 직장생활을 시작하였을 때 일이다. 그때는 아직 한국이나 일본의 조직에서 저녁까지 남아서 일하던 습관이 남아 있었다. 입사 직후 무난한 출발을 위해서는 충성심을 보여주는 것이 가장 효과적이라고 여겼고, 다른 직원들이 모두 퇴근한 이후에도 늦게까지 남아서 업무에 열중하였다.

하루는 그러한 나의 모습을 늦게 회의를 마친 부서장이 지나가다가 보게 되었는데, 어리석게도 나는 그 순간이 그로부터 점수를 딸 행운이라고 생각했다. 나 자신의 성실함을 마치 우연처럼 보여 줄 수 있는 좋은 기회라고 여겼기 때문이다. 내가 직접 부서장이 고민하는 일은 도와주지 못하더라도, 함께 늦게까지 남아 있었던 사실 자체에 그가 고마워해 줄 것으로 기대했던 것이다.

그러나 이러한 나의 예측은 완전히 빗나가고야 말았다. 혼자 사무실에 남아있던 나의 모습을 본 부서장은 결코 만족스러워하는 표정이 아니었다. 오히려 별로 좋아하지 않는 눈치였다. 마치 이 새로 뽑은 직원이 능력이 좀 모자란 거 아닌가 하는 걱정스럽다는 분위기의 표정이었다. 결국 그 일이 있은 다음부터는 시급한 업무가 아닌 데도 나 혼자 사무실에 늦게까지 남아있는 일은 없게 되었다.

나중에 알게 된 사실이지만, 미국의 실무직 직원들이 부득이한 잔업을 하게 되는 경우라면 해당 관리자는 팀원들의 잔업사유를 임원에게 보고하여야 한다. 임원 입장에서도 자신이 관리하는 조직에 직원들이 연장 근무를 한다는 사실 자체가 상당히 부담스러운 일이기 때문이다. 임원으로서 그 사유를 알고 있어야 함은 물론이고, 관리자들과 업무의 긴급성에 대하여 논의하고 필요에 따라 즉시 인력 충원을 해야 한다.

보안에 민감한 직종의 경우 연장 근무의 승인이 된다면 공식적으로 잔업자들의 명단이 회사 경비원들에게 전달되기도 한다. 승인된 잔업이라면 보통 연장 근무 시간에 따른 1.2배 정도의 초과근무 수당이 지급된다. 기업문화에 따라 잔업이 일상화된 경우라면 연장 근무 수당을 지급한다. 반면 간헐적인 잔업만 발생하는 조직에서는 연장 근무 수당은 지급되는 않는 것이 보통이다. 나의 경우 나이가 들어가면서 점차 잔업수당이 없는 포지션을 더 선호하게 되었다. 긴급한 상황에서는 잠깐 잔업을 하더라도 그냥 서비스 차원에서 조직에 봉사하고, 평소에는 여유로운 분위기의 업무 환경이 편하기 때문이다.

조사에 의하면 미국인들이 업무에 집중하는 시간은 주당 30시간 정도이다. 나머지 10시간은 잡담이나 웹서핑 등 업무와 무관한 일에 소비한다. [6] 주당 70~80시간 정도를 직장에 머무르는 일본의 직장인들에 비하여, 업무 자체에 집중하는 시간의 비율은 높을 수밖에 없다. 내가 경험한 일본인 동료들의 업무방식은 전체 근무 시간의 절반 정도만이 온전히 업무에 집중하는 시간이다.

일본인들은 그들의 긴 근무 시간을 업무의 본질에 집중하기보다는 지켜야 할 많은 관계와 절차에 소모한다. 늦게까지 자리에 남아 잡담이나 소일거리를 하거나 심지어 컴퓨터 게임을 하기도 한다. 어떤 관리자는 일과 후 자리에 남아 손톱을 깎는 모습을 보여주기도 하였다. 한번은 일본에서 파견 온 관리자가 늦게까지 자리를 지키면서 게임을 하는 모습을 목격한 미국인 직원들은 당혹감을 감추지 못했다.

한국에서 건너온 이민자들이 선호하는 직종은 관리직보다는 기술직이나 회계 등 실무중심 직종이 주류이다. 제품 외관 디자인이나 건축분야 등 현장에서 전문성을 발휘할 수 있는 분야에 많은 교민들이 종사한다. 이민자들이 선호하는 이들 직종은 대개 합리적인 근무 시간이 지켜지는 보편적인 미국의 샐러리맨 범주에 해당된다.

미국의 관리자들은 실무직 직원들의 순조로운 출퇴근 환경을 지켜 줌으로써 훌륭한 인재들이 실무를 떠나지 않도록 배려한다. 직원이 만족하고 일할 수 있는 분위기를 조성하는 것이 관리자의 핵심 역할이다. 특히 직원들의 이직이 잦은 테크 기업들의 경우, 근무 시간을 유연하고 합리적으로 조정하는 일이 중요하다. 물론 월 스트리트나 실리콘밸리의 고연봉자들에게는 해당되지 않는 이야기이다.

반면, 관리직의 경우라면 아무리 미국이라도 근무 시간이 꼭 합리적이지만은 않다. 특히 고액 연봉의 고위 관리직이나 변호사와 같은 전문직 종사자들은 종종 과중한 업무에 시달린다. 뉴욕의 월가와 같이 고액 연봉을 받는 직종의 샐러리맨들은 직책이나 직위에 상관없이, 끼니를 굶어가며 일하거나 퇴근 시간 없이 일하는 경우도 많다.

특히 임원급 관리자들은 새벽 일찍 다른 직원보다 먼저 출근하는 것이 일반적이다. 많은 중역급 회의가 새벽에 시작되기 때문이다. 직원들보다 조금 더 늦게까지 남아서 잔업을 하는 경우도 많다. 텅 빈 사무실을 혼자서 외롭게 지켜야 하는 임원들이 겪는 업무 스트레스는 일본의 임원들 못지않게 가혹하다. 부하 직원들이 돌아가면서 눈치껏 알아서 함께 남아있는 일본의 경우보다 이들은 더 깊은 심리적 고독감을 느낀다.

한편, 서유럽의 지사나 거래처에 근무하는 직장인들은 미국 샐러리맨들의 짧은 휴가기간과 긴 근무 시간에 종종 놀라움을 표하기도 한다. 서유럽과 비교해 보면, 미국의 근무환경은 상대적으로 더 가혹하게 느껴질 수 있다. 실제로 서유럽 기업들은 미국보다 휴가 기간이 길고 직원들이 장기간 자리를 비우는 경우도 더 많다. 유럽 사무실의 동료들과 협업을 하면서 그들이 긴 휴가를 즐기는 모습이 가장 부러웠다.

직원들이 같은 직장에서 근무하는 평균 근속연수를 살펴보면 미국 쪽이 훨씬 짧은 편이다. 미국인들의 근무 시간과 관련된 고용의 합리성은 서유럽과 일본 방식의 절충형으로 볼 수 있다. 미국의 직장은 서유럽보다는 근무 강도가 더 강하고 대신 더 많은 급료를 지급한다. 미국의 글로벌 기업들은 고용안정성과 충성심 면에서 뒤처지는 현상을 높은 급여와 스톡옵션, 그리고 성과에 따른 보상체계로 보완한다.

1.5.2. 직무에 따른 연봉조정

급료를 많이 받는 직원들은 일을 많이 하고, 적게 받는 직원들은 일 또한 적게 한다는 인식은 미국인들의 합리주의에서 나온다. 근무 연차나 출신 배경이 아닌 오로지 노동력과 실질적인 성과에 비례한 급료를 받는 구조는 미국의 직장인들에게는 아주 자연스러운 일이다. 그들의 노력과 재능에 대한 보답 방식은 항상 빠르고 명료하다.

물론 조직이라는 본질 아래에서는 급료 산정을 하는 기준에는 직급이 가장 큰 요소로 작용한다. 진급과 서열은 전 세계 어디서든 조직운영에 핵심적인 동기부여이다. 하지만 직급 이외의 급료를 결정하는 요인은 사회나 기업문화에 따라 상당히 차이가 난다. 미국기업에서의 직급 구분은 비교적 단순하여, 실무자의 경우 주니어냐 시니어냐 하는 정도가 실제 급료에 영향을 미친다.

전통적인 일본기업이라면 물론 직원의 나이가 가장 큰 요인이 될 것이다. 평생 직장 개념을 중시하는 일본의 기업들은 진급이 뒤처지더라도 나이가 늘어 갈수록 호봉이 상승하고 급료도 조금씩은 올라가게 된다. 경력으로 입사하더라도 이전 직장 경력을 감안하여 호봉을 결정한다.

미국의 기업들은 직원의 경력에 따라 연봉이 정해진다기보다 담당업무에 따라 그에 합당한 연봉이 정해지는 경우가 많다. 경력이 30년이 되어도 신입사원과 같은 직무를 받고 있다면, 신입사원과의 급료 차이는 크지 않다. 직급 이외의 급료 산정은 나이나 경력보다는 담당하는 직무 및 숙련도에 비례하게 된다.

덕분에 눈높이를 조금 낮춘다면, 평생 직장인으로서 생활하는 것이 가능한 나라가 바로 미국이다. 담당하고 있는 업무를 수행하는 데 있어서 성과가 계속 저조하다면, 좀 급료가 낮으면서 수월한 업무를 담당하면 된다. 특히 노화에 따른 성과 저조는 보통 담당업무를 바꾸는 식으로 해결하며, 사회 통념상 노화에 따른 하향 전직을 인정하고 크게 흠 잡지 않는다. 특히 IT 관련 개발직이나 미술 디자인 분야는 전문성의 노화를 가장 빨리 맞이하는 분야이기 때문에 하향 전직이 일반화되어 있다.

저성과로 인하여 같은 회사에서 다른 업무로 전환하기도 하지만, 계속 버티다가 해고 대상이 되어 다른 회사로 하향 전직하는 경우도 적지 않다. 미국기업의 경우 업무 전환의 기회는 많지 않기도 하지만, 조직의 효율을 고려하여 대부분 타 회사로의 전직을 선호한다. 버티기로 간다고 느껴지는 경우 정리해고의 최우선 대상이 되기 때문에, 다른 회사에 자신의 현재 능력에 합당한 자리를 찾아가는 것이 현명하다.

내가 지금 근무하는 Z 사의 조직에서도 얼마 전 고객사 F 사에서 부서장 직책으로 10년 이상 일하다가 명예퇴직한 분을 일반 실무자로 고용하였다. 그분은 처음에는 심적으로 조금 힘들어 보였지만 실무에 열심히 집중하면서 나름 노력하는 모습을 동료들에게 보여 주었다. 고객사에서 영입한 사례이니 임원급 대우는 못 해줘도 수석급은 되어야 하는데, 그렇지 못한 경우였다.

퇴직하기 전에 미리미리 협력업체에 일자리를 알아보았다면 같은 직급으로 수평 이동은 어렵지 않았을 것인데, 이미 퇴직을 하였기 때문에 결국 같은 직급의 관리자 자리를 찾지 못하고 하향 지원을 하게 된 것이다. 결국 대리급이 하는 업무를 담당하게 되었고 지불되는 급료도 고참대리 정도에 불과할 것이다.

내가 한때 근무했던 작은 개인소유 C 사의 경우, 거의 80세까지 실무자로 근무하였던 직원도 있었다. 특히 개발직의 경우 이런 경우가 더 많은데, 회사에서는 같은 비용에 경력 많은 전문인력을 고용할 수 있어 좋고, 직원 입장에서는 보상은 이전보다 좀 떨어지지만 평생 자신의 적성에 맞고 익숙한 일만을 하면서 지낼 수 있다.

물론 아주 많은 급료를 원한다면, 반드시 관리직 트랙을 따라서 임원의 길로 가야 한다. 실무만으로는 급료 인상에 한계가 따르기 때문이다. 그러나 관리자가 된다면 실무자로서 전적으로 실무능력만 의존하던 상황을 벗어나, 관리자들만의 정치적인 경쟁이 시작된다. 위계질서나 충성심이 상대적으로 부족한 직원들을 관리한다는 것은 관리자로서의 특별한 자질을 요구한다. 대인관계 및 협상력 등 조직에서 요구하는 리더십을 가지고 있어야 한다.

위계 중심 조직에서는 관리자의 리더십이 크게 뛰어나지 않더라도 조직원들이 무리 없이 따르고 협업한다. 위계조직에서는 관리자는 지시만 하고, 주요 의사결정 시에 최종 판단만 명확하게 하여 그 책임을 쥐여 준다면 무리 없이 조직을 이끌어 갈 수 있다. 하지만 조직에 대한 충성심이 약한 역할 중심 조직에서는 관리자의 리더십이 부족하면 조직 자체의 효율이 저하된다. 조직에서 요구하는 리더십의 성격이 더 많은 관리자의 자질과 전문화를 요구하는 것이다.

결국 미국기업들의 급료는 직급, 담당업무의 전문성과 난이도, 업무량 순으로 결정된다고 할 수 있다. 나이나 근속 연수가 차지하는 부분은 얼마 되지 않는다. 높은 직급이라도 실제 업무량이 적다면 낮은 급료를 받고, 낮은 직급이라도 전문성과 난이도가 높은 일을 한다면 높은 급료를 받을 수 있다. 직속 관리자보다 더 많은 연봉을 받는 실무자들이 미국에 흔한 이유가 바로 이것이다.

1.5.3. 돈에 따르는 퇴근 시간

한국에서 독자들과 만남의 시간을 가지다 보면 많이들 궁금해하는 사항 중 하나가, 미국의 직장은 정말 정시에 퇴근이 가능한가이다. 한국에서 과중한 업무일과에 시달리는 청년 직장인들의 경우 미국 직장이 문자 그대로 칼퇴근이 가능한지 여부가 주요 관심사 중 하나일 수밖에 없다. 위에서 설명한 바와 같이 그 대답은 '예'일 수도 있고 '아니오'일 수도 있다. 미국인들의 근무 시간은 위에서 설명한 대로 합리적이라고 할 수 있지만 정시퇴근이 가능하다고 단정지을 수는 없기 때문이다.

의사나 변호사와 같은 고연봉 전문직은 예외 없이 근무 강도가 높고, 정시 퇴근도 힘들다. 결론부터 말하면 미국에서도 정시 퇴근은 보장되지 않으나 자율적인 퇴근은 보장된다고 할 수 있다. 물론 정규직 노조원이라면 정시 퇴근과 평균 이상의 임금이 보장된다. 하지만 노조원은 사실상 전직이 불가능하기 때문에 이는 개인 각자의 자율에 대한 선택의 문제이다.

한번은 우리가 고객사에 초도 납품한 제어기 샘플에서 에러 코드가 계속 떠서 그 분석을 내가 담당하게 된 적이 있었다. 고객사의 임원들이 상당히 분노한 상태여서 그 중압감이 상당한 상태였다. 당시 나는 과장급의 직책을 가지고 있었는데 수석 개발자가 공석이어서 대신 분석 업무를 맡게 된 것이었다.

시험실에서 반납받은 제어기를 분석하고 있는데, 임원이 실험실 옆에 와서 계속 지켜보고 있는 모습에 상당히 신경이 쓰였다. 분석 중에 잠깐 화장실에 가려고 자리에서 일어서니, 혹시 지금 퇴근하는 거 아니냐고 확인을 한다. 한국이나 일본이라면 밤을 새워서라도 분석을 끝내고 퇴근해야 하는 상황이었다. 하지만 임원 입장에서는 나를 신뢰하지 못하였다. 일본에서는 조직원으로서는 당연하였던 일이 미국에서는 그렇지 않기 때문이다.

그의 경험상 이전에 긴급상황에서도 그렇게 그냥 퇴근해 버리는 직원이 많았기 때문에 안심할 수 없었을 것이다. 나의 경우도 현장의 직원들에게 급한 일을 맡겨놓고 사무실로 돌아와 한숨 돌리고 다시 현장에 가보니 모두 퇴근해 버렸던 경험이 한두 번이 아니다. 물론 직원 입장에서는 자신이 수석급이 아닌 일반 개발자의 급료를 받고 있다면 전혀 예정되지 않았던 연장 근무를 갑자기 할 이유는 없다. 특히 미국에서는 가정에서의 의무가 생활의 중요한 부분이기 때문에 일반 직원의 예정된 퇴근은 그들의 당연한 권리이다.

월 스트리트 초년병들의 훈련코스에는 밤 11시에 소집하여 새벽 4시까지 운영하는 교육이 있다. 밤새워 일할 때, 얼마나 실수를 적게 하는지 시험하는 과정이다. 이런 직군의 경우 체력과 정신력이 뛰어난 직원이 향후 높은 급료를 받을 확률이 높다.

일반적으로 급료가 올라갈수록 그리고 관리직으로 올라갈수록 근무 시간은 늘어난다. 실무직이라 하더라도 항상 정시 퇴근이 보장되는 것은 아니다. 수석급 이상의 개발자들, 그리고 관리자급의 급료를 받는 실무자들은 위기 시에 대처할 역량과 조직에 대한 충성심을 가지고 있어야 한다. 부서에서 줄곧 정시에 퇴근을 하다가도, 시급히 해결해야 할 과제가 있으면 간혹 늦은 밤까지 일을 할 수도 있어야 한다.

전문성을 요하는 직원의 상대적으로 높은 급료는 평소의 성과에 대한 보상이기도 하지만, 긴급상황 시 위기 대처능력에 대한 보상이라고 여겨지는 면이 더 강하다. 어떤 조직에서나 급한 불을 끌 수 있는 해결사들을 한 명 이상은 보유하고 있다. 해결사의 주요 자질은 긴급상황에서 연장 근무가 가능해야 하므로 맞벌이나 다자녀 가정에는 불리할 수도 있다.

이들에게는 비슷한 업무를 하는 다른 직원들보다 더 높은 급료가 지급된다. 물론 동료들끼리는 서로의 급료를 알지 못하는 게 원칙이다. 직원들의 급료는 오로지 관리자들만 알고 있어야 하며, 유출 시에는 관리자로서의 자질을 의심받을 수 있다. 평소에서 서로 누가 해결사인지 알지 못한다. 이는 오로지 관리자만이 알고 있고, 긴급상황이 닥치는 경우 연장 근무를 하는 직원이 해결사임을 모두가 알게 된다.

관리자 입장에서는 조직원들의 위기 대처 능력을 면밀히 관찰하고 분석한다. 조직이 위기에 처했거나 급히 해결해야 하는 과제들에 직면했을 때, 해결 방법에 대한 시나리오는 준비하고 있어야 하기 때문이다. 유능한 관리자라면 평소에 실무능력이 뛰어난 조직원, 위기 대응력이나 순발력이 뛰어난 조직원, 연장 근무가 가능한 조직원들을 고르게 보유하고 있어야 한다. 세 가지가 모두 뛰어난 조직원들이 많으면 좋겠지만, 그에 따른 급료 지출도 생각해야 하기 때문이다. 유능한 관리자란 관리하는 조직이 적은 급료로 많은 성과를 내며, 요구되는 위기대응력을 보유하게 만드는 능력이다.

미국에서는 친한 동료들끼리라도 서로 간의 급료를 물어보는 행위는 권장되지 않는다. 나는 미국직장 초년시절에 중국계 동료와 연봉을 서로 깠다가 혼쭐이 난 경험이 있다. 그가 나보다 경력이 더 많았는데 의외로 급료는 더 작았기 때문이다. 그는 이후 조직에 계속 불만을 가지고 업무를 진행하게 되었으며, 나와의 관계도 결국 틀어지고 말았다.

그 이후로 절대 나는 아무리 친한 동료라 할지라도 급료는 공개하지 않는다. 미국에서는 득보다 실이 많은 거래임이 명백하기 때문이다. 동료들의 역량, 퇴근 시간과 위기 대처 능력을 종합하여 그들의 급료를 가늠하는 것이 가장 합리적이다.

1.5.4. 회사가 위기에 처한다면

미국인들이 실제로 자신이 속한 기업이 위기에 처하는 경우 가장 많이 보이는 반응은 바로 그 기업을 떠나는 것이다. 2009년 미국의 경제 위기 때에 많은 기업들이 파산하면서 해당 직원들이 실제로 보인 행동이다. 기업들이 파산 및 구조조정 시기를 거치면서 겉으로 드러난 모습들은 임직원들의 속마음을 적나라하게 보여준다. 경영층과 노조 모두 회사는 망해도 자기 몫은 반드시 챙겨내야 한다는 의도를 대중들에게도 숨기지 않았다.

당시 내가 소속되었던 독일계 B 사의 조직에서도 본사의 경영진들은 임금 인하나 정식 근무 시간 단축 등 고통 분담을 호소하였다. 하지만 미국 현지 직원들의 반응은 차갑기만 하였다. 핵심 관리자나 직원들의 경우 자신들의 임금을 조금이라도 삭감하는 경우 바로 다른 회사로 이직하겠다는 반응이었다. 기업차원의 위기야 실적에 따라 많은 급료를 받는 경영진들의 사정이고 고정된 임금을 받는 일반 직원들은 각자 갈 길을 가야 한다는 분위기였다. 다른 회사로 이직을 하면 더 좋은 급료를 받을 수 있는 핵심 직원들의 입장에서는 고통 분담에 대한 거부는 당연한 반응이었다.

결국 경영진은 고심 끝에 전체 직원의 임금을 삭감하는 대신 정리해고를 택하였고, 결과적으로 많은 동료들이 즉시 조직을 떠나게 되었다. 동료를 내보내도 자신은 절대 희생할 수 없다는 미국인들의 양식이 적나라하게 드러나 순간이었다.

이후 내가 일했던 V 사가 2020년 코로나 사태 등의 위기로 파산 위기에 처하였을 때에도 정리해고를 하면서도 동시에 남아있는 직원들에게는 추가 보너스를 지급해야 했다. 이른바 신속하고 유연한 인력관리에 의한 회복탄력을 고려한 조치였다. 기업이 재정적 위기에 닥쳤을 때 최우선 사항은 핵심 인력들의 이탈을 막는 것이다.

V 사는 안타깝게도 회복에 실패하였지만 정리해고 후 살아남은 임직원들은 보너스 잔치를 벌일 수 있었다. 우선 매각 대상 사업부의 임직원에게는 위로금 명목으로 호황기 수준의 인센티브가 주어졌다. 회사를 통으로 인수하려는 기업은 없었기 때문에 분리 후 사업부별로 순차적인 매각 절차를 따르게 되었다.

보너스 지급이 끝나고 매각 절차가 시작되자 예상대로 젊고 실력 있는 직원들부터 조직을 떠나기 시작하였다. 내가 속한 사업부에 대한 Z 사의 인수가 결정되자마자, Z 사에서는 직원들에게 추가 보너스를 제안하였다. 인수 과정에서 이탈하지 않고 연말까지 자리를 지켜 준다면 특별 보너스를 지급하겠다는 제안이었다. 단 연말 이전에 해고된다면 보너스는 해고 이전 근무 일수에 비례하는 금액만 준다는 단서가 붙었다.

특히 전체적인 불황이 아닌 상황이라면 기업의 재정악화는 우수인력 유지에 치명적이다. 가장 최악의 시나리오는 회사가 파산 직전인데 핵심 인력들이 다 빠져나가고 갈 곳 없는 가성비 떨어지는 인력이나 불쌍한 노조원들만 남아있는 경우다. 이런 경우 기업의 가치가 폭락하여 매각 자체가 난항을 겪고 청산 절차를 밟아야 할 수도 있다.

어느 조직이든 위기에서도 직원들이 동요하지 않고 일관된 방식으로 대응할 수 있는 합리적인 시스템이 필요하다. 지속해서 업무에 몰입할 수 있는 동기부여는 미국인들에게는 당장의 금전적인 부분이 우선이다. 골든 타임 안에 불시의 구조조정을 마치고 남은 임직원들에게 절감된 혜택을 즉시 나누어 주는 방법이 가장 효과적이다. 특히 임원들의 경우라면 더 그렇다. 조직에서는 조직원의 미래에 대한 어떤 보장도 할 수 없기 때문에, 위기 시에 조직의 향후 비전에 대한 이야기는 아무런 소용이 없다.

위기에 처한 회사나 조직에 대한 미국인들의 대응을 동양이나 유럽의 직장인들과 비교한다면 몰인정하고 냉혹하다고 할 수 있다. 미국인들은 베푸는 것과 희생하는 것을 엄밀하게 구분한다. 그들은 관용을 베푸는 것은 미덕으로 여기지만, 자신을 희생하는 것에 대해서는 상당한 거부감을 가진다. 희생을 미덕으로 삼으면서도 베푸는 데에는 인색한 일본인들과 정반대의 성향이라고 할 수 있다.

위기 시에는 개인이나 자신의 가족부터 챙기는 것이 현실이고 인간의 본성 중 하나이다. 따라서 언제든지 직원을 내보낼 수 있는 미국의 조직이라면 과도한 충성심은 어리석은 일이 될 수도 있다. 조직은 개인의 고민이나 불행을 고려해 주지 않는다. 가족이 아니기 때문이다.

기업의 위기 시 구조조정에서 살아남았음에 잠시 안도할 수는 있어도, 이에 안주하는 미국인들은 없다. 언제든지 다음 구조조정이 오고 자신의 차례가 될 수도 있기 때문이다. 혹시 병이라도 나면 정리해고 사유가 된다. 나의 일터에서도 동료들이 코로나 시국에 자신의 감염을 숨기는 사례가 많았다. 실리콘밸리의 IT 기업 관리자들이 젊고 유능한 직원들의 행복을 걱정해 주는 이유는 그들의 높은 이직률에 대한 우려 때문이다.

자신이 소속되었던 회사야 망하든 말든 돈만 챙기면 된다는, 돈 받은 만큼은 다 했다는 직원들의 태도는 조직의 입장에서는 냉혹한 것이다. 자영업이나 소규모 영세 사업을 운영하는 고용주 입장의 지인들은 항상 이 부분을 고민한다. 신입 직원을 고용해 어느 정도 숙달이 된 시점이 되면

하나같이 임금 인상을 요구하거나 바로 직장을 떠나 버리기 때문이다. 특히 사업에 어려움을 겪을수록 고용주는 종업원들에게 보안을 유지해야 한다.

1.6. 직원들의 연대의식

1.6.1. 신뢰를 가져오는 충성심

조직을 위해 살고, 조직을 위해 죽는 일본 샐러리맨들의 생활 방식은 전 세계적으로 널리 알려져 있다. 학창 시절부터 체계적인 조직기반의 위계 생활에 길들어 온 일본인들은, 직장 생활에서도 개인보다도 자신이 소속된 조직의 이익을 최우선으로 여긴다. 본질적으로 일본 사회 자체가 일정한 조직을 떠나서 혼자서 생활하기가 어려운 구조이다. 조직에 대한 충성심은 조직의 비전과 공정성, 그리고 특히 전통적인 평생조직에 대한 신뢰를 기반으로 한다.

직장에서 동료들과 함께 지내는 시간은 가족이나 친구들과 지내는 시간을 월등히 초과한다. 특히 평생 한 직장에서 지속해서 근무하고자 하는 경우는, 주변의 동료 직원들은 자신의 가족만큼 중요한 존재가 된다. 특히 조직이 위기를 겪을수록 동료들에게 동요되지 않는 모습을 보여 주어야 지속적인 신뢰를 얻을 수 있다.

조직에 대한 충성심을 중시하는 풍조에는 혹시 조직에서 소외될지도 모른다는 공포감도 한몫을 한다. 무엇보다 하나의 체계 속에 위치한다는 것이 중요하며, 이로부터 소외됨은 자신을 주변의 환경에 맞추는 능력의 부재, 그리고 실패의 결말을 의미하기 때문이다.

혼자 밥을 먹는 동료, 조직에 적응하지 못하여 따돌림당하는 동료는 무능한 직원으로 여겨지기도 한다. 일본 사회에서는 동료들로부터 소외 당하는 상황을 상당히 굴욕적이거나 무능함을 보여주는 모습으로 여긴다. 혼자 밥을 먹는 모습을 동료들에게 보여주기 싫어서, 극단적인 경우는 화장실 안에서 혼자 식사를 하는 경우도 있다.

조직의 일원으로 인정을 받으려면 그들의 집단 의식에 주기적으로 참여해야 한다. 조직의 암시적 규정이나 집단의식 자체는 한국이나 중국에 비한다면 그렇게 복잡하지는 않다. 정신적으로 상당히 피로해 있어도 기계적으로 정해진 룰을 따르면 크게 실수할 일은 없다. 미국과 달리 피곤해 보인다는 사실만으로는 공격당하지는 않는다. 서로가 이해가 되는 사이라고 확신할 수 있는 분위기와 그렇게 믿음으로써 생기는 안도감, 그런 것이 일본인들에게는 중요한 것이다.

나의 경우에도 처음 일본에서 근무를 하게 되었을 때에는 조직문화 적응 문제에 상당히 긴장하였다. 혹시라도 초반에 실수하지 않을까 걱정하였지만 다행히 크게 어려움을 겪지는 않았다. 오히려 한국의 조직 문화와 흡사하기 때문에 다른 외국인 직원들보다 조직적합성이 더 우수하다고 인정받을 수 있었다.

특히 밤늦게 잔업을 하고, 주말에 특근을 하는 집단의식에 참여함으로써 구성원으로서 인정되었던 거 같다. 그들은 크게 머리를 쓰거나, 성과를 내거나, 문제를 해결하는 일보다는 충성심에 의한 안정감을 더 중요시하기 때문이다. 나중에 미국인 친구들과 이런 이야기를 나누었을 때 그들은 이러한 일본인들의 양식에 대하여 상당히 흥미로워하였다. 그냥 늦게까지 남아 있기만 하면 우수한 직원으로 인정받는다는 사실이 믿기지 않는 눈치였다.

물론 나의 일본에서의 근무기간이 한정적이었기 때문에 가능한 일이었다. 평생을 그곳에서 잔업과 특근을 반복해야 하는 상황이었다면 접근 방법은 다를 수밖에 없었다. 조직의 핵심에서 조금은 소외되더라도 외국인 직원으로서 좀 더 자유를 누리는 방법을 선택했을 수도 있다.

일본 직장인들의 조직에 대한 과잉된 충성은 미국인들 관점에서는 과도한 주인의식으로 보일 수도 있다. 주인의식이 너무 강하면 심리적 에너지를 업무 자체보다는 조직의 집단의식 및 동료와의 관계에 더 소모하게 되기 때문이다.

따라서 조직에 헌신하는 분위기의 일본식 조직에서 계속 일하고자 한다면, 개개인의 심리적인 에너지를 어떻게든 고갈시키지 않고 근무효율을 유지하는 요령이 중요하다. 그 방법 중 하나는 너무 깊게 고민하지 않고, 너무 튀지 않고 조직의 룰에 충실하게 따르면서 업무 자체에 집중하는 것이다. 익숙해지면 근무 시간의 대부분을 주변 동료의 시선을 의식하지 않아도 되고 과도한 눈치를 볼 필요도 없어진다.

물론 주변상황을 살펴야 할 순간이 문득문득 나타난다. 조금이라도 암시적인 룰에 어긋난 행동을 해야 할 때이다. 일본인들의 조직생활에서의 정신상태는 평상시와 전환기 두 가지 모드로 나뉜다. 고속도로에서 차선을 바꾸지 않고 정속으로 달리는 상황과, 복잡한 시가지에서 차선을 요리조리 계속 바꾸면서 주행을 하는 상황으로 비유할 수 있다.

정속 주행 시에는 의외로 갑자기 끼어들거나 귀찮게 하는 차량은 없다는 것을 느낄 수 있다. 서로 간의 정신 에너지를 절약할 수 있도록 한 배려이다. 하지만 복잡한 교차로에 다다르면 바로 정신을 차리고 모든 에너지를 쏟아부어야 한다. 이때의 태도 전환시기에 나타나는 순발력은 충성심에 대한 평가의 주요 부분이다. 직원들의 위기에 대응한 헌신은 조직 안에서의 신뢰할 수 있는 연대의식을 가져올 수 있다.

1.6.2. 서열에 기반한 인간관계

미국의 조직은 채용 당시에 지원자의 사내 인맥이 조직에서의 기반을 닦는 게 중요한 데 반하여, 일본에서는 채용 이후에 이루어지는 인간관계가 개인의 실무능력이나 성과 자체보다 더 중요시된다. 이는 성과지향이 아닌 활동지향 조직의 공통된 특징이기도 하다. 모든 조직원이 끈끈한 인간관계로 연결되다 보니, 조직 자체가 삶이요 목표가 되어 버린다. 그 관계가 개인에게 긍정적이든 부정적이든 끊을 수 없는 그물에 엮여버린 것이다.

내가 속한 조직이 나를 보호해줄 수 있다는 확신, 내가 어려움에 처했을 때 동료들이 함께해줄 것이라는 확신은 조직생활의 핵심적인 부분이다. 이러한 신뢰는 업무 자체에 정신적 에너지를 집중할 수 있는 원동력이 된다. 직원들은 불시에 정리해고될지 모른다는 불안감이나 동료들과 경쟁해야 한다는 근심 없이 조직생활과 업무에 임할 수 있다.

일본에서의 서열은 경쟁이 아닌 관계에서 이루어진다. 서열과 관계는 서로 의존적이고 종속적이다. 관계에서 벗어남은 서열에서 벗어남을 그리고 조직에서 멀어짐을 의미한다. 그들은 혼자 업무에 집중하는 순간이라도 항상 주변과 자기 자신을 돌아본다. 그들의 삶의 의미와 존재 가치는 조직 내에서의 자기 자신의 실체에 대한 자각에서 온다

내가 일본인들과 함께 일하면서 느낀 점은 회사 상사나 동료와 업무와 관련된 이야기를 재미있게 해야만 그들과 친해질 수 있다는 점이었다. 미국인 동료들과는 달리 아주 친한 사이가 아니라면 업무와 무관한 사적인 이야기를 불쑥 꺼내기는 힘들다. 업무 자체에 집중하면서 동료와 일을 통하여 교류하고 공감하는 즐거움을 찾아야 한다.

미국인들이 신기해하는 일본 직장인들의 특징은, 어떻게 그렇게 일 이야기를 하루 종일 서로 재미있게 나누고, 회식 자리에 가서도 또다시 일 이야기를 계속 나눌 수 있는지이다. 업무가 삶의 중심이 되는 태도와 의식은 일본인들 특유의 장인정신으로 연결된다. 일에 집중하면서 행복을 찾는 그들 고유의 삶의 방식이다.

대도시를 떠나 지방의 현장에서 근무해야만 했던 일본인 동료들의 개인 생활을 살펴보면, 배우자를 직장 선배로부터 소개받아서 서로 알게 되었고 결국 결혼까지 가게 된 경우가 많았다. 부서 내에서 인정받는 직원일수록 선배들로부터 좋은 배필감을 소개받을 수 있었고, 자산투자, 주택 구입, 집안의 경조사 등등에서 아끼지 않는 지원을 받을 수 있었다.

일본 역시 최근 들어서는 온라인 만남 문화의 보급, 장기적인 경기 침체와 함께, 조직에 대한 가족적 가치관이 약화되고 있다. 하지만 일본 전통의 무인사회 문화를 기반으로 한 가족 같은 조직을 지키려는 노력을 이어가고 있다. 그들은 급격한 전환보다는 점진적인 진화를 통해, 전통과 현대의 균형을 모색하고 있다. 전통에 따르려는 직원을 보살피면서도 자율적인 직원 또한 합당한 역할을 부여하는 방식이다.

일본에서의 근무 시간 이후에 이루어지는 회식 자리는 조직 생활의 연속이라고 할 수 있다. 이들의 핵심적인 관계는 업무 자체보다는 회식 자리에서 이루어진다. 개인사정이 있다면 불참할 수는 있지만 반복적인 불참은 조직 생활 자체를 위태롭게 만들 수 있다. 업무와 관련된 화제는 술자리에서도 계속되며, 가장 중요하거나 민감한 내용이 회식 자리에서 거론되는 경우가 많다.

하지만 강제로 술을 권하거나, 술에 취했음을 핑계 삼아 일탈을 허용하는 경우는 거의 없다. 나의 경우 한국의 직장에 근무할 때의 회식 자리 경험이 실수를 부르는 경우가 많았다. 취중에도 주변의 싸늘한 반응을 보고 당황하였던 기억이 생생하다. 어느 누구도 크게 취하는 동료는 없었다. 각자의 선을 엄격하게 지켰던 것이다. 나는 이후 항상 일본인들과 술자리를 할 때에는 어느 이상 취하지 않도록 상당한 주의를 기울인다.

다행이었던 것은 내가 좀 취한다는 기분이 들면 더 이상 술을 마시지 않아도 실례가 되지 않았다는 거다. 일본인들은 첨잔을 하기 때문에 상대가 정확히 얼마를 마셨는지 서로 크게 의식하지 않는다. 대신 술을 너무 적게 마시는 경우, 비용은 정확히 인원수별로 분담하기 때문에 여기서 손해가 날 수 있다. 부서에서 지원되는 회식비는 제한적이기 때문에 작은 모임에서는 개인이 회식비를 분담하기 때문이다.

일본의 회식 자리는 부서원들이 서로 스트레스를 풀고 사적인 이야기를 나누는 자리와 서열을 재확인하는 두 가지 목적의 모임이 있다. 회식 장소에 자신이 먼저 도착했다고 해도 먼저 착석하거나 음료를 주문하는 행위는 결례에 해당된다. 서열이 낮은 직원들은 늦게 도착해도 실례가 되기 때문에 미리 도착하되, 자리에 앉지 못하고 주변을 서성이면서 고참들을 기다리는 젊은 직원들을 쉽게 마주칠 수 있다. 물론 서열에 따라 앉는 자리도 정해져 있다.

사적이고 수평적인 회식이라면 직장 동료든 동창 모임이든 누군가가 전체 비용을 부담하는 경우는 드물다. 누군가가 모두의 비용을 부담한다면 이는 더 이상 수평적인 모임이 아닌 것이다. 일본인들은 누군가에게 신세 지는 것에 대해서는 극도로 민감하다. 단 한 번, 내가 일본에서의 파견 근무를 마치고 미국으로 돌아가기 직전 환송회에서, 동료들이 나의 분담분을 면제해 준 적이 있었다. 이는 일본의 조직에서는 상당히 파격적인 것이었다. 아직도 그때의 동료들에 대한 고마움을 마음 깊이 간직하고 있다

서열 확인을 위한 회식의 경우 조직에서 모든 비용을 부담한다. 내가 거주하는 미시간에서도 퇴근 이후 일본인들이 운영하는 선술집에 들르면, 조직단위의 회식모임을 가지는 일본인들을 쉽게 찾아볼 수 있다. 물론 밤늦은 술자리의 참석자들은 대부분이 일본에서 파견된 주재원들이고, 현지에서 채용된 일본인들은 찾아보기 힘들다.

나는 주재원들과 마음이 통하였기 때문에 현채인으로서는 특별히 초대되는 경우가 많았다. 서열을 다시 확인하기 위한 자리이기 때문에 엄격한 위계질서가 그대로 적용된다. 이전 한국에서 8년간의 직장생활과 회식 자리 경험이 없었다면 결코 쉽지 않을 자리였다. 일식 선술집에는 옆쪽 테이블에는 때로는 경쟁사의 주재원들이 모여서 회식을 하고 있고, 그들만의 격식에 맞춘 대화내용이 들려왔다. 같은 공간 안에서의 경쟁자 조직 간의 긴장감은 또 다른 동기부여가 된다.

1.6.3. 겉으로 드러나는 위계질서

일본기업 내 직원들 간의 서열은 수직적이고 엄격할 뿐 아니라 직급 자

체가 세분되어 있다. 영리를 목적으로 하는 기업의 직원들은 상호 간에 명시적인 그리고 암시적인 서열을 유지하는 것이 보편적이다. 하지만 일본기업들은 직원들 간의 보편적인 서열을 뛰어넘어 유난하게 상하관계로 맺어진 집단이라고 할 수 있다. 미국기업들이 수평적인 역할 조직에 의한 효율을 중시하는 데 반해, 일본인들은 위계질서에 의한 상호 간의 신뢰를 더 중시한다.

그들의 장기간에 걸친 근무기간은 상하 간의 관계를 고착시키며, 처음에 정해진 서열은 오랜 기간이 지나도 변하지 않는 것이 보통이다. 조직원들끼리 서열을 정하는 과정은 오랜 기간에 걸쳐서 이루어지며, 여기에서 낙오되는 경우는 상당한 데미지를 입게 된다. 그들의 암묵적인 위계질서는 일반적인 직급기반 관리체계를 넘어서서 의식적으로 서로의 관계가 대등하지 않다는 것을 의미한다.

진급을 하지 못하여 부하 직원에게 추월당하더라도 서열이 바로 뒤바뀌는 것은 아니다. 서열은 나이, 직급, 근속 연수, 직급, 소통능력, 리더십 등이 복합적으로 작용하여 정해진다. 조직 내에서의 영향력은 그곳의 핵심 직원과 어느 정도 가까운 사이인지에 따라 정해지기도 한다. 명문화된 직급체계는 피라미드 구조를 이루지만, 조직원들 사이의 암시적 역학 구조는 동심원 형태로 이루어진다. 직급보다는 핵심직원과의 심리적 거리가 조직 내에서의 암묵적 서열에 많은 영향을 미친다.

일본의 기업들은 서열에 의한 조직원의 담당업무 구성뿐 아니라, 직급체계 또한 여러 단계로 분화되어 있다. 중층구조의 대명사로 불리는 일본기업의 직급체계는 사원, 주임, 계장, 반장, 과장대리, 과장, 차장, 부장으로 나뉜다. 직원뿐 아니라 경영층도 세분되어 사장 위로도, 부회장, 회장, 명예회장 등이 존재한다.

내가 일본에서 일하던 당시는 개인에게 휴대폰이 지급되기 이전이었고, 많은 업무가 메일이 아닌 전화통화로 이루어지고 있었다. 각 부서별로 공용의 유선 전화를 사용하고 있었는데, 이는 조직단위 간 소통의 효율을 높여주는 역할을 하였다. 해당 부서로 전화를 걸면 반드시 조직원 중의 누군가와 대화를 나눌 수 있고, 당시의 시스템으로 조직 간의 실시간 소통이 가능하였다. 일본인들은 항상 즉각적인 반응과 확인을 중시한다.

부서공용 유선 전화 응대야말로 부서 내의 암묵적 서열이 외부로 드러나는 부분이다. 즉 어느 조직의 서열을 확인하고자 한다면 직원들이 부서로 걸려 오는 전화를 받는 순서를 관찰하면 된다. 전화가 울리는 순간 그 전화를 받는 직원이 자리에 있는 직원 중에서 가장 서열이 낮은 직원이기 때문이다. 제대로 된 조직이라면 서로 먼저 받으려고 덤벼들거나 미룸으로써 우왕좌왕하는 일은 없다.

전쟁으로 친다면 위기가 닥쳐도 일사불란하게 조직적으로 움직이는 군대에 비유할 수 있다. 누군가가 하나하나 명령하지 않더라도 각자 서열에 의하여 그때그때의 임무가 자율적으로 결정된다. 이러한 조직은 조직원의 개인기에 의한 각개전투보다는 조직력에 의한 움직이는 대규모의 전투에 유리하다.

미국까지 와서도 일본계 기업들은 세분된 직원들의 직급과 복잡한 명칭으로 유난을 떤다. 그들은 현지에서 채용한 직원들에게 미국인들에게는 익숙하지 않은 계층화된 직책들을 선사한다. 미국에서는 보통 바로 건너뛰는 Manager와 Director 직급 사이에는 Senior manager, General manager 등 일본 특유의 분화된 직급들이 존재한다. 미국인들에게는 익숙하지 않은 일본식 중층 구조이다. 일본에서 사용하던 직급들을 그대로 번역해서 적용하다 보니, 미국인들에게는 생소한 직급들이 일본계 회사에 나타난다. 이는 일본기업 고유의 위계질서 문화를 고스란히 미국 현지에 도입하는 효과를 가져온다.

일본의 대기업에서는 정직원이 아닌 계약직 직원은 다른 색상의 근무복을 입는다. 멀리서도 쉽게 직원들 사이의 서열을 구분하기 위함이다. 계약직 직원들은 사람들의 왕래가 잦은 오픈 된 공간에서 일하는 경우가 많다. 핵심부서의 정직원들은 건물의 가장 깊숙한 쪽에 위치하며, 다른 직원들이 쉽게 접근하지 못하게 되어 있다. 그쪽에 용무가 있는 직원만이 핵심부서의 사무실을 지나친다.

조직 안에서는 서로 간의 프라이버시가 없지만, 조직 간의 서열은 조직단위의 프라이버시와 관련이 깊다. 높은 서열의 조직일수록 근무장소의 프라이버시가 올라가고 조금 더 안정된 환경에서 업무가 가능하다. 팀원끼리는 가족 같은 관계이지만 다른 가족들과는 공간적으로 구분되며 조직 사이에 서열이 존재한다. 조직 간의 서열다툼은 팀원 사이의 단합과 충성을 부추긴다. 저성과자는 하위 서열의 조직으로 좌천될 수 있기 때문에 그에 따른 위기감이 자연스럽게 충성심을 끌어낸다.

내가 일본에서 일할 때 인상깊었던 부분은 연상의 함께 일하던 계약직 직원들이 나를 갑으로서 대접해 주었다는 거다. 일본어 대화는 상호 간에 건네는 말투나 어조를 통해 서로 간의 서열이 명확하게 드러난다. 내가 외국인이어도 정직원들과 같은 근무복을 착용하고 있어서 서열이 정해지는 데 영향이 컸을 것이다. 근무복의 차이는 일본인들이 선호하는 일사불란한 서열을 확고히 하는 데 큰 도움을 준다. 서열을 확인하는 데 소요되는 시간을 최소화하면서 업무의 효율을 높이고자 함이다.

문제는 계약직 직원들과도 좀 더 친해지고 싶어도 주변의 시선을 의식해야 하는 부분이었다. 나의 경우 그들과의 사적인 소통은 사실상 불가능하였다. 나 자신의 영향력을 유지하려면 영향력이 높은 핵심 직원들과 주로 소통하고, 함께 다니면서 점심 식사도 함께하고 해야 했던 것이다. 서열이 낮은 직원들에게는 업무상 필요할 때만 일방적인 정보만 전달하는 수밖에 없었다.

일본인들이 그들의 중층구조를 해외 사업장에 도입하는 경우는 이제 보편적인 일이 되었다. 지금까지 일본의 많은 글로벌 기업들은 해외 현지화에 커다란 성공을 거두어 왔다. 현지화의 핵심은 현지에서 채용한 핵심 직원들에게 일본기업의 정신과 조직문화를 따르게 하는 일이다. 때로는 과도한 현지화에 위험이 따르기도 한다.

도시바와 타카타 파산은 본사의 직원들이 정말 최선을 다해 열심히 했는데도 결국 부도가 나게 된 경우다. 두 회사 모두 파산의 원인은 해외 지사의 관리부실에서 일어난 일이었다. 해외사업장에서 회계부정을 저지르거나 중대 설계 실수를 범하였기 때문이다.

계층적 중층 구조 때문에 현장에서가 아니면 경영자들은 해외사업장의 잠재적 실패요인을 그때그때 파악하기가 힘들다. 일본에서처럼 신속한 계층적 보고가 이루어지지 않기 때문이다. 일본에서는 실무자가 직접 혼신을 다해 작성한 보고서가 신속하게 윗선까지 올라간다. 물론 중간에 퇴짜와 수정이 거듭하지만 실무자의 의도가 크게 변경되는 일은 없다. 하지만 미국에서는 중층 구조를 타면서 보고가 이루어지면 그 내용이 지연되고 왜곡될 수 있다.

해외 사업이 부도 위기에 처해도 본사의 경영자들은 위기사항을 쉽게 이해하지 못한다. 해외 사업장 현장이 처한 상황이 경영층에게 제대로 전달되지 못하기 때문이다. 듣기 좋은 내용만 본사에 보고되고 미국인 관리자들은 그때그때 성과급을 챙겨간다. 미국인들은 관리자라 할지라도 한 조직에 오래 머무르지 않기 때문에 장기간 성과에 연연하지 않는다.

1.6.4. 평생 스승이 되는 첫 번째 멘토

신입 직원이 첫 부서에 배치된 직후에 결정되는 핵심 사항이 있다. 바로 앞으로의 그의 인생에 많은 영향을 미칠, 현업의 지도를 담당하는 멘토를 결정하는 일이다. 실무 직속 선배인 멘토는 신입에게는 앞으로의 인생 여정을 좌우하는 하늘과 같은 존재이다. 거역이나 반항은 있을 수 없으며, 궁극적으로 모든 개인적인 고민과 어려움을 가족보다 먼저 털어놓을 수 있는 존재가 되어야 한다. 한 번의 멘토는 직장후배의 평생 스승이자, 후배의 모든 공과를 함께 책임져야 할 막중한 의무를 가진다.

물론 운이 나쁘면 아주 엄격하고 까다로운 멘토를 만나기도 한다. 멘토가 본인의 맘에 들든 아니든 이견 없이 받아들여야 하고, 직장을 바꾸지 않는 한 다른 선택의 여지는 거의 없다. 현업 배치와 마찬가지로 멘토의 선택도 본인의 의사는 거의 고려되지 않으며 조직의 효율을 극대화하는 차원의 결정이 이루어진다. 조직생활뿐 아니라 삶 자체에 있어서 일본에서의 멘토란 거의 개인의 평생을 좌우하는 운명적인 만남이다.

회사 업무가 끝난 이후 술자리에서 취기가 어느 정도 지긋해지면 동료들과 항상 나누는 주요 화제 중 하나가, 자신은 어떤 멘토에게서 가르침을 받았는지, 그는 어떤 성격의 사람인지 하는 것이다. 첫 부서에서의 첫 멘토는 멘티에게 정신적인 부분뿐만 아니라 인간관계에 지속적인 영향을 미친다. 나중에 부서변경이나 이직 등으로 새로운 멘토가 지정되더라도 그의 역할은 한정적일 수밖에 없다.

나의 경우도 조금만 조직의 규범에서 벗어나면 멘토로부터 불만을 듣거나 주의를 받는 경우가 많았다. 왜 이렇게 하면 안 되는 사항은 그리 많은지 그때그때 주의를 받다 보면 속으로 울화가 치밀기도 하였다. 근태 같은 명시적인 규범은 물론이고 미묘한 암시적 규정을 어기는 경우에도 어김없이 주의에 가까운 조언을 받았다. 물론 상당히 우회적인 조언이었지만, 한국에서 조직생활을 경험한 경우라면, 어렵지 않게 감지할 수 있는 수준의 경고였다.

일본의 조직에서 일하자면 어느 정도 소모적인 일들에 계속 신경을 쓸 수밖에 없다. 본인이 실수를 하면 멘토에게까지 피해가 가기 때문이다. 자신이 잘못한 사항에 대해 멘토가 그 위 상사나 주위의 동료로부터 주의를 받는 상황은 언제나 최악이라고 할 수 있다.

채용 후 부서 배치를 받은 일본의 신입사원들은 좀처럼 긴장을 풀지 않는 모습을 보인다. 인생의 첫 직장 첫 부서에서 그들의 조직적합성을 인정받지 못한다면 앞으로 험난한 여정이 기다리고 있을 것이기 때문이다. 신입사원들은 모든 업무를 밑바닥부터 몸으로 체험하면서 회사 생활을 시작하게 된다. 직속 멘토뿐 아니라 부서 선배들의 수족이 되다시피 하는 자세로 그들을 떠받들면서 실무를 하나하나 배워 나가게 된다.

이는 청년들에게 지속적인 인내를 요구하는 과정이며 도를 닦는 여정에 비유할 수 있다. 멘토의 지시를 하나하나 끈기 있게 이행하면서 본인이 스스로 성찰하고 수행해 나가야 한다. 업무에 전념하면서 고통을 이겨내는 과정이다.

조직에서는 신입사원을 채용해서 교육시키는 것은 장기적인 안목의 투자로 여겨지기 때문에, 즉시 활용 가능한 능력보다는 배우겠다는 의지 및 정신자세를 가진 직원을 더 우대한다. 일본의 군대는 모병제이기 때문에 대부분 직원은 군 생활 경험이 없다. 하지만 멘토와 선배들이 군대 못지않게 엄격하게 교육하면서 정신적 단련을 시킨다. 여성 직원들 사이에서도 선후배 사이의 위계질서와 의무는 엄격하게 지켜진다.

여기에 적응하지 못하고 낙오하는 경우, 다른 새로운 조직과 멘토를 선택할 수 있는 기회는 차츰 줄어든다. 신입 채용에는 나이 제한이 있고, 경력 채용이라면 자신이 스스로 멘토가 되어야 하기 때문이다. 최악의 경우는 어떤 조직에도 적응하지 못하게 되어 히키코모리족으로 전락할 수도 있다. 조직 부적응자에 대한 멸시는 일본의 사회적 문제가 되고 있다.

1.6.5. 내용보다 격식이 중요한 보고

자신의 직속 관리자에게 대면보고를 하는 경우에는 보고를 받는 상위자에 대한 정중한 자세를 보이는 것이 무엇보다 중요하다. 일본에서는 조직생활을 이끄는 암시적 규정 중 가장 우선 순위를 두는 부분이 상사에 대한 예절이기 때문이다. 이를 적절하게 이행하지 못하면 실무 능력이 뛰어나더라도 해당 조직 내에서 입지를 다지기가 힘들다. 일본의 조직은 중층구조로 이루어져 있기 때문에 업무에서 보고의 비중이 높다.

보고의 격식은 주로 해당 조직의 암시적 규정에 따른다. 나의 경험에 의하면 일본의 조직에서 보고에 대한 명시적 규정은 전혀 접하지 못하였다. 과거 한국에서 사용하였던 결재판 같은 의식도 없다. 하지만 반드시 그들의 조직에서 요구하는 수준의 보고를 진행하여야 한다.

그 격식의 정도는 각 그들 조직의 문화마다 조금씩 달라서 군대에 가까운 형식일 수도, 아니면 자세나 보고 내용이 좀 더 대화체적인, 좀 더 자유로운 분위기일 수도 있다. 관리자 개인에 따른 차이도 커서 이를 파악하는 것이 중요하다. 자유롭고 즉각적인 보고를 선호하거나 격식을 차린 체계적이고 요약적인 보고를 원할 수도 있다.

대부분 일본 조직의 공통적인 사항은 상위자에 대한 보고는 상호 의견을 교환하는 방식이 아니라 일방적인 보고로 이루어진다는 사실이다. 보고자의 개인적인 의견을 너무 강하게 어필하거나 보고 내용에 대한 즉각적이고 긍정적인 피드백을 기대해서는 안 된다. 피드백이라고 해봐야 보고서의 형식이나 내용에 대한 문서적인 보완사항이 대부분일 수도 있다. 보고를 받는 상사 입장에서도 자신의 상사에게 같은 내용을 기반으로 좀 더 내용을 보완하고 수준을 높여서 보고해야 하기 때문이다.

일본사회의 조직에서 낙오하는 경우 중 하나는 보고 시에 자신의 의견이 너무 많거나 강한 경우이다. 능력 있는 직원이라도 암시적 규정의 위반이 지속되면 결국 조직의 핵심에서 제외되게 된다. 나의 일본인 동료들을 곁에서 지켜보면서, 의외로 본인이 이를 인지하지 못하는 경우를 많이 보았다. 상사들이 즉각적인 피드백을 주지 않기 때문에 직원 입장에서는 무언가 잘못되어 가고 있다는 것을 쉽게 알아차리기 힘들다. 원래 훈수 두는 입장의 동료에게 수가 더 잘 보이는 법이다.

나는 외국인의 눈으로 백지 상태에서 바라보는 것이었기 때문에 동료들 개인들의 개성과 성향을 쉽게 알아볼 수 있었다. 하지만 더워지는 물속의 개구리 입장에서는 본인에게 위기가 닥치고 있는지를 인지하지 못하는 경우가 많다. 특히 조직 내부에서 오랜 기간을 가족처럼 지내온 조직원들 간에는 스스로 자신의 성향을 인지하지 못하게 되기 쉽다. 그냥 가족관계의 타성에 젖어 버리고, 암묵적 서열을 받아들이며 그 결과에 순응하게 되는 것이다.

중층구조의 조직에서 한 단계씩 위로 가면서 업데이트 되는 보고서는 상위 관리자로 올라감에 따라 그 수준이 점점 높아진다. 내용도 점점 시각적이고 구체적으로 다듬어지면서 좀 더 체계적이고 종합적인 보고서가 된다. 미국인이라면 거부감을 가질 수준의 복잡한 시각성을 요구하는 경우도 많다. 어떻게든 많은 정보를 한정된 공간에 넣으려는 축소 지향의 성향이 일본인들의 보고서에 나타난다.

간결한 내용을 지향하는 미국인들의 보고서와는 대조적임은 포탈 검색엔진을 비교해 보아도 쉽게 이해할 수 있다. 구글은 절약위주 방식을 채용하여 많은 정보를 보여 주면서도 혼란스럽지 않고 깔끔하다. 반면 야후재팬이나 Goo의 경우에는 수많은 깨알 같은 정보가 메인 화면을 차지한다. 미국인 관점에서는 상당히 어지럽고 산만한 레이아웃이라고 할 수 있다.

전자메일로 보고를 하게 되는 경우에는 정형화된 비즈니스 메일 형식에 따라야 한다. 내용이 너무 진부해지는 것을 염려하여 암시적으로 규정된 형식을 생략하거나 변형하는 경우 결례로 여겨지니 주의해야 한다. SNS로 지인들에게 비즈니스 정보를 알리는 경우에도 집요하리만큼 틀에 짜인 정형적인 문서작성이 이루어진다. 수평적인 간단한 소통이나 정보

교환에도 그 형식에 상당한 에너지를 투입하는 셈이다.

일과 중 가장 중요한 보고는 상사에게 자신의 퇴근 시간을 알려주는 것이다. 그들에게는 퇴근 시 상사에게 인사를 하는 것이 기본적인 예의로 간주된다. 여기에는 관리자는 늦게까지 자리에 남아 직원들의 퇴근 모습을 지켜보아야 하는 의무도 암시적으로 적용된다. 오늘 하루도 수고하였다는 인사말을 퇴근하는 직원들에 건네는 행위는 그들에게는 상당히 중요한 의식이다. 직원 입장에서는 상사의 그 한마디로 많은 스트레스가 해소된다.

상사 입장이라면 모든 조직원이 퇴근하였음을 확인해야 마음 편한 퇴근이 가능하다. 누군가 아직 자리에 남아 있다면 반드시 그에게 수고한다는 인사를 건네야만 한다. 임원이 같은 사무실에 있다면 직원들이 자신에게 했던 형식으로 퇴근 인사를 하고 집으로 향해야 한다.

일본 직장인들의 많은 행동 규범이 암시적이지만 보고단계마다 행해지는 의식은 나름 체계적으로 구성되어 있다. 조직생활의 많은 부분이 그들에게 초등학교 때부터 평생 교육되어 온 예의범절에 해당된다. 어려서부터 예절이 생활화되어 있고, 입사 면접에서 다시 한번 예절에 대한 검증을 마쳤기 때문에 이를 굳이 문서화할 필요는 없다.

조직 내에서의 예의범절은 미국의 조직 생활에서는 거의 다루어지지 않는 부분이며 일반적인 에티켓과는 또 다른 부분이다. 에티켓은 상대방을 배려하는 부분이 강한 반면 예의범절은 위계질서와 관련이 깊다. 위계질서에 기반한 소통은 결국 보고형식으로 이어진다. 사실 인류의 모든 조직사회가 보고 시에 기본적인 에티켓이나 매너를 요구한다. 이들은 많은 경우 실무 능력과 보고 내용을 더 중요시하지 그 형식에 많은 비중을 두지는 않는다.

일본에서 조직 생활을 하는 경우 격식을 사소하게 여겼다가 예기치 않은 불이익을 받을 수도 있다. 인류 보편적인 양식을 뛰어넘은 지나친 형식에 대한 요구이다. 그들에게는 형식이 내용만큼 중요한 것이다. 조직 자체가 형식과 격식에 기반하여 유지된다.

1.6.6. 무인사회의 전통은 계속된다

일본의 직장인들은 대부분 군복무 경험이 없는데도 불구하고 놀라울 정도의 단결력과 조직에 대한 충성심을 보여준다. 일본인 동료들을 함께 조직 생활을 하면서 와닿았던 것은 그들의 마음속에는 군대 문화가 살아서 움직인다는 것이었다. 이들과 함께 일을 하다 보면 마치 병영생활을 함께 한다는 기분이 들기도 하였다. 상사의 지시를 이행하고 동료들과 협업하는 과정을 군 생활이라고 여기고 그에 맞게 행동해야 적응이 가능하다. 그 맹목적인 충성의 주된 정신적 근원은 그들의 과거 무인사회의 전통에서 온 것이다.

전통적인 일본 무인계급의 생활은 자신이 소속된 조직원들과 함께 병영 생활을 하면서 휴가 때만 가족을 방문하는 방식이었다. 그들은 평화시에도 계속 군인의 역할을 수행하면서 번주로부터 토지를 받아 가족들을 부양하였다. 일본 지배층이었던 무사계급의 조직중심 문화는 이들 지배계급에 봉사하는 중간 계급에까지 영향을 미치게 된다.

남북조 시대 이후에는 무인계급뿐만 아니라 일반 농민들까지 총촌이라는 자치 단위로 조직화되었다. 총촌 조직에서도 냉정하리만큼 철저한 단결을 요구하고 규율을 위반하거나 단결을 어지럽히는 자들은 엄한 벌을 받았다. 일본은 이때 이미 모든 것이 집단화되어 있는 사회였고, 집단에 속해야 보호를 받을 수 있는 체계였다. [7]

내가 일본에서 학창시절을 보내면서 가장 두려웠던 부분은 학급의 급우들로부터 소외될지 모른다는 두려움이었다. 한국 출신의 동료라도 이미 쉽게 일본의 문화와 관습에 익숙해져 버린 상태였기 때문에 그들의 사고방식에 따라 관계를 이끌어 간다는 것은 상당한 부담이었다.

그들의 전통에 따라 선후배 간의 엄격한 서열과 규율이 존재하였고, 급우들 간에도 암묵적인 서열이 있었다. 암시적 규정을 어길 경우 이들로부터 따돌림을 당할지 모른다는 공포가 나를 괴롭혔다. 나에게 가장 힘들었던 부분은 절대로 혼자 독립적으로 행동해서는 안 된다는 부분이었다. 모임에서 누가 리더인지를 파악하고 그가 원하는 질서에 따르는 부분이 무엇보다 중요하였다.

여학생이 리더 역할을 하는 경우도 있었는데, 상대가 여성이라 가볍게 여기고 암시적인 경고를 무시하는 경우에는 자신의 위치가 위험해질 수 있다. 무인사회에서는 독고다이라는 것은 통하지 않는다. 특히 고교 졸업 후 대학에 진학하지 않고 곧바로 취업을 원하는 경우는 부서활동 경력이 더 중요하다. 일본의 고교생들은 학과공부 못지않게 부서활동에 신경을 쓴다. 특히 대학진학을 포기한 경우라면 더 그렇다. 학벌 자체보다는 연대의식과 위계에 따르는 조직적합성을 가진 인재를 사회에서 필요로 하기 때문이다.

미국에서 고교시절 부서생활은 주로 대학진학을 위한 것이지만, 일본의 경우는 취업에 우선을 둔 것이다. 일본은 수능점수 위주로 대학에서 신입생을 선발하고 부서활동은 당락에 크게 영향을 미치지 않는다.

이런저런 이유로 결국 나는 일본의 학교에서 몇 번의 부서활동에 실패하게 되었다. 그들의 전통과 가치관을 마음속으로 이해하지 못했기 때문이다. 지금 와서 후회해도 소용이 없지만, 다행히 학창시절의 실패가 나의 일본에서의 직장생활을 무리 없이 할 수 있게 하는 발판이 되었다. 그때 이런 내용의 책이 있었더라면 얼마나 좋았을까 생각해 본다. 여기에는 일본에서 온 대학시절 친구의 도움이 컸다. 그가 고교시절 나의 실수를 일깨워 주었기 때문이다.

일본인들이 가장 두려워하는 상황은 자신이 속한 집단으로부터 배제되는 것이다. 학급이나 기업의 조직뿐 아니라 친목모임, 동창모임 등에 있어서 그 구성원으로서 따돌림이나 냉대를 당하는 경우다. 일본인들은 자신이 최하위의 위치에 있을지라도 하나의 체계 속에 위치한다는 것이 더 중요하다고 생각한다. 어느 위치에 속해 있던 그 체계로부터 소외됨은 결국 죽음과 다를 바 없다고 믿기 때문이다. [8] 조직에서 소외되면 결국 고립되어 혼자 죽음을 맞이하는 철새들 집단에 비유할 수 있다.

일본인들의 집단기반 사고방식은 어려서부터 교육과 경험을 통해 훈련된다. [8] 학교 교실에서의 따돌림과 소외는 1980년대 고도성장기부터 일본사회의 고질적인 문제로 등장하게 된다. 함께 공부하는 동료가 친구들로부터 소외되는 모습을 목격하는 것만으로도 상당한 긴장감을 불러온다. 소외됨에 대한 공포는 개개인들이 이에 대응하여 스스로 조직에 최적화되는 방향으로 행동하도록 유도한다. [8]

일본에서는 2000년대 이후부터 집단에서 소외된 많은 젊은이들이 니트족이나 히키코모리족으로 전락하여 이들이 고령화되면서 큰 사회적 문제가 되고 있다. 사회로의 진출을 시작한 청년들이 어느 순간 집단으로의 최적화 노력을 포기하고 사람들의 모임 자체를 기피하게 되는 현상이다.

격리된 생활을 선택하는 데에는 그들이 학창시절 경험했던 과거의 어두운 기억들이 주요한 요소로 작용한다. 물론 모든 인류 사회에서 관찰되는 현상이지만 일본사회에서는 유독 두드러지는 문제이다. 사회가 무인기반 성향이 강해질수록 낙오자들은 더 가혹한 대우를 받게 된다.

학교의 경우는 학업을 중도에 포기하고 떠나면 이후 개인의 이력에 치명적인 영향을 미치게 된다. 따라서 의무 교육 과정은 소외되거나 괴롭힘을 당하더라도 어떻게든 끝까지 견뎌 내야 한다. 하지만 그들이 성인이 된 이후에 선택하는 조직은 그냥 아무 때나 훌쩍 떠나버리면 그만이다. 무인기반의 조직사회를 견뎌 내는 데에 한계가 온다면 혼자 농사를 지을 수도 있고 그거마저 힘들다면 혼자 사냥을 해서 살아갈 수도 있다. 청년들이 조직과 노동으로부터 소외되는 현상은 결과적으로 인간관계의 비인격화를 가져온다.

1.7. 수평적인 관계의 미국 사회

1.7.1. 관계에서의 평등추구

미국인들의 평등에 대한 추구는 그들과 함께 생활함에 있어서 가장 먼저 마주하게 되는 문화적 기반이다. 평등이라는 미국문화의 근간은 조직과 조직사이의 관계뿐 아니라 구성원 간의 관계 속에서도 관찰된다. 일단 많은 조직에서 직급 자체가 그다지 세분되어 있지 않다. 직장에서 연장자가 나이 어린 상급자 아래에서도 편하게 일할 수 있는 이유 중 하나는, 상급자가 업무상 지시를 내리고 그 결과에 대한 평가를 할 수 있어도, 그 이상의 막말이나 질책은 거의 없기 때문이다.

관리자는 고과권과 해고권을 가지고 있으나 그것이 강한 위계로 이어지지는 않는다. 현실적으로 징계 해고권은 극단적인 경우에만 사용하게 되어 있다. 관리자 입장에서 부하직원을 위압적인 행동이나 언어로 압박하여 성과를 올리기는 쉽지 않다. 오히려 반발을 일으켜 젊고 유능한 직원들은 계속 다른 직장을 알아보게 된다.

지위고하를 막론하고 동료나 부하 직원에게 적절한 피드백을 주는 것이 조직 내 평등의 핵심이다. 물론 피드백의 많은 부분이 긍정적이어야 하며, 부정적인 피드백의 경우 긍정적인 것에 끼워 넣어 간접적으로 인지시키는 것이 일반적이다. 일본인들의 경우는 부정적인 사항에 초점을 맞추어 가는 것에 반하여 미국은 긍정적인 쪽에 포커스를 둔다.

조직 간의 서열에도 비슷한 룰이 적용된다. 협력업체나 자영업에 종사하는 오너나 직원들도 고객업체라고 해서 무조건 떠받들지는 않는다. 상황에 따라 태도가 돌변하는 경우도 있다. 일본에서는 거의 통하지 않는 방식이지만, 배짱으로 거래하는 방법을 사용하기도 한다. 거래를 원치 않으면 하지 않아도 된다는 식의 태도다. 미국 사회에서는 상황에 따라 갑을 관계라는 종속적인 개념이 무너지는 현상이 발생한다.

현장을 경험해 보면 미국에서는 그러한 관계의 유연성이 의외로 많이 관찰된다. 미국 사회에서는 자신이 고객 입장이라도 상호 간에 지켜야 할 예의가 있고, 상대에게 적절한 피드백을 주는 것이 기본이기 때문이다. 일본식의 모호하고 일방적인 관계 시도는 때로는 거래처의 분노를 부르기도 한다. 고객이 모든 것을 결정하고 공급자는 무조건 따라야 한다는 태도는 상대의 반감을 사는 요소가 된다.

유학생이나 새로운 이민자가 몰리는 미국의 지역 사회에서는, 상점의 점원들이 미국인 고객들에게는 상당히 친절한 태도를 보이다 가도, 동양인 고객을 대하는 순서가 오면 태도가 무뚝뚝하게 돌변하는 경우가 많다. 내가 미국으로 이주한 초기에는 이런 모습을 명백한 인종차별로 여겨 분개하곤 하였다. 하지만 미국에서 오래 지내다 보니 이민자 출신 고객과는 기분 좋은 대화를 기대하지 않는다는 차별의 본질적인 이유를 깨닫게 되었다.

그들이 유독 동양인들에게만 차가운 이유는 동양인 주재원이나 초기 이민자 고객들이 적절한 피드백 없이 일방적으로 점원들을 하대하는 경우가 많았기 때문이다. 그들의 부정적인 경험이 쌓이고 쌓여 동양계 이민자들에 대한 고정관념으로 박혀 버린 것이었다. 물건을 바코드에 찍고 계산하는 과정에서 웃으면서 가벼운 이야기를 나누는 미국의 계산대 문화는 동양 문화권에서는 익숙하지 않기 때문이다. 결국 점원들의 동양인 고객 냉대는 언어적 한계와 문화의 차이가 인종적 편견에 더해져서 나타나는 복합적인 현상이었다.

내가 거주하는 지역에서 가까운 미시간의 노바이(Novi) 지역에는 주한미군 출신 부부가 함께 운영하는 한국 식료품점이 있었다. 나는 한동안 그 상점의 단골 고객이었다. 노바이는 미시간에서는 앤아버와 트로이 다음으로 교민들이 많이 거주하는 지역이기도 하다. 신도시 지역 중에서는 가장 많은 교민 인구를 가진 도시이기도 하다.

많은 한국 식품점이 그렇듯이 부부가 함께 운영하는 식품점이었는데, 아내는 한국에서 결혼하여 건너온 이민자였고 그 남편은 주한미군 출신 백인이었다. 내가 여기 상점을 방문할 때마다 거슬렸던 점은 남편이 카운터를 보는 경우 고객들에게 별로 친절하게 대하지 않았다는 점이다. 남편은 특히 한국인 손님들에게 습관적으로 불친절한 듯 보였다. 미국에 처음 온 것으로 보이는 한국인에게는 조롱에 가까운 무례함까지 느껴지기도 했다.

미국에 막 도착한 듯한 한국인 손님에게는 느닷없이 한국말을 건네며 상대를 당황하게 만들고, 그 반응을 즐기는 듯한 모습도 보였다. 마치 손님의 당황스러움을 통해 스트레스를 푸는 것처럼 보였고, 고객을 향한 그의 조소적인 태도는 사회적 통념으로 보더라도 납득하기 어려운 수준이었다. 그의 행동은 단순히 불쾌하기보다는 다소 기괴하게 느껴졌다.

나 역시 처음 이 가게를 방문했을 때, 같은 방식의 무례한 응대를 받았다. 그때 나는 그를 똑같이 무시하고 깔보는 태도로 맞섰다. 내가 일반적인 초기 이민자와는 다른 반응을 보이자 그는 약간 놀란 듯했고, 이후 그의 태도는 조금 누그러진 듯 보였다. 그럼에도 불구하고, 그 상점을 방문할 때마다 불쾌한 감정은 쉽게 사라지지 않았다. 마음 한편에는 언젠가 이 자를 어떻게든 단단히 혼내줘야겠다는 생각까지 품게 되었다.

어느 추수감사절 전날 나는 평소처럼 그 상점을 방문했다. 계산대를 지키고 있던 그에게 내가 그에게 명절 동안 어디에 갈 계획이 있냐고 인사치레로 물어보니, 갑자기 그의 막혔던 말문이 트였다. 그는 자신의 명절 계획에 대해 웃고 떠들면서 이야기를 쏟아냈고, 대화는 계속해서 이어졌다. 그날 이후로는 내가 그 상점을 방문할 때마다 미국 생활은 어떠냐, 가족들은 잘 지내냐 등등 일상적인 안부를 물어왔다. 미국의 평범한 작은 상점에서 주인과 단골 고객 간의 전형적인 패턴의 대화가 이루어지기 시작한 것이다.

생각해 보니 그 지역은 이주 초기단계인 교민들이나 일본인 주재원들이 주 고객이었고, 대부분은 마트 점원과 가벼운 이야기를 함께 나누는 미국식 쇼핑 양식에 익숙하지 않았다. 그는 생계 때문에 상점을 운영하면서도 고객들이 무의식적으로 요구하는 갑을 관계에 오랜 기간에 걸쳐 정신적 스트레스를 쌓아왔던 것이다. 고객들과의 소통이 일방적이고 무시당하는 느낌이 반복되면서 그의 입장에서는 울화통이 터져 있었던 것이다.

미국인들은 상점의 계산원 신분이라도 고객들과 동등한 분위기에서 서로 이야기를 주고받으면서 스트레스 없이 일을 한다. 고객의 주류가 이주민이 대부분인 신도시의 상점에서는 그들과의 문화적 불일치를 극복하지 못했던 것이다. 특히 고객들 대부분이 일상적인 영어표현이나 소통 방법에 익숙하지 못했던 것도 문화적 거리에 더해지는 스트레스의 이유였다. 사실 일본이나 한국계 기업에 고용되어 있는 미국인 직원들 역시 비슷한 애로사항과 정신적 스트레스를 겪는다.

같은 지역의 일본인이 운영하는 좀 더 큰 규모의 상점도 자주 찾던 곳이었는데, 여기서도 비슷한 현상을 확인할 수 있었다. 일본에서 수입한 식재료를 판매하는 이 마트에는 점원으로 젊고 잘생긴 백인 남녀들이 많이 일하고 있었다. 일반적인 미국의 마트는 50대 이상의 점원이 대부분인데, 점원들의 외모와 나이에 민감한 일본인 고객들을 위한 배려로 보였다. 일본인들은 일반적으로 그들이 운영하는 서비스업종에 동양인이 좋아할 만한 스타일의 젊은 백인 직원들을 고용하는 것을 선호한다.

그런데 문제는 그곳에서 일하는 계산대의 백인 점원들 역시 하나같이 손님들에게 무뚝뚝하며 전반적으로 상당히 우울해 보였다는 것이었다. 이들의 표정에서 정신적으로 고단한 상태에서 일한다는 것을 읽을 수 있었다. 그곳의 주 고객층은 일본에서 파견 온 주재원과 그 가족들이었는데, 이들이 점원 입장에서는 자신들을 하대하듯이 행동했던 것이다. 특히 상대와 눈길을 좀처럼 마주치지 않는 일본인들의 습성이 종업원들을 스트레스 속으로 몰아넣었던 것 같았다.

그곳의 많은 고객들이 대부분 미국문화와 언어에 익숙하지 않은 상태에서, 닫힌 주재원 사회에서 생활하다 보니 소통 방식에서 상당히 경직되어 있었다. 초면의 일본인들 사이에서는 상대에게 필요한 용건 이상으로 말을 건네는 일은 좀처럼 일어나지 않는다. 이 룰이 고객과 점원 사이에도 적용되는데, 점원 입장에서는 무시당했다는 인상을 받을 수 있다.

외국인이나 이민자가 미국인들의 보편적인 관습에 벗어나는 일방적인 서열을 요구하거나 피드백을 주지 않으면, 미국인들의 입장에서 상대가 무례하거나 짜증 난다고 여길 수 있다. 상대가 나쁜 의도가 아니라는 것을 알면서도 의식적으로 점차로 그 사람과는 접촉을 피하게 된다.

수평적인 관계를 저해하는 상대의 행동에 의한 스트레스가 계속 쌓이면, 고객을 대하는 태도가 성의 없거나 불손하게 변하기도 한다. 이런 고충을 모르는 고객 입장에서는 상대로부터 자신 쪽에서 무시당했다는 기분을 받을 수도 있다. 미국의 수평적 관계의 문화를 이해하고 미국인들의 일상적인 행동을 자세히 관찰한다면, 예상치 못한 위기상황이 와도 현명하게 대응할 수 있을 것이다.

미국기업들 간에도 해당 기업의 업종, 지역, 인종구성, 역사 등에 의하여 수평화 정도의 차이는 있다. 테크기업으로 갈수록, 소프트웨어 쪽으로 갈수록 수평적인 구조가 강화되면서 더 높은 업무효율로 이어진다. 지역적으로는 서부 쪽으로 갈수록, 인종 구성 측면에서는 다문화로 갈수록 수평적인 모습이 더 강해진다. 애플은 최고 결정권자를 위시하여 일사불란하게 움직이는 위계조직의 대표적인 기업으로 여겨진다. 반면, 구글은 직원들의 역할을 중심으로 한 수평적 조직문화를 대표하는 사례로 자주 거론된다.

1.7.2. 의사결정은 직원 스스로가

미국의 조직에서는 부서장에게 실질적 결정권이 없는 경우도 많이 있다. 실제로 오랜 기간을 해당 부서에서 근무해 온 고참 부서원들이 업무의 주도권을 가지고 있다. 미국 역시 관리자의 수명이 다른 직종에 비해 짧은 편이기 때문에, 기존의 조직에 새로운 부서장이 부임하는 경우가 일반적이다. 따라서 실질적 의사결정 권한이 없는 부서장의 경우 무난한 팀워크를 유지하기 위해서 구성원들의 눈치를 살펴야 한다. 조직원들이 스스로 결정하고 행동하게 하는 능력은 관리자의 주요한 자질이다.

위계질서가 약한 역할중심 조직에서는 부서장은 최소한의 의사결정만 담당하는 경우가 많다. 일반적으로 핵심 실무자들의 근속 연수는 관리자들보다 훨씬 길다. 물론 새로 창업한 스타트업의 경우는 관리자가 우선적으로 고용되고 다음 단계로 실무자 채용을 진행하겠지만 일반적인 미국의 기업에서는 관리자의 주기적인 교체는 일반적이다. 따라서 근무연한이 짧은 부서장이 조직을 장악하고 전반적인 주도권을 가지기에는 한계가 있다.

내가 근무하였던 조직에서도 부서장은 필수 업무인 직원들의 근태만 체크하였고, 과제의 일정이나 납기의 결정은 실무진에게 일임하였다. 내가 미국 회사에 처음 근무하면서 가장 힘들었던 부분이, 많은 부분을 나 스스로 결정해야 하는 것이었다. 부서장이 업무를 지시하면서 가능한 납기를 알려 달라고 할 때가 가장 당황스러웠다.

부서장의 주요 업무 중 하나는 직원들의 휴가를 조정하여 업무 공백이 생기지 않게 하거나, 상위 레벨의 의사결정을 하는 일이다. 어떤 과제를 새로 시작할지 아니면 기존 과제를 접을지를 결정하고, 그에 대한 보고서를 작성하며 담당임원과 업무의 현황을 상의하는 일도 오롯이 관리자의 몫이다.

조직이 수평적이라 함은 결정권이 고르게 분산되어 있어서 조직원들의 합리적인 의사결정 과정을 거침을 뜻한다. 특히 업무의 세부일정을 조정하는 부분에는 실무자의 권한이 크게 작용한다. 고객사에 대한 납기를 결정해야 한다면, 고객사의 관리자보다는 실무 담당과 직접 협의를 하여야 한다. 관리자는 결정된 납기를 승인하고 주요 일정을 관리하는 역할을 한다.

실무에 관련된 정보는 다들 분산 공유하여 주요 정보가 관리자나 특정 직원에게만 집중되지 않도록 한다. 위계질서가 느슨하고 입사와 퇴직이 자주 일어나는 유연한 조직에서는 권한을 분산시키는 편이 업무 효율과 리스크 관리에 더 유리하다. 물론 책임이 모호할 경우 업무의 효율이 떨어질 수 있기 때문에 탄력적으로 권한을 조정해야 한다. 조직에 위기가 닥친다면 권한을 가진 직원이 책임을 져야 하기 때문이다.

미국인들은 일본인들이 선호하는 충성심 기반의 활동지향 조직보다는 목적성과 동기부여에 의한 성과지향의 조직을 추구한다. 직원 스스로 의사결정을 하기 때문에 각자가 조직 공동의 목표를 이해하는 것이 중요하다. 수직적인 하청구조가 아닌 개인의 전문성을 살린 미국의 조직은 소프트웨어에 강하다. 반응력 및 사후유지가 중요하기 때문에 리뷰나 테스트에도 계약직은 잘 활용하지 않는다.

누군가가 직원을 평가해서 연봉과 성과급에 영향을 미친다면, 엄밀한 수평적인 구조라고는 할 수 없다. 조직의 본질은 평가와 보상이기 때문에 완벽하게 수평적인 조직은 세상에 존재하지 않는다. 결정권에서는 수평적인 조직이라 할지라도 인사권에서는 수직적인 면을 내포한다.

미국에서 관리자의 가장 큰 권한은 직원의 평가와 해고이다. 부서장은 조직원들의 인사고과와 정리해고 시 먼저 내보내는 순서를 결정한다. 보통 직원의 평가내용은 상호 간의 협의 하에 작성되고 기록되지만, 다음 해의 급료는 해당 직원의 부서장이 임원과 상의하여 결정한다. 따라서 자신이 조직에서 계속 성장하고자 한다면 부서장의 역할을 바르게 인식하고 있어야 한다.

미국 조직 생활에서는 의도적으로 관리자의 개입이 필요한 상황을 만들어 의사결정을 부서장이 내릴 수 있게 배려하는 것도 중요하다. 지속해서 실무자가 모든 업무를 스스로 처리하고 직접적인 의사결정을 내려 버리면, 관리자의 존재감이 희석되어 위기감을 초래할 수 있다.

주인의식이 너무 강한 직원은 장기적인 측면에서 제거 대상이 될 수도 있다. 관리자는 부서를 맡고 있는 동안 지속해서 그를 대체할 직원을 찾을 것이다. 정리해고 시즌이 되면 첫 번째 정리 대상이 될 수도 있다. 고참 직원은 급료가 높기 때문에 대체할 젊은 직원이 있다면 구조조정 효과가 크다.

하지만 관리자가 부서 장악을 위하여 직원들에게 티 나게 강압적으로 대하는 경우는 드물다. 미국은 노동시장이 유연하여 전직이 쉽기 때문에 분위기가 나빠진다면 우수한 직원들은 결국 다 떠나기 때문이다. 유능한 관리자라면 일반적인 의사결정은 직원들 스스로가 내리게 하되 자신은 중요한 결정만 관여하는 방식을 취한다.

1.7.3. 세대를 뛰어넘는 협업구조

내가 B 사에서 과장급으로 일하기 시작하였을 때 함께 일하던 팀원들과 함께 찍은 사진을 SNS에 올린 적이 있다. 그때 한국에 있던 친구들의 주된 반응은 나의 동료들이 상당히 노쇠해 보인다는 거였다. 생각해 보니 한국이라면 대부분이 나보다 젊은 직원들이어야 하는데, 사진에는 50대 동료도 상당수 보였기 때문이다.

수평적인 조직에서는 경력직의 고용 당시 나이가 크게 영향을 미치지 않으니, 함께 일하는 동료들 중 연장자의 비율이 높아질 수밖에 없다. 특히 진입장벽이 높은 업무의 경우 같은 급료라면 경력이 많은 지원자를 선호하기 때문에 실무자들의 고령화는 눈에 띄게 나타난다.

미국에서 나이를 기준으로 조직을 바라본다면 피라미드 구조가 아닌 기둥 구조라고 할 수 있다. 조직을 구성할 때 보통 실무자들의 나이를 신입부터 은퇴직전 직원까지 고르게 분포 시킨다. 경험은 많지만 조금 느긋한 고참 직원과 경험은 부족하지만, 빠릿빠릿한 젊은 직원이 함께 일하게 하여 효율을 내려는 의도이다. 정리 해고 시에도 인사팀의 기본 매뉴얼에 따라 여러 나이대에서 균일하게 내보낼 직원을 선발해 낸다.

조직원들의 나이대가 넓기 때문에 구성원 간 세대 갈등이 나타나는 문제가 있다. 동양적인 관점에서 본다면 미국 회사의 젊은 직원들은 다들 건방지고 공격적이라고 불평할 수 있다. 이들에게서 인생 선배나 연장자들에 대한 존경심은 전혀 찾아볼 수가 없다. 물론 청년들 입장에서는 악의를 가지고 연장자들을 무시하는 것은 아니다. 자신들의 부모나 형을 대하는 것과 비슷하게 동료들과 수평적인 관계를 가지고자 하는 것이다.

청년들 입장에서 가장 짜증 나는 부분은 고참들이 핵심 실무를 계속 차지하고 있으면서, 노하우 전수에는 상당히 인색하다는 점이다. 자신들이 두각을 나타낼 기회가 빨리 오지 않으니, 심리적으로 상당히 답답할 수밖에 없다. 진입장벽이 높은 분야의 경우 결국 견디지 못하고 조직을 뛰쳐나가는 경우도 많다. 이공계 청년들의 경우 아날로그보다 디지털, 제조업보다는 서비스, 특히 IT나 인공지능 분야를 선호한다.

내가 미국에서 일을 시작한 지 얼마 안 되었을 때 20세 연상의 동료 직원에게 계속 화를 내고 있는 나의 모습을 자각하고 화들짝 놀란 적이 있다. 젊은 시절에는 많이들 수평적인 분위기에 이끌려 넘지 않아야 하는 선을 넘기도 한다. 물론 이러한 행동이 조직 생활이나 평가에 큰 영향을 미치지는 않았지만, 의도하지 않은 적을 만드는 행동은 어디에서나 삼가는 것이 좋다.

나중에 정신을 차리고 그 고참 동료들에게 예를 갖추기 시작했다. 고객사에서 여러 해를 부서장으로 일하다 명예퇴직 이후 과장급으로 영입된 경우였다. 그러니까 같은 과장급으로 만만하게 대한 것인데, 그때의 나는 부장 출신이 과장으로 내려와 일하는 심정을 전혀 이해하지 못하였던 것이다.

그와 친해지고 난 어느 날 그는 자신이 학창시절 사용하던 기계식 계산기를 가져와서 나에게 보여주었다. 1960년대에는 세계 최고의 공학용 계산기였던 리히텐슈타인산 콘티나 모델이었다. 그가 공학을 공부할 당시에는 전자식 계산기가 없었다는 사실이 가슴에 와닿았다. 나중에는 자신의 호숫가 집 정원에 장난감 기찻길을 꾸며서 동료들을 초대하기도 하였다.

특히 많은 청년 이민자들이 미국 직장 생활에 동화되는 과정에서, 자신도 모르게 아버지뻘 되는 동료직원에게 함부로 대한다. 갑자기 수평적인 근무 환경에 접하다 보니 과잉 적응이 되어서 나타나는 현상이다. 이런 현상은 이들이 자신을 자각하고 새로운 문화를 포용하고 새로이 균형 잡힌 사고에 도달할 때까지 지속된다. 아무리 미국이라도 건방진 건 건방진 거다.

누구나 연장자 동료에 대한 존경심과 두려움이 희박해지는 순간이 온다. 이때가 적을 만드는 시기이며 대부분의 미국인 신입 직원이 이런 과정을 겪는다. 상대는 어떤 식으로든 보복을 시도할 것이다. 나의 경우 일단 고참 백인직원이나 관리자에게 우회적으로 건방진 신입에 대한 불만을 전달한다. 고참들로부터 피드백이 주어지는 경우 대부분은 개선의 노력을 한다.

진전이 없는 경우는 어떻게든 제거할 방법을 찾아야 한다. 특정직원의 퇴출을 목표로 하는 고참들의 수가 늘어날수록 일은 쉬워진다. 동료 선배들이 아무도 그에게 제대로 된 업무를 가르쳐 주지 않는 상황이 제거의 초기 단계이다. 신참에게 기술 이전을 제한하는 것은 고참들의 권리이다. 어떤 관리자나 조직도 순수 개인 자산인 노하우 전수를 강요할 방법은 없다.

수평적인 조직일수록 노하우 전수에는 더 인색하다. 따라서 젊은 직원일수록 주변 동료들에게 겸손한 태도를 보이게 된다. 자신이 나이가 어리다는 사실에 위축되어서가 아니라, 경력이 아직 부족하므로 선배 동료들에게 더 많은 업무를 배워야 하기 때문이다. 나이 든 직원이라도 해당분야의 경력이 많이 부족한 경우는 고참들이 가볍게 대할 수도 있다.

세상의 어느 조직에서나 신참에게 핵심업무의 이전을 제한하는 것은 기득권 유지의 전형적인 방법이다. 어떤 관리자나 조직도 순수 개인 자산인 노하우 전수를 강요할 방법은 없기 때문이다. 이렇게 되면 수평적인 조직에서 세대 갈등이 조금씩 나타나게 된다. 특히 근접세대들 사이에서 갈등은 더 심해질 수밖에 없다.

아예 신입이라면 상대하기에 부담이 없으니, 연장자 동료들이 크게 부담을 가지지 않는다. 따라서 신규 입사자의 나이가 젊을수록 많은 노하우를 전수받는 데 유리하다. 전수자 입장에서는 갑자기 자신의 위로 치고 올라올 위험이 적기 때문이다. 따라서 어리고 겸손한 신입들이 다른 신입들보다 업무를 빨리 배운다.

미국에서는 자신이 연장자 쪽에 속한다고 해도 나이가 많다는 것을 내세우는 것을 결코 좋은 방법이 아니다. 앞서 설명한 대로 젊은 직원의 행동이 불쾌하다면 이를 다른 방법으로 응징하여야 한다. 같은 부서에 연장자들이 많다면 서로 연합하기에 상당히 유리하다. 따라서 청년들은 연장자들이 유난히 많은 조직은 기피하게 된다.

이른바 조직의 고령화 현상인데 이제는 미국 전통 제조업의 고질적인 문제가 되었다. 조직이 고령화될수록 청년들의 기피 현상은 심해지고, 그러한 조직은 고령화의 악순환을 거듭한다. 자칫하다가 몰락의 길을 걷을 수도 있다. 고령화에 의한 경쟁력 저하를 거론하자면 나는 파산 직전의 모토로라를 떠올린다. 구조조정을 거듭하면서 노인들만 끝까지 살아남았던 그 씁쓸한 기억 말이다.

물론 위에 열거한 내용들은 실무직에 한정된 이야기다. 미국에서는 연장자들이 관리직을 쥐고 보직을 차지하고 다음 세대의 진출을 가로막는 현상은 없다. 그들에게는 자연스럽게 고참들을 직급으로 추월하는 문화가 정착되어 있다. 젊고 능력 있는 직원들은 그들의 리더십과 희망에 따라 옛 동료들의 리더로 성장할 수 있다.

1.7.4. 정글과 같은 조직

미국의 직장생활은 정글과 같다고 표현하는 경우가 많다. 미국에서 수평적이라 함은 사회주의적인 의미가 아니라 무한경쟁의 정글에 더 가깝다. 수많은 종류의 여러 나이대의 동물들이 자유롭게 밀림을 돌아다니면서 서로 자유롭게 경쟁을 한다. 어리거나 늙은 동물들이 배경이나 나이에 관계없이 동등한 위치에서, 서로 영역을 차지하려고 싸워야 한다.

나이 든 동물은 어느 시점에서 경쟁력을 잃고 도태되기 시작한다. 수컷의 경우 정글에서 싸움에 밀리기 시작하면 암컷도 빼앗기고 결국 좋은 먹이도 구하지 못하게 된다. 하지만 후미진 영역에서 제한된 생활만 한다면, 큰 적과 마주치지 않고 최소한의 식량으로 버틸 수 있다. 정글의 특성 중 하나는 자신의 영역을 침범하지 않는 동물은 건드리지 않고 관용을 베푸는 것이 원칙이기 때문이다. 하지만 중원을 평정하고 많은 암컷과 맛있는 먹이를 차지하기를 원한다면 수많은 적과 치열한 전투를 감내해야 한다.

대표적인 정글과 같은 조직을 든다면 단연 아마존이라고 할 수 있다. 회사 이름에서 느낄 수 있듯이 인력 구성의 다양성과 무슨 과업이든 정신

없이 초고속으로 완수한다는 치열함이 담겨 있다. 우물을 여러 개를 파서 그중 성공한 아이템으로 기업을 이어가는 시스템이다. 그들은 철저하게 능력주의와 성과주의를 앞세운다.

그렇게 때문에 경쟁이 완전히 자유로운 만큼, 직장 내에서의 동료 간 관계는 적자생존으로 이어진다. 서열에 기반하지 않은 수평적인 관계란 모든 숲속 동물의 사실상 무한경쟁을 뜻한다. 수평적이면서 유연한 것이 얼마나 무서운 것인지는 미국 테크 기업 직원들의 생존율과 퇴사율을 보면 실감할 수 있다. 한국의 대기업에서도 수평유연 조직을 도입하려 하였으나 무한경쟁을 부추긴다는 이유로 반대에 부딪히기도 하였다.

내가 일하였던 V 사에서도 정글 시스템이 도입되었다. 규모가 작고 역사가 짧은 회사일수록 수평유연 무한경쟁 시스템이 적용되기에 적합하다. 출퇴근 시간이나 근무 분위기는 상당히 자유로웠지만 각 업무의 담당자들은 잦은 교체를 거듭하였다. 신규 채용한 직원이 이전 담당자보다 가성비가 좋다면 즉시 새 직원에게 핵심 업무가 주어지고, 기존의 직원은 보조 업무를 하다가 다른 직장을 찾아 퇴사하는 과정이 반복되었다.

처음에는 놀라울 정도로 유연한 근무 분위기에 상당히 고무되었는데, 특히 동료들은 지나칠 정도로 피드백이 솔직하였고, 토론 과정에서도 갈등을 마다하지 않았다. 자유로운 분위기에 의한 심리적 안정감은 나의 예측과 달리 편안함과는 거리가 먼 것이었다. 누구나 거리낌 없이 자신의 생각을 말하는 분위기에서는 오히려 직원 간에 논쟁의 여지가 많았던 것이다.

특히 젊은 직원들이 상당히 공격적이어서 애를 먹었다. 모두들 보복이나 해고를 전혀 두려워하지 않는 눈치였다. 이러한 분위기는 새로 입사하는 후배 직원들에게 바로바로 전염되었다. 동양적인 관점에서 본다면 자유분방한 한 명의 직원이 조직 전체의 분위기를 흐린다고 표현할 수도 있다.

결과적으로 회의장소에서의 실무자들 서열은 나이가 어린 순에서 시작하여 나이가 많은 순서대로 자리를 잡았다. 주요 발언권은 항상 가장 젊은 직원들에게 있었다. 물론 수석급 정도의 실무자는 예외였지만, 관리자 입장에서는 경력 많은 직원을 놓치지 않으려고 핵심 직원들에게는 급료로 보상을 하였다.

결국 경력 많은 핵심 실무자는 조용히 지내면서 젊은 직원들의 백업 역할을 하는 수밖에 없었다. 그들에게 핵심 설계를 맡기고 그 결과를 리뷰하는 역할을 수행하였던 것이다. 물론 그들은 젊은 직원들의 상상을 뛰어넘는 높은 급료를 수령하였다.

수평유연 조직에서는 실무자 트랙과 관리자 트랙의 구분이 확실하다. 이 중에서 관리자 트랙을 선택하는 순간 실무자들과는 견줄 수 없는 본격적인 경쟁이 시작된다. 높은 자리로 올라갈수록 그 경쟁은 점점 더 치열해지고 더 고독해진다.

수평적인 조직의 큰 특징은 공식적인 회식 자리가 드물다는 점이다. 회식이야말로 리더로서 동료들 간의 벽을 허물고 유대관계를 강화할 좋은 기회이다. 하지만 가끔 있는 회식 자리마저도 큰 의미 없이 그냥 맥주를 곁들인 저녁식사 자리 정도로 끝난다. 부서 공식 회식모임의 목적 자체가 서열의 재확인이기 때문에 유연한 조직을 선택한 직원들은 회식에 별 다른 관심을 주지 않는다.

궁극적으로 다른 동료들을 넘어서 더 높은 자리로 가고자 하면 개인플레이로 갈 수밖에 없다. 때문에 미국의 관리자들, 특히 독신자들은 외로움을 못 견디고 자살을 하거나 마약을 접하게 되는 경우도 생긴다. 유연한 조직에서 리더가 되고자 한다면 처세술보다는 강력한 멘탈이 더 중요하다.

1.7.5. 막강한 실무자의 권한

미국기업과 거래를 하자면, 고객사의 관리자뿐만 아니라 실무자들의 기분까지 모두 맞추어야 한다. 최상위자의 기분만 맞추면 되는 일본 회사에 비해 대응이 어려운 점이다. 왜냐면 실무자들의 의견이 관리자와 다를 수 있기 때문이다. 미국 조직 문화를 이해하지 못한다면 관리자의 기분만 맞추다가 낭패를 보는 수가 있다.

미국에서는 의사결정에 있어서 실무자의 의견을 우선시한다. 의사결정은 직원 스스로 하는 문화가 정착되어 있기 때문이다. 최종 결정은 관리자가 하더라도 의견을 조율하는 과정을 거쳐야 팀워크에 해가 되지 않는다. 실무자의 의견을 반복해서 묵살하게 되면 결국 예스보이들만 조직에 남게 된다. 미국에서 순종적인 직원의 이미지란 무능이다. 유연한 조직에서 핵심적인 직원들은 항상 날개를 펴고 날 준비가 되어 있다.

미국에서는 부하 직원이 관리자의 설명이나 지시에 일본식으로 예스만 반복하는 행동은 치명적인 결례로 여겨진다. 적당한 시점에 자신의 의견이나 아이디어를 피력하는 긍정적인 피드백이 필요하다. 아이디어가 없다면, 최소한 상대방이 말하는 내용을 반복하여 되뇌어 주는 것이 최소한의 예의다. 미국 사회에 처음 정착하는 한국이나 일본에서 온 이민자들이 가장 적응하기 힘들어하는 부분 중 하나가 상대에게 즉각적인 피드백을 주어야 한다는 부분이다.

동양 출신 관리자들이 가장 많이 겪는 어려움은, 부하직원이 당연히 해야 하는 업무를 완료하였을 때마다 하나하나 칭찬해 줘야 하는 부분이다. 동양에서 관리자 생활을 할 때에는 일반적인 업무는 진척상황에 관한 보고만 받으면 되고, 납기 내 완료하지 못하였거나 어려움이 예상되는 업무만 집중해서 질책하거나 대책을 강구하면 되었기 때문이다. 미국에서 조직을 무난히 이끌어 가려면 칭찬을 아끼지 말아야 하며, 가능하면 공식적인 이 메일로 다른 직원들도 참조로 넣어서 내용을 공유해줘야 업무 능률이 오른다.

특히 이민자 출신 관리자들이 겪게 되는 어려움의 본질은, 실무자에 비하여 권한은 거의 늘지 않으면서 업무량만 늘어나는 경우다. 칭찬을 하면서 능률을 올리고 업무들을 각 실무자들에게 분산시켜야 하는데, 이러한 요령이 부족하면 혼자 일을 다 떠맡을 수가 있다. 실무자의 권한을 늘리고 그에 합당한 업무를 부여하는 일이 관리자로서의 핵심 자질이다.

한번은 내가 일하던 부서에 새로운 부서장을 영입하게 되었다. 그와 처음 얼굴을 마주하고 놀란 기억은 그가 수염을 거의 허리에까지 기른 모습을 하고 있었기 때문이다. 그가 말을 할 때마다 그 긴 수염이 위아래로 움직이는 모습이 마냥 신기하였다. 수염이 너무 무거워서 결국 턱관절에 이상이 생기지 않을까 걱정되기도 하였다.

그는 카슈미르 출신이었는데 이슬람 근본주의자답게 상당히 동양적이고 보수적인 성격이었다. 장유유서와 권위주의가 머릿속에 박혀 있는 듯하였다. 우려하였던 대로 그는 핵심 개발자와 마찰을 불러일으키기 시작하였다. 새 관리자가 오기 전까지는 그는 막강한 실무자의 권한을 휘둘렀는데 관리자의 동양적인 사고 방식과 합치하지 않은 것이다.

마찰이 계속되자 중간에서 참 난감한 상황이 계속되었다. 새 부서장이 한국이나 일본에서는 아주 전형적인 관리자 상이었기 때문에, 내가 그의 기분을 맞추는 데는 전혀 문제가 없었다. 그러나 나의 동료는 그의 행동을 절대 용납하지 못하였다. 결국 내가 중간에서 양쪽의 입장을 중재해야 하는 최악의 상황을 맞이하게 되었다.

결과적으로 새 부서장은 일 년 만에 보직 해임이 되었고, 그와 계속 다투던 동료는 결국 퇴사하게 되었다. 마지막 순간까지도 서로 양보하는 모습을 보이지 않았다.

내가 미국에서 일하는 동안 특이하게 여겼던 조직 내의 갈등 중 하나는 관리자 출신 실무자와 순수 실무자 사이의 갈등이다. 관리자 출신 실무자의 사고방식이나 행동은 실무로서 잔뼈가 굵어 온 핵심 실무자와 아무래도 다를 수밖에 없다. 미국에서는 실무자가 관리자 트랙으로 옮겨 갔다가 여의찮으면 다시 실무직으로 돌아오는 경우가 많다.

고참 실무자의 입장에서는 동료인 관리자 출신 실무자의 행동이 도도하거나 뻣뻣해 보일 수도 있다. 세상 어느 조직이라도 한번 관리감독의 길을 경험하였던 직원과 평생 실무만 해왔던 직원과는 가치관에서 차이가 있을 수밖에 없다. 특히 갈등이 심한 경우는 고참 실무자는 관리자와 같은 급료를 받는 수석급인데, 관리자 출신 동료의 직급은 그에 미치지 못하는 경우이다.

수평적인 조직에서는 아무래도 이들 사이에 갈등과 마찰이 생길 수밖에 없다. 관리자 출신은 업무에 대한 태도나 행동에 있어서 접근 방법이 다르기 때문이다. 때로는 무의식중에 동료에게 업무를 지시할 수도 있다. 관리자 특유의 가치관에 따른 독자적인 행동은 고참 실무자의 권한에 도전하는 것으로 비칠 수 있다.

실무자의 고유 권한 중 하나는 업무나 과제의 납기를 결정하는 일이다. 관리자가 납기를 정한 이후에 이에 대한 세부사항을 의논하는 경우도 많지만, 실무자 수준에서 가능한 납기를 정해서 이를 보고하는 경우가 더 많다. 실무자로부터 제안된 납기는 관리자 차원에서의 큰 수정 없이 대부분 그대로 받아들여진다. 이를 바탕으로 경영진이나 고객사와 납품 가능한 일정을 협의하게 된다.

실무자 입장에서는 위험부담을 줄이기 위하여 어느 정도 여유를 더한 납기를 제안한 것이므로, 대부분 업무의 일정은 추가적인 연장 근무 없이 지켜진다. 양심적인 실무자라면 납기 이전에 업무를 마치는 경우, 이를 그대로 보고한다. 남은 여유 시간에 추가적인 업무가 주어지거나 다른 동료를 도와줘야 하지는 않기 때문이다. 따라서 납기를 단축했다고 해서 실무자가 손해를 보는 경우는 드물다. 정해진 납기를 단축할 수 있다면 실무자, 관리자 모두에게 이익이 되므로 업무 효율은 올라간다.

실무자 입장에서 수직적인 역할 조직에서 일하는 단점도 무시할 수 없다. 권한을 이양 받으면 그에 따르는 책임이 커지니, 그에 따른 스트레스가 발생한다. 위에서 시키는 대로 일하는 데서 오는 스트레스 대신에 책임과 실적에 대한 압박이 다가온다. 성과를 내지 못하면 평가에서 불이익을 받는 정도가 아니라 조직을 떠나야만 하기 때문이다.

한국의 기업에서 바로 스카우트되어 온 지인들은 처음에 한국에서 경험하지 못한 극심한 압박감에 시달렸다고 한다. 동료들은 모두 자유롭게 자율적으로 행동하고 자신도 거기에 맞추어서 처신하는데 마음속 깊은 곳은 소용돌이 치는 현상이다. 나의 구 사회주의 국가 출신 고참 동료들 중에는 수직적인 명령에만 따랐던 그들의 예전 시대가 오히려 마음은 편했다고 회고하는 경우도 있었다.

실무자 입장에서 수월한 부분은 자신이 당장 당면한 문제에 해결책을 가지고 있지 않아도 된다는 부분이다. 미국의 조직에서는 실무자가 해결책 없이 문제점만을 상급자에게 보고하는 것은 문제가 되지 않는다. 물론 자신이 해결책을 가지고 있는 편이 심리적으로 유리하다. 관리자에게 일단 문제점을 이야기하고 그가 어떤 해결책을 제시하는가를 지켜 보는 것이 일의 순서이다.

오히려 너무 이르게 해결책을 제시해 버린다면 실무자의 권한을 넘어서는 것일 수도 있다. 이것이 일본식 위계적 역량 조직과 미국의 수평적 역할 조직 간에 문제 해결 방법에서 크게 차이가 나는 점이다. 일단 관리자의 의견을 들어보고 그다음 단계로 실무자가 준비한 의견이나 해결책을 제시하는 것이 일반적이다. 관리자 입장에서는 실무자의 의견을 반드시 들어본 다음에 합의과정을 거쳐야 한다. 관리자가 제시한 해결책이 실무자가 마음에 담고 있는 방법과 일치하는 과정이 수평적인 조직에서의 의사결정에서 중요하다.

실무자 입장에서는 관리자가 자신과 같은 아이디어를 가지고 있는 경우가 가장 이상적인 경우다. 해결책의 일치를 확인하기 위하여 실무자가 관리자의 의견을 보완하고 상세한 실무적인 내용을 알려 주는 협의 과정이 필요하다. 실무자는 협의 과정에서 반드시 자신도 같은 해결책을 가지고 있었음을 그리고 의견이 일치함을 어필하여야 한다.

내가 미국에서 처음 일하면서 가장 힘들었던 상황이 회의 시간에 갑자기 나의 의견을 물어보는 상황이었다. 일본에서는 나의 발표 순서가 지나가면 졸아도 큰 문제가 없었는데, 미국에서는 회의 시간에 졸다가는 큰 결례를 범할 수 있었다. 갑자기 잠에서 깨어나거나 정신이 들었는데 참석자들의 시선이 모두 나를 향하고 있는 상황이다.

일본식으로 줄곧 경청만 한다면 현황 문제에 대해 전혀 고민하지 않은 것으로 오해를 받을 수도 있다. 음악 연주에 비유하자면 관리자는 주 악기 연주를 하고 직원들은 보조악기로 추임새를 넣는다고 이야기할 수 있다. 교향곡처럼 각 직원들의 악기가 주 악기로 떠오르는 상황이 반복된다. 관리자의 첫 번째 역할은 먼저 해결책을 제시하는 과정이고 두 번째 임무는 직원들과 의견 일치를 이루는 협의를 주도하는 임무이다.

1.7.6. 회식참석은 개인의 선택

어느 사회에서나 부서회식의 본질은 참석자들의 서열에 대한 재확인이다. 조직이 수직적인가 수평적인가 하는 차이에 따라 회식참석의 의무와 회식 자리의 형태는 달라지지만 그 본질은 결코 변하지 않는다. 내가 근무하던 조직들의 회식 방법은 크게 두 가지 형태였다. 첫째로는 착석 위치가 고정되어 있는 일반적인 회식과 그리고 두 번째는 서서 즐기는 파티 형식의 회식이다. 미국에서의 연말 회식은 보통 직원들의 가족까지 초청한 파티 형식으로 진행된다.

나의 경우 배우자나 이성친구가 초대되는 파티 형식의 회식이 더 힘든 부분이 많았다. 배우자 사이에서도 미묘한 서열이 존재하고 업무 때와는 다른 능력이 요구되기 때문이다. 회식 자리에서의 서열은 반드시 직급에 비례하지 않는다. 사무실에서의 서열과 회식 장소에서는 서열은 같지 않다. 참석자들의 나이, 인종, 외모, 언변능력 등 아주 다양한 방식으로 복합적으로 정해진다. 특히 회식 자리에서의 능력은 업무 능력과는 다른 사교적인 면모를 중시한다. 참석자들은 어떻게든 회식서열이 높은 직원 쪽으로 접근하려고 한다.

내가 처음 회식에 참석했을 때 고민은 테이블의 어느 쪽에 자리를 잡아야 하는지 하는 선택이었다. 보통 젊은 직원들은 그들 중 가장 재미있는 직원을 중심으로 한쪽 그룹을 형성한다. 부서장 중심으로 또 하나의 핵심 그룹이 형성된다. 부서장쯤 된다면 반드시 회식 자리를 리드하는 능력이 있어야 한다. 이야깃거리는 업무 외적인 즐거운 소재여야 함은 물론이다.

수평적인 조직의 회식문화에 익숙하지 않으면 동료들의 미묘한 서열을 파악하기가 쉽지 않다. 회식 자리는 보통 두 개 또는 세 개의 중심 그룹으로 나뉜다. 모임은 보통 시끄러운 바에서 이루어지기 때문에 한 사람이 이야기하고 다른 모두가 경청하는 상황은 나타나지 않는다. 물론 특별 룸을 예약한 이벤트라면 누군가가 짧은 연설을 하기도 하지만 산만한 분위기가 일반적이다.

흥미로운 사실은 평소 일잘러로 알려진 핵심 직원이 파티 장소에서 고전을 면치 못하는 모습을 보이는 경우다. 실무 능력은 탁월하나 사교성이 떨어지는 경우다. 월스트리트 등 비즈니스 계통의 채용은 면접과정에 반드시 회식이 포함된다. 그들에게는 회식 참여와 고객 대응이 핵심 실무이기 때문이다.

부서 회식에 아예 불참하거나, 참석한 회식 자리에서 동료들보다 먼저 자리를 뜨는 행동은 미국 조직 생활에서는 결코 결례가 아니다. 처음 미국의 회식 문화에 적응하면서 행사 도중에 소리 소문 없이 사라지는 동료들이 의외로 많아서 놀랐다. 미국에서 조직생활을 하면서 누가 회식에 불참했고 누가 먼저 떠났는지를 동료들끼리 거론해본 기억이 전혀 없다. 미국 사회에서는 가정과 가사도움이 최우선이기 때문이다.

그러나 미국회사에서도 본질적으로 회식은 업무의 연속이므로, 가급적 참석해서 사소한 정보라도 서로 교환하는 것이 지속된 조직 생활이나 상호 간 소통에 유리하다. 특히 미국의 젊은이들은 회식 자리의 중요성을 간과하는 오류를 범하기도 한다. 아무도 강요하지 않는 자율적인 업무시간 이외의 행사인 만큼, 그냥 아무 생각 없이 계속 불참하다 보면 조직 분위기의 흐름을 놓치거나 동료들로부터 소외되는 경우도 발생한다.

물론 회식 자리에서의 대부분 화제는 개인적인 것으로, 업무상 중요한 정보가 거론되는 경우는 드물다. 업무이야기의 연속은 특히 육아 등으로 회식 참석이 여의찮은 여직원에 대한 명백한 성차별이 될 수도 있다. 관리자가 가장 많이 하는 실수가 회식 자리에서 업무 이야기를 하는 경우다. 이런 경우 모임 참석자가 계속 줄어들고 다들 서둘러서 자리를 떠나려고 할 것이다.

회식 자리 참석의 업무에 대한 영향은 한국이나 일본기업들의 비슷한 모임과 비교하면 상당히 미미한 수준이라고 할 수 있다. 그러나 진급을 원하거나 진급 대상자가 되는 나의 동료들은, 대부분 부서 회식에 참석하여 마지막까지 임원급 관리자와 함께 이야기를 나눈다. 관리자 입장에서는 회식 자리야말로 직원들의 성향과 충성심을 평가할 수 있는 아주 중요한 자리이다.

자신이 진급을 원한다면 진급여부를 결정하는 상사와 자리를 끝까지 함께하는 편이 좋다. 물론 굳이 일 이야기를 화제로 삼을 필요는 없다. 그냥 서로 간의 신변 잡기를 이야기하면서 상호 간의 신뢰를 쌓아 가는 편이 무난하다. 자신은 그냥 실무자로서 평생 보내겠다고 생각하는 직원들은 회식에 그다지 신경 쓰지 않아도 된다. 불이익은 없지만 이득도 없다.

미국에서는 거래관계에서도 고객과의 업무상 실수나 지연을 담당자들에 대한 접대로 해결하려 하는 것은 상당히 위험하다. 미국인들은 본질적인 것에 충실한 경향이 강하다. 결과가 만족스럽지 못한 상태에서 고객에 대한 무리한 접대를 시도하는 방법은, 오히려 상황을 악화시킬 수도 있다. 유럽의 기업과 비교해서도 문제해결이나 로비 수단으로서의 회식의 비중은 훨씬 낮다.

실무자들은 문제 발견 시에 그곳에 집중하도록 훈련을 받았을 뿐이므로, 관리자 간의 협의와 대응이 더 중요하다. 즉 회식이나 접대보다는 담당자 간에 협상으로 문제를 해결하여야 한다. 미국 고객사와의 협상은 합리적이며 수평적으로 이루어지기 때문에, 여기에 익숙해진다면 해법은 오히려 간단해진다. 접대가 배제됨으로써 제한되는 거래처와의 관계는 평소 사적인 정보의 교환으로 보완된다.

1.7.7. 경영진과 노조의 연대

모든 직원이 평등하다는 사고방식은 노조 활동에서도 나타난다. 역사적으로 해고를 좀처럼 하지 않는 몇몇 전통기업을 제외하고는, 많은 기업들 내부에서 적극적인 노조 활동이 전개되고 있다. 단순 노무자들은 나이가 들어감에 따라 그들의 가치가 떨어지기 때문에, 해고가 자유로운 미국 기업문화에서는 노조 활동 자체는 결코 비난의 대상이 되지 않는다.

산업혁명과 대량생산 체계 확립 이후 노동운동과 노조의 역사가 늘어남에 따라, 노조원의 권한 또한 계속 상승되어 왔다. 자동차 노조의 경우 2008년 완성차 업체들이 파산할 당시에는, 노조원 평균 시급이 75불까지 기록되기도 하였다. 노조원은 원칙적으로 정리 해고가 불가능하며, 당시 계약에 따라 퇴직 후에는 사망 시까지 평생 마지막 급료의 70%를 계속 지불해야 했다. 고용주 입장에서는 노조원을 고용하는 경우 평생 연봉 일억을 보장해야 하는 상황이었다. 따라서 불경기에는 고용주들이 빚더미에 앉는 상황이 연출되기도 한다.

공권력까지 동원해야 하는 과격한 노동운동은 좀처럼 보기 힘들지만, 노조에 대한 부담 때문에 불경기에는 법정관리나 파산 신청을 하는 회사들이 많다. 파산 절차를 밟는 것이, 호황기에 노조와 합의한 내용을 무효화할 수 있는 유일한 방법이기 때문이다. 노조에 유리한 모든 협약 자체를 기업의 부채로 보고, 이 부채를 다른 빚과 함께 파산 처리하는 과정을 거치게 된다.

물론 오너의 재산 보전을 전제로 한 고의 파산은 허용되지 않는다. 파산 시에는 회사의 주식이 상장폐지되므로 고액 연봉자로 갈수록 손해는 더 늘어날 수밖에 없다. 특히 경영층들은 연봉의 많은 부분을 주식으로 받기 때문에 손해액이 가장 높다. 주식의 상장폐지와 소각은 파산에 대한 합리적인 고통 분담을 이끌어 내는 손쉬운 파산 방법이다. 경영자는 막대한 스톡옵션이 휴지로 변하는 벌을 받게 된다.

노조 지도자들은 회사가 파산 직전의 상황이 오면 더 이상 목소리를 내지 않는 것이 일반적이다. 미국의 일정 규모 이상의 대기업들은, 대부분 무한 책임을 져야 하는 오너가 있는 경우는 드물기 때문에, 파산의 손해는 경영자, 관리자, 노조원들에게 균등하게 돌아간다. 물론 실무자들은 쉽게 이직이 가능하므로 가장 손해가 적다. 고위직으로 갈수록 연봉보다는 주식옵션으로 성과급을 주는 이유가 바로 이 때문이다.

경영자는 그가 근무기간 동안 쌓아온 재산을 잃을 뿐, 무한 책임을 지고 빚쟁이가 되어 도망 다녀야 하는 일은 없다. 그러므로 오너가 무한책임을 져야 하는 경영방식이 아닌 한, 경영자들이 노조를 크게 적대시하지 않는 것이 일반적이다. 물론 담합에 대한 부작용도 없지 않아서 경영층과 노조가 작당하여 서로 성과급을 챙겨가고 기업 자체는 몰락하는 경우가 생기기도 한다.

내가 근무하던 V 사에서도 코로나 사태를 맞아 회사가 더 이상 직원들의 급료를 지급할 수 없는 상태에 이르렀다. 고민한 결과 내가 속했던 사업부는 Z 사에 매각이 결정되었는데 그 과정에서 직원들은 쾌재를 부르게 되었다. V 사에서는 특별 위로금을, Z 사에서는 특별 보너스를 각각 인수대상 사업부 직원들에게 지급하기로 약속하였기 때문이다. 물론 협상 이면에는 노조원들의 역할이 컸다.

회사가 문을 닫더라도, 경영자는 노조원에 준하는 비율의 막대한 퇴직금을 챙길 수 있다. 회사는 망해도 직원들은 산다는 전형적인 미국적인 사고 방식의 산물이다. 그들의 유연한 노동시장이 기업의 파산을 자유롭게 하여, 골든 타임을 놓치지 않고 매각과 청산의 효율적인 시기를 정할 수 있다. 기업은 없어졌는데 직원들은 윈윈 하는 사태가 발생하고 그 손해는 고스란히 주주들에게 돌아간다.

일반 비노조원 직원들도 손해를 볼 일은 없다. 노조가 고용주와 협상하여 좋은 근무조건을 협의해 내면 노조원에 준하는 혜택을 받을 권리가 생기기 때문이다. 기업이 어려워지면 가장 먼저 해고되는 직원들이 실무자들이지만, 이들을 받아주는 기업은 많다. 경영자의 경우 한번 경력에 흠이 생기면 그 가치가 폭락한다. 노조원의 경우 한번 정리 해고되면 사실상 재취업은 불가능하다.

망해가는 회사에 부임하는 경영자는 노조 주도의 계약에 의해 더 많은 성과급과 퇴직금을 가져간다. 어려운 회사일수록 영입되는 경영자의 급료는 많아야 한다는 시장 논리에 의한 것이다. 경영자 입장에서는 같은 조건이라면 당연히 호황인 기업을 선택할 것이기 때문이다. 따라서 노조는 마지막 구원투수를 영입하는 데 남은 마지막 판돈을 쓸어 넣는다.

2009년 미국의 완성차 회사들의 연쇄 파산 시, 퇴직하는 경영자들에게 막대한 퇴직금이 지급되는 데 대한 여론의 비판도 만만치 않았다. 결국 부실해진 기업들을 파산 처리하고 다시 회사를 살리는 데에 많은 공적 자금이 투입되었기 때문이다. 여기에 딜레마가 있다. 누가 목숨을 걸고 불타는 집에 소방수 역할을 자처할 것인가. 능력 있는 경영자가 같은 급료를 받으면서, 상황이 어려운 회사에 근무를 선택할 이유는 없다.

1.8. 서서히 흐르는 강물과 같은 조직

1.8.1. 변화에 저항하는 조직

조직문화를 변화시킬 수만 있다면 직장에서의 편안함은 얼마든지 개선될 수 있다. 이는 조직자체의 효율에 관한 사안이다. 문제는 '조직의 긍정적인 변화를 실제로 시도할 수 있는가?'이다. 어느 조직에서나 그 문화를 바꾸는 일은 상당히 어렵다. 특히 일본에서의 조직이라면 더 그렇다. 원래 변화란 가장 단순한 것부터 시작하는 것이다. 마치 흐르는 강물처럼.

조직을 변화시키는 가장 손쉬운 방법은 조직원을 바꾸는 것이다. 매뉴얼 기반의 미국 조직에서는 주기적으로 인력 자원을 교체하여 조직의 변화를 꾀하고 효율 저하를 방지한다. 미국의 탄력적인 인력시장에서는 직원들의 물갈이는 무엇보다도 손쉬운 변화의 수단이며 고용주의 고유 권한이다.

일본기업들이 특징 중 하나는 기업 간 경력사원 스카우트 경쟁이 거의 없다는 사실이다. 따라서 경쟁사 간에 더 좋은 대우를 조건으로 한 전직은 물론, 수평적인 전직마저도 별로 찾아보기 힘들다. 물론 경력 입사자들이 없는 것은 아니지만 그들이 조직에서 차지하는 비율은 얼마 되지 않는다. 고객사 출신을 제외한 일반적인 경력 입사자들은 사내 인맥의 주축에서 멀리 떨어져 있으며 조직의 실세와는 거리가 멀다. 미국에서는 리쿠르터를 통하여 경쟁사 직원에게 접근하고 전직을 권유하는 것이 일반적인 스카우트 방법이지만 일본에서는 경쟁사 인력에 대한 노골적인 전직 제의는 관습적으로 허용되지 않는다.

일본에서는 지금까지도 전통적인 평생직장 개념이 여전히 우선시되고 있으며, 입사 시 배치된 부서에서 은퇴할 때까지 근무하는 경우가 많다. 각 직원이 담당하는 거래처와 고객도 좀처럼 바뀌지 않는 편이다. 오로지 특정 거래처, 특정 고객을 위해서만 일하는 평생직장인들도 적지 않다. 한 번 충성을 맹세하면 평생을 고객으로 모셔야 하는 상황이다. 물론 전직을 하게 되더라도 이전보다 좋은 조건으로 찾게 된 새 업무는 여전히 같은 고객사를 응대하는 업무일 수 있다.

전통적인 완성차 업체와 같이 수직계열화가 확고한 산업의 경우 협력 업체들과 그 직원들은 고객사의 직원들과 오랜 유대 관계를 가진다. 내가 근무했던 직장의 경우는 혼다 담당 또는 도요타 담당으로 분화되어, 고객사별로 특정 직원이 전문적으로 대응을 하고 있었다. 고객사가 한번 정해지면 담당자와 해당 고객사 직원과의 관계는 평생 함께 가는 분위기였다. 심지어 고객사의 해당 직원이 해외에 주재원으로 파견을 가면, 협력업체의 담당 직원도 함께 같은 지역의 주재원으로 파견을 간다.

일본의 기업들은 그들의 전통을 유지하면서도 조직의 효율성을 유지하는 데에 중점을 두고 있다. 유수의 기업들은 조직 내의 고정된 구성원들이 너무 경직되지 않도록 적당한 자극을 주는 그들 고유의 축적된 노하우를 가지고 있다. 외부에 드러나는 이들 조직의 의식 중 중요한 부분은 부서의 주기적인 건물 내 위치이동 또는 다른 건물로의 이전이다. 이러한 전략은 변화에 대한 저항을 최소화하면서도 유연성 상실로 인한 성과 저하를 방지하고, 조직원들에게 신선한 자극과 동기부여를 제공하는 효과를 가진다.

평생 같은 조직을 위해 일해야만 한다면, 주기적으로 물리적인 근무환경을 바꾸어서 분위기를 새롭게 하는 과정은 상당히 중요한 집단 고유의 의식이다. 제한된 근무 환경 속에서 통제된 변화를 창출하여 새로운 관점을 제공하는 것이다. 고정된 멤버들 간의 관계 속에서 관점의 변화는 쉽지 않기 때문에 보완 전략으로서 조직원들에게 새로운 아이디어와 자극을 제공하게 된다.

내가 일본에서 파견근무 하던 중 하루는 참으로 운이 없는 상황을 맞이하였다. 파견 일정 중 꼬박 하루를 파견 간 부서의 집기이동에 소비해야만 했기 때문이었다. 굳이 필요하지 않은 사업부 건물 내부의 부서 간 자리 바꿈이었기 때문에 속으로는 울화가 치밀었다. 미국이라면 같은 건물 안에서 부서의 위치를 바꾸는 경우는 거의 없다. 미국에서는 샐러리맨이 전직하지 않고 같은 조직에서 계속 근무한다면 근무장소 또한 계속 같은 자리인 경우가 많다.

전 사원들이 모든 업무를 전폐하고 부서의 위치이동에 동참하는 모습은 서구의 관점에서 본다면 상당히 특이한 현상이다. 사업부 전체의 인원이 서로 자리바꿈을 한다면 수백 명이 책상, 사무 집기 및 파티션을 옮기는 데 꼬박 하루를 소비하게 되는 것이었다. 미국에서는 조직이 불가피한 이동을 하게 되더라도 직원들은 박스 포장 정도만 하고, 용역 업체를 이용하여 짐을 옮기는 것이 일반적이다.

처음에는 나 개인과는 상관없는 일이라 생각하여 어디 한적한 곳으로 자리를 옮겨서 하던 업무나 계속할까 궁리를 해 보았다. 하지만 결국 이들의 작업에 함께 동참하기로 마음을 먹었다. 그들의 집단의식에 참여함으로써 동질감을 얻을 수 있는 좋은 기회였기 때문이다. 하루 종일 개인들의 물품은 물론 함께 부서 캐비닛까지 정리를 마쳐야 했다. 정리에는 보존기간이 지난 문서들을 분류하고 폐기하는 일도 포함되어 있었다.

동료들과 함께 10년이 훨씬 더 지난 문서들이 담긴 서류함들을 어떻게 처리할까를 고민하는 과정은 중요한 집단 의식이었다. 놀라운 사실은 오랜 기간에 걸쳐 축적된 엄청난 분량의 문서들이 겹겹이 쌓여 있었다는 점이었다. 더욱 놀라웠던 것은 동료들이 보존기한이 한참 지나버린 문서들의 폐기를 상당히 망설이는 모습이었다. 축적 기반의 일본문화와 종이문서 위주의 업무 습성, 그리고 변화를 두려워하는 성향이 불필요한 문서 더미를 조직이 재고처럼 떠안게 하고 있었던 것이다.

결과적으로 그들과 함께 깊숙이 쌓여 있던 케케묵은 오래된 문서를 하나하나 확인해 나가면서 본질적인 소속감을 느낄 수 있었다. 버릴까 말까를 함께 고민하는 과정은 변화에 대한 저항의 한 단면이면서도 중요한 동료 간의 의식이었다. 무언가를 함께 고민하는 공동체 의식은 조직원 서로 간의 신뢰를 쌓는 과정이다. 사실 이때만은 어느 누구도 나를 외국인 직원으로 의식하지 않았다. 당시 나의 나이가 젊은 편이고 서열이 결정된 상황이어서 더욱 의식되지 않았을 것이다.

1.8.2. 혼자만 서두르지 않는다

일본인들로 이루어진 조직의 흐름은 고요하면서도 깊게 흐르는 큰 강물과 같다고 할 수 있다. 물줄기가 서로 갈라졌다 합쳐지면서 서로 먼저 가려고 경쟁하는 계곡과 같은 모습은 좀처럼 찾아보기 힘들다. 큰 강물 전체가 가지는 에너지는 상당히 높은 반면, 계곡의 쏟아지는 물줄기가 가지는 그 에너지 자체는 그다지 크지 않다. 가뭄이 들면 계곡의 물은 말라버리지만, 강물은 그 흐름을 멈추지 않는다. 그 큰 흐름에 보조를 맞추어 함께 끌어주고 당겨 주는 것이 일본 특유의 조직 문화이다.

개인의 입장에서는 누군가가 혼자서 급하게 서두른다고 조직 전체의 업무가 빨리 끝나는 것이 아니다. 그러므로 개인의 체력 안배 및 조직원 간 업무 진행속도의 조절이 필요하다. 오히려 개인의 역량이 뛰어나더라도 조직 전체의 흐름에서 벗어난다면 환영받지 못할 수도 있다.

주어진 업무를 예정보다 너무 빨리 끝내는 경우는, 다른 동료가 미처 마치지 못한 업무를 분담해 주어야 할 수도 있다. 물론 본인의 능력이 뛰어나 업무를 빨리 끝낸 경우는 동료를 도와주는 데 대한 보상이 따르겠지만, 너무 무리해서 정신없이 일을 마쳐야 할 이유는 없다. 자칫하다가는 에너지를 고갈시켜 버릴 수도 있고, 일을 빨리 끝낸다고 해서 빨리 퇴근할 수 있는 것도 아니다.

커다란 강물의 흐름을 먼저 앞질러 가거나 반대로 거슬러 가려 한다면 동료들을 압도하는 탁월한 능력을 필요로 한다. 몰론 지속해서 압도적인 성과를 보여준다면 동료들로부터 인정을 받고 조직에서도 특별한 대접을 받을 수 있다. 이러한 특출한 직원들은 그들이 나타내는 개성에서 쉽게 구별이 가능하다.

예를 들어 구레나룻 수염을 기른 직원이 있다면 그는 특별하고 독립적인 직원일 가능성이 높다. 별거 아닌 직원이 수염을 기르거나 개성이 강한 옷을 입는다면 조직 내에서 위험해질 수 있다. 나의 경우에는 직급은 높지 않아도 수염을 근사하게 기른 직원을 마주하면, 어느 정도 긴장이 되면서 그의 눈치를 살피게 된다. 물론 미국에서는 평범한 말단 직원들도 취향에 따라 수염을 기르고 머리를 물들이기도 한다.

일본에서 무난하게 조직생활을 하려면 동료들과 함께 공동 목표를 향해 흘러갈 수 있는 서로 간의 속도조절이 중요하다. 마라톤 경기에서 동료들끼리 서로 페이스메이커의 역할을 해 주는 것과 유사하다. 일본의 조직생활은 장거리 달리기와 흡사하다. 레이스 초반에 너무 에너지를 써 버린다면 후반에 고전할 수 있다. 업무 성과에 대한 조직원 간의 공유 또한 보편적이다. 실력이 조금 뒤처지더라도, 팀원들과 잘 융화되면 함께 목표를 향해 나아가면서 성과를 공유할 수 있다.

일본 조직생활에서 가장 중요한 요소들 중 하나가 일본인들이 중요시하는 네마와시의 개념이다. 회의를 연다면 거론되는 내용은 참석자들이 이전에 그 내용을 알고 있어야 하고, 대부분 사항의 협의도 미리 어느 정도 비공식적으로 결론이 나 있어야 한다. 이들에게 회의는 이미 결정된 내용을 서로 확인하는 정보 공유의 장인 것이다.

회의상에서 갑자기 새로운 내용을 꺼내거나 논제에 대한 결론을 그 자리에서 내야 한다고 주장한다면, 이는 전체 조직의 정상적인 흐름에 역행하는 행위로 간주된다. 회의석상에서 거론되는 내용은 내용에 집중하지 않거나 조는 참석자가 있더라도, 문제없이 넘어갈 정도의 이미 알고 있는 내용이나 가벼운 내용이어야 한다.

일본에서는 조직원들 간 소통의 과정은 커다란 강물처럼 서서히 흘러간다. 누구 하나 회의의 내용을 이해하지 못하거나 반대하는 경우는 좀처럼 허용되지 않는다. 그리고 어떤 식으로든 갑작스러운 화제의 전환은 환영받지 못한다. 회의의 절차나 내용은 그동안에 입수되고 협의된 내용을 서로 정리하고 명문화하는 형식에 불과하다. 회의 참석자들이 지위 고하를 막론하고 조는 모습을 보이는 것도 놀라운 일은 아니다.

물론 사정에 따라 사전에 네마와시가 전혀 되어 있지 않은 회의도 열릴 수 있다. 이런 사전에 미리 결론에 이르지 못한 사안에 대한 회의 진행에는 상당히 오랜 시간이 소요된다. 결국 모든 멤버가 사안에 대한 동의를 해야만이 다음 안건으로의 진행이 이루어지기 때문이다. [9]

1.8.3. 공존하는 업무와 취침

일본에서 직장생활을 하면서 특이하게 생각했던 부분은 핵심 개발자가 근무 시간에 자리에서 공개적으로 잠을 청하는 모습을 보였던 점이다. 근무 시간에 자리에서 수면을 취하는 행위는 미국에서는 상상할 수도 없는 모습이었는데, 사실상 실세 역할을 하는 핵심 직원이 그런 흐트러진 모습을 다른 직원들 앞에 내보인 것이다.

미국에서 실무자 레벨 직원이 연장 근무로 수면부족 현상을 겪는 경우는 없다. 혹시 그 전날 개인적인 사정으로 컨디션이 안 좋다면 그냥 집에 가서 일하겠다고 하면 된다. 집에까지 돌아갈 심적 여유가 없이 갑자기 피곤하거나 졸음이 쏟아진다면 주차장의 승용차 안에서 잠깐 쉴 수도 있다.

일본기업의 특이한 점은 근무지에서 공개적으로 취침을 하는 것이 허용된다는 점이다. 특히 규정된 점심시간에는 사원들이 개인적으로 사무실에서 낮잠을 자는 것이 공식적으로 허용된다. 일본의 조직 생활에서 점심시간 한 시간만큼은 어느 누구의 제제도 받거나 눈치를 보지 않고 사적으로 사용함은 직원의 절대적인 권리이다. 점심시간에 많은 직원들이 줄지어 책상 위에 엎드려 자고 있는 모습은 일본기업에서만 관찰할 수 있는 기이한 관습 중 하나이다.

관례에 따라 취침하기 좋도록 점심시간에는 소등을 시켜주는 부서도 있다. 퇴근 시간의 불확실함에 대한 일종의 보상이다. 게임을 하든, 웹서핑을 하든 그 시간만큼은 개인의 자유이다. 직원들이 함께 취침하는 의식은 가족과 같은 조직문화의 중요한 요소이다.

재빠른 식사 후 30분 정도의 단잠을 취하던 직원들은 사무실에 다시 불이 들어오면 관성적으로 자리에서 일어나 다시 업무를 시작한다. 내가 근무하였던 부서에서는 규정된 점심시간이 끝나면 다시 조명이 들어오고 팀별로 간단한 인원 점검을 실시하였다. 잠에서 막 깨어난 상태로 약간 몽롱한 상태에서 자리에서 일어나 서로 인사를 나누고 옆자리 동료들의 자리 복귀 여부를 함께 점검했던 기억은 아직도 생생하다.

일본 조직생활의 특징 중 하나는 어느 누구에게나 점심시간 한 시간만은 철저하게 보장된다는 점이다. 직원들에게는 마치 성역과 같은 점심시간은 철저한 출근 및 업무시간을 준수함에 의해 얻어지는 일종의 보상이다. 하지만 점심시간 시작 시간과 끝나는 시간은 모든 직원에게 일률적으로 적용되며 예외는 허용되지 않는다. 밀린 업무에 쫓겨 점심시간을 넘겨 일하고 나중에 식사를 시작하더라도, 규정된 점심시간이 끝나는 즉시 반드시 현업에 복귀하여야 하기 때문이다.

피치 못할 사정이 있다면 보고 후 점심시간을 바꿀 수는 있겠지만, 조직원 모두가 되도록이면 주어진 룰에 따르려고 노력한다. 규정된 점심시간에 개인 시간을 가질 수 있는 것은 직원의 중요한 권리인 대신, 시간 자체를 준수해야 하는 것은 직원의 의무가 된다. 이 원칙은 자영업을 비롯한 일본의 거의 모든 조직에 공통적으로 적용된다.

규정된 점심시간에 대한 불가침 원칙은 자영업에 종사하는 종업원들에게도 적용된다. 규정된 직원들의 식사 시간에는 가게 문을 닫고 영업 자체를 중단해 버린다. 독자들은 일본을 여행하면서 소문난 맛집을 부랴부랴 찾아갔는데 '준비중'이라는 팻말과 함께 문이 닫혀 있었던 경험이 한

번쯤은 있을 것이다. 그 안에서는 지친 종업원이 잠깐 곤하게 눈을 붙이고 있었을지도 모른다.

한번은 미국인 동료들이 일본의 주식 거래시간 중간에 한 시간의 공백이 있는 이유에 대해서 물어 온 적이 있다. 일간 니케이 주가 데이터를 살펴보니 한 시간 동안에는 주식거래가 휴장인 것을 알 수 있었다. 나는 이에 대한 잠깐 고민해 본 결과 일본 증권거래소에 규정된 점심시간이라는 것을 알 수 있었다. 미국인 동료들은 이를 마냥 신기해하면서 한편으로는 내 설명이 진짜인지 의심을 하기도 하였다. 미국의 증권거래소는 일반 기업들처럼 규정된 점심시간 없이 연속해서 거래가 이루어진다.

1.8.4. 놀아도 같은 급료를 받는다

일본에서 한때 '집을 파는 여자'라는 드라마가 인기였다. 드라마의 내용은 일본 조직의 특성을 적나라하게 보여준다. 업무에 탁월한 능력과 충성심을 가진 주인공, 팀장보다 훨씬 나이를 먹은 고참직원, 그리고 단 한 건도 매매 계약을 성사시키지 못한 무능한 직원이 등장한다. 포인트는 이들 모두가 평등한 대우를 받는다는 사실이다. 실적이 없는 직원의 경우라도 조직에 계속 남아있으며, 주변으로부터 무시는 당할지언정 해고의 위험은 거의 없다.

일본 조직 내에서는 직급, 호봉, 실력 등의 차이에 따른 급여차이는 비교적 미미하다. 신입 직원과 간부직원의 급여격차는 크지 않은 편이다. 직급체계가 중층구조로 되어 있는 만큼, 그에 따른 격차도 많을 거 같지만,

의외로 직급은 급여액수와는 관련이 낮고 순수하게 권한의 차이만 발생한다. 이는 같은 조직에서 장기간 근무할 수 있는 고용안정성, 그리고 일본인 특유의 능력주의를 최소화한 평등추구 문화의 영향이다.

느긋한 성격의 직원이라면 굳이 빨리 진급하거나 간부 자리로 가기 위해 위험부담을 안거나 고생하려고 나서지 않는다. 일본의 일반적인 직장인들은 특별한 모티베이션이 없다면 과도한 경쟁보다는 안주를 선택하는 경향이 강하다. 자신이 가진 역량을 뛰어넘는 무리한 도전보다는 조직에서 눈 밖에 나지 않는 것이 더 중요하고, 위에서 시키는 일만 하는 자세가 장기적인 근속에 오히려 유리하다고 여긴다.

이러한 이유로 오래된 조직일수록 진급에 관심이 없는 장기근속자들이 늘어난다. 일본 특유의 수평적 급여체계는 군대식 중층구조와 더불어 전반적인 경제 침체의 원인으로 분석된다. 낮은 급여격차를 가진 위계기반 조직은 고용안정의 장점을 가지는 반면, 변화에 대한 극심한 저항을 가져온다.

조직 내의 계약직과 정규직 직원 사이의 서열 또한 상당히 엄격하지만 신분에 따른 급료의 격차는 얼마 되지 않는다. 일본의 청년들은 고교시절부터 바이트라고 불리는 단기 계약직을 선호한다. 같은 시간을 근무하는 경우, 고졸 계약직과 대졸 신입사원과의 임금차이는 10% 정도에 지나지 않기 때문이다.

내가 일본에서 고교시절을 보내던 당시에도 단기간에 큰돈을 만질 수 있다는 유혹 때문에 여러 가지 아르바이트를 전전한 적이 있다. 인생 최초로 내가 직접 일해서 목돈을 손에 넣었다는 기쁨을 아직도 생생히 기억하고 있다. 그리고 학교가 아닌 사회조직에 소속되어 있다는 상황이 커다란 행복감을 주었던 것 같다. 대부분 외근직이었지만 동경 다운타운의 오피스 사무실 체험은 나의 인생 여정의 새로운 경험이었다.

단기적인 측면에서는 고교 졸업 후 바로 대학에 진학하는 것보다 고교 재학 시절부터 파트타임으로 자유롭게 일하는 편이 금전적이나 정신적으로 더 이익이 된다. 일본식 급여체계와 안정된 고용시장은 대학 입시를 목전에 둔 젊은 세대들에게는 커다란 유혹이 될 수 있다. 일본식 입시제도는 수험생들에게 상당한 에너지의 소모를 요구하기 때문이다.

특히 그들의 가정이 생활고에 시달리고 있는 경우라면 대학진학 포기의 유혹은 더욱 강할 수밖에 없다. 이 때문에 일본 고교의 교사들은 학생들의 진학 지도에 애를 먹기도 한다. 많은 우수한 학생들이 생계를 위하여 대학 진학을 포기하거나 알바를 병행할 수 있는 낮은 수준의 대학으로 진학하기 때문이다. 물론 가계에 도움이 되기 위함이라는 명분을 내세우지만 입시공부를 회피하고 싶은 내면도 작용한다. 어떤 청년이 공부를 좋아하겠는가.

일본기업들의 수평적인 급여체계는 성과에 대한 보상에 있어서도 상당히 보수적으로 적용된다. 특히 기술직 직원들에 대한 박한 특허 보상금은 대외적으로 악명이 높다. 미국에서는 혁신적인 아이디어를 내는 직원에게 그에 상응하는 보상을 당연하게 여긴다. 하지만 일본인들의 사고방식은 그렇지 않다. 일본에 전통기업들은 개인 및 조직의 생산성보다도 안정과 고용보장을 더 중시한다.

나와 일본계 S 사에서 함께 개발자로 일하였던 미국인 동료가 혁신적인 아이디어를 제안하여 나와 함께 특허 출원을 마친 적이 있었다. 하지만 회사는 결과적으로 우리에게 단 한 푼도 보상하지 않았고 그 동료는 크게 분노하였다. 처음에는 일본 내 규정대로 보상을 하게 되면 그 액수가 얼마 되지 않으니, 미국식으로 계산하여 지급을 시도할 계획이라는 답변을 받았었다. 하지만 그 프로세스가 제대로 진행되지 못하고 지지부진하게 됨으로써 결과적으로 일본 내 규정에 따른 소액의 보상조차도 받지 못하게 되었던 것이다.

일본의 조직에서는 일반 신입 직원들이 특허를 낼 수 있는 직무에 배치된다 함은 개인의 능력보다는 행운에 더 가깝다고 할 수 있다. 개인의 희망과 무관하게 입사 시기에 맞추어 새로운 인력이 필요한 부서에 그때그때 배치되기 때문이다. 물론 박사학위가 있거나, 이전 경력에 특별한 전문성이 있는 경력 입사자라면 관련 부서가 우선적으로 고려될 것이다.

일본인들은 창의적인 업무에 배치된 직원들이 그 성과를 과도하게 누리는 것을 불합리하게 여긴다. 창의적 업무의 성과를 개인이 누리는 것은 그들의 관점에서는 결코 합리적이지 않다고 본다. 따라서 일반적으로 창의적 업무를 담당하는 경우 업무 강도가 강하고, 그렇지 않은 경우 업무의 노동 강도가 약하다. 내가 일하였던 조직에서도 항상 개발 부서보다 지원 부서가 퇴근이 빨랐다.

덕분에 특허와 관련이 없는 단순한 업무가 주어지는 부서의 직원들도 부서 배치에 크게 불만이 없다. 결과적으로 인기가 없는 업무에도 양질의 인력이 공급되고 이들이 초기에 이직할 위험은 크게 줄어든다. 비인기 업무의 강도는 반드시 인기 업무의 강도보다 약해야 함은 그들이 추구하는 직무 간의 공정성에 중요한 요소이다. 새로운 아이디어를 내야 하는 직원들이 과중한 업무로 창의성이 저하되고, 주요 성과는 개량 혁신에 집중된다.

일본에서는 조직원들의 모든 기회와 대우가 균등함을 우선시하며, 개인들의 성과는 모두가 공평하게 나누어 가지는 것에 가치를 둔다. 개인의 능력과 그에 합당한 보상보다는 조직 간의 균형과 안정에 중점을 둔다. 성과 공유에 따른 연대의식을 우선시하는 가치관은 일본인들 고유의 집단 의식이다.

미국의 조직은 직원들끼리 수평적인 관계를 중시하는 반면 보상면에서는 차등을 두는 경향이 크다. 반면 일본인들은 수평적인 급여체계를 유지하면서 개인의 금전적 보상보다는 직급 상승 및 권한확대에 가치를 둔다. 부를 공유하는 평등한 사회이면서 신분과 권력에 더 가치를 두는 사회주의 성향을 일본인들에게서 느낄 수 있다.

1.8.5. 팀에 낙오자는 없다

일본기업들의 직원에 대한 업무 분장 스타일을 전문성의 관점에서 보면 미국에 비해서는 비교적 느슨한 편이라고 할 수 있다. 조직원 간의 고유 업무영역에 대한 구별이 약하게 적용되고 상호 간에 업무상 보완이 가능한 구조이다. 이런 조직에서는 직원의 지식과 능력에 크게 구애받지 않고 한정된 인력들을 활용할 수 있다.

내가 S 사에 입사 시에 가졌던 첫 의문에 대한 일본인 상사의 답변에 이 모든 것이 들어 있었다. 내가 앞으로 어떤 업무에 집중하기를 원하는지 질문하였을 때 그는 어떤 일이든 주어진 업무를 그때그때 수행할 수 있는 인재가 필요하다고 했었다. 이들은 아직 전문성을 가지지 못한 직원을 선호하며, 그때그때 조직에서 필요한 업무를 할당한다. 업무는 개인의 능력에 따라 탄력적으로 주어지기 때문에 갑자기 대열에서 낙오되거나 불시에 해고되는 경우는 드물다.

내가 S 사에서 업무를 처음 시작하였을 당시 고민은 설계 업무 자체에 대한 전문성이 떨어진다는 부분이었다. 이렇게 잡무에 치이다가 제대로 된 기술을 배울 수 있을까 하는 불안감이었다. 예상대로 다음에 미국 회사로 이직할 때 설계에 대한 전문성 때문에 애를 먹었다. 특히 전문 해석 툴 사용법을 몰라서 처음부터 배우느라 고생을 좀 했었다.

그런데 나중에 돌이켜 보니 설계에 대한 기본은 이미 이전 회사에서 다 배운 거였다. 총 근무 시간으로 보았을 때 설계업무에 투입된 시간이 미국인 전문가들에게 뒤지지는 않았던 것이었다. 결과적으로 설계뿐만 아니라 계측, 생산공정, 원가계산 등 폭 넓은 경험이 장기적인 성장에 많은 도움이 되었다. 물론 적기에 이직을 결행하였기 때문이다.

일본의 조직에서는 업무의 전문화에 집중하기보다는 업무의 분량 면에서 상호 균등함을 추구한다. 조직 시스템 자체가, 업무량이 되도록이면 모든 사원들에게 균등하게 배분되도록 되어 있다. 미국의 경우 직원 개인의 능력에 따라 업무량과 급료의 차이가 크게 나는 것과는 대조적이다. 미국의 기업들은 죽어라 일하는 사원, 하루 종일 노는 직원 간의 노동시간 격차가 심하고 이에 따른 급료 격차도 상당히 크기 때문이다.

개인 간 업무량이 고루 분배되는 시스템의 단점은 개인 간 역량 차이에 의한 근무 시간 편차이다. 근무 시간 차이에 의해 발생할 수 있는 업무효율 저하를 일본은 조직 고유의 팀워크로 극복한다. 능력 있는 동료가 일이 늦어지는 동료의 업무를 도와주거나, 늦게까지 기다렸다가 함께 퇴근한다. 일반적으로 효율 좋은 한 명 그리고 성실한 한 명 이렇게 짝을 이룬다. 일본 전통의 오야와 꼬붕이라는 개념인데, 능력과 리더십을 가진 직원이 오야역을 담당하고, 성실하고 착한 직원이 꼬붕역을 맡는다.

내가 근무하였던 조직에서도 핵심 직원들은 항상 둘씩 짝을 지어 다니는 경향을 보였다. 사내 식당에서 혼자서 식사를 하는 모습을 보인다면, 동료들이 보기에는 치욕적일 수밖에 없다. 자신이 능력이 좀 뒤지더라도 핵심 직원을 보필하는 역할을 자처한다면 조직의 동심원에서 중심 쪽으로 더 나아갈 수가 있다. 일본에서는 자신의 능력을 알고 적절하게 그에 맞게 처신하면 조직에서 절대로 뒤처지지 않는다.

자신이 대인관계나 처세에 약하다고 느낀다면 맹목적인 충성심에 의존하는 것도 나쁘지 않은 조직생활의 요령이다. 기본적인 충성심만 검증되었다면 조직에서 밀려날 위험은 없다. 미국인들이 Yes Boy라고 비난할 수 있는 상황이 일본에서는 오히려 솔직하고 착실하다고 여겨질 수 있다.

일본에서는 비정규직이라도 조직의 핵심적인 업무를 함께 공유하며, 대부분 장기고용이 이루어진다. 계약직 사원이라고 해서 과제가 끝나면 바로 내보내기보다는 공생 쪽에 더 무게가 실린다. 한번 함께 일하기 시작하면 그 관성의 힘이 매우 강하다. [2]

하지만 조직에서 낙오하는 경우가 생긴다면 그 결과는 돌이킬 수 없다. 대부분 장기간에 걸친 주변 평가의 결과이기 때문에 낙오된 직원에게는 치명적이라고 할 수 있다. 모두들 마음속 깊은 곳에 낙오에 대한 공포를 안고 조직생활에 임한다. 미국의 직장인들이 가지는 해고에 대한 공포에 상당하는 수준이다.

낙오자에 대한 비관용은 앞서 무인사회의 전통에서 설명한 히키코모리와 깊은 관련이 있다. 흥미로운 점은 낙오자들 사이에서도 서로 뭉치지 않고 각자 쓸쓸하게 직장 생활을 한다는 부분이다. 그들을 자세히 관찰해 보면 낙오자들 사이에도 암묵적인 서열이 있어서, 그 서열이 그들 사이에서 거리를 만드는 역할을 함을 알 수 있다.

낙오 경험이 있는 샐러리맨들은 전직을 반복하게 되더라도 계속 하향 지원을 하는 수밖에 없다. 대기업에서 계속 작은 기업으로 쪼그라드는 것이다. 채용 담당자 입장에서는 이들의 전직 사유를 충분히 추측할 수 있기 때문이다. 내가 근무하던 S에서도 고객사인 T 사에서 전직해 온 나이 많은 평사원이 있었는데, 고객사에서 낙오해서 온 경우라는 것을 쉽게 짐작할 수 있었다.

1.9. 전문가들로 구성된 미국의 기업들

1.9.1. 한정된 조직 선배의 역할

미국 조직에서의 직장 선배의 역할은 일본에 비하여 상대적으로 그 중요성이 떨어진다. 후배 직원을 받아들이게 됨으로써 자신에게 돌아오는 이득은 얼마 되지 않기 때문이다. 오히려 새로운 직원이 일취월장하여 자신보다 가성비가 뛰어난 상태가 된다면 구조조정 시기에는 자신이 먼저 해고될 가능성도 있다. 후배가 언젠가는 자신의 상사가 될 가능성도 무시할 수 없다. 정글과 같은 조직에서는 모두가 친구가 될 수도, 적이 될 수도 있다.

상사나 직장선배가 후배에게 분담시킬 수 있는 잡무의 비중은 얼마 되지 않는다. 관리자들도 대부분의 잡무는 본인이 직접 처리하게 되어 있으므로, 직원들은 자신에게 주어진 전문적인 업무의 본질에 집중한다. 연예계와 같은 특수한 경우를 제외한 일반적인 조직 생활에서는, 반드시 밑바닥부터 경험하면서 한 단계씩 올라가야 한다는 식의 암시적 규정이나 요구사항은 존재하지 않는다. 따라서 잡무나 정신적 에너지의 소모에 의한 업무상 비효율을 최소화할 수 있다.

직원 누구라도 주어진 업무는 모두 자신이 스스로 처리해야 한다. 모든 업무 노하우는 개인의 지적 재산으로 간주하여, 조직은 고참이 새로운 직원에게 핵심 업무를 바로 넘기거나 후배직원의 교육을 요구할 권리는 없다. 핵심 업무를 새로운 직원에게 넘겨야 하는 상황이 오면 대상자는 대부분 조직을 떠나게 된다. 따라서 새로 합류한 직원은 처음 배치 시에 채용요강에 규정된 업무에만 집중하면 된다. 이러한 업무의 전문성은 조직에 장점이 될 수도, 단점이 될 수도 있다. 미국 문화의 특징인 구획화 현상은 기업과 조직에서 더욱 두드러지게 나타난다.

내가 처음 미국의 조직에서 일을 시작하였을 때 나를 채용하는 데 앞장섰던 부서의 핵심 실무자는 내가 새로운 업무에 적응하는 데 많은 도움을 주었다. 하지만 그 이후 그가 그의 학부 후배를 새로 채용하고 나서부터 그의 관심은 그 새로운 직원에게 집중되었다. 나는 거기에 상당히 실망하였지만 오히려 초기에 보편적인 수준 이상의 도움을 받았다는 것을 깨달았다. 나중에 알고 보니 내가 합류하기 직전에 많은 핵심 직원들이 퇴사하였고, 내가 그의 급한 불을 꺼줘야 하는 상황이었기 때문에 그 정도의 보살핌이 필요했던 것이었다.

그는 절실하게 내가 바로 핵심업무에 접근해야 하는 필요성을 가지고 있었고, 나는 그때 운이 매우 좋았던 것이다. 결과적으로 나는 그를 위협하는 경쟁자가 되었고, 그가 아꼈던 학부 후배는 그를 뛰어넘어 결국에 가서는 임원으로 진급하게 되었다. 그때의 경험이 항상 내가 새로운 직원을 채용할 때마다 그에 대한 경계심 또한 늦추지 않게 만들었다. 후배 사원이 나보다 가성비가 좋다는 사실이 명백해지면 그를 쫓아내거나 내가 떠날 준비를 하여야 한다. 가장 멍청한 대응은 아무 대책 없이 내가 가진 모든 노하우를 새로운 직원에게 알려주는 행동일 것이다.

미국의 직장생활을 돌이켜 보며 흥미롭게 여겼던 부분은 직장에서 친하게 지내던 선후배 관계의 본질이다. 한번은 먼 훗날 업무 관계로 다시 만났던 옛 동료에게 그와 아주 친하게 지냈던 부서 선배의 안부를 물었다. 그의 답변은 퇴사 이후 한 번도 그와 연락을 한 적은 없다는 것이었다. 나의 기억에 의하면 그들은 화창한 주말이면 각자 차고에 모셔 놓았던 레저용 오토 바이크를 꺼내서 함께 크루즈를 즐겼던 사이였다.

미국에서 주말에 오토 바이크를 함께 즐기는 사이는 상당한 유대 관계를 의미한다. 직장에서는 절대 드러내지 않던 어깨의 문신을 서로 자랑하듯이 보여주면서. 당시에 나는 그들 사이의 특별한 유대 관계가 평생을 갈 것으로 예상하였다. 결국 미국에서의 직장에서의 대부분 관계는 더 이상 나아가지 않고 조직 안에서 끝나는 것이다. 링크드인이 사실상 유일한 연결고리라 할 수 있고, 누군가 새로운 일자리를 구하는 경우에만 연락을 주고받게 되는 관계다.

구획된 조직에서는 본질을 제외한 주변적인 일에 신경을 쓰거나 시간을 빼앗길 필요가 없는 반면에, 여러 가지 업무를 폭넓게 배울 기회는 적어진다. 조직 선배의 역할이 한정되어 있으므로 스스로 배우고 깨우쳐야 한다. 담당하는 업무의 범위를 넓히고자 한다면 적절한 시기에 전직을 시도하여야 한다. 미국에서는 고인 물이 썩는 현상을 전문가의 커리어에서 가장 치명적으로 여긴다. 예외적인 대기업이 아니라면 실무자들의 주기적인 전직은 일반적이고, 이때마다 업무 분야의 확장이 이루어진다.

전직 과정에서는 먼저 다른 직장으로 전직해 있는 이전 조직의 선배는 경쟁사 직원에 대한 리쿠르팅의 핵심 역할을 한다. 먼저 전직에 성공한 조직 고참들은 미국 조직문화 기반의 관점이라면 선배라고 하기보다는 네트워크라고 표현하는 것이 더 적절하다. 이전 직장에서 선배나 동료에게 좋은 인상을 주었다면 그는 기꺼이 우선 영입 대상으로 채용 담당에게 적극 추천을 해 줄 것이다. 새로운 직원을 받아들이는 조직에서는 추천하는 직원의 실력과 역량이 많은 참고가 되며, 새 직원의 대우와 담당업무를 결정하는 데 중요한 역할을 한다.

변화를 두려워하는 조직원의 경우에는 평생 같은 업무만 반복하여야 할 수도 있다. 물론 특정한 분야에서의 경륜은 계속 쌓이겠지만, 정신적인 정체를 감수해야만 하는 경우도 많다. 한정되어 버린 담당업무가 다른 가성비 좋은 직원으로 대체 가능한 경우에는 정리해고 대상이 될 수도 있다. 변화를 기피하는 성향의 직원이 있다면, 주변 동료들은 쉽게 이를 인지할 수 있다. 심화된 구획화의 경향이 그의 말과 행동에 뚜렷하게 드러나기 때문이다.

변화에 긍정적이고 유연한 직원이라면 근무 연차가 늘어가면서, 단순한 설계나 평가 업무보다는 문제해결 요구가 늘어날 수밖에 없다. 한 분야의 전문가라면 많은 문제들을 직면하게 될 것이고 그것들을 선배들을 대신하여 해결해 가는 과정에서 그의 가치를 조직 차원에서 인정받게 된다. 어떤 상황이든 특정 업무로 정체되어 버린 경우에는 같은 업무라도 세부 분야가 다르다면 해당 전문가 없이는 업무를 처리하지 못하는 경우도 많다. 미국에서의 전문성이란 한곳에 그냥 머무르는 것이 아니라 그곳을 계속 깊게 파내려 가야 함을 의미한다.

1.9.2. 학벌보다는 전문성이 우선

미국의 전문가 중시 문화는 서유럽의 영향을 많이 받았다고 할 수 있다. 특히 2차대전 전후 유대인 중심의 많은 전문가들을 새로운 이주자로 영입하면서 전문가 문화의 기틀을 다질 수 있었다. 서유럽에서는 근대에 들어 경제적 발전과 함께 사회의 복잡성이 증가하면서 전문가들의 역할이 중요시되기 시작하였다. 산업화 이후에는 미국이 이민자를 받아들이는데 전문성의 여부가 주요 요소로 작용하였다. 특히 최근에 와서는 일반 취업비자는 티오를 한정하여 그 유입수를 제한하고 박사급 인력의 전문가들에 대한 취업이민의 기회를 넓혀가고 있다.

서구 전문가 사회의 선두주자격인 독일의 경우 현재까지도 극단적인 학벌 및 전문가 중시 문화를 유지하고 있다. 전문성에 못지않게 학벌 자체가 우선시된다는 점은 독일이 미국과 확실히 다른 점이다. 특히 독일의 기업들은 업무와 무관한 전공으로 박사학위를 받아도 채용 시 우선권을 주는 관습이 있다. 학비가 전액 정부에서 지원되어 공부하고 싶은 사람은 무료로 대학에 다닐 수 있기 때문에 일어나는 현상이다. 말 그대로 취미로 하는 박사학위라 개인이 능력만 있으면 학비에 구애받지 않고 자신이 선호하는 분야의 학위를 취득할 수 있다. 덕분에 독일의 학문에 대한 경쟁력은 아직도 최고 수준을 유지하고 있다.

반면 미국의 경우는 비싼 학비 때문에 자신이 공부에 흥미가 있다고 해도 학업을 지속하지 못하는 경우가 많다. 부모가 학부졸업 이후에는 경제적 지원을 끊는 경우가 많기 때문에 대학원부터는 개인의 비용으로 다녀야 한다. 따라서 많은 미국인들은 일단 직장을 구한 이후에 기업의 지원으로 야간 대학원 과정을 수강한다. 같은 캠퍼스의 학교라면 주간과 야간에 대한 차별은 전혀 없고 졸업증명서에도 표기되지 않아서 고용주가 이를 확인할 방법은 없다.

흥미로운 사실은 기업의 대학원 진학에 대한 지원 정도가 요구 학점으로 나타난다는 부분이다. 지원이 박한 경우에는 B 학점 이상을 취득하여야만 해당 과목에 대한 학비가 지원되고, 지원이 후한 기업의 경우에는 C 학점까지 산학으로 인정하여 수강료를 정산해 준다. 수업은 회사에 가까운 분교에서 수강하고, 학위는 본교에서 받는 것도 하나의 요령이다. 나의 동료들도 미시간대 디어본 분교에서 야간 수업을 들어 좋은 학점을 확보하고, 학위는 앤아버 본교의 지도교수로부터 받은 경우가 많았다.

나와 독일계 기업에서 함께 일했던 한 박사 동료는 경력 입사 이전에는 기상 관련 독일 정부출연 연구소에서 일하는 연구원이자 교수였다. 북극 기지에서의 8년간의 심층 연구를 마친 후 재정적 이유로 산업계로 뛰어든 경우였다. 실무 경험이 전혀 없었지만 그의 화려한 학벌과 정부출연연구소 경력에 기반하여 제조업 경력 개발직으로 채용하였다. 미국에서는 거의 찾아보기 힘든 전문성을 무시한 전직 방식이었다. 사실 독일 연구소에서 일하던 동료 중 코디네이터나 프로그램 매니저로 일하는 철학박사 학위 소유자도 있었다.

미국은 일본이나 유럽에 비하여 상대적으로 기술 자체를 중시하고 학벌이나 학위 같은 스펙은 상대적으로 별로 중요시하지 않는다. 미국 대학교의 박사 과정이 대부분 외국인 학생으로 채워지는 것이 바로 이런 이유에서다. 로켓 발사에 필요한 충분한 경쟁력이 있는 기술자 또는 연구원을 확보한다면 최소한 15년 이상의 실무 경력이 필요하다.

예를 들어 미국과 다른 국가에 비슷한 경력의 박사급 연구원을 보유하고 있는 조직이 있다고 가정하고, 그 연구원들 개인의 능력 자체도 대등하다고 보자. 미국 조직이 다른 점은 연구원들이 철저하게 실무 경쟁력 위주로 선별된 경우라는 것이다. 개인의 능력을 평가하는 관점 자체는 있어서 미국의 조직들은 학벌보다는 실무경력을 훨씬 더 중요시하기 때문이다.

내가 업계 최고 기업에 근무하는 핵심 개발자들과 교류하게 되었을 때 의외로 이들의 학벌은 대단하지 않다는 것을 깨닫고 놀랐던 기억이 생생하다. 미국의 조직에서는 평생을 실무직으로 남고 또 실무자로 은퇴할 수 있고, 본인의 적성에 맞지 않는다면 굳이 관리자의 길을 가지 않아도 된다. 특히 기술직이라면 아직 할 일이 많은 상황에서 긴 시간을 배워온 지식을 사장시키지 않아도 된다. 예측 가능한 사회에서, 새로운 기술을 하나씩 차근차근 습득해 가면서, 본인이 진정으로 원하는 일을 할 수 있다. 보이는 인생보다는 자신을 위한 길을 찾고, 스스로 만족한 삶을 지속할 수 있는 것이다.

내가 한국에서 해외채용 경력으로 근무한 이후 미국에 돌아와 다시 개발자로 일을 시작하였을 때 이야기다. 한국에서 경험한 관리 경험을 살려서, 새로 일하게 된 조직의 부서장이 걱정하던 일을 조직 차원에서 함께 걱정해 주었다. 그러나 그는 나에게 고마워하기는커녕 오히려 월권으로 여기는 눈치를 보여서 나를 상당히 당황하게 만들었다. 왜 남의 일에 관여를 하느냐는 태도였는데, 그의 입장에서는 관리자의 자리가 흔들릴 어떤 가능성도 원하지 않았던 것이다. 구획화 현상이었다.

내가 일하기 시작한 이후에 입사한 고참 직원의 경우도 비슷한 시행착오를 겪는 모습을 보고 내가 유난히 주제넘게 나선 것은 아니었음을 확인했다. 내가 큰 실수를 한 것은 아닌지 하는 걱정은 던 것이다. 그 이후 다른 조직으로 옮겨 다니면서도 이때의 경험은 나의 관리자에 대한 태도를 상당히 조심하게 만들었다. 나는 계속 경력이 쌓여가고 관리자는 상대적으로 젊어지기 때문에 일어나기 시작한 현상이다. 관리자와 조직원 간의 관리능력에 대한 격차가 줄어들기 때문이다.

미국의 조직에서는 조직의 일원으로 관리자를 도와주고자 하는 경우 신중을 기해야 한다. 관리자 입장에서는 자신의 관리 능력에 대해 조직원으로부터 의심하는 걸로 오해를 받을 수 있기 때문이다. 굳이 팀의 성과가 걱정이 되어 어떻게든 조직에 도움이 되고자 한다면 주변에서 의식할 수 없도록 눈에 안 보이게 살짝살짝 도와주어야 한다. 관리자 입장에서는 자신의 실력이나 전문성을 침해당했다고 느끼는 경우가, 도와주지 않는 것보다 더 불쾌할 수 있다.

개발부서에 일하다가 품질관리로 옮기는 식의 조직내부에서의 직무전환은 미국에서는 드문 일이다. 미국인들은 자신의 전문성에 침해 받는 것을 두려워하기 때문에 해당 전문가로서의 입지가 밀리는 경우 대부분 전직을 선택한다. 회사의 레벨을 조금 낮추고 급료에서 손해를 보더라도 전문직종은 그대로 유지하는 것이다.

특히 소프트웨어 산업 흥망의 중요한 요소는 효율적인 전문가 인력의 활용이다. 소프트웨어는 버그와 주기적인 업데이트로부터 자유스러울 수 없고 프로젝트 완료시점에 대한 예측가능성이 떨어진다. 업무의 자율성을 허용하면서 주어진 납기를 지키려면 충성심보다는 인력의 질 자체와 그들의 반응력이 더 중요하다. 반응력은 자율성과 에너지 그리고 어느 정도의 느슨함에서 나온다. 실리콘밸리의 테크기업들이 업계 최고의 대우로 항상 젊고 새로운 전문 인력들을 죄다 쓸어가는 이유이다.

1.9.3. 기업의 전문적인 분화

미국의 기업들은 산업화 이후 지금까지 자신들 고유 전문 분야의 역사를 구축해 왔다. 사업을 확장하면서 여러 가지 사업에 뛰어들던 서유럽의 기업들과는 달리 미국의 많은 기업들은 창업과 함께 처음 선택한 분야에 집중하면서 일관성 있는 진화를 거듭하여 왔다. 특히 대기업으로 성장한 미국의 전문 기업들은 해당 산업의 발전 과정을 대변하고 있다.

그들이 지금까지 걸어온 길 자체가 전문기업의 역사를 말한다. 금융, 세일즈, 건축, 제약, 통신, 교통, 디자인 등 산업 전반에서 미국의 전문 기업들이 주도한 지속적인 발전을 이루어 왔다. 경쟁에서 살아남은 기업들은 전문 분야에서 강력한 지위를 유지하며, 지속적인 혁신을 통해 글로벌 시장에서 경쟁력을 유지하고 있다.

미국은 1814년 세계 최초로 방적에서 염색까지 한 곳에서 이루어지는 당시에는 새로운 개념의 혁신적인 공장을 탄생시킨다. 뒤이어 에디슨이 발명한 전구 덕분에 섬유제조 통합 공장을 밤낮없이 유지할 수 있게 된다. 섬유분야 전문성의 확보와 기술력에서의 우위는 이후 미국 산업이 전반적인 전문성을 확보하는 데 커다란 기폭제가 된다.

오늘날 실리콘밸리는 기업의 전문적 분화의 상징으로 여겨지며, 같은 생각을 하는 기업을 찾아볼 수 없다. 구글, 애플, 페이스북, 에어비엔비, 우버, 테슬라, 엔비디아 모두 각자 고유의 가치관에 따라 다른 프로젝트를 진행한다. 이들이 앞선 다른 회사를 벤치마킹 한다면 더 이상 개념설계를 하는 실리콘밸리의 회사가 아니게 된다. [10]

물론 경쟁에서 밀리면서도 전문성만을 고집하여 업종 전환에 실패하고 몰락한 기업도 적지 않았다. 대표적인 실패 사례는 코닥이다. 아날로그 필름만을 고집하다가 디지털 시대로의 전환에 실패한 경우다. 천하의 모토로라가 결국 몰락한 이유도 코닥의 사례와 유사하다. 강점이 약점으로 작용하는 위험에도 불구하고 미국인들은 결코 기업의 전문성을 포기하지 않는다.

주변의 미국인들과 대화를 나누다가 그들은 휴대폰을 만드는 회사에서 냉장고를 만든다는 사실을 받아들이기 주저한다는 사실을 깨달았다. 삼성과 엘지가 초기에는 휴대폰으로 미국인들에게 이름을 알리기 시작하였기 때문이다. 특히 주부들은 이거 정말 우습지 않아요? 휴대폰 회사에서 냉장고라니, 하는 수다를 마다하지 않았다. 그들은 냉장고 보급 초기에 분명히 기술이나 신뢰성에 문제가 나올 것으로 우려하였다.

한국인들의 의식 수준과 비교를 한다면 과자를 만드는 회사에서 비행기를 만드는 정도의 전문성 이탈과 비유할 수 있다. 애플이 아무리 인지도가 높은 기업이어도 갑자기 냉장고를 만든다면 초기에는 아무도 사지 않겠다는 이야기다. 미국의 기업 환경에서는 진입장벽이 있는 기존의 사업에 신규업자가 갑자기 뛰어드는 경우는 찾아보기 힘들다. 물론 전기차와 같은 예외는 존재하지만 대부분 시장이 갑자기 커지거나 패러다임의 전환이 필요한 경우이다.

미국의 역사적인 전문 기업들은 대부분 모회사나 소유주가 여러 차례에 걸쳐서 바뀌어 왔다. 기업의 규모가 커질수록 실효 상속세가 올라간다는 점도 대기업의 소유주가 자손들에게 물려주지 못하고 오너가 자주 바뀌는 데에 많은 영향을 미친다. 하지만 새로운 소유주가 기업 자체의 조직과 문화에 미치는 영향은 상대적으로 미미하다. 기업 자체를 소유주 중심으로 그 역사를 기술하는 경우도 드물다. 미국기업의 역사는 그 기업이 창업된 이후 전념해 온 전문분야의 역사로 기술된다. 기업의 역사성에 대한 사회적 통념 자체가 일본이나 유럽과는 다른 것이다.

기업의 이름 자체도 창업자의 이름을 그대로 사용하는 경우가 많다. 벨 연구소, 휴렛팩커드, 록히드 마틴 등의 기업명이 창업주의 이름이다. 인수합병이 거듭되고 소유주가 계속 바뀌어도 최초의 창업자 이름은 영원히 존속한다. 내가 거주하는 지역의 전기를 공급하는 에디슨 전력회사도 100년 넘게 창업자의 이름을 유지하는 사례이다. 포드자동차처럼 소유주 가족이 기업을 계속 세습하는 경우도 있으나 미국의 대기업에서는 드문 경우다.

창업 당시 기업의 이름이 그 업종을 대표하는 보통명사로 이용되는 경우도 많다. 콜라, 제록스, 폴라로이드, 덤프스터, 스팸, 자쿠지, IBM 등의 기업명은 그 산업 자체를 대표한다. 한국에서도 지프차, 포크레인, 캐터필러, 호치키스 등 미국에서 해당 상품을 최초로 보급한 기업명을 보통명사로 사용하기도 한다. 역사적으로 미국의 많은 혁신 기업들이 경이로운 독점 시기를 누리고 경쟁자 등장에 의한 몰락을 반복하여 왔다.

자동세탁기의 원조 월풀은 미국 가전의 명맥을 이어오고 있다. 1980년대까지만 해도 한국에서 부유층의 상징은 미국제 월풀 냉장고, 월풀 세탁기였다. 이미 경쟁력을 잃은 산업에 대한 과잉 보호라는 비판도 크지만, 그만큼 미국 제조업의 전성기를 상징하는 기업이다. 3대가 100년째 가업을 이어 오직 믹서기만 만들고 있는 비타믹스의 경우 메이드 인 아메리카를 고집하면서 대물림하는 수준의 고품질 명품 조리용 믹서기를 제조하고 있다.

기업의 전문적인 분화는 미국인들의 실용적인 가치관이 그들의 기업관에 투영되는 현상이다. 이러한 미국인들의 한 우물 파기 전통은 전문 기업의 성장과 경쟁력을 촉진하는 원동력으로 작용한다. 특히 진입장벽 높은 분야에서 오랜 역사를 거듭한 전문기업들이 안정적으로 기업을 운영할 수 있는 환경을 제공하여 왔다. 미국인들 관점에서는 전문기업이 경쟁력을 계속 유지할 수 있는 사회환경이 무엇보다 중요하다. 그들은 본능적으로 전문기업 제품의 구매를 선호한다.

하지만 아무리 전통적인 기업이라도 해당 분야에서 경쟁력이 떨어지면 과감하게 경쟁사에 인수합병 시키거나 해체해 버린다. 인수합병의 경우에는 전통기업의 이름은 그대로 유지되는 경우가 많다. 인켈이 1980년에 인수한 오디오 업체 셔우드의 경우 50년 넘게 자체 브랜드를 지키고 있다. 고급 오디오 시장의 경우 역사성을 가진 전문 기업이라는 이미지가 중요하기 때문이다.

하지만 이미 경쟁력을 상실한 기업을 존속시키고자 하는 경우에는 아무리 미국이라도 많은 논란이 뒤따른다. 트럼프 재임 시에는 국수적인 보호 정책의 일환으로 경쟁력이 하락해만 가는 백색가전 분야의 재도약을 위해 노력하기도 하였으나, 결과적으로는 구조조정의 칼날을 피해 가지는 못하였다. 정치인들의 입장에서는 노조원들의 지지가 필요할 뿐이지, 사양산업의 진정한 경쟁력 회복에 힘을 미치는 데는 한계가 있기 때문이다.

1.9.4. 오래된 조직의 고유한 문화

전 세계의 전통 기업들은 그들이 계승 발전시켜 온 고유의 조직 문화를 가지고 있다. 미국의 기업들 또한 고유의 조직문화를 유지하면서 그들 특유의 개방적이고 다원적인 조직 문화를 발전시켜 왔다. 특히 실리콘밸리를 위시한 미국 조직문화의 다양성과 분화는 모두의 주목을 받고 있다. 그들의 다양한 문화적 배경을 바탕으로 하여 더 많은 경험과 지식을 얻을 수 있었으며 독자적인 기업 문화를 성장시켜 왔다. 이로 인해 기업 간의 문화적 차이는 다른 국가의 기업들보다 더욱 두드러지게 나타난다.

어떤 기업은 오너십과 충성심을 더욱 중요시하여 운영되며, 다른 기업은 주인의식에 구애받지 않는 자유로운 분위기를 갖추고 있다. 또한 내부 조직 간의 치열한 경쟁이 특징인 기업으로부터 모든 조직들이 유기적으로 협력하는 기업까지 다양하다. 고용 관행도 다양하여 어떤 기업은 수시로 직원을 채용하고 해고하며, 다른 기업은 근속 연수가 늘어날수록 안정감이 높아지는 근무환경을 제공한다. 개발자 출신의 만화가 Marn Cornet가 미국 IT 기업들의 조직문화 차이를 위트 있게 그려낸 그림은 미국 조직문화 간의 차이점을 쉽게 이해할 수 있도록 해 준다. [11]

특히 관리자들의 경우에는 처음 근무하기 시작했던 기업의 문화에 따라 관리 스타일도 그 영향을 받을 수밖에 없다. 어떤 조직이든 실무자의 업무 스타일보다는 관리자의 관리 스타일이 더 유연성이 떨어지고 변화하기 힘들기 때문이다. 따라서 새로운 관리자를 영입하는 경우에는 그가 이전에 근무했던 기업의 문화를 고려해야 한다. 조직의 의사결정 단계에 이르러서도 관리자의 출신에 따른 업무 스타일의 차이를 느낄 수 있다.

오너십이 강한 기업에서 경력을 쌓은 관리자라면 이직 시에도 비슷한 분위기의 기업을 선택하는 경우가 많다. 자율에 익숙하지 않은 관리자의 경우 성과보다는 충성심을 더 중요시하는 쪽이 좋은 성과를 내기도 한다. 물론 직원들이 주인의식을 가질 수 있는 기업문화가 뒷받침되어야 한다. 정리해고가 잦은 기업이라도 장기근속자는 안전하다는 믿음을 준다면 직원들은 리더를 신뢰하고 그의 지시에 따를 것이다.

내가 근무하였던 V 사는 상당히 자유분방한 근무 분위기가 장점이었는데, 조직 내에서 문제를 일으킨 관리자들은 오너십이 강한 회사에서 영입된 간부들이었다. 강압적인 관리 스타일로 부하 직원들과 잦은 마찰을 일으켜, 결국 그들이 관리하던 부서의 핵심 실무자들이 모두 경쟁사로 떠나버린 것이다. 당사자들은 해이한 근무 분위기를 바꾸려 노력했다고 해명했지만, 오랜 기간 동안 형성된 고유의 조직 문화를 바꾸는 일은 쉽지가 않았다.

자유로운 근무 분위기의 기업에서는 실력 있는 실무자들을 저렴한 비용으로 채용하고 효율적으로 관리하는 능력이 중요하다. 유능한 직원들은 일자리를 선택할 때 급여보다 근무 분위기를 더 중요시하는 경우가 많기 때문이다. V 사의 경우에도 경쟁사보다 낮은 급료를 지급했지만, 많은 핵심 직원들이 근무분위기에 만족하였다.

미국의 많은 관리자들은 개인의 성과에 기반한 자유분방한 분위기의 관리를 선호한다. 그들의 관리 역량이 자유분방한 조직에서 성과를 내는 쪽으로 특성화되었기 때문이다. 특히 실리콘밸리의 테크 기업들은 출퇴근 시간이 따로 정해지지 않은 유연한 관리로 근태보다는 개인의 생산성과 성과를 중시한다. 사실 관리자 입장에서는 엄격한 관리보다 오픈형 관리가 더욱 고난이도의 스킬을 필요로 한다.

유능한 관리자라면 조직원들의 성격과 미덕뿐만 아니라 조직에서 전해져 내려오는 고유한 문화를 최대한 활용할 수 있는 능력이 필요하다. 관리자 개인의 성향과 경험도 무시할 수 없지만, 해당 기업문화의 특성이 관리 스타일에 따른 효율에 가장 큰 영향을 미친다. 미국에서도 오너십이 강한 회사인 경우에는 상명하달식 관리 스타일을 찾아볼 수 있다. 이런 기업에서 문화의 경직성 때문에 발생하는 비효율은 일본기업들과 유사하게 직원들의 충성심으로 극복해야 한다.

기업이 오래되고 진입장벽이 높은 조직일수록 그 관성은 강하다. 회의 시간이 젊은 직원들이 활발하게 자신들의 의견을 내놓지 못하고 조용히 경청만 해야 하는 분위기라면, 미국에서는 상당히 보수적인 기업이라고 할 수 있다. 그러한 조직에서의 직원들은 주변을 살피면서 방어적인 태도를 취하며, 사내에서는 극히 말조심을 한다. 포드자동차의 경우 미국인들의 오너십과 충성심을 대변하는 전형적인 세습 기업이다. 그들은 4대째 이어져 내려오는 오너십과 사실상의 종신 고용을 자랑하고 있다. 이런 조직에서는 이민자 출신이라 하더라도 충성심만 검증된다면 관리자로의 진급이 자유분방한 조직보다 더 용이하다.

에디슨 전력 회사는 미국에서 가장 오래되고 보수적인 조직 중 하나이다. 내가 살고 있는 미시간 서남부 지역에 전력을 공급하는 디트로이트 에디슨 전력 회사는, 1886년 설립 이후 140년이 넘게 나무 전신주만을 고집하고 있다. 조직 내부에서 어느 누구도 콘크리트 전신주를 도입하는 모험을 감행하지 못하는 듯하다. 나무 전신주의 단점은 수명이 짧고 기후 변화에도 약하다는 점이다. 하지만 그들에게 대를 이어서 나무 전신주를 공급해온 협력업체와의 거래를 끊지 못하고 있다. 무언가가 혁신을 가로막고 있는데, 그 장벽을 허무는 작업에는 엄청난 저항을 감수해야 하는 상황이다.

오랜 역사에 따른 체계적인 업무 시스템은 그들의 창의성과 함께 미국과 일본기업들의 공통된 장점이라고 할 수 있다. 오랜 산업화의 역사는 그들의 문화에 맞는 최적화된 시스템으로 수렴하였다. 그들은 우수한 경영자를 선봉에 내세우고, 임직원들을 검증된 체계에 따르게 하고, 체계적인 의사결정 및 문제대응 과정을 실행한다.

물론 그들 고유의 검증된 체계에 따르고자 한다면, 의견수렴과 의사결정 과정은 두 문화 간에 상당한 차이를 보인다. 체계적이라는 부분은 공통적이지만 그 체계 자체가 다르기 때문에 이를 따르는 과정 또한 다를 수밖에 없다. 우수한 직원뿐 아니라 뛰어난 경영자를 선택하는 데 있어서 평가 기준 또한 각각의 체계에 따라 달라진다.

어떤 문화 속에 존재하든 간에 하나의 기업이 장기적으로 지속하려면 체계적이고 영속적인 시스템 하에서 업무가 이루어진다는 사실이 중요하다. 즉 그들만의 고유한 체계에 따른 예측이 가능하고 누구나 납득이 가능한 선택이 이루어져야만 한다.

1.10. 가족과 같은 동료들

1.10.1. 가족처럼 언제나 함께

일본의 기업에서 근무하면서 어느 정도 조직 동화에 성공한다면 어렵지 않게 동료들과 가족처럼 함께 지낼 수 있는 장점이 있다. 조직 멤버들의 일반적인 취향뿐만 아니라 개인 사생활이나 감정의 미묘한 부분까지 교류가 가능하다. 나의 혈연인 가족들보다 훨씬 더 많은 시간을 조직의 동료들과 함께 보낸다는 것은 미국의 조직 생활에서는 비현실적인 일이다. 개인만의 독립적인 시간이나 영역이 그다지 중요시되지 않기 때문에 가능한 일이다. 일본인들 노동관의 두드러진 특징 중 하나는 일과 자유시간의 차이를 거의 느끼지 못한다는 점이다.

동료들과 가족처럼 지내면서 얻는 혜택은 여러 가지가 있다. 일단 핵심기술이나 실무를 밀착해서 전수받을 수 있을 뿐만 아니라, 민감한 정보도 접할 수 있다는 것이 장점이다. 업무 시간에는 거의 일 이야기만 하고 지내기 때문에, 함께 일하는 시간이 늘어남에 따라 좀 더 핵심적인 정보를 얻을 수 있다. 아무리 가깝고 친하게 지내도 주로 개인적인 취향에 관한 이야기만 나누고, 핵심기술은 좀처럼 잘 공개하지 않는 미국회사의 동료들과는 큰 차이라고 할 수 있다.

한번은 업무시간에 사내 매점에서 구입한 과자를 멘토에게 선물로 주려는 부하직원을 바로 옆에서 지켜볼 기회가 있었다. 그런데 특이했던 것은 멘토는 과자를 바로 받지 않고 계속 멘티와 여러 가지 이야기를 나누는 것이었다. 과자를 바로 받을 것인지 거절할 것인지 결정을 하지 못하는 것이 아닐까 하고 계속 관찰해 보니 핵심은 그것이 아니었다. 과자가 가지는 금전적 가치 자체보다 과자의 전달 과정이 그들에게 훨씬 더 중요해 보였다.

그들이 나눈 이야기는 일반적인 업무 이야기에서 조금 더 나아간 개인적으로 서로 더욱 친숙해 가는 내용이었다. 멘티에 해당되는 직원이 D 사에서 최근에 경력으로 입사했기 때문이었다. 일과 관련 없는 순수하게 사적인 대화는 외국인 출신인 나에게는 좀처럼 듣기 힘든 것들이었기 때문에 이들의 대화에 귀를 기울이게 되었다.

일본인들의 사생활에 관한 대화는 서열이나 충성심의 지속적인 확인뿐만 아니라 가족 같은 유대 관계를 강화하는 핵심적인 과정이다. 나의 개인적인 고충이나 심정을 선배에게 이야기하고 이에 대한 코칭을 받는 것은 그들에게는 통과 의례인 리츄얼에 해당된다. 혹시 최근에 여자친구와 헤어졌다고 한다면 선배가 자신 주변의 좋은 여자를 소개해 줄 수도 있다.

종신고용의 전통을 이어가는 보수적 대기업의 경우 별다른 업무 없이 빈둥거리는 직원이 의외로 많다. 속칭 마도기와(창가)족이라고 불리는 조직의 주류에서 제외되어 조직원들과 정규적인 소통이 이루어지지 않는 직원들이다. 조직에서 낙오되거나 충성심이 떨어지는 경우 별다른 업무가 주어지지 않는 대신 따로 격리하여 독립적으로 지내게 하는 배려이다.

물론 이 배려는 낙오된 직원들을 위한 것이 아니라 조직의 주류에 해당되는 직원들을 경각 시키기 위한 것이다. 같은 가족이기 때문에 한 지붕 아래에 두지만 함께 같은 밥상에 앉을 자격은 없는 것이다. 특히 외국인 출신이라면 비주류들과 업무적 또는 인간적으로 교류하는 것은 상당히 주의하여야 한다. 이들과 소통하거나 교류하는 것은 조직 관리 차원의 암시적 규정에 의해 철저하게 제한되기 때문이다.

밖으로 도는 가족이라도 차마 내칠 수는 없지만, 그렇다고 일하지 않는 가족을 열심히 일하는 가족과 동등하게 대하는 것은 형평성에 어긋난다. 특히 열심히 일하는 직원들과 급료 면에서 차등을 크게 두기는 힘들기 때문에, 이런 식으로 성실하고 조직에 충성하는 직원들의 불만을 줄이고 심리적 보상을 하는 것이다. 집안의 분위기를 위해서 히키코모리식 격리를 하는 행위는 일본의 전통적인 가족과 조직에 대한 규율과 배려의 산물이다.

일본의 전통적인 종신고용제는 본인뿐만 아니라 그 자녀까지도 혜택을 받을 수 있다. 가족 중심인 종신고용제는 기업에 따라 자녀들에게 세습되기도 한다. 고용세습은 은퇴하는 직원들의 자녀를 우선해서 고용하는 방식으로 이루어진다.

일본기업들은 20년 이상의 장기 불황을 겪으면서도, 평생 고용제를 본질적으로 포기하지는 않았다. 장기 불황이 지속되던 때에도 일본 전경련은 인원감축을 통한 미국식 원가절감 구조개혁 방식을 거부하였다. 일본인들은 미국식 구조조정은 일본 실정에 맞지 않다고 단호하게 잘라 말하는 것이다.

평생 고용제는 흔들리지 않는 데 반하여 연공 서열주의는 서서히 붕괴하고 있다. 한국의 IMF 시기, 즉 버블경제 위기 이전만 하더라도 일본에서는 자신의 부하 직원이 자신보다 나이가 많은 경우는 거의 없었다. 그러나 버블경제 이후 2000년대를 전후하여 그러한 전통이 무너지기 시작하였다. 입사 선배가 같은 부서 후배의 부하직원으로 일하는 경우가 늘어나기 시작한 것이다.

그러나 관리자는 부하직원이 더 나이가 많은 경우 연장자로서의 예우를 해주는 편이어서, 미국과 같은 나이에 완전히 자유로운 고용은 일본에는 아직 적용되지 않는다. 정리 해고되지 않고 젊은 후배 관리자 밑에서 계속 일할 수 있는 권한은 새로운 경력 입사자에게는 해당되지 않고, 가족과 같은 장기근속 직원들만이 가진다. 일본에서는 나이가 들수록 전직이 힘들어지는 이유이다.

1.10.2. 가부장적인 위계질서

일본인들과 조직생활을 함께하다 보면 그들의 마음속에 알게 모르게 잠재되어 있는 가부장적인 면을 엿볼 수 있다. 업무의 방향이나 행동이 그들의 암시적인 규정에서 조금이라도 벗어난다면, 그때그때 손윗사람이나 상사가 주의를 주는 것이 일반적이다. 크게 고민하지 않고 행동하여도 위에서 시키는 대로만 한다면, 무리 없이 업무가 진행된다는 무인사회 기반 위계문화의 흔적이다. 룰에 저항하는 경우 조직문화에 적응하지 못하는 부류로 낙인찍히거나 별도 관리 대상에 오를 수 있다.

관리자가 자신보다 연상의 부하를 거느리는 경우는 최근에 지속해서 늘어나고 있지만 미국의 조직들에 비한다면 그리 많지는 않은 편이다. 일본 사회나 기업에서는 나이를 해당분야의 경력만큼 중요시하기 때문이다. 직장에서의 상사란 리더인 동시에 항상 주의를 주고 교육을 시키며 그 결과에 대한 책임을 져야 하는 존재이다.

일본의 가족 같은 조직에서는 서열에 따라 신참 직원이 고참에게 혼나는 과정을 당연시한다. 한국어와 일본어에만 있는 혼내다는 의미와 대등한 단어는 영어에는 없다. 미국에는 가부장적인 문화가 약하기 때문이다. 강압적인 분위기와 가부장적인 분위기는 조금 다르다. 강압적인 위계 질서라 하면 군대를 연상하기만, 가부장적인 위계라 함은 가족 간의 서열을 의미한다.

1950년대에 도요타는 회사는 하나의 가족이고, 경영자는 아버지, 직원들은 자식이라는 노골적인 가부장제에 의한 가족서열을 경영 방침으로 선택했다. 직원들은 아버지인 경영자의 말에 거역하지 않고 잘 따르고, 회사를 마치 자신의 가정처럼 생각해 회사의 일에 최선을 다해야 한다는 취지였다. 물론 경영진 역시 아버지처럼 사원들의 모든 것을 책임져 주어야 할 의무가 있었다.

일본의 조직에서는 멘토와 멘티 사이의 관계 또한 상당히 가부장적이라는 부분 또한 주요 특징이다. 이들의 관계에 어느 정도 나이의 차이가 있어야 함은 절대적인 필요 조건이다. 미국과 달리 연하의 고참이 연상의 신참을 관리하고 지도하는 경우는 드물다. 최소한 내 주변에서는 한 번도 보지 못하였다. 무인 시대의 전통인 주인과 꼬붕 간의 상하관계 전통은 오늘날까지 이어져 내려오고 있다. 직장에서 꼬붕이 되는 조건 중 하나는 반드시 주인보다 나이가 어려야 한다는 거다.

내가 일본 S 사의 미국 법인에서 일할 때 일이다. 주기적으로 일본 본사에서 새로운 주재원이 파견되어 왔는데, 한결같이 나의 나이를 조심스럽게 물어보았다. 현지 채용인은 주재원보다 나이가 어려야 함이 암묵적 룰이므로 자신이 연상임을 명시적으로 확인하자는 의도였다. 일본 사회에서는 하급자가 나이도 더 어려야만 서열이 확고하게 정해지기 때문이다.

미국 법인의 젊은 직원들은 엘리트 주재원들로부터 많은 실무적 기술적 지식을 얻을 수 있다는 것이 큰 장점이었다. 일본에서라면 핵심 직원들에게 접근하기도 힘들뿐더러 지식을 전수받는 데에는 기나긴 여정을 함께 가는 과정이 필요하다.

만약 하급자가 나이가 더 많다면 서열이 정해지지 못하고 서로 존대하는 수평적인 관계로 가게 된다. 미국에서야 수평적인 관계가 더 자연스럽지만 일본인 사이에서는 수평적이면 오히려 서로 더 불편하다. 한쪽을 선배로 대접하는 편이 오히려 훨씬 자연스럽고 업무 분장과 노하우 이전도 순조롭게 이루어진다.

일본에서 업무를 하면서 느꼈던 관계의 어려움은 서로 간의 서열이 불확실한 경우였다. 특히 같은 건물에서 일하던 외주업체의 부서장이 은근히 나랑 마주하는 것을 꺼린다는 느낌을 받았다. 나는 외국인 신분으로 일하고 있었지만 미주지사에서 정직원으로 고용되어 파견 근무를 하였던 경우이므로, 일본의 본사에서도 계속 정직원의 근무복을 입고 있었다. 외주 직원은 다른 색상의 복장을 입게 하여 누구나 쉽게 구별이 가능하고 그 자체가 서열을 나타내게 되어 있었다.

따라서 관리자라 할지라도 외주업체 색상의 근무복 차림이었는데, 내가 정직원 복장을 하고 있어서 마음이 불편했을 수도 있다. 문제는 외주 직원의 관리자와 정직원인 외국인 노동자와의 서열이 확실치 않았던 것이었다. 내가 그를 선배로서 예우를 해 주는 데는 문제가 없었지만 그런 경우 다른 정직원들의 눈총을 받을 것을 우려하지 않았을까 추측해 본다.

외주 업체의 일반 직원들의 경우 그들의 나이가 지긋해 보이는 경우라도 나에게 갑의 예우를 해 주면서 함께 업무를 진행하였다. 이 경우는 서열이 확고하므로 서로 간의 부담이 없는 관계이다. 사실 외주 직원들이 자신들을 지나치게 낮추는 모습이 처음에는 부담이 되었지만 차츰 익숙해져 간 것이었다.

기업 간 거래 또는 협력관계에서 또한 상대 회사의 명성보다는 그동안 쌓여온 서열 기반의 인간관계 및 거래실적을 더욱 중요시한다. 일본 고유의 전통적인 가부장적인 관계가 기업들 간의 위계질서로 확대된다. 특히 중요한 것은 협력업체 또한 가족과 같은 관계라는 점이다. 긴 세월의 관계가 쌓이고 쌓여, 업체 자체의 경쟁력보다는 충성도가 더 중요하다고 여겨진다.

일본이 고객사와 새로운 거래를 시작하거나 초도 납품을 성사시키기 힘든 이유가 바로 이것이다. 새로운 협력업체로부터 납품을 받으려면, 기존에 수십 년을 거래하여 온 협력사들의 동의를 얻어야 하고, 가까스로 납품을 성공시키게 되더라도 그 점유율은 한정될 수밖에 없다. 자동차 업계에서도 한국계 부품 업체들이 많이 일본의 완성차 업체에 납품을 시도하였으나 이런 이유로 대부분 고배를 마실 수밖에 없었다.

일본기업들은 제조업 강국답게 노동조합 역시 오랜 역사와 전통을 자랑한다. 하지만 오늘날에 와서는 노조는 형식상 존재할 뿐 조직률이나 활동은 미약한 편이다. 가족 같고 가부장적인 기업 문화 속에서 젊은 직원들이 주도해야 하는 노조 활동은 상당히 제한적일 수밖에 없다. 노조 자체가 버블경제 붕괴 이후 고용, 노동조건의 하향평준화를 막고 있지 못하다는 비판도 받고 있다.

언제든지 정리해고가 가능한 미국의 기업에서는, 적극적인 노조 활동이 노무자의 고용 안정성을 확보하는 데 필수적인 역할을 하는 데 반하여 평생 고용을 미덕으로 삼는 일본기업들에는 노조의 필요성은 그에 미치지 못할 수밖에 없다. 형님들이 알아서 평생을 돌보아 주고 있는데 아우가 어떻게 감히 맞짱을 뜨면서 처우 개선을 요구할 수 있느냐는 분위기다. 강성 노조가 있다면 당장의 요구는 들어주겠지만, 장기적으로는 계속 불편한 관계가 지속될 수밖에 없다.

일본은 미국과 달리 산업 단위의 노조가 아닌 기업 단위의 노조를 운영하고 있기 때문에 동종 업계 노조 간의 연대도 느슨한 편이다. 임금협상 과정도 노사 간 서로 자신들의 자료에 근거한 현실적인 임금인상안을 제시하고 접근해 가면서 타협하는 방식이다. 일본기업들의 원만한 노사관계에 대한 비결은 전통적인 종신고용제에 기반하는 것이다.

1.10.3. 가족 같은 토론문화

가족 같은 분위기로 업무를 진행하는 일본의 조직은, 잡담으로 들릴 수준의 가벼운 토론에 의외로 많은 시간을 할애한다. 사원들 사이의 평소 대화의 주제는 대부분 업무 관련 이야기이다. 업무 관련 화제를 나누는 모습을 미국인들이 지켜볼 기회가 있다면, 어떻게 그렇게 즐겁게 업무관련 대화가 가능한지 상당히 의아해할 것이다. 회사 내에서든 거래 관계든 간에, 대부분의 인간관계 자체가 업무를 통해 이루어진다. 친하게 지내는 동료들과의 네트워크가 다 조직의 경계 안쪽에 존재하는 것이다.

단지 과중한 업무량 때문이 아니라 앞에서 설명한 일본 고유 조직문화의 특성상 퇴근 시간은 늦어질 수밖에 없다. 잔업 시간이 끝나갈 무렵에는 다들 크게 업무에 열중하지 않고 끼리끼리 모여 잡담으로 시간을 보내기도 한다. 잔업 시간에는 대화 분위기가 덜 경직되어 있고, 좀 더 비중 있는 정보들이 자연스럽게 오가는 경우가 많다. 옆에서 얼핏 들어보면 업무 관련 이야기를 하는 건지, 잡담을 나누는 건지 구별이 어려울 경우도 있다.

사실 일본인들에 있어서 동료 사이의 사내에서 나누는 잡담은 업무 자체보다 더 중요한 이야기나 요긴한 정보일 수도 있다. 집에 거의 귀가하지 않고 남자들끼리 대부분의 시간을 보내면서 공동체 생활을 했던 무인 사회 집단의식의 연장이다. 업무에 관련된 이야기든 개인 사생활 이야기든, 요점만 간결하게 말하고 불필요한 공백 시간을 최소화하려는 미국인들과는 대조적인 모습을 보인다.

특이한 점은 공식 회의 석상에서는 정해진 토픽 이외의 다른 주제에 관한 토론을 벌이는 경우는 관찰하기 힘들다는 점이다. 각자 주어진 과제에 대해 주어진 순서에 따라 발표를 하고 최상위자가 결과를 종합하여 지시를 내리는 방식이다. 꼭 개진해야 될 개인의 의견이 있다면, 계속 상황을 쫓아 가다가 적당한 시점에 한마디 던지는 정도가 무난하다.

최상위자가 자신에게 관심을 가져 주어서 발언권을 준다면, 그때 좀 더 자세한 의견을 말하면 된다. 자신의 의견이 없이 조용하게 듣고만 있다고 해서 미국처럼 무지하거나 소극적이라고 오해를 받을 우려는 없다. 특히 중요한 점은 회의의 마지막 발언은 최상위자가 해야 한다는 것이다. 이를 어기고 추가 발언을 한다면 이는 상당한 결례가 된다.

일본의 기업에 경력직원으로 취업하여 중간관리자로 일하게 되었던 나의 지인이 4년 만에 해고를 당한 사건이 있었다. 신입 때부터 줄곧 근무하던 직원을 갑자기 해고하는 일은 상당히 드물지만 경력으로 입사한 외국인 노동자의 경우 해고를 당하는 경우는 드물다고 할 수 없다.

회사측의 솔직한 해고 사유는 그가 회의 때마다 내놓는 의견이 너무 많았다는 것이었다. 회의 때마다 석상에서 계속 적극적으로 거침없이 자신의 의견을 말하면서, 다른 동료들은 비슷한 생각을 가지고 있어도 절제하고 조용히 있었다는 것을 인지하지 못한 것이었다.

일본에서 일할 때는 장기간 마라톤 회의가 많은 편이어서, 회의 시간은 항상 나의 예상을 초과하였다. 특이한 점은 이때 참석자들이 토론에 집중하지 않고 조는 경우도 많다는 점이었다. 업무강도가 높은 부서의 회의에서는 자신의 발표가 끝나면 다들 눈이 감기거나 눈동자의 초점이 흐려지는 모습이 느껴졌다.

다른 참석자의 발표 내용에 대한 피드백이 필요 없기 때문에 자신의 차례가 끝나면 어느 정도 안심하고 릴렉스 상태로 자리에 앉아 있을 수 있는 것이다. 다행인 점은 일본인들의 회의는 반드시 회의실의 의자에 앉아서 이루어진다는 점이다. 가족과 같은 좌식 생활양식이 회의의 모습에도 영향을 미친다. 많은 부서단위의 주간 회의를 서 있는 자세에서 스탠드업 미팅으로 간결하게 마치는 미국인들과는 상당히 대조적인 모습이라고 할 수 있다.

사실 일본의 많은 공식 회의가 토론이라기보다는 최상위자를 위한 일방적인 보고에 더 가깝다고 할 수 있다. 최상위자 입장에서는 졸고 있는 참석자에게 주의를 주거나 돌발적인 질문을 던지지 않는 것도 일종의 배려로 보아야 할 것이다. 전날 밤늦게까지 충성을 바쳐 일하였던 소중한 부하 직원들이기 때문이다. 사실 처음 일본인들의 회의에 참석한 미국인들은 회의 중에 조는 일본인 중역들을 보고 상당히 놀라기도 한다. 습관은 바꾸기 힘들기 때문이다.

1.10.4. 함께 소유하고 관리한다

일본 사무실 모습의 주된 특징 중 하나는 많은 사무기기들을 공동으로 관리한다는 부분이다. 특히 미국이라면 개인 소유로 지급이 될 만한 장비들까지 부서 단위로 공유하여 관리된다. 복사기, 팩스, 프린터 등은 미국이라면 별도의 전담 부서가 있어서 일반 조직에서 개별적으로 책임을 지고 관리하는 경우는 드물다. 일본의 특이한 점은 유선 전화기도 개인별로 지급되지 않고 대신 부서 단위로 전화기의 관리를 담당한다는 점이다.

과거에는 유선 전화 응대가 필수적이었는데, 그때에는 부서의 공용 전화가 울리면 서열이 낮은 직원이 눈치껏 전화를 받아야 했다. 개인용 휴대폰이 지급되기 이전에는 직장에서도 가족이 하나의 유선 전화를 공유하였던 방식과 유사하게 몇몇 유선 전화를 공유하는 모습이었다. 즉, 개인별로 할당된 전화번호가 없고 팀 내 직원들이 같은 전화번호를 공유하는 방식이었다.

부서의 공용 전화가 걸려 오는 오는 경우는 서열이 낮은 직원이 눈치껏 알아서 신속하게 전화를 받아야 한다. 개인에게 휴대폰이 지급되기 이전에는 가정에서 모든 가족이 하나의 유선 전화를 공유하였던 방식과 유사한 광경이 직장에서도 펼쳐졌다. 즉 개인마다 할당된 전화번호가 따로 없었고, 같은 전화번호를 팀 내의 직원들이 공유하는 방식이었다.

따라서 일본에서는 부서에 전화가 걸려온 경우 반드시 누군가가 부서 전화를 받아 주어야 하였다. 부서 공용 전화에 부재 중 메시지 녹음 기능이나 메모 서비스를 이용하는 모습은 단 한 번도 보지 못했다. 전화기 주변에 응대할 직원이 없다면, 아주 먼 곳에서도 당겨서 받을 수가 있게, 사내 유선 전화 시스템이 갖추어져 있었다. 놀라웠던 점은 직원들 사이에 암묵적이고 절대적인 서열이 정해져 있어서 서로 미루고 받지 않거나 지체가 되는 경우는 없었다는 점이다.

부서 단위의 공용 전화 운영은 고객이나 협업부서 입장에서는 부재 중 메시지를 남길 필요 없이 반드시 해당부서의 누군가와 대화할 수 있다는 장점이 있다. 조직 내의 누군가가 반드시 즉각적인 응대를 해주어, 긴급한 사항이 발생하는 경우 업무의 진행 속도를 높이는 효과를 볼 수 있다.

놀라웠던 부분은 개인별로 유선 전화가 지급된 조직에서도 다른 부재 중인 동료의 전화를 당겨 받거나, 받은 전화를 다른 부서의 전화로 넘겨주는 기능을 활용하는 모습이었다. 미국에서 일할 때에는 단 한 번도 사용해 보지 않은 놀라운 기능들을 일상업무에서 활용하고 있었다. 미국의 일터에서는 이미 사내 유선 전화가 사라지고 MS Team과 같은 통신 플랫폼으로 대체되고 있는 추세이지만 일본인들은 여전히 유선 전화를 팩스와 함께 애용한다.

부서의 문서함들도 모두 공용으로 관리되어 개인이 업무 서류를 프린트하여 보관할 필요가 없다. 부서 문서철은 인덱스 기반으로 꼼꼼하게 관리되어 구성원들이 필요한 서류를 어디에서 찾을 수 있는지 쉽게 알 수 있다. 전화응대와 함께 부서 문서함 관리는 신참 직원들이 책임져야 할 중요한 업무로 간주된다.

함께 일하던 동료 중에는 문서철 관리에서 뛰어난 능력을 보여 좋은 평가를 받는 경우도 있었다. 일본인들은 특유한 장인정신과 꼼꼼함으로 놀라울 정도의 정리 기술을 가지고 있으며, 그중에서도 탁월한 정리 능력을 가진 직원들이 있다. 이런 직원들은 부서의 핵심 실무 인력으로 간주된다.

일본에서의 조직 생활에서 있어서 어려운 점 중 하나는 항상 주위에 상당히 신경을 써야 한다는 점이다. 이는 공유문화로 인하여 서로의 프라이버시가 침해되고 서로 간에 감시하는 역할을 해야 하기 때문이다. 집안에서 행동 하나를 부모님에게 감시당하는 상황과 비슷하다. 즉 조직 내에서는 자신의 모든 행동을 누군가가 관찰하고 있다는 가정 하에서 행동해야 한다.

대부분 하루 종일 직장에서 생활하기 때문에, 이런 생활에 처음부터 익숙해 있지 않은 경우 업무 자체보다는 주변을 의식해야 한다는 부분이 더 스트레스가 될 수 있다. 그들의 공유문화를 부정적으로 본다면 개인 고유의 영역이 없음을 의미한다고도 볼 수 있기 때문이다. 함께 소유하는 영역은 함께 관리해야 하고 유지해야 하기 때문에 누군가가 그 반경 안에서 행동하고 있다면 어떻게든 의식이 될 수밖에 없다.

내가 일본에서 처음 일을 시작할 시기에는 직원들이 주변을 전혀 의식하지 않는 것처럼 행동하는 모습이 신기하게만 느껴졌다. 마치 형과 아우가 가정에서 침실을 함께 공유하면서 특별한 요청이 없다면 아무리 다가가도 시선을 맞추지 않는 그런 분위기라고 할까. 미국이라면 직장이나 가정에서 개인 영역이 침범당하면 반드시 그에 상응하는 반응을 보이는 모습이 일반적이다. 누군가가 자신의 주변에 접근하거나 눈길을 보내면, 함께 시선을 맞추고 인사를 건네거나 용건을 물어보는 것은 기본 에티켓이다.

주변 직원들이 정말 주변을 의식하지 않고 가족 사이처럼 느끼면서 조직 생활을 하는지 정말 궁금해지기 시작하였다. 마음을 먹고 의도적으로 몇 번 테스트를 해 보았는데, 그냥 그렇게 보이도록 행동하도록 훈련되어 있을 뿐이라는 결론을 얻었다. 본능적으로 주변을 의식하되 그 에너지를 최소화하고 있었던 것이다. 가장 쉬운 테스트는 일정 거리에서 갑자기 확 눈길을 주어 보는 거다. 주변을 의식하고 있다면 상대도 고개를 돌려 내 쪽을 바라보게 되어 있다.

외국인으로서 일본에서 가장 손쉽게 조직원들의 행동을 관찰할 수 있는 공간은 대중 음식점이다. 대부분 음식점들의 주방은 고객들에게 개방되어 있고, 종업원들은 고객들이 지켜보는 앞에서 조리를 해야 한다. 일본 대중음식점의 주방이 개방되어서 얻는 이득은 공유개념에 기반한 공간비용 절감과 고객의 신뢰 확보이다. 조리실 자체가 아주 좁아도 외부에 개방되어 있다면 폐쇄에 의한 스트레스가 줄어들고 손님들에게도 신뢰감을 주는 요소로 작용한다.

조리사들은 트인 공간에서 일하는 대가로 자신들의 행동 하나하나를 스스로 의식하면서 행동하는 부담을 가져야 한다. 자기 의식 자체가 일상화되어 그 자체에 많은 에너지를 소모하지 않아야 한다. 항상 주변을 의식하되 거기에 소모되는 에너지를 최소화하여야 오랜 시간을 근무해도 지치지 않는다. 어떤 조직에서든 공유 스트레스를 이겨내지 못하면 최악의 경우 히키코모리로 전락한다.

미국기업의 경우에도 오너십이 강하고 업무강도가 높은 조직의 경우 공유 스트레스를 느낄 수 있다. 특히 외국인 직원이 대부분인 조직의 경우는 마치 일본의 기업에 방문한 기분이 들기도 한다. 직원들은 아무도 방문자에게 눈길을 주지 않는다. 애플이나 포드가 그런 경우이다.

어느 날 밤늦은 시간까지 S 사 미국법인에서 잔업을 하고 있는데 갑자기 새로 부임해 온 부서장의 마우스가 정신없이 클릭거리면서 움직인다. 부서원들은 뭔가 일본 본사에서 긴급한 상황이 발생하지 않았을까 잔뜩 긴장하였다. 처절한 마우스 클릭은 지속되었고 용감한 일본인 직원 한 명이 몰래 부서장 뒤로 지나가면서 상황을 파악하기로 하였다.

일본계 기업답게 부서장이라도 별도의 사무실을 가지고 있지 않았고, 자리는 부서원들의 파티션과 바로 인접해 있다. 누구나 마음만 먹으면 부서장 뒤로 가서 모니터의 내용을 볼 수 있는 자리 배치였다. 미국에서 부서장 정도라면 조직원들이 모니터를 들여다볼 수 없는 독립적인 자리가 주어진다. 조직에 따라 별도의 사무실이 제공되기도 한다.

직원들이 내린 결론은 새로 일본에서 가족을 남겨두고 주재원으로 단신 부임한 부서장이 저녁에 사무실에 늦게까지 남아서 컴퓨터게임을 열심히 즐기고 있다는 것이었다. 부서원들이 자신의 행동을 인지하지 못하는 것으로 착각하고 있는 건지, 미국기업에서는 상상도 할 수 없는 행동이 충격적이었다. 절실하게 게임을 하고 싶으면 바로 퇴근이 가능한 늦은 시간이었기 때문이다. 일본인들에게는 잔업시간에 남아서 게임을 하고 그 모습을 늦게까지 연장 근무를 하는 직원들과 공유하는 것이 더 인간적인 모습일 것이다.

1.10.5. 직원들의 노화현상

직원을 가족처럼 여기는 기업문화는 그 장점을 살렸을 때는 많은 효율을 내지만, 지속해서 새로운 피를 수혈하지 못한다면 직원들의 고령화에 직면할 수 있다. 일본기업의 고령화는 마땅한 청년들을 구하지 못해 벌어지는 미국기업들의 고령화 현상과는 그 맥을 달리한다.

일본 거대기업 몰락 중 그 첫 번째였던 닛산 자동차의 파산과 르노 인수가 그 첫 번째 대표적 사례였다. 직원들 간에 가족 같은 분위기를 갑자기 깰 수 없어서 즉각적인 구조조정에 한계를 보였다. 평생 고용을 보장하다 보니 자연적으로 인력구조가 고령화된 것이고 아무도 이를 선뜻 파기할 수 없었다.

당시 놀랐던 점은 차량 외관 디자인이 회사가 팔리기 직전까지 계속 보수적인 디자인으로 유지가 되었다는 거다. 결국 르노 자동차 소유로 바뀌어서야 젊은이들 취향의 파격적인 외관 디자인이 도입되기 시작하였다. 회사가 매각되기 이전까지는 그 어느 누구도 연장자들의 의견을 거스를 수 없었던 것이다.

내가 한국의 완성차 S 사에서 일하기 시작한 지 얼마 안 되어 일본의 제휴사에서 경력직을 대거 영입한 적이 있었다. 이들은 평생 기술직으로 근무했던 일본의 N 사를 명예 퇴직하고 한국에서 기술 고문으로 일하게 되었다. 사정인 즉 N 사가 인력 노화 현상으로 파산 위기에 몰려 한국에 기술을 팔고 덤으로 전문가들까지 전출시키게 된 것이었다. N 사 입장에서는 기술료 수입과 함께 구조조정까지 일거양득인 셈이 되었다.

처음 N 사에서 S 사 연구소로 전입되었던 기술고문들을 만났을 때 받았던 충격을 머리에서 지울 수 없다. 기술고문들이 상견례를 위하여 한쪽에 모여서 도열해 있는데, 마치 내가 양로원에 와 있는 건지 착각이 들 정도였다. 대부분 기술고문들의 모습에서 한국의 동년배 관리자들이 가진 엄숙함이나 긴장감은 전혀 찾아볼 수 없었기 때문이다. 관리자와 실무자의 포스 차이라고 할까.

심지어는 노화에 의한 구부정한 자세로 서 있었던 고문도 있었다. 관리자로 진급하지 못한 실무 스타일의 연장자들만 선별해서 한국으로 전출시킨 것이 거의 확실했다. 사실 그때 받은 문화 충격은 평생 나를 따라다녔다. 나도 언젠가는 그 나이가 될 것이고 그때 어떤 모습을 하고 있을까.

일본에서는 핵심 직원이 모든 분야의 핵심 부분을 고루 관여해 버리는 경우, 주변 직원들은 평생 부수적인 업무만 담당할 수도 있다. 미국이라면 업무를 세분하여 실무자들은 각 영역에서 각자 다른 고유의 전문성을 가진다. 하지만 일본에서는 조직원의 구성이 좀처럼 변하지 않기 때문에 지원업무만 평생 해야 할 수도 있다. 핵심업무를 담당하기 위해서는 자신이 모시던 고참이 은퇴할 때까지 조용히 기다려야 한다.

실무의 최고 책임자가 되었을 때는 이미 자신이 노화되었음을 깨닫는다. 조선시대에 시어머니가 작고하는 순간이 되어서야 곳간 열쇠를 건네받는 느낌이라고 할까. 그때는 이미 자신도 며느리를 봐야 할 시기이다. 이때부터 은퇴시기까지가 그들 인생의 황금기라고 할 수 있다.

미국이라면 자신의 능력이 최대치가 되었을 때 황금기를 맞이한다. 젊어서부터 일취월장하는 미국인들이 많은 이유이다. 반면 일본에서는 자신이 은퇴하기 직전이 인생의 황금기이다. 저성장 시기에 노년을 맞이하는 샐러리맨들은 성취 자체보다는 일터의 반복된 일상에서 자아의 의미를 찾는 것이 가장 현실적이다. 평범한 인생이라도 최선을 다하겠다는 자기 다짐적 삶을 살아가게 되는 것이다.

내가 S 사의 스즈카 연구소에서 일하고 있을 때 목격했던 놀랐던 광경 중 하나가, 고령의 직원들이 전자파 시험실과 장비들을 운영하고 있었다는 것이다. 일반적으로 시험실 운영이나 전파계측은 젊은 직원들이 담당한다는 통념을 가지고 있었기 때문에, 부장급 나이의 고참직원이 장비운영을 도맡아 하는 모습을 보고 깜짝 놀랐던 것이다. 새로운 기술에 대한 학습능력이 큰 영향을 끼치지 않는 안정된 분야는, 젊은 직원들보다는 연장자들이 계속 일할 수 있도록 배려를 한 것이다.

일본의 장기 불황은 결국 닌텐도와 샤프 전자도 닛산 자동차와 비슷한 운명을 겪게 만든다. 샤프전자의 경우, 가족 같은 직원들을 도저히 해고할 수 없어서, 구조조정 타이밍을 놓쳤고, 결국 2016년 2월 대만의 폭스콘에 인수되기에 이르렀다. 100년 동안 종신고용을 철저하게 지켜왔던 샤프전자는 자신들의 손으로 차마 동료들을 내보낼 수 없었던 것이다. 같은 배에 평생을 함께 탔던 선원들 사이에서, 어느 누구도 다른 선원에게 먼저 뛰어내리라고 명령할 수 없었던 것이다.

일본 사회에서 중요한 가치로 여겨지는 공동운명체에서는, 그들은 배가 가라앉을 때까지 모두들 미동도 하지 않고 숙연하게 그 순간을 기다린다. 마치 타이타닉 영화에서 함께 죽음을 맞이하는 노부부처럼. 어느 누구도 다른 직원을 먼저 나가라고 지시할 수 있는 사람은 없다. 배가 침몰해가는 상황을 받아들이면서, 어떻게든 배를 살려 내겠다는 의지보다는 죽을 때는 모두가 함께 죽는다는 가미카제식 발상이다. 퇴직 이후에도 계속 가족과 같은 관계를 이어 가야 하기 때문이다.

샤프전자는 결국 대폭적인 정부 지원에도 불구하고 구조조정을 마지막까지 주저하다가 최후를 맞이한다. 그 이후에는 모회사가 된 폭스콘에 젊은 직원들이라도 고용을 보장해달라고 애걸복걸하는 상황까지 이어진다. 폭스콘 샤프는 흑자로 전환하는 과정에서 많은 사업을 정리하고 기술 개발을 중지하였다. 1980년대에 액정TV를 생산하는 곳은 오로지 샤프뿐이었다. 액정분야에서 천하의 샤프가 결국 그 최후를 맞이한 것이다.

물론 직원들의 노화현상은 미국에서도 관찰된다. 가족개념을 명문화하였던 2008년 이전 미국 자동차노조의 경우도 비슷한 경우였다. 당시 노조원들이 대부분 상당히 노화된 상태였고 임금은 억대연봉으로 치솟았으나, 어느 누구도 먼저 임금삭감이나 정리해고를 주도할 수 없는 상황이었다. 결국 경영진과 노조는 배를 침몰시키기로 합의한다. 물론 건너편에는 헤엄쳐서 건너갈 수 있도록 다른 배를 대기시켜 놓은 상황이다.

기업이 침몰하는 경우는 그 과정에서 수영실력이 뛰어나 바로 빠져나올 수 있는 직원들이 유리하다. 긴급상황에서 유유히 빠져나올 수 있는 역량도 미국에서는 실력으로 간주한다. 즉 위기에 대한 대응과 변화에 대한 유연성이 우수한 직원이 살아남는 데 유리할 수밖에 없다. 어느 문화에서든 유연성이 가장 떨어지는 쪽은 장기 근속 관리자와 노조원이다. 평생 직장의 일본인들에게는 감당하기 힘든 과정이 구조 조정이다.

일본의 기업에서는 입사동기 사이의 유대관계가 유난히 강하다는 점도 직원들의 노화현상에 영향을 준다. 일본의 취업시장은 대학의 졸업여부를 중요시하며 대부분의 신입 채용은 재학생을 대상으로 이루어진다. 따라서 이들의 입사 시기는 대학을 졸업하는 시점에 집중되고 그들 사이는 입사 동기라는 유대감이 형성된다.

입사 초기의 동기들 사이란 서로 돕고 의지하는 관계라고 할 수 있다. 이러한 동기 단위의 사조직은 좋은 의미에서 시작되지만, 시간이 지남에 따라 후배들에게는 큰 장벽이 되기도 한다. 입사 동기들 간의 관계는 평생 지속된다. 평생을 서로 의지해 온 노인들은 서로 돕고 협력하며 이는 결과적으로 후배들에 대한 장벽이 된다. 고령으로 갈수록 신규 유입되는 인력은 줄어들기 때문에 변화의 여지는 희박하다.

미국이라면 포드 같은 오너 기반의 기업에서 입사 동기들 사이의 지속적인 유대관계를 찾아볼 수 있다. 나와 동년배의 포드 신입 출신 미국인들은 동기들끼리 주기적으로 아이스하키 경기를 함께 즐긴다. 하지만 미국의 기업들은 대부분 오너십이 빈약하므로 동기들의 모임은 흔한 현상은 아니다.

입사 동기들 사이의 건전한 유대관계는 이들이 함께 노화되면서 그들만의 독자적인 장벽을 이루고 조직자체의 변화를 가로막기도 한다. 한국도 86세대의 장벽이 문제가 되기도 하였듯이 미국에서도 분야에 따라 그러한 장벽 현상이 나타난다. 그 장벽을 허무는 역할을 세대별로 신규 유입된 이민자들이 담당한다. 다양한 나이대의 이민자들은 미국 동시대 사람들 사이에서 유입되어 변화의 원동력이 된다.

1.10.6. 성과보다는 가족의 일원으로

직원을 가족처럼 여김으로써 주어지는 혜택 중 하나는, 채용 직후 곧바로 써먹을 수 있는 기술보다는 직원들의 미래 역량을 더 중요시한다는 점이다. 당장 급료를 받은 만큼 성과를 내야 하는 미국의 직장과는 달리, 장기적인 안목에서 직원의 역량을 키워 주려는 분위기다. 신규채용의 경우 입사하자마자 바로 성과를 내라고 압박하지 않고, 입사 이후 3년 정도까지는 신입이라고 생각하고 계속 성장할 기회를 준다. 가족의 일원으로서 미래를 내다본 장기적인 교육제도가 잘 갖춰져 있다.

일본은 고용 자체가 상당히 안정되어 있어서, 신입이 갑자기 정리해고되거나 직장을 떠나야 하는 일은 거의 없다. 불가피한 구조 조정이 있다고 해도 젊은 직원은 끝까지 남겨둔다. 회사가 매각되는 순간에도 경영자는 젊은 직원은 계속 남겨 달라는 메시지를 새로운 오너에게 남길 정도이다. 입사가 최근인 순서대로 정리되는 일반적인 미국기업의 구조조정과는 반대이다.

일본기업의 새로운 가족을 맞이하는 신규채용은 항상 신중하게 이루어지므로, 지원하고자 하는 기업의 요구에 최적화된 준비에 상당한 시간과 노력이 요구된다. 각 기업은 그들의 전통에 따른 고유한 신입채용 방식을 유지하고 있기 때문에, 이들의 채용 스타일에 최적화된 준비과정은 많은 노력을 필요로 한다. 각 기업별로 면접과 시험을 여러 차례 치르고 세미나도 여러 차례 참석해야 하기 때문에, 졸업 예정자들이 지원 가능한 기업의 수는 많아야 30개 정도로 제한된다. 미국처럼 100개 이상의 기업에 이력서를 보내는 지원 방식은 사실상 불가능하다.

미국에서는 주로 인턴십 과정을 통해 신입 직원의 채용이 결정되지만, 일본에서는 이를 대체하는 방식으로 오랜 기간에 걸친 심층 면접이 진행된다. 현실적으로 6개월 동안 약 30개의 회사 면접을 마치고 채용 및 수락 여부를 결정해야 한다. 이는 모두에게 공평한 시간이 주어지고, 기업의 채용부서에서도 여러 지원자를 꼼꼼히 비교하고 선택할 수 있다는 장점을 부여한다. 일본 고유의 실수를 최소화하고 결정을 번복하지 않는 기업문화가 신규 채용 과정에서도 예외 없이 나타난다.

일본의 신입사원 채용은 미국과는 달리 취업 시즌이 있어서 학교 졸업 이전에 기업들이 동시에 신입사원을 구하기 시작한다. 미국 대학교는

일 년에 세 차례 졸업식을 가지지만, 일본 대학교의 졸업식은 단 한 번뿐이다. 매년 4월에는 합격자들의 대학졸업과 함께 일본 고유의 신입취업 시즌이 시작된다. 신입으로 입사하여 성장하는 기간은 수능시험과 대학

교의 선택 못지않게 인생의 가장 중요한 부분으로 여겨진다.

일본에서의 신입 취업 과정은 그들의 대입입시 과정과 유사하다고 볼 수 있으나, 기회의 측면에서는 더욱 제한적이다. 신입 채용에는 졸업예정자라는 제약이 있기 때문에 같은 기회는 두 번 다시 찾아오지 않는다. 즉 재수가 보편적인 일본의 대학 입시와는 달리, 신입으로서의 구직은 사실상 재수가 불가능하다는 이야기다. 따라서 구직자 입장에서도 첫 직장의 선택은 매우 신중하여야 하며 급료 자체보다는 미래가치를 더 중시하여야 한다. 처음 일을 시작한 조직에서 선배들과 평생을 가족처럼 지낸다는 각오로 직장생활에 시작하여야 한다. 기존의 가족을 떠난다면 다른 가족의 일원이 되는 과정은 결코 만만치 않다.

젊은 직원이 대도시 지역을 벗어난 일터에서 근무하는 경우라면, 배우자를 구하는 일마저도 조직의 도움을 받아야 한다. 내가 일하던 조직의 경우에도 선배의 소개에 의해 혼인까지 이루어졌던 경우가 많았다. 일본 특유 맞선 문화가 조직에까지 연장되면서 진정한 의미의 가족과 같은 관계가 이루어진다.

여기서 중요한 점은 직장의 상사나 선배들에게 인정을 받아야 좋은 배필을 만날 기회도 늘어난다는 부분이다. 직속 선배의 친척과 결혼을 하게 되는 경우는 그야말로 사전적인 의미의 가족이 되면서 충성을 다짐하게 된다. 조직의 서열은 가정에까지 연결되어 남편과 아내는 서로 예를 지키게 된다. 내 주변에서도 선배들의 소개로 혼인한 경우가 많았다. 당시 근무지가 대도시 주변이 아니었기 때문이다.

여기에는 능력과 충성심은 물론 개인의 됨됨이도 크게 작용한다. 후배들 중에 신랑감을 물색한다면 그 사람의 조직적합성을 떠나서 개인적인 인성까지 고려하기 때문이다. 조직에서 고립되는 경우 누군가의 소개를 받아 배필을 만나지 못하고 독신으로 늙어가는 경우도 적지 않다. 나이 40이 가까워지면 온라인에서 배우자를 찾게 되는데, 이는 일본 사회에서는 최후의 수단으로 취급된다. 조직을 통해 소개받는 경우보다 위험도가 높아지고 주위의 동료나 친지들에게도 무능력자로 보이기 때문이다.

인맥을 통하지 않은 온라인 만남의 한계는 어느 사회에서나 관찰되지만 일본의 경우는 그 한계가 뚜렷하다. 대도시의 오피스에서 근무하는 경우라면 조직의 도움에 의한 혼인의 의존도는 낮아지고 우연한 만남의 기회는 늘어난다. 하지만 대부분의 시간을 조직에서 보낸다면 오프라인 만남의 한계는 제한적일 수밖에 없다. 온라인으로 간다면 그 만남의 질은 떨어질 수밖에 없다는 것이 보편적인 일본인들의 사고 방식이다.

한 가지 놀랐던 점은 사내소개로 결혼한 지인들이 나름 스트레스를 많이 받고 있었다는 사실이었다. 조직에 충성을 바치고 저녁에 집에 돌아가면 가정에서는 직장 선배의 친지인 아내가 기다리고 있는 상황이기 때문이다. 동료들과 좀 더 깊게 교류를 나누다 보니 그들이 원하지 않던 배우자와 결혼한 경우도 많다는 사실도 깨달았다. 직장선배의 권유를 거절할 수 없었던 것이다. 직장에서 위계상 힘든 일이 생겨도 가정이 이를 받아주거나 해소시켜 주지 못하는 상황이다. 따라서 작은 동네라도 귀갓길에 이를 해소할 선술집들을 쉽게 찾아볼 수 있다.

2

조직의 방향과 철학

2.1. 본질 위주의 업무방식

2.1.1. 오로지 주어진 업무만

내가 미국의 첫 직장에서 처음으로 사업부 야유회에 참석하였을 때 일이다. 직장 근처의 공원에서 직원들과 그 가족들이 함께 모여 함께 결속을 다지는 자리였다. 미국기업들 야유회의 특징은 배우자와 자녀들까지 모두 초청해서 함께 즐긴다는 점이다. 특히 아동들을 위한 레크리에이션 전문업체를 초청하여 가족 위주의 다채로운 행사를 진행한다.

모두들 직장에서 보다 가벼운 마음으로 조직원 간의 친목을 다지는 과정은 한국이나 일본에서의 야유회와 다를 바 없었다. 의외의 기억은 야유회가 끝나고 마지막 정리를 할 때였다. 야유회를 담당한 직원들은 분주하게 움직이면서 행사에 사용되었던 테이블들과 천막을 접어서 차에 싣기 시작하였다. 나는 본능적으로 그들을 도와주어야 한다는 의무감이 들어서, 함께 있던 동료에게 함께 도와주자고 제안했다.

하지만 그들의 대답은 의외로 냉담했다. 뒷정리는 우리에게 할당된 업무가 아니므로, 전혀 도와줄 이유가 없다는 것이었다. 야유회를 즐겼으면 그 자체로 조직에 기여한 것이지, 굳이 지시받지 않은 업무를 나서서 할 생각이 없다는 것이었다. 다행히 남아서 뒷정리를 하는 직원들은, 우리를 포함한 행사에 참여한 직원들이 유유히 자리를 떠나는 것에 전혀 불만이 없는 눈치였다.

혼자 열심히 일을 서두른다고 업무가 빨리 완료되지 않는 일본의 조직 생활과는 달리, 미국의 기업은 개인의 역량에 따라서 일을 서둘러 진행할 수 있고, 정해진 시간보다 일찍 퇴근할 수도 있다. 관리자가 아닌 일반 사원들은 기본적으로 할당된 일만 끝내면 퇴근이 가능하기 때문이다. 유연한 근무 시간은 팬데믹 이전부터 미국에서는 보편적인 조직 문화였다.

자신에게 주어지지 않은 업무에 대해서는 그 업무가 어려움을 겪거나 늦어지더라도 크게 관여하지 않아도 된다. 업무 효율 저하는 옆에서 모른 체하는 동료의 책임이 아니라 관리자의 책임이기 때문이다. 물론 문제해결이 필요한 과제는 옆에서 이런저런 아이디어를 주는 것이 팀워크에 도움이 되지만, 관리자의 지시 없이 직접 그 업무에 관여하려고 하는 경우는 월권 행위에 해당된다.

아시아계 동료의 경우는 도움을 기꺼이 받아들이는 경우도 있는데, 이 경우에는 절대로 보상을 바라거나, 다음에 자신이 어려움에 처했을 때 비슷한 도움을 받을 것이라고 기대해서는 안 된다. 미국인들의 경우 보통 도움을 주면 그에 대한 고마움을 표시하는 것이 보통인데 그것이 동양계 이민자들에게는 오히려 일반적이지 않다. 미국문화에 익숙해지면서 모두가 미국의 사고방식으로 일한다는 착각에 빠지는 오류를 경계해야 한다.

인도 중국계를 위시한 동양인 직원들은 내가 많은 도움을 주더라도 대부분 자신이 문제를 혼자 해결한 것으로 보고하고, 누군가의 도움을 받았다는 사실은 관리자에게 알리지 않는다. 이민자 입장에서 암시적으로 규정되지 않은 손해보는 행동을 할 필요가 없다고 여기는 것이다.

나의 경우 협력업체의 중국계 직원과 협업하면서 큰 실수를 했던 기억이 있다. 전파시험을 대행해 주는 회사였는데, 중국인 직원을 도와 시험실에서 거의 반나절을 함께 시험을 위한 장비 설치를 마쳤다. 시험실 장비 설치와 배선은 사실 그들의 고유한 업무였는데, 복잡한 배선연결을 문서화하여 전달하는 것보다 직접 함께 작업하는 것이 효율적이라고 생각했던 것이다.

그는 나의 노력 덕분에 수월하게 계측을 위한 배선을 마칠 수 있었고, 내심 나에게 고마워할 것이라고 나 혼자 대단한 착각을 하고 있었다. 나중에 협력업체로부터 나의 상사에게 불평을 담은 메일이 날아왔다. 배선이 너무 복잡하여 자신의 직원이 계약서에 없는 추가 업무를 하였으니 시험 비용을 더 달라는 내용이었다. 매뉴얼이 부실하여 그가 배선에 상당한 애를 먹었다는 내용까지 덧붙여서 말이다.

조직 내에서 지시받지 않은 업무 수행은 크레디트로 쌓이지 않는 것이 미국 조직생활의 특징이다. 물론 아주 친한 동료나 한국계 동료라면 상황은 다르겠지만, 이민자들이 먼저 받아들이는 미국의 문화는 개인주의이기 때문에 협업과정에서의 한계가 있다.

그들은 미국 조직의 태도에 따르는 것이므로 특별히 비난할 사항은 아니다. 내 쪽에서 지레짐작으로 이런 것이다 하는 추측에 근본적인 문제가 있었던 것이다. 이민자들 사이의 분쟁은 자신에게 유리한 미국의 문화를 취사 선택하는 데에서 비롯되는 경우가 많다. 미국의 조직에 소속되어 있다면 완벽하게 모든 쟁점을 미국식으로 해석하는 것이 합리적이다.

내가 근무했던 일본계 S 사에서 일어났던 일이다. 현지 채용으로 일하던 일본인 직원이 사무실 안에서 근무하고 있던 자리를 이동하게 되자, 자신이 사용하던 집기와 함께 업무용 컴퓨터를 함께 들고 새 책상에서 업무를 시작하였다. 이것이 문제의 발단이 될 줄은 그 일본인 직원은 상상도 못 했을 것이다. 자신의 동의 없이 업무용 PC를 옮겼다는 사실을 깨달은 IT 담당자는 그에게 상당히 노골적으로 불쾌한 감정을 드러내었다. PC를 이동시키는 일은 자신의 소관인데, 허락 없이 월권 행위를 했다는 것이다. 결국 사과를 하였지만 그 일 이후로 두 직원 간의 관계는 계속 안 좋았다. 일본인 입장에서는 담당자의 업무를 덜어주어서 당연히 고마워해 줄 것이라고 예상했는데, 뜻밖의 욕을 먹게 된 것이었다.

특히 강성 노조가 있는 기업에서 근무하는 경우, 회사 기물을 직접 이동시키는 것은 물론이고 두 손으로 물건을 옮기는 행위는 노사 간의 협약에 위반될 수 있다. 극단적인 노사 협약을 가진 직장의 경우, 규정된 매뉴얼에 따라 직원 개인은 한 손으로만 회사 물품을 옮길 수 있다. 즉 두 손을 사용할 정도 중량의 회사 물품이나 장비를 일반 직원이 이동시키는 것은 허락되지 않는다.

대기하고 있는 물품이동 전담 노조원에게 일거리를 주어야 하기 때문이다. 아무리 처리 시간이 오래 걸리더라도, 노조원 신분의 담당자에게 연락하여 담당자가 물건을 옮기도록 조치해야 한다. 개발직의 경우 손잡이가 달린 계측기는 개인 이동이 가능하나, 손잡이가 없는 테이블이나 전원

장치의 이동은 담당자에게 의뢰를 해야 한다.

2.1.2. 매뉴얼과 개인주의의 조화

미국식 조직문화에서는 매뉴얼에 의한 업무수행은 상당한 효율 향상을 가져온다. 일관되고 공평한 규정은 직원들의 성향과 균형을 이루면서 업무의 효율성 증대의 핵심 요소로 작용한다. 매뉴얼이 이들의 개인주의와 어느 정도 조화를 이루는지가 규정을 따름에서 얻어지는 이득에 커다란 변수로 작용한다. 개인주의를 보완하면서도 그 장점을 최대한 활용하는 기법은 미국에서는 조직관리의 핵심이다.

하지만 1.3.3에서 언급한 대로 융통성 부족에 의한 손실을 감안해야 할 뿐 아니라 업무 비용 자체도 증가할 수밖에 없다. 절차에 따르자면 인건비뿐만 아니라 다른 모든 제반 비용이 늘어나고 납기 또한 지연되기 때문이다. 조직 입장에서는 업무 매뉴얼을 통한 표준화와 규정 준수를 강조하면서도 직원들의 창의성과 개인적인 아이디어를 어떻게 조화시킬지를 고민해야 한다.

업무를 매뉴얼에만 의존하다 보니, 성과의 질은 매뉴얼의 질에 상당히 의존적일 수밖에 없다. 조직이 좋은 매뉴얼을 가지고 있다면 업무의 질은 올라가겠지만, 매뉴얼이 부실한 경우는 바로 업무에 대한 손실로 돌아온다. 가장 큰 문제는 매뉴얼의 질을 향상시키는 과정에 시간이 오래 걸린다는 점이다. 보유하고 있는 매뉴얼의 완성도 자체가 해당 기업과 조직의 역사와 연륜을 이야기해 준다. 매뉴얼이 해당 조직의 전통과 문화, 그리고 특히 직원들의 마인드에 최적화되어 있어야 하기 때문이다.

기업의 조직이 비대해지고 역사가 오래될수록 직원들을 관리하는 데 있어서, 많은 경우 실제 업무 결과나 충성심보다는 업무 매뉴얼에 충실히 따랐는가를 중요시하게 된다. 기업의 연륜이 늘어날수록 유리해지는 부분이 바로 축적된 노하우를 담은 완성도 높은 업무 매뉴얼이기 때문이다. 신규 경쟁사가 해당 매뉴얼을 훔쳐 가더라도, 그들의 조직에 그대로 적용하는 데에는 많은 제약이 따른다. 기술은 훔칠 수 있어도 업무 매뉴얼을 훔치는 일은 별 의미가 없다.

문제는 예기치 못한 문제가 발생했을 때, 중간 관리자는 주어진 매뉴얼에 충실히 따랐다는 사실만으로 상황을 쉽게 정당화하려고 한다는 거다. 결국 문제가 있을 때마다 매뉴얼을 수정하고 혁신하는 것이 고위 관리자의 주요 책임이 된다. 기업환경의 변화에 대응하여 매뉴얼이 능동적으로 업데이트 되는 순발력이 중요하다. 어느 부분에서 매뉴얼의 한계를 인정하고 직원들에게 자율을 줄지의 합리적인 판단은 고위 관리자의 역량에 달려 있다.

미국기업들이 매뉴얼을 중요시하는 데 반하여 직원들 개인 간의 노하우 전수는 상대적으로 빈약한 편이다. 부하 사원이든 협력업체이든 상호 간에 업무상 반드시 필요한 정보 이외에는 공개하지 않는 것이 보편적이다. 같은 부서에 자신을 대체할 수 있는 능력을 가진 후배인력이 있다면, 그의 실력이 쌓여 갈수록 자신의 해고 위험이 커지기 때문이다.

또 다른 이유는 유능한 젊은 직원이 핵심 노하우를 너무 빨리 전수받게 되는 경우 곧바로 경쟁사로 이직해 버릴 가능성이 높아진다는 위험이다. 경쟁사에서 조금만 높은 급료를 제시해도 바로 뒤돌아서는 것이 미국의 직장인들이기 때문이다. 조직은 언제든지 직원들을 해고할 수 있는 권한을 가지고 있는 반면, 직원들도 언제든지 일하던 조직을 바로 떠날 준비가 되어 있다. 노하우 전수가 제한적일수록 매뉴얼에 대한 의존성은 증가한다.

내가 가장 힘들었던 상황은 노하우 전수 없이 규정된 매뉴얼에 따른 업무수행을 지시받은 경우였다. 특히 새로운 툴의 사용을 지시받고 매뉴얼에만 의지하여 업무를 진행시켜야 하는 경우가 가장 곤혹스러웠다. 툴을 실행시키다가 에러가 발생하는 경우, 함께 일하던 고참은 나에게 해답을 주는 대신 주어진 매뉴얼에 정확히 따랐는지를 확인하였다. 확신이 서지 않는다면 처음부터 다시 매뉴얼에 따라 툴을 실행시키기를 반복하라고 지시하였다. 이런 상황에서는 고참이 문제해결을 도와줄 것이라는 기대는 서서히 물 건너가기 시작한다.

매뉴얼대로 실행하였는데도 계속 에러가 난다고 호소하자, 내가 주어진 매뉴얼에 철저하게 따르지 않았기 때문일 거라는 답이 돌아왔다. 정말 하나하나의 과정을 정확히 매뉴얼에 따랐는지 반복해서 따져 물어온다. 매뉴얼에 따랐다고 해도 문제가 되고 따르지 않았다고 해도 문제가 되는 진퇴양난의 상황이다.

이런 상황이 반복된다면 어떻게든 시간을 벌면서 얼른 다른 직장을 알아봐야 한다. 채용한 직원들이 얼마 안 지나 모두 떠나버리는 조직이라면 관리자의 무능뿐 아니라 핵심 실무자의 성향을 조사해 봐야 한다. 나를 골탕 먹였던 그 팀은 결국 새 직원을 확보하지 못하였다. 채용과 동시에 퇴사가 계속 반복되었던 것이다.

일반적으로 매뉴얼에 실려 있지 않은 핵심 노하우는 충성심과 역량이 검증된 특정한 직원에게만 장기간에 걸쳐서 전수된다. 매뉴얼 내용을 숙지하고 있더라도 실제 실행 경험이 없다면 복잡한 업무를 수행하거나, 어려운 문제가 발생했을 경우 매뉴얼만으로는 해결이 불가능한 경우가 많다.

실무자가 관리자의 위치로 이동한다면 아래 직원들에게 매뉴얼에 따른 업무를 지시하고, 자신은 좀 더 복잡한 업무를 수행하거나 어려운 의사결정을 하여야 한다. 직원들은 언제든지 자의로 업무 인수인계 없이 떠날 수 있기 때문에, 새로 고용한 직원이 곧바로 업무를 수행할 수 있도록 뒷받침해 주어야 한다.

미국식 조직문화는 그 시스템에 따라서, 고위 관리자로 올라갈수록 그 역할이 더욱 중요해진다. 단지 명령만 내리는 것이 아니라 시스템을 모두 숙지하고 업무를 적재적소에 체계적으로 배분해야 하기 때문이다. 따라서 고위 관리자들이나 CEO들은 중간 관리자나 실무자들에 비하여 엄청나게 높은 급료를 받는다. 고위 관리자의 실수는 돌이킬 수 없는 경우가 많기 때문에 그 권한과 책임이 중요하기 때문이다.

미국의 조직에서는 새로운 관리자가 자리를 잡으면 업무 매뉴얼부터 검토하게 되며, 필요에 따라 새로운 조항과 룰이 추가되기도 한다. 관리자가 자주 바뀐다면 그에 비례하여 업무 매뉴얼이 늘어나고 그에 대한 추가 업무가 발생할 수밖에 없다. 직원 입장에서는 관리자가 자주 바뀌는 조직은 되도록 피해야 한다.

종업원의 실수는 바로 매뉴얼 보강으로 연결된다. 주인의식이 결여된 직원을 통제하려면, 프로세스에 의존해야만 하는 것이다. 관리하는 직원이 같은 실수를 계속 반복하는 경우, 그 직속 관리자의 무능으로 간주된다. 이런 과정을 반복하다 보면, 매뉴얼에 수록되는 프로세스가 필요 이상으로 복잡해지고, 이것은 바로 문서의 증가로 이어진다. 즉 일의 본질과 거리가 있는 문서작성 업무가 관리자들에게 비효율적으로 증가하게 되는 것이다.

일본 T 사의 경우 50페이지 정도로 구성되었던 납입 부품 사양서가, G 사에 납품하기 위해서는 수백 페이지로 늘어나게 된다. 대부분의 사양 결정이 구두로 정해지는 일본의 수직적 협업 관계와는 달리 미국기업들의 경우 가능한 모든 경우를 문서화하려는 경향이 강하다. 미국기업 간 협업 관계에서는 계약서나 사양서를 작성하고 해독하는 작업에 많은 시간이 소요된다.

어느 조직이든 매뉴얼을 개선하여 업무의 질을 단기간에 올리는 것은 쉬운 과정이 아니다. 최악의 상황은 누군가의 강압에 의하여 비현실적인 매뉴얼이 급하게 작성된 경우이다. 급조된 매뉴얼의 내용이 현실과 거리가 있고 비효율적인 경우, 직원들은 모든 절차를 빠짐없이 수행하는 과정에만 집착하여, 전체적인 업무의 효율을 떨어뜨릴 수 있다.

실무자들이 주어진 절차를 따르는 데에만 집중하다 보면 전반적인 업무의 질에 대한 의식은 희박해질 수 있다. 오로지 매뉴얼에 따르는 것만이 의무이기 때문에 그들은 일의 본질에 대해 깊게 생각하지 않고 기계적으로만 움직인다. 급조된 매뉴얼에 대한 지나친 의존은 직원들의 업무에 대한 창의성을 감소시키고 혁신으로부터 멀어져 가게 만든다. 직원들의 업무에 대한 재량권을 제한할수록 창조적 아이디어는 억압당할 수밖에 없다.

매뉴얼을 관리하는 리더는 환경의 변화에 민첩하고 유연하게 대응하기 위한 전략을 가지고 있어야 한다. 고유의 조직문화와 핵심가치를 담고 있으면서도 변화에 능동적으로 적응해 가는 매뉴얼을 보유한 기업이 최후의 승자로 남을 것이다.

2.1.3. 본질에 대한 지나친 집착

어느 인간 사회에서든 과도한 개인주의는 본질에의 지나친 집착을 부른다. 개인의 관심사에만 집중하고 지엽적인 부분은 소홀히 여기게 만든다. 조직에서 한가지 업무에만 집착하는 경우에는 다양한 부문에서 복합적으로 발생하는 문제에 대한 이해가 부족하게 된다. 그리고 개인의 성장에서도 제약을 받을 수 있다.

비본질적인 부분에도 꼼꼼하게 신경을 쓰는 일본인들은 연륜이 쌓여감에 따라 그들 고유의 철학을 가지게 된다. 나와 함께 일하였던 일본인 동료들은 고참이 되어 감에 따라 정신적으로 성숙해지는 모습을 보여 주었다. 지위나 직책에 상관없이 사회와 조직 안에서 계속 소통을 이어 가고 갈등을 해결해 가면서 정신적으로 더 높은 상태에 도달하는 것이다.

반면 미국인 동료들은 해당 분야의 최고 전문가인 경우에도 마음은 의외로 순수하고 단순한 경우가 많았다. 일의 본질에 대한 집착이 사회적 관계에서의 손실로 나타난 것이다. 심플라이프를 살아 간다는 것이 나쁜 것은 아니지만, 지혜라는 것은 분명히 세월이 지난다고 해서 자연스럽게 얻어지는 것이 아니다.

전문적인 업무에만 집중하는 미국의 직장인들에게는 업무의 본질은 무엇보다 중요한 요소이다. 직장인들이 업무를 수행함에 있어서 가치를 주는 요소는 해당 국가와 기업의 문화에 의해 좌우된다. 미국인들이 주로 생각하는 업무의 본질은 자기주도성과 창의성이다. 그들은 창의적이지 않다고 여기는 업무에는 계속해서 집중하지 못한다. 본질에 집중하는 대신 본질이 아닌 부분에 대해서는 소홀히 대하는 경향이 나타난다.

성 어거스틴의 가르침은 본질에서는 일치를 이루고 비본질에는 관용을 베풀어야 한다는 것이다. 삶 속에서 비본질적인 것에 대해서도 수용의 태도를 보이며 다양성을 존중해야 한다는 의미일 것이다. 미국인들은 개인의 다양성을 존중하지만 전문성은 다른 잣대로 판단한다. 개인들의 취향과 관심사는 다양하지만 그 개인은 특정 분야의 전문가여야 한다. 이 두 가지 요소가 직원들을 개인주의에 빠져들게 만들고 결과적으로 획일적인 업무에만 매달릴 수 있다.

나와 함께 일하였던 동료들은 다들 명시된 임무는 열심히 해내었다. 설계 업무를 담당한 경우라면 설계를 완료한 이후에는 이를 치밀하게 분석하고 설계검증까지 철저하게 마치었다. 미국인들의 전통적인 설계검증 기술은 우주항공 분야를 위시하여 타의 추종을 불허하는 수준이다. 직원들이 세부분야별로 철저하게 전문화되어 전문적인 검증 툴을 이용한 결과이다.

평가 업무를 담당한 직원들도 모든 시험 조건을 꼼꼼하게 기록하며 데이터의 신뢰성에 중점을 두었다. 시험평가 업무의 본질은 계측 데이터의 재현성이다. 어디에서 누가 시험을 하든지 같은 시료와 장비를 이용한다면 같은 데이터가 얻어져야 한다. 내가 한국에서 과거에 평가업무를 수행하면서 가장 많이 한 실수가 계측 시의 환경 온도를 고려하거나 기록하지 않았던 것이었다. 평가검증 업무를 하다 보면 일반적인 계측이라 할지라도 시험온도에 따라 측정치는 조금씩 달라진다는 것을 알 수 있다.

미국인들의 개인주의 성향은 제품이나 서비스의 품질 문제로 나타난다. 그들은 본질적인 부분에 대해서는 굉장히 신중하고 주의 깊게 대하며, 자신이 직접 관여하는 부분에 대한 책임감을 가진다. 그러나 비본질적이거나 자신의 업무 범위를 넘어가는 부분에 대해서는 주의를 게을리한다. 따라서 매뉴얼이 미흡하거나 적시에 업데이트되지 않은 경우, 업무에 공백이 발생할 수 있다.

업무공백은 설계과정 자체보다는 최종적인 고객품질에 많은 영향을 미친다. 이는 서비스업종에서도 유사하게 나타나며, 시스템 자체는 완벽하다고 하더라도 고객 차원에서는 이해하기 힘든 공백 현상이 나타난다.

한번은 근무하던 사업부에서 새로 개발하여 출시한 차량용 제어기에 중대한 문제가 발생한 적이 있었다. 모든 시험과 검증을 완벽하게 마쳤다고 생각하였으나, 판매된 차량들의 제어기가 하나둘 고장이 나기 시작한 것이었다. 문제가 된 제어기들을 입수해 고장 원인을 분석한 결과 케이스 내부의 회로기판에 물이 고여 있다는 것을 깨달았다. 케이스는 그대로 완벽하게 밀봉되어 있었는데 왜 이런 문제가 발생했던 것일까?

제어기 케이스의 밀봉을 담당한 직원들이 커넥터는 자신의 업무가 아니라고 가볍게 여긴 것이 품질문제의 원인이었다. 커넥터 내부의 와이어를 연결하는 터미널 핀을 통하여 물이 제어기 내부로 새어 들어간 것이었다. 초기의 커넥터 설계는 완벽하였지만 고객사는 원가를 절감하기 위하여 연결된 전선 중 하나의 직경을 줄이는 설계 변경을 통보하여 왔다.

실수의 원인은 이럴 때는 해당 전선의 연결 부분에 더 작은 터미널 핀을 사용해야 하는데 이전 사이즈의 핀을 그대로 적용하였기 때문이었다. 전선의 직경은 줄어 들었는데 커넥터에 적용된 터미널 핀은 이전 크기이니 그 사이로 물이 조금씩 새어 들어간 거다. 더 큰 문제는 매뉴얼에 명시되지 않은 지엽적인 부분에서 품질문제가 발생하는 경우 책임 소재가 불확실하기 때문에 그에 대한 대응조차 느리다는 거다. 누군가 바로 실수를 인정하는 경우 모든 책임을 떠안아야 할 수도 있기 때문이다.

아무리 미국의 기업이라 하더라도 해당 조직 고유의 문화에 따라서는 업무 매뉴얼보다는 상위의 지시사항에 더 비중을 두어야 하는 경우도 있다. 그러나 이런 경우도 관리자의 지시사항 자체에만 집착한 제한적인 책임수행일 뿐이며, 조직전체의 이익을 고려하는 배려와는 거리가 멀다. 이들은 메일 등으로 문서화된 구체적인 작업이나 책임을 수행하는 부분도 업무 본질의 일부로 본다.

이러한 조직의 경우 문서화된 상사의 지시사항에는 지독하게 매달리면서, 그 지시사항과는 관계없는 다른 더 중요한 일들은 제쳐 놓는 현상이 일어난다. 문서화에 대한 지나친 집착은 직원들이 세부사항에 과도하게 매달리게 만들고 결과적으로 그들의 정신적 에너지를 소진하게 만든다.

나의 함께 일하였던 동료들 중에서는 오너경영으로 유명한 V 사 출신들에게서 이런 경향이 많았다. 대기업의 대를 이은 오너 경영은 미국에서는 흔치 않은 형태인데, 오너십이 강한 기업에 오랫동안 근무한 직장인들은 미국인들 역시 그들 고유의 독특한 충성심을 가진다. 그들은 나름대로 자신들이 업무의 본질이라고 여기는 부분에 상당히 집착하는 것이다. 이는 미국기업 문화의 다양성에서 나오는 모습으로 봐야 한다. 오너경영 기업의 경우는 보편적인 미국기업과는 다른 상당한 가치관의 차이를 느낄 수 있다.

나의 상사였던 V 사 출신의 임원은 일일이 세부사항을 지시하고 업무상의 사소한 실수에도 민감한 경향을 보였다. 신기하게도 마치 일본의 조직에서 일하는 느낌이 들었다. 나에게는 다행히 한국과 일본에서의 조직생활 경험이 많은 도움이 되었다. 결국 큰 무리 없이 그가 이끄는 환경에 서서히 적응을 하게 되었다. 하지만 미국까지 와서 한국의 대기업과 비슷한 충성심 기반의 환경에서 일한다는 사실이 내심 불편하였다.

업무의 많은 부분에서 완벽을 추구하면서 맞닥뜨리는 스트레스가 만만치 않았다. 다행히 얼마 되지 않아 그 임원은 은퇴를 선언하였고, 나는 그가 고용한 마지막 직원이 되어 V 사 문화의 명맥을 유지하게 되었다. 결과적으로 그때 6년 정도를 이동 없이 같은 부서에서 일하게 되었다. 내가 평생동안 가장 오래 일하였던 부서가 되어버린 것이다.

문서화된 지시 사항과 매뉴얼은 문서화된 업무의 본질에 집중할 수 있는 장점이 있다. 반면 본질에만 매달리면서 지엽적인 부분을 무시하는 오류를 범하기도 한다. 업무효율 저하가 두드러지는 경우는 관리자가 순수 관리업무 자체에만 전문화 되어있고 실무에 대한 세부지식을 가지고 있지 않은 경우이다. 미국에서는 일본과 달리 관리자가 실무 밑바닥을 경험하지 못한 낙하산인 경우가 많다. 이러한 관리업무의 전문화는 수평적 조직구성에는 유리하지만 부서원들과의 인간관계 형성에는 불리하게 작용한다.

나의 경우에도 미국 대부분 조직의 관리자들이 실무 지식에 약한 면을 보였다. 실무 부서 출신의 경우에도 그들은 일찌감치 전문적인 관리자의 길을 선택하였기 때문에 실무경험은 상당히 미약하였다. 미국에서는 본인의 희망에 의하여 평사원 시절부터 프로젝트 매니저 업무를 선택할 수 있다. 이들은 상당히 합리적으로 업무에 임하고 과제의 전반적인 흐름에 대해서만 전문적으로 관여를 하였다. 실무적인 세부 사항에 대해서는 고참 실무자들이 스스로 대부분의 의사결정을 하도록 하였다.

미국 조직들의 경우 일본과 같은 실무 출신 관리자들을 활용한 밀착관리가 어렵다는 점이 한계로 작용한다. 관리자와 실무자 모두 그들의 전문성을 살려서 주어진 업무에 집중할 수 있는 장점이 있다. 하지만 전문적인 관리자가 조직원들을 밀착 관리를 하게 되는 경우 업무 영역상 공백이 발생할 가능성이 높고 이는 업무의 효율을 떨어뜨린다. 특히 장기적인 비전을 상실하여 목표와 방향을 잃고 단기적인 세부 사항에만 집착할 수 있다.

일본기업들의 경우 평생직장에 기반한 직원들의 충성심에 의존하여, 단기간 내에 세계 최고 수준의 부품과 전자제품, 자동차를 대량생산하는 능력을 획득하였다. 일의 본질을 뛰어넘는 충성심 중심의 일본기업들은 전성기에는 매뉴얼 기반의 미국기업들을 월등하게 앞서가기도 하였다. 이러한 업적은 특히 시스템이 간소하고 속도 리스크가 적은 민생기기 분야에서 부문에 집중된 성과였다. 본질보다는 감성을 포함한 지엽적인 부분을 배려함으로써 이루어 낸 성과였다. 오늘날 제조업에서 민생기기의 비중은 산업화와 정보화 과정을 거치면서 계속해서 늘어나고 있다.

2.1.4. 항상 여유로운 근무분위기

미국 직장생활의 좋은 점을 직원 입장에서 살펴보면, 근무자들이 합리적인 근무 시간과 여유로운 근무환경을 누릴 수 있다는 점을 우선시할 것이다. 여유로운 직장생활을 하면서 경쟁력 있는 급여를 받는다는 것은 부자나라 미국인들에게 주어지는 최고의 선물이다. 프로젝트 단위의 업무를 하는 전문성을 가진 직장인들뿐만 아니라, 단순반복 업무를 처리하는 비 숙련 노동자들의 직장생활 역시 상당히 여유롭다는 점을 강조할 수 있다. 그들이 업무에 참여하는 방식과 동작을 지켜본다면 동양의 기업들과는 다른 점을 쉽게 느낄 수 있다.

미국을 처음 여행하는 방문자들이 가장 먼저 미국인 직원들의 특징적인 행동을 관찰하고 체험하는 장소는 바로 항공사의 발권 카운터 일 것이다. 줄에서 기다리는 시간을 활용하여 이들을 움직임을 지켜볼 기회가 있다면 미국인들의 여유롭고 낙관적인 근무 습성을 쉽게 느낄 수 있다. 직원 입장에서는 여유로운 직장 생활을 즐기고 있는 것이지만, 기다리는 고객 입장에서는 답답할 정도로 동작이 느려 터지고 답답한 모습이다.

미국의 여유로운 근무 분위기에 익숙하지 않은 여행자들은, 공항에서의 예상 대기시간을 현실보다 짧게 예측해서 비행기를 놓치는 실수를 범하기도 한다. 카운터 직원수에 비해 줄이 별로 길지 않으니까 여유를 가지고 느긋하게 줄을 섰는데, 기다리다 보니 줄이 앞으로 나아가는 속도가 처음 예상했던 속도보다 너무나 느린 것이다. 기다리다 지친 고객들의 입장은 아랑곳하지 않고 재촉하는 고객에게 오히려 화를 내는 모습은 울화를 치밀게 한다. 미국의 대부분 서비스업 종사자들은 고객의 재촉에 상당히 민감하게 반응한다. 그들에게 명령을 내리거나 노동자의 권리를 침해했다고 여기는 것이다.

프로젝트성 업무뿐만 아니라 단순반복 노동자들의 노동강도가 낮은 이유는 아무래도 과거 강성 노조의 영향이 크다고 할 수 있다. 노동자들 입장에서는 오래전 선배들이 투쟁으로 얻어낸 산물이라고도 할 수 있다. 오늘날 미국에서 과격한 노동운동은 자취를 감추었지만, 노조의 요구 사항 만큼은 가히 전 세계 최고 수준이라고 할 수 있다.

미국기업에서 근무하면서 얻을 수 있는 여유로움의 혜택 중 하나는 바로 사무실 내에서의 자유로운 음식 섭취이다. 친한 동료들 중에는 근무 중 먹는 낙으로 직장 생활을 한다는 동료도 있었다. 어떤 동료의 책상서랍 안을 들여다보면 업무 관련 문구류보다 더 많은 과자를 비롯한 먹을 것들이 쌓여 있다. 나의 경우는 차를 좋아하기 때문에 차 박스를 책상 한 편에 쌓아 놓고 그날 기분에 따라서 티백차를 골라서 마신다.

하지만 의외로 동료들끼리 먹을 것을 서로 주고받는 행위는 서로 꺼리는 편이다. 미국인들의 개인주의는 음식을 섭취하는 행위에서도 나타난다. 옆 동료를 의식하지 않고 시간에 구애받지 않고 자신이 원하는 간식을 마음껏 먹거나 마실 수 있어서 좋다. 먹으면서 일한다고 해서 업무 효율이 결코 떨어지지는 않는다. 오히려 점심 식사를 업무와 병행하면서 마치는 경우 시급한 상황에서는 업무 효율이 올라가기도 한다.

특히 햄버거야말로 식사와 업무를 함께 병행할 수 있는 미국 특유의 패스트푸드이다. 삼성의 이건희 회장은 취임 이후 신경영을 선언하면서 근무효율 부분에서 미국의 햄버거 문화를 좋은 사례로 들었다. 그들은 긴급한 상황에서는 점심시간에 회의를 잡고 각자 싸온 도시락을 들고 회의실로 향한다. 미국인들의 보편적인 도시락은 햄버거나 샌드위치로 식사와 업무의 병행이 가능한 점심 문화이다. 업무를 하면서 식사가 가능하므로 식당까지 찾아가 급하게 식사를 마쳐야 할 이유가 없는 것이다.

한번은 출장지의 호텔 로비에서 일행을 기다리고 있던 중 자녀를 데리고 청소일을 하고 있는 중남미계 환경용역직원을 지켜보게 되었다. 한국이나 일본에서는 자녀를 데리고 노동일을 하는 모습을 한 번도 보지 못했기 때문에 딸아이를 옆에 두고 청소를 하는 모습이 특이하게 보였다. 청소 용역직원이라면 어머니든 딸이든 서로 자신들의 모습이 남에게 보이는 모습을 꺼린다고 생각하는 것이 일반적이었기 때문이다.

10대 초반 정도의 소녀는 청소에 열중인 어머니 곁을 따라다니며, 호텔 로비에 있는 화초의 시든 잎사귀를 조심스럽게 따내는 등 나름대로 성의껏 어머니를 돕고 있었다. 소녀는 투숙객들과 눈길이 마주쳐도 조금도 부끄럽게 여기는 기색은 없었다. 처음에 들었던 좀 안 돼 보인다는 생각은 시간이 지나면서 눈 녹듯이 사라졌다. 오히려 어머니가 일하는 시간에도 곁에서 계속 함께할 수 있는 모습이 너무 행복해 보였다. 바쁘게 지나치는 투숙객들 사이에서 나의 눈에 들어온 그들의 여유로운 모습과 모녀 간의 사랑이 가슴이 전해왔다.

어느 조직에서든 동료들과 농담을 주고받는 행위는 마음의 여유를 상징한다. 미국의 업무 환경에서 농담은 종종 일상적으로 사용되는 요소 중 하나이다. 업무 중 농담의 적절한 활용은 직장 분위기를 더 활기차게 만들고 동료 간의 유대를 강화하며 긍정적인 업무 분위기를 조성하는 데 도움을 준다. 일터에서의 농담의 어려움은 그때그때 문맥과 상황을 고려하여 농담을 사용해야 한다는 부분이다.

특정 문화를 이해하는 데는 여러 단계가 있으며, 이해의 최종 단계는 그 문화의 농담을 적절하게 사용할 수 있는 상태일 것이다. 특정 문화 속에서 그들과 농담을 나눌 수 있다는 것은 그 문화를 깊이 이해하고 수용했다는 증거이기 때문이다. 자신의 농담이 먹히지 않았음을 인지하는 능력도 중요하다. 그때는 즉시 농담이었음을 명시해야 불필요한 오해를 방지할 수 있다.

내가 한국의 S 사에서 근무하던 당시 미국의 기업에서 영입된 J 사업부장은 월례회에서 연설을 하면서 종종 농담을 던지고는 하였다. 신입 직원이던 나는 이 순간 마구 웃어야 한다고 생각하였지만 간부들은 아무도 웃지 않았기 때문에 내가 먼저 웃을 수는 없었다. 사업부 분위기를 바꾸어 보려던 사업부장은 급기야 직원들의 반응 없음에 당혹스러움을 표시하기도 하였다.

내가 사회생활을 시작한 이후 처음 경험한 문화충돌 현상이었는데, 이는 평생 나에게 화두로 남게 되었다. 비언어적인 요소를 이해하는 과정은 다른 문화가 서로 만나면서 가장 관건이 되는 부분이다. 특히 인수합병 등으로 개인주의의 정도가 다른 조직문화가 융화되어야 한다면 유연성이 우선되어야 한다. 두 조직문화를 유연하게 바꾸는 것이 융화의 첫 단계일 것이다.

미국에서 조직생활을 한다면 회사 동료는 물론 고객과의 농담 주고받기에도 익숙해져야 한다. 실무레벨의 회의석상에서 기분 나쁘니 당신들 물건은 더 이상 사지 않겠다는 고객의 말을 듣는다면 일본인이라면 순간 당황할지도 모른다. 내가 처음 미국 고객사 직원의 입에서 그런 말을 들었을 때는 상당히 당황스러웠다. 우리 전문 코디네이터가 이 상황을 어떻게 대응하나 마음 졸이면서 상당히 긴장을 했는데, 그는 즉시 너네 회사 대응하기 피곤하니 제발 사지 말라고 대답한다. 그리고 둘이서 크게 웃는다.

일이 안 풀리거나 납기에 쫓겨서 몸은 지쳐 있는 경우라도 적절한 농담을 들으면 다시 힘과 여유가 생겨난다. 이는 조직 내부에서뿐만 아니라 타 조직과의 협업 과정에 있어서도 마찬가지이다. 미국인들이 가장 싫어하는 업무 분위기는 과도한 업무량보다도 동료 간 농담 하나 없는 숨 막히는 상황이다.

2.1.5. 주인의식보다는 개인의 역할

미국의 기업에서는 조직에 대한 강한 주인의식을 보여 주는 모습이 항상 긍정적인 결과를 가져오는 것은 아니다. 일정 수준의 충성심은 신뢰를 얻는 데 있어서 중요하지만 과도한 주인의식을 보여 준다면 관리자의 권위에 도전하는 것으로 오해 받을 수 있다. 자신이 관리자 직급이 아니라면 기본적인 충성심만 유지하면서 전문적인 실무에만 집중하는 모습이 무난하다.

물론 개인적으로 조직의 전체적인 상태를 모니터링 하는 것은 중요하다. 하지만 조직적 측면에서 관리업무를 걱정해 주거나 주제넘게 나서는 일은 월권 행위로 여겨질 수 있고, 이러한 행동은 오히려 자신의 위치를 위험하게 할 수 있다. 특히 정리해고 시즌이 되면 과도한 주인의식의 보유자는 저성과자 다음 순위로 정리 대상이 된다. 관리자의 자리를 위협하는 존재로 인식되기 때문이다.

중간관리자의 경우에도 너무 과도한 충성심을 보이면 위의 임원들이 부담을 느낄 수 있다. 그리고 자신이 관리하는 직원들도 스트레스가 증가할 수밖에 없으며 다들 슬슬 떠날 준비를 하게 된다. 아시아계 중간 관리자들이 과도한 충성심을 보이는 경우가 많다. 나의 경우는 아시아계 관리자 밑에서 일하는 상황은 일단 피하고 본다.

내가 한국에서 잠시 관리업무를 경험한 이후 미국으로 돌아와 다시 실무에 복귀하였을 때 이러한 조직 문화의 차이에 더욱 민감하게 되었다. 나는 프로젝트 매니지먼트 경험을 살려 전반적인 과제의 진행상황과 납기를 걱정해 주었는데 담당 임원은 오히려 불쾌하다는 반응을 보인 것이다. 자신이 일정을 책임지고 관리하고 있다고 생각하는데 왜 계속 간섭을 하는지 의아해하였다.

결국 내가 과제의 진행상황을 체크하거나 그의 업무영역을 침범하면 안 되는 거였다. 물론 모든 업무를 직원들과 토론하지 않고 혼자서만 진행하는 그의 관리 스타일 탓도 있었다. 나의 그 일이 있은 이후 티 내지 않는 과제진행 요령을 터득해야만 했다. 이후에도 여러 번 조직을 바꾸면서도 과제의 진행상황은 반드시 백엔드로 체크한다.

관리자에게 아이디어를 주되 업무 진행 전반에 관한 사항은 그의 권한과 실적으로 만들어 주어야 한다. 선을 넘지 않으면서 요령껏 보조한다면 관리자 입장에서는 고마움을 느낄 것이다. 특히 임원급 관리자에게는 경영층에 보고할 거리를 만들어 줘야 한다. 그냥 현 프로젝트가 차질 없이 진행되고 있다는 정보만으로는 좀 부족한 감이 있다.

미국의 기업에서는 충성심에 기반한 주인의식보다는 조직의 목표를 구성원들이 이해하는 데 더 중점을 두고 있다. 각 분야의 전문가들이 각자의 판단에 따라 자율적으로 움직여 나가는 편이 더 높은 업무효율을 가져온다고 여긴다. 개인주의 분위기에서는 생각의 가이드라인과 목표가 주어져야만 각자의 판단에 따라 일하는 직원들이 같은 방향으로 나아갈 수 있다. 그렇지 않으면 직원 개인 간의 분쟁이 발생할 수도 있다.

여러 직원들이 자율적으로 협업하는 과정에서는 조직의 과제와 목표를 명확하게 이해하고 있어야 한다. 조직 내의 핵심가치와 정보를 함께 공유하는 것이 역할조직의 핵심인 것이다. 목표 지향성은 모두가 큰 그림을 함께 공유하면서 전문적인 실무에 집중하는 데 중점을 둔다. 관리자의 역할은 직원들이 자율성과 유연성을 유지하면서 주어진 역할에 대한 책임을 다하게 만드는 것이다. 물론 구성원들의 성과에 대한 평가와 주기적인 물갈이야말로 가장 핵심적인 관리자의 임무이다. 개인의 역할이 중요한 조직에서 물이 고여서 썩지 않도록 하는 역할은 매우 중요하다.

실리콘밸리의 테크 기업에 새로 취업한 지인은 새 매니저로부터 당신은 지금 행복하냐는 질문을 받았을 때 가장 고마움을 느꼈다고 한다. 유동성이 높은 조직에서는 부서원들의 심리상태의 체크는 관리자의 주요 업무이다. 역할조직에서는 조직원들이 주변에 개의치 않고 열심히 업무에만 집중할 수 있는 근무환경을 만들어 주는 것이 중요하다. 신규 채용뿐만 아니라 확보된 핵심 인력의 유지 또한 조직관리의 중요한 관건이기 때문이다.

특히 인력의 유동성이 높은 테크 기업의 평균 근속 연수는 그다지 길지 않다. 구글이 경우 지난 10년간 직원들의 평균 나이는 30세로 변동 없이 유지되고 있다. 테크기업의 직원들은 조금이라도 경기가 안 좋아지면 바로 정리해고 대상이 된다. 개인의 역할이 중요시되는 분위기에서는 관리자 및 직원들의 주인의식에는 한계가 있기 때문이다. 관리자들에게 요구되는 능력은 적기에 핵심인력을 채용하고 잉여인력을 해고하는 순발력이다.

직원의 지병이 심각해지는 경우에도 결국 정리해고를 당하게 된다. 그래서 지병이 있다고 해도 주변에 알리지 않는 것이 보통이다. 물론 건강에 문제가 있거나 육체적으로 힘든 상황이 주변에 알려지면 모두들 그를 걱정하고 업무적으로 배려를 해 준다. 문제는 배려의 기간이나 동료들의 인내력에는 한계가 있다는 거다.

내가 가장 가슴이 아팠던 경우는 갑자기 함께 일하던 동료가 사망했다는 소식이었다. 오래된 지병을 주변에 전혀 알리지 않은 것이다. 기업이 직원의 개인정보를 다루는 데 있어서 병가에 관련된 기록은 최고 수준의 보안을 요구하며, 직속 관리자 이외의 직원에게는 절대로 유출해서는 안 된다.

2.2. 과정 지향의 일본

2.2.1. 일본기업의 신중한 의사결정

일본기업들의 경우 다수의 경험 많은 경영진들이 비교적 장기간에 걸쳐 의사결정 과정을 수행한다. 수많은 회의 및 보고서 작성과 수정 과정을 거치기 때문에 결정된 내용에 대한 리스크는 상당히 적은 편이다. 그리고 보고 과정에서 많은 직원들의 의견이 수렴된다는 장점이 있다. [9] 반면에, 의사결정 과정이 복잡하고 느려 변화에 신속하게 대응하지 못한다. 특히 직원들의 이해 관계가 달린 구조조정이나 사양산업 정리 같은 타이밍이 중요한 결정에서 치명적인 결과를 초래하기도 한다.

일본의 기업에서는 의사결정 사전단계에서의 회의는 물론, 일반 회의를 준비하는 과정에서도 일본 고유의 네마와시 과정이 상당히 중요시된다. 대부분의 의결사항이 정식 회의석상에 이르기 전에 사전에 협의되고 결정되어야 하는 것이다.

내가 일본에서 근무했던 조직에서는 회의석상에서 자신의 의견을 이야기하는 경우는 거의 접하지 못하였다. 윗사람들에게 자기 목소리를 내는 경우는 소수의 핵심 직원에 한정되었다. 일반 참석자들은 현안에 대한 보고 형식의 발언을 하는 경우는 많으나 좀처럼 자신의 의견을 내놓지는 않는 것이었다. 현안에 대한 발표자의 생각은 어떤지 질문하는 참석자도 없었다.

처음에는 직원들이 업무에 지쳐 아무 생각이 없이 관리자들이 시키는 대로만 움직이는 것이 아닐까 염려도 되었으나, 회식 자리에서는 많은 이야기를 나누면서 그렇지 않다는 것을 깨달았다. 일본에서는 동료들과의 회식 자리에서는 주로 업무 관련 이야기를 나누기 때문에 회사일에 대한 개인의 생각에 좀 더 접근할 수 있다. 결국 내가 내린 결론은 직원 모두가 나름대로 개인적인 의견과 아이디어는 있었지만 쉽게 드러내지를 못한다는 것이었다.

내가 일본인들과의 회의석상에서 가장 많이 들은 보고 내용 중 하나는 '만에 하나'라는 표현이었다. 만분의 일의 리스크라도 보완책을 마련하여 철저하게 관리하겠다는 각오를 의미한다. 회의상에서 발언을 하고자 한다면 근거를 기반으로 한 사실을 전달하는 형식이어야 하며, 자신의 의견을 쉽게 내놓아서는 안 된다.

나는 처음에는 아무도 자신의 의견을 쉽게 내놓지 않는 분위기를 전환시키려고, 되도록 나의 의견을 많이 말하고자 노력하였다. 그때 다른 참석자들의 가장 일반적인 반응은 자신도 같은 생각이라는 것이었다. 하지만 그냥 그뿐 더 이상의 피드백을 주지 않는 경우가 많았던 것이 마음에 걸리기는 하였다. 회의에 참석한 선배가 나의 의견대로 하자고 마지막 정리를 할 때는 우쭐해지기도 하였다.

나중에 깨달은 것이었지만 이러한 태도는 조직생활에 상당히 위험한 것이었다. 모두들 같은 아이디어를 가지고 있었지만 먼저 말을 꺼내지 않는 것뿐이었다. 이러한 태도가 반복되면 동료들이나 선배들의 거부감을 불러일으킬 수도 있다. 처음에는 총대를 매어 주니 고마워할 수 있어도 매번 나서기가 반복되면 결국 눈 밖에 나고 제거 대상이 될 수 있다. 일본에서는 어느 정도 업무능력에 대한 인정을 받은 이후부터는 침묵하는 것이 가장 무난한 방법이다.

리스크를 줄이기 위해 일본인들이 선호하는 방법 중의 하나는 같은 내용의 보고서를 여러 측면에서 접근하면서 작성해 가는 것이다. 보고서의 포맷이나 형식은 여러 가지 형태로 다양하게 나타난다. 보고서를 접하는 입장에서는 여러 가지 측면에서 상황을 이해하고 종합적인 판단을 내리는 데 유리하다. 의사결정권자가 아주 탁월하지 않아도 무난한 의사결정이 가능하다는 장점이 있다.

미국인들이 선호하는 분석적인 인과모델과 대비되는 일본인들의 종합적인 사고 방식은 보고서 작성 및 의사결정 과정에서 여지없이 나타난다. 그들이 세상을 더 복잡한 곳으로 이해하듯이 의사결정 과정도 더 복잡하다. 이러한 과정은 조직은 물론 개인의 의사결정 과정에도 해당된다.

내가 일본계 회사에 근무하고 있을 때 함께 근무했던 미국인 동료들로부터 일본의 기업문화에 대한 그들의 소감을 들을 수 있었다. 그들이 처음 일본의 본사에 방문하게 되었을 때 놀랐던 점은 일본의 대부분 직원들이 밤늦게까지 연장 근무를 하고 있다는 거였다. 날마다 야근을 할 정도로 업무량이 넘쳐 난다는 사실이 납득이 가지 않았다고 한다.

그들이 여러 차례의 출장 끝에 결국 깨달은 사실은 기본적인 업무량은 미국 쪽에 비해 크게 차이가 나지 않는다는 것이었다. 업무 차체가 새로운 문서를 작성하기보다는 기존 문서를 이리저리 수정하고 보완하는 데에 중점을 두고 있었다. 즉 같은 기본 자료를 여러 가지 조합으로 구성하여, 그때그때 관리자나 고객의 요구에 맞는 형식으로 정리하는 일에 대부분의 시간을 소비하고 있던 거였다.

미국인들의 관점에서는 전혀 생산성이 없는 시간낭비로 보였을 수도 있다. 미국인 동료들은 실무적인 성과와 그다지 관계없는 암시적 프로세스에 많은 에너지를 쏟는 데에는 상당히 회의적이었다. 보고서를 다듬는 데 그렇게 많은 시간을 투입할 필요가 있을까 하는 의문이었다.

미국인들은 내가 미처 인지하지 못했던 일본 특유의 기업문화를 좀 더 확연하게 설명해 준다. 기본적으로 업무자체의 분량보다는 근무 시간 자체를 중요시한다는 것이 항상 미국인들이 느끼는 첫 번째 인상이다. 일본의 동료 직원들은 어떻게든 바쁘게 움직이는 모습을 보여줘야 하는 동시에 필요 이상의 연장 근무를 해야 조직에서 인정을 받는다는 심적 부담을 가진다.

내가 미국에서 근무했던 일본계 회사에서 함께 일하던 주재원 사업부장은 현재까지의 자료 전체를 취합한 한눈에 볼 수 있는 시각적인 자료의 작성을 수시로 요구하였다. 일본기업 특유의 노동 집약적인 자료 작성 방법이다. 관리자들은 이런 식으로 종합된 자료들을 판독하고 의사결정을 하는 데 상당히 숙달되어 있다. 미국의 관리자라면 오히려 너무 정신없다고 느낄 수도 있는 형식의 취합 자료이다.

이러한 노동집약적으로 취합되고 정리된 자료는 소수의 경영층이나 임원이 의사결정 하는 데 많은 도움이 된다. 복잡한 의사결정 과정에서의 노력과 시간을 절약할 뿐 아니라, 리스크를 최소화할 수 있는 것이다. 일본의 보고서 작성 작업은 경영층이나 관리자가 탑다운식 의사결정을 하는 데 있어서의 편의와 위험관리를 위한 것이다. 하지만 많은 직원들의 추가적인 근무 시간과 노력이 요구되는 시스템이다.

내가 독일계 회사에서 근무할 때에도 일본계 기업들과 비슷한 경험을 하였다. 독일인들도 서로 간의 서열이 정해질 때까지 회의에서 다들 침묵하는 편이다. 어느 정도 서열이 정해져야 실무적인 대화가 오고 간다. 항상 서열은 높은 직원이 더 많은 이야기를 한다. 부서장과 함께 팀원이 참석하는 경우 조직원은 회의가 끝날 때까지 한마디도 하지 않는 경우도 있다. 직접 질문을 받았거나 부서장이 답하지 못한 내용이 있을 때만 간략하게 대답한다.

그들의 회의 진행 방식은 상대적으로 일본인들과 흡사하다고 볼 수 있다. 신속성보다는 위험부담을 최소화하는 방향으로 움직이며, 의사결정 과정은 보수적이다.

2.2.2. 조직 내에서의 의사결정

일본의 조직에서는 관리자의 지시에 무조건 따르면 나중에 그 결정에서 오류가 발견되더라도 크게 실무자의 책임을 묻지 않는 경우가 많다. 일단 관리자의 결정이나 의견이 옳다는 전제로 지시하는 대로 업무를 처리하면 큰 문제는 없다. 의사결정의 실수로 문제가 생긴다면 그 책임은 지시를 내린 관리자가 부담하는 경우가 일반적이다. 대신 조직원들이 관리자의 결정이나 판단의 방향에 부합한 세부 아이디어를 내도록 하는 것이 팀워크로 이어진다.

관리자 입장에서는 무작정 찬성만 하는 조직원들의 속마음을 잘 읽어야 한다는 부담이 있다. 일본의 조직원들은 반대를 하거나 무언가 불만이 있다면 절대 직접적으로 표현하지 않고 무언의 신호를 보낸다. 관리자 입장에서는 그 신호에 촉각을 곤두세워야 한다. 조직에서 내부적인 불만이 쌓이면 조직원들의 의견이나 창의적인 아이디어가 겉으로 나오지 않기 때문이다.

일본의 중층적 탑 다운 의사결정 체계와 달리, 미국의 조직들은 상하 간 상호 피드백에 의해 의사결정이 진행된다. 관리자는 조직원들의 다양한 의견을 수렴한 후에 즉각적인 피드백과 합리적이고 신속한 절충 과정을 거치면서 의사결정을 진행한다. 실무자와 관리자가 서로 생각이 다르다면 업무진행이나 협업이 어려워지는 경우도 없지 않다. 하지만 대부분의 경우 피드백 기반의 상호 절충 과정을 인정함으로써 빠른 의사결정에 큰 문제는 일어나지 않는다.

업무 회의를 진행함에 있어서도 그 진행방법이 기업문화에 따라 상이하다. 회의 진행방법 또한 기업문화에 따라 수평적인 회의와 수직적인 회의로 차이를 둘 수 있다. 미국의 조직에서는 관리가 아닌 진행에 중점을 두는 수평적인 회의가 주를 이룬다. 개개인의 개성과 조직적합성이 중요하기 때문에 관리자와 조직원들의 상호 간 토론에 의해 의사결정을 하여야 한다.

많은 경우가 최종적으로 관리자 의견대로 가지만 조직원 전체 의견을 감안하여 어느 정도 조정을 하는 것이 일반적이다. 문제는 조직원 개인의 생각과 관리자의 생각이 다른 경우 직원들이 어디까지 밀고 나가고 어느 시점에서 포기하고 관리자의 의견을 받아들여야 할 지가 관건이다. 너무 빨리 자신의 의견을 포기해 버리면 적극성, 창의성 면에서 부정적으로 비치고, 무능해 보일 수도 있다. 반대로 너무 늦게 자신의 의견을 포기하거나 끝까지 고집을 부리면 결국 정리해고 대상이 된다.

수직적인 회의의 장점은 의사결정권자가 누구인지가 확실하며 충분한 권한을 가지고 있다는 점이다. 대표적인 수직적 회의는 부서장이 주관하는 팀 회의나 임원이 주관하는 부서장 회의이다. 일본의 회의는 가장 상위자가 마지막으로 정리하는 순간 회의의 결론이 나는 구조이다. 의사결정권자는 미리 준비된 참석자들의 발표 내용을 취합하여 마지막 순간에 안건에 대한 결론을 내린다. 회의 진행은 정해진 순서에 따라 일정한 속도로 이루어진다. 물론 회의 전에 어느 정도 네마와시 과정을 거친 이후이다.

아무리 신중하게 의사결정을 하여도 때로는 상급자가 잘못된 판단을 내릴 수도 있고 결국 많은 직원들이 그 피해를 보게 되는 경우도 발생한다. 따라서 위험을 최소화하기 위하여 대부분의 다음번 토론은 상급자의 결정을 정당화하는 데 소모한다. 결정 자체는 거스르지 않는 선에서 최적의 세부 사항을 선택하는 과정이다.

기업의 빠른 의사결정 구조와는 달리 개별 조직 내에서의 의사결정 과정은 조금 지체될 수도 있다. 미국의 조직은 회의 시작부분에서 그다지 중요하지 않은 토론이 지루하게 이어지는 경우도 있다. 진행 속도가 더디다고 생각될 수도 있지만 이 부분에서 상호 간의 의견 교환이 이루어지고 참석자 모두가 반론을 제기할 기회가 주어진다.

회의의 결론이 어차피 뻔하다고 생각되면 팀 내에서의 의사결정 과정이 지루하게 느껴질 수도 있다. 어차피 결론 자체는 정해진 건데, 그 토론 과정이 중간에는 완전히 배가 산으로 가는 느낌이 들 수도 있다. 내가 나중에 깨달은 것은 결론을 절대로 먼저 말하면 안 된다는 것이다. 본인이 토론의 정답을 알고 있더라도, 가장 마지막 순간에 가서야 결론을 이야기해야 한다. 이는 결론 자체보다 구성원들의 의사결정의 과정 자체를 중시하는 과정이며, 수평적인 회의 문화의 존중을 의미한다.

결정권자가 많은 구성원들의 이야기를 경청하는 과정은 일본의 수직적인 회의와 유사하다. 중요한 차이점은 결정권자 입장에서는 그다지 중요하지 않은 발언과 토론도 모두 들어줘야 한다는 점이다. 모든 참석자들과 보조를 맞추어 따라가면서 설득해 가는 것이 미국인들의 회의 기술이다. 어느 정도 분위기가 무르익어 상호 간에 공감을 가지고 어느 정도 설득이 이루어졌다고 판단되면 바로 결론을 낸다.

초반에는 천천히 진행되다가 후반에서는 속도를 내면서 진행된다. 물론 미국의 경우도 결론이 사전에 결정되어 있는 경우도 많지만, 일반 참석자들이 이를 인지하지 못하게 주의를 기울인다. 네마와시 과정을 마치고 회의에 참석하는 일본인들과 반대의 접근 방법이다. 참석자들은 열띤 토론을 거치면서 합리적인 결론에 도달한다. 아무리 뻔한 결론에 도달한다 할지라도 그 의사결정 과정에 의미를 두는 것이다.

2.2.3. 실수를 바로 인정하는 일본인들

일본인들은 실수를 바로 인정하고 그것을 만회하려고 노력하는 과정에 더 가치를 둔다. 평생 가족과 같은 직장에서 근무하므로, 근무기간 중 언젠가는 과거의 실수가 밝혀질 확률이 높고, 미리 고백한 실수에 대한 처벌에는 관대한 편이기 때문이다. 같은 조직원들과 평생을 함께 근무해야 하기 때문에 실수에 대한 접근 방법이 달라지는 것이다.

일본인들의 업무 진행 방식에 따르면 직원의 사소한 실수에도 그때그때 상사로부터 즉각적인 주의를 받는 모습은 보편적이다. 실수를 그 자리에서 사죄하는 의식은 자신의 상사에 대한 예의이자, 도리로 여겨진다. 사소한 실수로부터 학습과 교정을 거듭하면 나중에 본인이나 동료의 큰 실수를 피할 수 있다는 장점이 있다.

자신의 실수에 대한 즉각적인 시인을 하는 경우, 아주 치명적인 실수가 아닌 이상 조직 내에서 진급 누락 등 장기적 불이익으로 연결되는 경우는 드물다. 오히려 실수를 인정하고 만회하려고 노력하는 태도가 앞으로의 더 큰 실수를 방지하기 때문이다. 실수에 대한 지적 및 사죄는 대부분 구두로 이루어지며, 보고서나 이메일 등으로 문서화되는 경우는 드물다.

사소한 실수는 즉시즉시 사과하지만, 결정적인 실수는 보고하지 않는 일이 일어난다는 허점도 있다. 언젠가는 드러날 큰 실수라면, 미리 보고하여 공유하고 함께 대책을 강구하는 것이 현실적이다. 하지만 아무리 일본의 조직이라 하더라도 인간의 본성이 따라 결정적인 실수를 보고하지 않고 덮으려는 시도는 존재한다.

나의 고객사였던 H 사의 미주 연구소와의 협업 과정에서 그들의 예기치 못한 실수와 이를 만회하기 위한 과정은 나에게는 흥미로운 사건이었다. 고객사 설계부서는 A 카의 시작차량 평가 과정에서 계기판에 계속해서 경고등이 켜지자 차량 제어장치의 배선이 잘못되었다는 사실을 깨달았다. 호주 향 쉬프터 기어 위치가 일부 인식이 되지 않는 문제였는데, 이에 대한 원인분석 결과 배선 이상에 의한 오류로 결론이 난 것이었다. 우리 회사에서는 분명히 전달받은 도면대로 배선을 제작하여 납품하였는데 차량 내부의 배선 문제가 발생한 것이다.

H 사의 설계부서의 불량 원인에 대한 조사결과, A 카 시작차량의 배선에 대한 도면이 출도를 담당했던 직원의 실수로 최종적으로 완성된 도면이 아닌 그 이전 버전을 내보냈다는 사실이 밝혀졌다. 문제의 책임소재를 밝히기 위해 출도된 도면을 세부적으로 검토한 결과, 협력업체에 배포된 도면이 최종 버전이 아니었던 것이 그 원인으로 결론이 난 것이다.

이후 고객사의 담당이 우리에게 알려온 내용은 자신들의 실수로 구 사양의 배선을 주문하게 되었다는 즉각적인 실수의 인정이었다. 다섯 명 정도의 H 사 직원들이 직접 우리 회사의 현장 사무소를 방문하여 일본식으로 정중하게 사과와 함께 그들의 요구사항을 설명하였다. 그들이 직면한 문제는 자신들의 이러한 실수를 고위 관리자에게 보고하지 않고 실무 레벨에서 해결하고자 하는 것이었다.

그들은 아주 정중하게 우리에게 그들이 작업할 수 있는 연장과 자재와 작업실을 배정해 달라는 요청을 해 왔다. 결국 다섯 명의 직원이 일주일간 작업실에 머무르면서 철야로 작업을 하여 추가 시작차의 제작 일정에 맞추어 들어갈 수정된 배선다발을 마련하였다. 이 실수는 그들의 상부에는 비밀로 해야 했기 때문에, 우리는 혹시라도 주변에 소문이 나지 않도록 그들의 보안사항을 철저하게 지켜줘야 했다.

물론 담당 임원이 그 사실을 알게 되었다고 하더라도 묵인하는 것이 그로서는 최선의 행동이었을 것이다. 가장 효율이 높은 학습은 반복보다는 학습자가 겪게 되는 고생에서 오기 때문이다. 당시 H 사는 T 사에 견줄

만한 세계 최고의 품질을 자랑하는 완성차 제조사였다. 그들의 품질은 소비자들에게 세계 최고로 인정받고 있었기 때문에 회사 내부적으로 이러한 실수가 일어나고 있었다는 것은 나에게는 상당히 의외였다. 외부로는 알려지지 않은 다양한 스토리들이 내부에는 상당히 존재하는 듯했다.

당시는 H 사는 세계 최고의 생산품질과 내구성으로 인정받고 있던 시기였다. 2015년 이후 같은 일본계 S 사에 역전되기 시작할 때까지 H 사의 중고차는 미국 중고시장 최고의 가격으로 거래되고 있었다. 그들의 뛰어난 품질의 이면에는 실수를 즉시 인정하고 이를 만회하려고 노력하는 과정이 있었고, 이는 그들의 평생직장에 장기적인 혜택을 가져온 것이다.

상대의 실수를 지적하는 것을 웬만해서는 꺼리는 미국인들은, 돌이킬 수 없는 실수가 발견된 경우라면 그에 대한 대책보다는, 상호 간의 책임소재를 따지는 데 더 많은 노력을 들이기도 한다. 책임소재에 너무 치중하게 되는 경우 핵심 직원들은 다른 직장을 알아보고 하나둘 일터를 떠나게 된다. 나의 주변에서도 많은 실력 있는 동료들이 주어진 과제에 실패하거나 실수에 대한 비난을 받을 경우 즉각적인 이직을 결행하였다.

일본의 기업문화는 이러한 불필요한 인력의 손실을 최소화할 수 있는 장점을 가지고 있다. 실무적인 실수 때문에 핵심직원이 평생직장을 떠나게 되는 경우는 드물다. 매뉴얼이 상대적으로 부실한 부분이 오히려 책임소재에 대한 논란을 피하게 만든다. 매뉴얼을 만드는 시간에 좀 더 조직원들 간의 인간관계에 투자를 하는 것이 조직 전체에게 이익이 될 수 있다. 실수를 서로 인정하는 분위기로 미국 회사들이 직면하는 매뉴얼의 한계를 넘어설 수 있는 것이다.

사실 일본의 직장 생활이란, 항상 '죄송합니다, 면목 없습니다'라는 말을 입에 달고 살아야 하는 것이다. 서로의 사소한 실수는 곧바로 인정하므로, 부서나 직원들 사이에 논쟁이 일어나는 일은 접하기 힘들다. 반면에 어쩌다가 논쟁이 격렬해지기라도 하면 좀처럼 이전 관계를 회복하기 힘든 단점은 있다. 일본에서의 논쟁 후유증은 상호 간에 타격이 크므로 가능한 한 논쟁을 회피하게 된다.

일본인들 간의 관계에 있어서 사죄한다는 것은 자기의 잘못을 인정하는 것은 물론, 훼손된 인간관계를 다시 회복하기 위하여 노력한다는 의사표시의 의미가 강하다. 당사자 쌍방이 서로 사죄하는 경우도 많다. 일본에서 편한 점은 내가 실수했을 때 바로 사과하면 바로 만회가 된다는 거다. 한국이나 미국과 비교해 봤을 때 일본 사회가 사과의 효과가 가장 높다. 극단적으로 계속 실수를 하더라도 계속 사과하면 어려운 상황을 무사히 넘길 수 있다. 개인의 스타일에 따라서 계속 사과를 연발하면서 실제 능력보다 좋은 평가를 받는 경우가 많다.

하지만 일본인들이 너무 쉽게 개인적인 실수를 인정해 버리는 모습은 서구인들의 관점에서는 이질적으로 보일 것이다. 앞서 말한 대로 일본인들은 논쟁을 인간관계를 해치는 위험한 요소로 간주한다. 일본인들의 몸에 밴 사과 습관은 서구문화에서는 이해할 수 없는 행동으로 비치기도 한다.

2010년 월드컵 경기는 일본인들이 실수를 하였을 때 취하는 전형적인 행동이 전 세계에 생중계된 경우이다. 16강에 진출한 일본팀은 파라과이를 맞아 잘 싸웠으나, 결국 무승부로 끝나 승부차기로 8강 진출팀을 가려내야 했다. 아쉽게도 일본 선수가 승부차기의 네 번째 골에서 실축을 하게 된다. 이 선수는 실축 직후 머리를 감싸며 자신의 돌이킬 수 없는 실수에 극단적으로 괴로워하는 모습을 보였다.

이러한 모습은 그대로 전 세계에 생중계되었다. 다른 서구나 남미 국가들의 선수들이 비슷한 실수를 한 경우에 절대로 보여주지 않던 모습이었다. 순간 미국 월드시리즈에서 홈런을 맞고 그라운드에 주저앉는 김병현 선수가 연상이 되면서 가슴이 아파왔다. 서구에서는 실수에 대한 절망적인 모습을 보이기보다는 담담한 보습을 보이는 것이 보편적이고 향후 대처에도 유리하다.

이들의 행동에 영향을 주는 주요 요소는 어린 시절 가정과 학교에서의 교육이다. 실수에 대한 부모와 교사의 피드백은 그들의 평생 습성에 큰 영향을 미친다. 미국인들은 아이들의 실수에 대한 격려를 보편적으로 여기고 이를 만회하는 과정을 더 중요시한다. 사과가 필요하다면 나중에 하면 된다. 일본인들 입장에서는 뻔뻔해 보일 수도 있겠지만, 보편적인 서구인들은 실수를 곧바로 인정하는 듯한 격한 동작을 취하지는 않는다.

2.2.4. 실수 가능성을 배재한 무리한 목표

일본의 기업에서는 경영진이 보유한 인적자원에 비해 높은 성과목표를 설정하여 그 목표를 조직 부서에 하달하는 것이 일반적이다. 충분한 인력과 시간을 주지 않는 경우가 많기 때문에 직원들은 연장 근무를 하여야 한다. 전통적인 일본의 조직에서는 일단 지시를 받으면 이의를 제기하지 않고 주어진 목표를 맞추려는 최선의 노력을 하였다. 무리한 요구라도 어떻게든 주말에도 출근하고 날밤을 새워서라도 이를 달성하곤 하였다. 내가 몸담았던 조직에서도 주어진 납기를 맞추기 위하여 만성적인 잔업이 이루어지더라도 공개적으로 불평하는 동료들을 거의 보지 못하였다.

하지만 직장 후배 중에 불평하는 직원들이 하나둘 나타나기 시작하였다. 한 직원은 결국 설계 부서에서 품질 부서로 전출되었지만, 일본인이 자신의 조직에 대한 불평을 한다는 자체가 당시 나에게는 충격이었다. 외국인 직원에게까지 자신의 조직에 대한 불만을 토로하는 상황은 전통적인 복종 문화에 금이 가기 시작하는 징조였다. 서구의 조직문화와 상반되는 일본의 조직문화에 대한 성토이기도 하였다.

나중에 돌이켜 보니 당시가 일본기업들의 성공 신화가 서서히 무너지기 시작한 시기였다. 지시를 받으면 어떤 희생을 치르더라도 기어코 이루어 낸다는 정신이 흔들리기 시작한 것이다. 오늘날에는 세대가 완전히 바뀌어 그들의 제조업 성공 신화는 품질 결함 문제로 무너지고 있다. 품질검사 직원을 비정규직으로 전환하고 데이터를 조작하고 거짓 보고를 하기 시작한 것이다. 세대가 바뀌면서 경영층의 사고 방식과 젊은 세대와의 사고방식 차이가 충돌하고 있다.

내가 주의 깊게 살펴보았던 이들의 전통적인 업무방식에 대한 자료는 2000년대 초반 미국에서 최고의 평가를 받은 애니메이션 '센과 치히로의 행방불명' 제작 과정이었다. 당시에는 DVD의 상품성을 높이기 위하여 감독의 인터뷰와 함께 작품의 제작과정을 함께 부록으로 수록하는 것이 일반적이었다. 미야자키 감독이 제작 과정의 시작부터 무리한 일정을 직원들에게 지시하는 내용이 나온다. 제작진들에게는 완성도는 높이면서 납기는 촉박한 상황이 지속된다. 하지만 어느 누구도 감독의 지시에 대한 이의를 제기하지 못한다.

여기서 나오는 고질적인 문제는 직원들의 실수가 전혀 없다고 가정하고 일정을 짜는 관행이다. 제작진들은 감독의 무리한 일정과 엄격한 품질 요구를 어떻게든 만족시키려고 계속해서 철야 근무를 한다. 엄격하고 권위적인 감독은 제작진들에게 항상 명령에 가까운 지시를 내린다. 어느 누구도 감히 감독이 요구하는 납기에 이의를 제기하지 못한다.

결국 납기를 맞추기 위하여 한국에 외주를 주기로 결정하면서 제작 일정은 전환점을 맞이하는 부분이 흥미로웠다. 처음부터 외주를 염두에 두었다면 직원들의 심리적 압박은 덜했겠지만 이는 오로지 감독만이 결정할 수 있는 사항이었다. 무리한 목표의 이면에는 백업 플랜이 있지만 이는 항상 직원들의 고생이 최고점에 달했을 시점에서 주어진다. 충성스러운 직원들이 항상 납기에 쫓기는 편이 업무효율이 가장 높고 인력을 최대한 활용할 수 있다고 보기 때문이다. 머피의 법칙에 따르면 항상 납기 직전에 가장 많은 작업이 이루어진다.

결과적으로 이때 일본 역사상 최고의 애니메이션 작품이 탄생하게 된다. 제작진들은 감독의 지시에 대한 절대적 복종으로 그들의 모든 정력과 혼을 작품 속에 쏟아 넣었다. 어느 누구도 업무에 고통스럽게 쫓기면서도 감독의 권위와 명성에 감히 도전할 엄두를 내지 못하였다. 무리한 목표에 기반한 일본인들의 기업문화와 장인정신의 최고 전성기를 찍는 시점이었다.

2.2.5. 고참 중심의 해외출장

S 사의 미국 법인에 나와 함께 근무하던 미국인 동료들이 궁금해하던 부분이 하나 있었다. 어떤 이유로 일본의 본사에서는 왜 계속 나이 든 직원들만 미국지사로 출장을 나오는지였다. 자신들처럼 젊은 청년들이나 실무급이 방문해 주었으면 서로 부담 없이 친분을 쌓으며 정보도 교환하

고, 그들이 본사로 다시 돌아간 이후에도 실무급의 교류를 이어갈 수 있을 건데 하는 아쉬움이었다.

미국인 입장에서는 고참들만이 해외 출장을 다니는 이유를 이해하기 힘들다. 그들의 눈에는 실무를 담당한 전문가가 문제를 해결할 목적을 가지고 방문하는 것이 아니라, 나이 든 직원들만 자꾸 필요 없는 출장을 나오는 것으로 비친다. 일본에서는 실무자가 출장을 떠나더라도 보통 그의 상사나 고참과 함께 움직인다. 신참 직원이 홀로 출장을 떠난다면 스스로 무언가를 불안하게 느낄 것이다. 현장에서의 그의 의사결정 권한이 한정되어 있기 때문이다.

해외 출장자가 현지에서 의사결정을 곧바로 내릴 수가 없어서, 그때그때 본사와 계속 연락을 취해야 하는 상황이 펼쳐지기도 한다. 현장의 특성상 발생하는 문제에 대한 즉각적이고 실시간의 의사결정이 요구되는 경우가 많다. 본사와 출장지 간의 시차가 존재한다면 보고서를 작성해서 본사로 보내야 하고 그 피드백을 기다려야 하기 때문에 현장에서의 의사결정은 지연될 수밖에 없다.

이러한 비효율을 피하기 위하여 의사결정 권한을 가진 관리자나 핵심 직원이 반복해서 해외 출장을 나가게 된다. 결국 신입이 고참을 제치고 해외 출장을 간다면 그들이 정한 서열에 위배될뿐더러 의사결정의 과정에 있어서도 효율이 떨어지는 것이다. 문화적인 측면에서 높은 직급의 직원이 해외 출장을 하는 것이 조직 내부의 계층 구조를 유지한다고 여긴다.

일본인들은 출장지에서 일과를 마치더라도 개인 행동을 거의 하지 않는다. 출장 기간 중에는 반드시 출장지의 부서에서 주관하는 회식에 참석하여야 한다. 회식은 서로 간의 서열을 확인하는 중요한 의식이다. 그들에게는 서열이 불확실한 관계는 아무래도 불편할 수밖에 없다. 회식은 원격으로는 이루어지기 힘든 출장일정에서 사실상 가장 중요한 부분이다. 다음 2.6.2.에서 설명하는 대로 일본인들에게 회식은 업무의 연속이기도 하다.

나의 경우 회식은 일본 본사의 고위직 임원들과 직접 술자리를 가질 좋은 기회를 마련해 주었다. 일본 내에서 근무하는 경우보다 해외 지사에서 근무하는 편이 본사의 핵심 관리자들과 친분을 가질 기회가 더 많다. 자주 출장을 오는 직원들은 본사에서도 핵심적인 역할을 담당하는 경우가 많다.

반면에 미국에서의 출장업무는 주로 실무 위주이며 조직 내의 서열에 크게 의존하지 않는다. 출장자 대부분이 실무자 레벨의 결정권을 가지고 있기 때문에 간단한 의사결정은 현장에서 즉시 내릴 수 있다. 미국에서는 젊은 직원들의 의욕 고취를 위해서 해외 출장을 자주 보낸다. 이는 해외 사업장 간의 교류 차원이고, 현장의 긴박한 임무가 주어지는 것은 아니다.

내가 실수를 한 기억은 출장지에서 미국인 직원들에게 너무 과도한 업무를 부여한 경우였다. 출장지에서 무의식적으로 마음이 무거워지면서 현장에서 하나라도 더 많은 문제를 해결하고 한 명이라도 더 많은 현지의 직원들을 만나려고 시도한 것이었다. 나의 이러한 행동은 동행한 젊은 직원들에게 상당한 스트레스를 주었다는 것을 출장 이후 우회적으로 이야기를 듣고 나서야 깨달았다. 이러한 행동이 반복될 경우 어느 누구도 나와 함께 해외 출장을 동행하려고 하지 않을 것이 뻔하였다.

미국의 기업에서 출장 시에 중요한 사항은 출장지에서 핵심적인 문제를 해결하고, 핵심적인 직원만 만나야 한다는 점이다. 그곳까지 가서 온라인상으로 협업하던 현지의 동료들을 모두 만나지 못하고 다시 복귀한다 해도 절대로 결례가 아니라는 사실이 중요하다. 이전에 친했던 동료를 만난다면 일과 이후에 여행 가이드를 부탁하는 것도 요령이다. 동행자들이 미국인이라면 가이드 역할의 직원은 출장자들을 현지의 홍등가로 안내할 필요는 전혀 없으며 오히려 결례가 될 수도 있다.

미국인들에게는 일본의 가부장적인 조직 문화와 연관된 해외 출장 문화와 의사결정 권한의 제한이 낯설게 느껴질 것이다. 미국인 직원 입장에서는 일본의 짧은 경력의 젊은 직원들이 해외 출장 기회를 가지기 어려움을 이해하고, 직접 일본을 방문하여 그들과 친분을 쌓는 것이 가장 현실적이다. 나는 항상 동료들에게 빡빡한 일정이 되더라도 일본 본사 방문을 권한다. 그들 사이에 유대 관계가 형성되어야 내 쪽에서도 협업하기가 수월해지기 때문이다.

유럽 기업들도 국제 교류를 위한 해외 인턴제를 적극 활용하고 있다. 내가 독일계 B 사에 근무할 당시에도 본사에서 많은 신입 직원이 미국 지사로 파견을 나왔다. 내가 지도를 담당하게 된 신입 직원은 아주 즐거운 마음으로 주어진 가벼운 업무를 수행하였다. 그의 입장에서는 사회생활 처음으로 전문적인 업무를 할당 받게 된 것이다. 미국에서 수평적인 관계의 신입에게 일을 시키는 작업은 선배직원의 상당한 노력과 인내력을 요구한다.

본사 파견의 신입 직원의 경우 보통 간단한 업무부터 할당하고 주로 본사와의 소통 업무에 업무의 비중을 둔다. 그도 본사와의 소통에 많은 업무시간을 할애하게 되었다. 그런데 우연히 내가 개인적으로 그로부터 아주 중요한 도움을 받게 되었다. 내가 독일에 머무를 때 튀빙겐 대학 병원에 입원을 하게 되었는데 퇴원하면서 지불한 의료비의 정산 일이었다. 독일도 미국과 유사하게 개인에게 수가보다 많은 금액을 청구하고, 나중에 보험회사와 합의하여 규정된 수가로 정산을 하게 되어 있다.

외국인의 경우 퇴원 시에 일단 병원에서 청구된 금액을 모두 납부해야 되는데, 보험사와 정산을 마친 이후 납부한 금액과 수가와의 차액을 돌려받는 과정은 역시 순탄하지 않았다. 일단 2천 유로를 지불하고 퇴원하였는데, 퇴원 시 청구액과 보험 수가와의 차액을 돌려받아야 했다. 세상 어디를 가도 미리 지불한 돈을 다시 환불을 받는 과정은 녹록지 않다.

그는 사적인 부탁이었음에도 나의 의료비 환불 협상을 나서서 도와주었다. 그 병원이 바로 그 신입 직원이 병역의무를 다하기 위하여 공익으로 근무한 병원이었기 때문이었다. 당시만 해도 독일인 남성에게는 일 년간의 병역의무가 있었고 그는 병원근무를 선택한 것이었다. 튀빙겐 대학병원은 통영의 딸로 알려진 비극의 주인공 신숙자가 파독 간호사로 근무하던 곳으로 한국에 알려지게 되었다. 결국 그는 같은 독일인 사이의 환불 협상에도 상당히 애를 먹었지만, 결과적으로 나에게 개인적인 도움을 줄 수 있었던 것에 상당히 만족해하였다.

2.3. 미국의 수평적 기업관계

2.3.1. 고객은 항상 나의 친구

내가 미국의 일본계 기업에 근무하고 있을 때는 나의 머릿속에서 미국과 일본의 기업문화가 자꾸 충돌한다는 느낌을 많이 가졌다. 특정 상황에서 어떻게 행동하고 대응해야 할지, 상대가 지금 나를 존중해 주는 건지 아니면 우습게 보는 건지 그 의도를 판단하기가 힘들었다. 특히 내가 처음 일본계 기업 간의 수직적인 거래 관계에 익숙해 있다가 미국 현지의 후보 협력사와 교류를 시작할 때는 색다른 느낌이 찾아왔다. 특히 첫 번째 대면을 하게 된 협력사 영업사원의 대응이 공손하지 못하다고 느껴지는 경우가 있어서 상당히 당황스러웠다.

미국인 영업사원들은 극단적인 상황에서는 살 테면 사고 싫으면 마라는 식의 배짱으로 나오기도 하였다. 원래 그의 영업 스타일일 수도 있지만, 일본계 고객사의 수직적이고 강압적인 태도에 불만을 품은 경우가 많았다. 이러한 행동의 많은 부분은, 문화의 차이에 의한 상호 간의 오해에서 비롯되는 것이다. 배짱으로 행동하는 미국인 영업사원 대부분의 경우 이들이 일본계 기업과의 거래에서 좋은 않은 경험을 하였기 때문이다.

심지어는 일본에서 파견된 주재원들의 강압적인 태도에 그 자리에서 마구 화를 내는 경우도 있었다. 제품 소개 과정에서 시큰둥한 반응을 보이거나, 초반부터 납품 가능한 최저가를 물어보는 경우 미국인들은 노골적으로 상당한 불쾌감을 표시한다. 일본기업 간 거래에서 직접적으로 화를 내는 경우는 대부분 관계는 다시 회복하기가 힘들게 된다. 하지만 미국기업 간에는 그다음에 어떻게 대응하는가에 따라 다시 회복할 수 있는 여지는 충분하다. 미국인들에 있어서 고객은 동료이자 친구이기 때문에 어떻게든 다시 마음을 돌릴 수 있는 것이다.

미국의 평등주의 사상은, 기업 간 거래 관계에서도 예외 없이 적용된다. 하청업체나 납품업체가 고객에게 대해야 할 예의가 있듯이, 고객사 입장에서도 협력사에 대한 예의를 지킬 필요가 있다. 일본식의 수직적 경계는 존재하지 않지만, 수평적인 관계를 저해하는 태도는 뜻하지 않는 저항을 불러올 수도 있다. 미국의 평등주의에 어긋나는 행동을 경험한 미국인들은 일본계 잠재 고객사와의 관계에서 보복을 가할 수도 있다. 일단 미국에서 통용되는 수준의 에티켓을 포기하게 된다.

미국인들은 비즈니스 환경을 비롯한 많은 상황에서 수직적인 관계를 강요당한다고 느끼면 상당한 스트레스를 받고 이를 불쾌하게 여긴다. 특히 일본 특유의 이미 고정된 거래관계로 인하여 새로운 거래의 가능성이 전혀 없다고 판단되는 경우는 대놓고 불만을 표시하기도 한다. 상대가 평등한 관계를 원치 않으니 이쪽에서도 고객에 대한 배려의 필요가 없다고 여기게 된다.

미국 직장 동료들 사이의 수평적인 관계와 유사한 방식으로, 기업 간에도 수평적인 관계를 기본으로 한다. 서열 자체는 존재하지만 이를 굳이 반복해서 확인하려 들지는 않는다. 이는 미국인들이 주변국가들에 그들 고유의 패권주의를 행사하는 방식에서도 그대로 드러난다. 이런 암시적인 규정에서 정하는 테두리에서 벗어나 일방적인 복종이나 종속적인 태도를 강요할 경우, 상호 간의 관계는 악화될 가능성이 높다.

관계에 있어서 서열 확인을 위한 접대회식의 비중은 일본은 물론 유럽 기업들에 비해서도 현저하게 낮다. 미국식 거래관계는 거나한 회식보다는 친구 사이처럼 자주 방문하는 과정에서 서서히 이루어진다. 거래처를 수시로 방문하여 가볍게 인사를 나누는 동료의식은 상호 간의 관계 설정에 큰 도움이 된다. 일본식으로 정중한 예를 갖추는 상황은 고객에게 오히려 부담이 되므로 요령껏 피해야 한다.

나와 오랜 거래관계를 가져온 협력업체들은 항상 핵심 영업직원이 우리 쪽을 방문하여 가벼운 대화를 나누곤 한다. 핵심 영업직원은 오랜 세월이 지나도 같은 직장에 근무한다. 같은 일을 하는 동료보다 많은 급료를 받기 때문이다. 이들의 거래관계는 고객사의 직원이 다른 직장으로 이직하여도 지속된다. 고객사의 직원이 동종업계의 경쟁사로 이동하는 경우 이를 영업망을 확장하는 기회로 이용한다. 특히 고객사의 핵심 직원이 다른 경쟁회사로 옮겨 가는 경우는 새로운 거래를 시작하는 좋은 기회가 된다.

일본 고객사의 비중이 높은 미국의 기업들은 그들과 일본인들과의 문화 차이를 이해시키는 교육을 주기적으로 실시한다. 하지만 실질적인 미일 문화 차이를 미국인들이 이해하는 데에는 한계가 있다. 일본인들이 미국문화를 학습하는 노력에 비하여 미국인들이 일본 문화를 이해하려는 노력은 떨어질 수밖에 없다. 이는 고질적인 미일 무역 역조의 근본 원인 중 하나가 된다.

고객의 문화를 이해하지 못하고 고객을 만족시키지 못한다면, 거래를 성사시키는 데에는 어려움이 따를 수밖에 없다. 미국인들은 언어적 문화적 갑의 위치에 익숙하여 을에 입장에서 사고하는 방식에는 한계를 가진다. 미국은 무역에서 보는 손해를 기축통화인 달러를 찍어내서 만회하고 있다. 오로지 절대 갑인 미국만이 가능한 대응 방법이다.

2.3.2. 피드백 중심의 관계

미국인들은 개인 간 피드백을 중요시하는 그들 고유 문화에 기반하여 기업 간의 피드백 또한 중요하게 여긴다. 조직 내부에서도 구성원들 간의 솔직한 피드백이 업무 효율을 향상시키듯이 기업 간 협업에서도 상호존중을 기반으로 한 정보를 나눈다면 효율향상을 비롯한 긍정적인 결과를 얻을 수 있다.

나의 경우 협력업체의 직원과 직접 소통을 할 때 항상 그의 그날 컨디션은 어떤지 가족들은 잘 지내고 있는지부터 우선 확인한다. 미국인들과의 소통에 있어서는 아이스브레이크는 보편적이면서 필수적인 사항이다. 혹시 그의 주변에 어려운 문제가 생겼다면 그에 대한 하소연을 들어주고, 경우에 따라서는 납기를 좀 늦추어 주기도 한다.

미국의 기업에서는 고객을 직접 상대하는 업무를 여성이 담당하는 경우가 많다. 미국의 여성인력 활용정도는 세계적 수준이며, 고객대응 업무는 여성인력을 활용하기에 적합한 직종이다. 여성들은 업무를 진행함에 있어서 더 감성적이고 피드백에도 민감하여 고객과 더 친밀하게 다가갈 수 있다.

미국에서는 개인의 감정을 제외한 순수 업무 이야기만으로는 오히려 일의 진척이 늦어질 수도 있다. 상대의 목표 지향적인 행동을 자발적으로 일으키려면 상호 간의 공감대를 유지하는 것은 필수적이다. 미국인들과 협업함에 있어서 기업 간 위계에 기반한 강압에 의한 것보다 공감에 의한 업무진행이 훨씬 더 효율적이다.

한번은 협력사의 업무 상대를 살짝 강압적으로 밀어붙였다고 생각했는데, 나이 든 여직원이 갑자기 끼어들면서 등장하였다. 이는 의심할 여지 없이 해결사를 투입해 언변으로 나를 누르려는 의도였다. 갑자기 대화가 말리고 말꼬리 잡기 등으로 힘든 위기를 맞게 되었고, 정신이 바짝 들기 시작하였다.

이런 경우에는 종속적인 위계에 기반한 정면대결로 치달으면 파멸을 초래할 수도 있다. 말로만 먹고사는 해결사가 같이 죽는 길을 택한다면, 전문가 쪽에게 더 타격이 심하기 때문이다.

물론 항상 협력사 직원들을 무작정 평등하게만 대할 수는 없다. 가끔은 고객이 분노하였다는 것을 보여줄 필요가 있다. 자신의 관리자들에게도 한 번쯤은 협력사 직원들을 한꺼번에 다 호출해서 호통까지는 아니더라도 위기 시에 통제할 수 있다는 능력을 보여 주어야 한다.

평상시에는 당근을 사용하되 아주 가끔씩 채찍을 사용할 필요는 있다. 국화 대신 칼을 보여줘야 하는 경우는 매우 이례적이지만, 매우 신중하게 한 번 정도 서열을 일깨워 줘야 하는 것이다. 이러한 요령은 협력사뿐만 아니라 고객사에도 적용시킬 수 있다. 물론 이런 상황에서는 매우 신중해야 한다. 미국인들은 즉흥적으로 행동하는 면이 강하지만, 이런 돌발상황에 대한 매뉴얼을 준비하고 있기 때문이다.

미국인들의 문화에 적응하여 있다가, 동료 독일인의 독일어 대화를 듣고 역시 그들의 피드백 문화 또한 미국과는 다소간의 거리가 있다는 것을 느꼈다. 영어로는 상냥하게 서로의 안부를 묻곤 하는 독일인들도 독일의 협력업체와 독어로 통화를 하는 경우 안부 같은 건 모두 생략하고 바로 강압적인 업무 이야기로 돌입하는 것이었다. 내가 업무진행 감각에 대하여 일본, 미국 모드를 별도로 익히고 있던 것처럼 그들도 미국, 독일 모드를 머릿속에서 별도로 관리하고 있었다. 즉 독어로 생각하고 말하게 되면 피드백을 생략하고 위계적으로 돌변하는 것이다.

2.3.3. 신사적인 기업 간의 협력

미국인들이 선호하는 기업 간의 거래 관계는 수평적 상생관계에 기반한 공생적 협력 네트워크라라고 할 수 있다. 미국시민은 만인 앞에 평등하다는 사고 방식은 기업 간 관계에도 예외 없이 적용된다. 종속적 기업관계를 재생산하는 상생협력이 아닌, 모두를 위한 공정하고 대등한 공생협력 네트워크를 추구한다.

미국의 전통적인 대기업들과 전문기업들은 오랜 세월 끈끈한 유대관계를 맺어온 데다, 굳이 법으로 제도화하지 않아도 통용되는 신사협정 문화를 가지고 있다. 미국의 오랜 산업역사 속에서 살아남은 협력업체로서 선정할 수 있는 수준의 전문기업은 한정되어 있기 때문이다. 협력업체는 일반적으로 업계 전반의 네트워크 안에서 선정되며 업종에 따라 이 네트워크의 업데이트 속도에 차이가 난다.

미국식 정부주관 협력관계의 틀로 꼽아볼 수 있는 것은 미국 중소기업청에서 시행하는 멘토-프로티지 프로그램이다. 이는 거대한 정부조달시장을 매개로 대기업과 중소기업 간의 공생협력을 촉진하는 방식이다. 대기업은 협력업체에 대해 대출, 주식투자 등 재정적 지원과 기술지원을 하게 되며, 컨소시엄을 구성해 연방정부의 대형 과제나 공공구매에 참여하게 된다.

내가 몸담았던 조직들의 구조조정과 인수 합병을 직원 입장에서 직접 경험하면서, 미국식 수평구조에 따른 조직의 변화과정을 몸소 체험할 기회를 가질 수 있었다. 내가 여러 해를 근무하였던 M 사업부는 오래전 창업 당시에는 완성차를 만들던 F 사 조직의 일부였다. 완성차와 부품사를 분리하던 자동차 업체 전반의 움직임에 따라 M 사업부는 다른 부품 부문과 함께 별도 법인인 V 사로 분사되었다. M 사업부는 협력업체가 되어 F 사에 차량용 제어장치를 부품으로써 납품하게 되었던 것이다.

내가 M 사업부에 입사를 하였을 때는 F 사 계열의 V 사는 이미 대부분 사업부들을 각각 F 사의 다른 협력업체들에 매각해 버린 이후였다. 내가 일하게 된 M 사업부는 A 사에서 이를 인수한 경우다. 즉 사업부 단위로서는 계속 존속하되 F 사에서 V 사로 그리고 A 사로 계속 소속사가 바뀌어 간 것이었다.

재미있는 사실은 사업부의 실질적 오너와 정신적 오너가 다른 인물이었다는 것이었다. 실질적 오너는 물론 A 사의 대주주였고, 정신적 오너는 완성차 F 사를 100여 년 전에 창업한 창업주의 4세 후손이었다. 현실적으로 A 사 최고경영진 자체가 가지고 있던 정신적 오너십은 거의 없었고, 그들은 주주들의 눈치를 봐야 하는 상황이었기 때문이기도 했다.

결과적으로 A 사 총괄 경영진과 내가 일했던 M 사업부는 수평적인 관계를 가지고 업무를 진행할 수 있게 되었다. 즉 딱히 오너가 없는 상태에서 주주들이 임명한 경영진이 우리 사업부에 미치는 영향은 얼마 되지 않았던 것이다. M 사업부의 임원들이 대부분 고객사인 F 사 출신이었기 때문이기도 했다. 사업부와 최고경영진의 실질적인 수평적 구조가 이루어진 것이다.

그 답례로 M 사업부의 임원들은 다른 사업부에서 F 사에 수주 로비를 하는 데 많은 도움을 주기도 하였다. 실제 F 사 오너의 권한은 제한되나, 오너십에 따른 우선적인 수주와 이익이 어느 정도 보장되었던 것이다. 물론 M 사업부는 전략적으로 계속 F 사에서 관리자를 영입하였고 그곳에서 퇴직한 관리자들도 실무직으로 불러들였다. 고객사 출신 임직원들은 회사 전체의 추가수주와 이익을 위하여 일사불란하게 움직였다.

결국 경영난으로 A 사가 M 사업부를 경쟁사인 Z 사로 매각하기로 결정하였을 때도, 직원들이 불이익을 받지 않도록 F 사 출신 임원들의 입김이 강하게 작용하였다. 오너와 최고경영진의 고유 권한인 매각 협상 과정에 사업부 레벨의 임직원들이 직간접적으로 개입하게 된 것이다. 이 모든 과정이 간단하게 진행되었던 것은 아니었지만 갑과 을의 일방적인 관계가 아닌 서로 간의 공생 구조가 자연스럽게 형성되었다고도 볼 수 있다. 구조조정에서 어느 조직만 일방적으로 희생되지 않고 모두가 공존하는 편을 선택한다.

물론 미국식 수평적 공생 구조에는 결정적인 단점이 있다. 종속적인 관계에 따른 책임감이 희박하기 때문에 거래처가 빈번하게 바뀔 수 있다는 거다. 협력사의 충성심은 떨어질 수밖에 없고 고객사의 지속적인 거래 유지에 대한 책임감 또한 미약하다. 첫 거래를 수주하기 쉬운 만큼 다음번 과제에서는 탈락하는 경우가 흔하다. 다음번 경합에서 경쟁사가 좀 더 낮은 가격을 제시한다면 해당 프로젝트는 고스란히 내주어야 한다.

미국의 노동시장이 유연한 현상과 마찬가지로 기업 간 협력관계도 유연하다고 보아야 한다. 유연함에서 오는 장점과 단점을 슬기롭게 활용해야 미국 시장에서 지속적인 거래와 매출을 유지할 수 있다. 언제 정리해고 될지 모르는 직장인들이 항상 이력서를 업데이트하듯, 기업들도 항상 새로운 고객사에 맞춘 포트폴리오를 준비하고 있어야 한다. 특히 직원들이 전직을 자주 하는 분야일수록, 거래처의 변경도 빈번하게 일어난다.

특히 미국의 테크 기업들은 기존의 거래처와 계속 거래를 유지하는 것보다 새로운 거래처와 거래를 트고 싶어 한다. 테크 기업들의 젊은 관리자들은 새로운 거래처와 일하는 편이 더 흥미롭고 좋은 아이디어가 나올 수 있다고 여긴다. 서로 간에 수평적인 관계이기 때문에 협업은 어느 쪽의 의사에서든 언제든지 종료될 수 있다.

미국인들과의 거래를 함에 있어서 특징 중 하나는 계속 배짱으로 밀어붙이거나 불만스러운 태도로 협상을 진행하여도 막상 수주가 확정되면 분위기가 다시 좋아진다는 점이다. 협상의 과정에서 불쾌한 부분이나 매끄럽지 못한 진행이 있더라도 구매 결정 후에는 대응이 급격히 좋아지기는 경우가 많다. 고객사의 위압적인 태도가 거래하지 않겠다는 의도로 오해될 수도 있지만, 미국인들의 협상과정에서는 어느 정도의 불협화음은 보편적인 일이다.

미국인들의 협상 과정은 일본인들과는 반대로 사전에 조율이나 아무런 공감대 없이 곧바로 테이블에 올라오는 경우가 많다. 협상 테이블에서는 양자 관계가 수평적인 분위기에서 의견차이를 조율해야 하기 때문에 상호 간에 기싸움이 벌어지기도 한다. 만약 일본인들과 이러한 줄다리기식 협상을 한다면 어떻게 거래가 성사되더라도 그 이후 협업의 진행이 순조롭지 않을 수도 있다. 한번 올라온 부정적인 감정은 일본인들의 마음속 깊은 곳에 오래도록 남아있기 때문이다.

일본에는 미국과는 대조적으로 수직적으로 계열화된 종속적인 협업관계를 보완하는 차원에서 정부에서 주관하는 협력제도가 있다. 공익법인인 하청기업진흥협회는 거래의 중재 및 적정성에 대한 평가 그리고 정보공유를 통하여 협력업체들을 지원하고 있다. 온라인 네트워크 시스템을 구축해 계열화의 경계를 넘어서는 거래를 알선하며, 거래 기본계약서 양식을 보급하여 기업 간의 공정거래를 돕고 있다.

2.3.4. 수평적인 인수합병 과정

미국에서 경쟁 기업을 인수하는 경우 수평적인 인수합병이 일반적이다. 사업부 단위의 조직을 계속 유지하면서 이전 기업에서의 관리자들과 인력구조의 골격을 대부분 그대로 가져간다. 이전 회사의 임원들도 상당수가 남아서 계속 조직을 이끈다. 인수하는 기업의 임원이나 관리자가 갑자기 낙하산식으로 나타나서 우위적인 입지를 차지하는 경우는 가시적으로는 나타나지 않는다. 조직 자체가 갑자기 붕괴될 수 있기 때문이다.

내가 근무했던 A 사 M 사업부의 경우에는 신기하게도 50년 전 설립 당시의 기본 뼈대를 대부분 유지하고 있었다. 고객사로부터 독립되어 나온 조직을 인수하였기 때문에, 조직 자체를 해체하고 재구성하는 쪽이 오히려 프로젝트 수주에 불리하기 때문인 점도 작용하였을 것이다. 쓸데없이 고객사를 분노하게 만들 필요가 없기 때문이다.

시사점은 새로운 본사의 명령이나 규정에 따르게 하는 요구나 압력은 실무수준에서는 그다지 피부에 와닿지 않았다는 부분이다. 미국기업의 인수합병에 결국 실패한다면 대를 이어 내려오는 조직문화를 바꾸기 힘들다는 것이 실패의 주요 원인이 된다. 인수한 조직에 쉽게 본사의 문화를 적용할 수 있을 것으로 넘겨짚었다가 쓴맛을 보는 것이다. 수평적이기 때문에 그만큼 바꾸기 힘들다.

아무리 수평적인 인수합병이라도 계속 적자가 나는 사업부를 인수했거나 기존 사업과 중복되는 경우라면 구조조정이 필요할 수 있다. 아무리 재정상태가 튼튼한 기업이라도 오너 중심 거대기업이 아닌 한 사업부 단위의 경쟁력을 가지고 있어야 하기 때문이다. 인수합병한 조직에 추가 자금을 투입해야 한다면 기존 흑자 사업부의 직원들에 대한 역차별이 될 수 있다.

미국의 기업들은 경쟁사의 사업부를 인수하여 기존 사업부와 통합하는 경우에, 즉 인수한 조직 자체를 소멸시켜야 하는 경우에는 상당한 신중을 기한다. 인수합병 초기에는 고객사나 대주주 등을 등에 업은 임원이나 고참 직원들의 저항이 만만치 않기 때문이다. 최악의 경우는 임원들이 퇴사한 이후 경쟁사로 옮겨 가서 자신들과 일하던 기존 핵심 직원들은 빼내가 버리는 경우이다.

잘못하면 쭉정이만 남아 버리고 인수합병 소요비용에 대한 본전도 찾지 못하는 수가 있다. 과거 한국 대기업들이 미국기업을 인수한 이후 강압적 위계를 요구하는 과정에서 많이 경험했던 현상이다. 특히 기업을 통째로 인수하지 않고 사업부 단위로 인수한 경우에는 기존 조직에 대한 융화 과정에 고도의 전략이 필요하다. 구렁이가 거위알을 삼켜서 서서히 녹여 먹듯 전략적으로 서서히 접근해야 한다.

인수합병 당하는 기업의 직원들 입장에서는 앞날에 대한 기대와 불안이 동시에 닥칠 수밖에 없다. 실무자 입장에서는 되도록이면 직속 관리자가 새로 바뀌지 않는 것이 새로운 조직에서 살아남는 데 유리하다. 새로운 관리자를 상대해야 한다면 거의 이직하는 것과 비슷한 수준의 재검증을 거쳐야 하기 때문이다.

실무자는 어떤 경우이든 자신이 새로운 조직에 필요한 인물이라는 점을 관리자들에게 부각시켜야 한다. 그리고 관리자의 시각에서 판단하여 자신이 신뢰할 수 있는 핵심 직원임을 인식시켜야 한다. 관리자 입장에서도 바로 물갈이를 해야 할지 기존 직원을 유지해야 할지 결정해야 하기 때문이다. 새로운 관리자가 실무 직원들을 교체하는 과정은 미국에서는 보편적이다.

따라서 관리자 그룹이 완전히 바뀌어 버린다면 직원으로서 조직에 존속하더라도 이전 조직에서의 위상과 역할의 유지가 힘들어질 수도 있다. 특정 사내 파벌에 속해 있었다면 상황에 따라 불리할 수도 유리할 수도 있다. 그 파벌이 새 회사에서 어느 정도의 생존력을 가지는지가 관건이기 때문이다. 노동시장이 유연하기 때문에 이전 조직에서의 인력들은 보통 파벌 단위로 정리가 될 수밖에 없다. 핵심 임원 한 명이 여럿의 핵심직원들을 이끌고 경쟁사로 이동하는 모습은 보편적이기 때문이다.

수평적 인수합병에서 중요한 요소는 이전 조직의 관리자들을 유지하는 요령이 될 것이다. 관리자들에 대한 구조조정은 실무자들이 이전 관리자가 더 이상 필요하지 않을 단계에서 서서히 이루어져야만 한다. 구조조정 대상 관리자가 어느 정도의 실질적 권한을 가지고 있는지, 아니면 순수 관리업무만을 담당하고 있는지 여부도 주요 검토 사항이다.

내가 일하던 조직의 Z 사로의 합병 과정에서는 두 가지 방법을 사용하였다. 임원은 존속시키되 그 아래의 관리자들을 서서히 교체하는 방법을 사용하였다. 존속 임원에게 서서히 압력을 가하여 부서장들을 인수주체 회사의 관리자들로 교체하도록 한 것이다. 경영층 입장에서는 부서장보다 임원들을 통제하는 편이 훨씬 더 수월하기 때문이다. 임원들은 기존 관리자들을 선별하여 내보내고 새 관리자를 인수주체 조직으로부터 영입하게 되었다.

이는 상당한 효과를 보아서, 이전 기업에서 임원에게 인정받고 그 파벌에 속했던 핵심 수석급 실무자들은 새 조직에서도 계속 자리를 지키게 되었다. 수석급들이 계속 자리를 지키느냐 떠나는가에 따라 해당 조직의 가치가 좌우된다. 일반 실무급들은 조직의 변화에 상관없이 주기적으로 교체되는 것이 보편적이기 때문이다.

관리자들에 대한 구조조정과는 별도로 실무에 그다지 필요 없는 처세형 직원들을 선별해서 조용히 내보내는 과정 또한 수평적 인수합병 과정에서 무엇보다 가장 중요한 부분이다. 특히 인맥보다는 보유기술 자체가 중요한 테크 기업들은 이 과정이야말로 인수합병의 성패를 다루는 핵심이 될 수 있다. 자기 파벌의 처세형 직원들은 기존 임원들에게는 없어서는 안 될 존재이다. 이들은 구조조정과 변화의 시기에는 이직에서 자유로운 실무형 직원들보다 훨씬 더 중요한 역할을 한다.

공개적으로 정리해고를 해 버리게 되면 전체 분위기가 가라앉아 핵심 실무 인력들이 우선적으로 이탈할 수 있다. 정리해고 시즌에 더 큰 불안을 느끼거나 결국 불이익을 당하게 되는 직원은 실무형 인력들이기 때문이다. 실무형 직원들은 평균 근속 기간이 짧고 이직의 기회도 더 많이 주어지기 때문에 이탈의 유혹이 더 클 수밖에 없다. 조직이 흔들리면 가장 먼저 떠나는 부류가 바로 실무형 직원이다.

반면 처세형 직원들은 평균 근속 기간이 길고 이전 조직의 문화에 최적화되어 있는 경우가 많다. 처세형 직원들은 관리자일 수도 있고 수석연구원 등의 핵심 실무자 직함을 가지고 있을 수도 있다. 이들은 관리자보다 높은 실질적 권한을 가지고 때로는 더 높은 급료를 받기도 한다. 따라서 외부의 눈으로는 단지 직급만으로 실세들을 구별해 내기는 쉽지 않다.

선불리 구조조정을 단행한다면 실무형은 모두 내보내고 처세형만 생존시키게 되는 결과를 낳을 수 있다. 가장 큰 실수는 처세형 핵심 직원들에게 구조조정 자체를 맡겨버리는 것이다. 과거에 한국이나 일본 대기업에서 미국기업을 인수합병 시 이런 실수를 많이 하였다. 미국식 수평적 인수합병의 의미를 잘못 해석한 데서 오는 치명적 실수였다.

따라서 수평적 인수합병 과정에서 처세형 직원들을 정리하는 과정은 상당히 신중해야 하고 상당한 위험 부담이 따른다는 것을 명심해야 한다. 처세형 인력들이 이탈하면서 핵심 직원들과 고객까지도 함께 가지고 갈 수 있기 때문에, 그에 대한 대책을 반드시 가지고 있어야 한다. 처세형 핵심 인력들을 정확히 집어내고 조용히 제거한 이후에 그 자리에 인수하는 기업에서 근무하였던 이미 검증된 처세형 실무 직원들을 재빨리 은근슬쩍 투입하여 정지작업을 해야 한다.

나의 조직이 Z 사에 인수합병 되는 과정을 조용히 지켜본 결과, 이들은 상당히 체계적이고 전략적으로 서서히 구조조정을 이루어 낸다는 것을 실감하였다. 인수합병을 당하는 입장에서 감탄할 만한 기존 인력에 대한 조정을 경험하게 되었다. 이전 조직을 장악하고 있던 실세들을 신중하게 하나둘 서서히 내보냈기 때문이다. 이들의 뛰어난 정치력으로 새 회사에서도 계속 영향력을 유지할 것으로 생각했던 나의 예상이 완전히 빗나간 것이다.

기존 조직에서 전문성이 떨어지면서도 근속 연수가 지나치게 길었던 직원들이 우선적인 제거 대상이 되었다. 미국에서 전문가가 아닌 시니어급 직원의 지나치게 긴 근속 연수는 처세형으로 판단될 수밖에 없다. 이들이 먼저 조직을 떠가게 되면서 근속 연수가 비교적 짧은 실무형 직원들은 조금씩 안도감을 느끼게 되었다. 파벌이 제거되면서 계속 자리를 지켰던 임원들의 정치적 영향력은 서서히 감소하였다.

실세들에 대한 구조조정은 경영진이나 관리자에 대한 구조조정과 분리되어 있다. 실세들을 정리하는 과정은 미국식 평등성을 저해하지 않는다. 인수합병에 능한 기업들은 실무형 인력들이 동요하지 않게, 처세형 실세들을 조기에 선별하고 조용히 제거하는 노하우를 가지고 있다. 수평적인 인수합병에는 실무형 직원들이 현업에 집중할 수 있도록 안심시켜 주는 과정이 필수이다.

2.4. 서열기반 사회 일본

2.4.1. 고객에 대한 정성

일본에서 근무하면서 오랜만에 동료와 드라이브를 즐겼을 때, 뇌리에 오래 남았던 인상적인 장소는 주유소였다. 우리 일행이 차를 몰고 주유소에 들어서는 순간이었다. 미처 차를 주유기 앞에 멈추기도 전에 종업원 두 명이 동시에 재빠르게 밖으로 달려 나온다. 마치 특급 호텔 입구에 고급 세단을 멈추자마자 도어맨이 달려 나오는 것과 같은 느낌이었다. 한 명은 바로 주유기를 작동시켰고 동시에 다른 종업원은 유리창을 닦아주기 시작하였다.

주유가 끝날 때까지 황송할 정도로 정중하게 손님을 응대하는 광경은, 일본에서의 생활에 익숙하다면 그리 특이한 모습은 아닐 것이다. 하지만 내가 처음 일본에서 생활을 시작했을 때에는 평생 처음 경험해 보는 광경이라 상당히 흥미롭게 여길 수밖에 없었다. 일본에서는 차량 유류대가 워낙 높고 그에 따른 마진도 상당한 사업이라 노동력에도 많은 투자가 병행되어야 한다. 유류 자체보다도 서비스의 질과 고객만족 정도가 매출에 중요한 역할을 한다. 일본에서의 주유소는 일단 차지하는 토지의 가치가 높기 때문에 상당한 투자를 요구하는 사업이다. 특히 외지인이 많지 않은 소도시의 경우 매출은 단골고객의 재방문에 많이 의존하게 된다.

일본인들의 고객응대와 서비스 정신은 세계 최고 수준으로 인정받고 있다. 온 마음을 다해 정성껏 대접한다는 오모테나시 정신에 기반한 고객만족 추구이다. 세심한 주의와 배려를 통해 고객에게 특별함을 느끼게 하는 것을 목표로 한다. 사실 일본인들 스스로 고객으로서의 태도가 그들의 서비스 정신 향상에 많은 영향을 미친다. 일본인들은 아무리 가격이 저렴하더라도 서비스 정신이 떨어지는 업소에는 잘 가지 않는다. 그들 스스로 고객으로서의 품위를 지키고 자신의 고객에게는 정성을 다하는 것이다.

이러한 가치관은 기업 간 거래 관계에서도 나타난다. 납품처를 선정하는 경우에도 납품 단가가 경쟁사보다 저렴하더라도 고객에 대한 대응이 만족스럽지 못하면 협력사로 선택하지 않는다. 품질과 서비스에 대한 추가적인 비용을 아까워하지 않는 것이다. 물론 이러한 부분이 고비용을 초래하여 국제적 경쟁력을 떨어뜨리기도 한다.

미국인들에게는 그들에게 보편적인 상황에 따른 친절에 비하여 일본인들의 몸에 박힌 습관적인 친절은 상대적으로 가치가 떨어져 보일 수도 있다. 미국인들은 관습적으로 친절한 모습을 보이기보다 선택적으로 친절한 대우를 받는 편이 더 가치가 있다고 여긴다. 자신만이 특별한 고객인 것처럼 생각되는 것보다 더 즐거운 것은 없다.

따라서 미국인들의 고객에 대한 대응은 일방적이기보다 그때의 상황에 기반하는 경우가 더 많다. 서비스업종의 경우 팁 기반 문화의 영향도 무시할 수 없다. 이 경우는 조직이 아닌 개인에 대한 직접적인 대가를 바란 친절이라고 할 수 있다. 음식점과 같은 서비스업종의 경우 단골 고객이 될수록 종업원들의 질적인 서비스가 향상된다. 일본인들의 일관된 친절과는 차원이 다른 유연한 배려이다.

일본인들은 거래 고객과의 첫 만남에서 자신에 대해 먼저 상세하게 소개하는 것을 상대에 대한 예의로 여긴다. 특히 고객에게 먼저 준비된 명함을 건네는 의식은 절대적이다. 고객으로부터 명함을 받았는데, 내가 미처 명함을 준비하지 못했다면 아주 큰 결례가 된다. 나와 거래하던 일본계 협력업체 직원이 명함을 주지 않은 경우는 지금까지 단 한 번도 없었다. 첫 대면 시에 자신에 대한 소개 의무는 기업 내부 직원들 간의 관계에도 적용된다.

내가 B 사에 근무할 때 일본 지사와의 컨퍼런스 회의에서 인상적인 경험을 하게 되었다. 회의를 주관하였던 일본인 간부 직원이 발표자료의 첫 페이지를 자신을 소개하는 데 할애한 것이다. 자신의 가족사항과 취미 등을 한 페이지로 요약하여 발표 자료의 첫 장에 배치하였다. 순간 회의실에 모여 함께 발표를 원격으로 지켜보던 동료 미국인 직원들은 약간 어리둥절한 눈치였다. 첫 만남에서의 자세한 자기 소개는 미국에서는 보편적이지 않기 때문이다.

일본에서는 서열이 낮은 쪽이 자신에 대한 소개를 먼저 하게 되며, 이는 첫 만남에서는 중요한 서열확인의 의식이 된다. 하지만 미국인 동료들 입장에서는 귀중한 회의 시간을 불필요한 곳에 할애한 것이 아니냐는 눈치였다. 당시 동료들은 일본의 비즈니스 문화에 대한 인식이 부족하였고 동양문화에 대한 이해도가 낮은 상태였기 때문이기도 했다.

일본이라고 해서 누구나가 처음 만난 고객에게 자신의 신상을 자세히 소개하는 것은 아니지만, 누군가가 그렇게 한다고 해도 전혀 이상한 일은 아니다. 자신에 대해 오픈하는 것은 단순한 서열확인을 넘어서 상대에 대한 예의와 배려로 여긴다. 초면에 자신에 대한 자세한 소개를 한다고 해서 상대가 그것을 결례로 여기거나 관계에서 손해가 될 위험은 없다는 의미이다.

정성을 다한 서비스는 감정적 연결을 포함한다. 고객과의 관계에서 친밀성과 신뢰가 생기면, 고객은 상대를 더욱 긍정적으로 인식하게 된다. 수평적인 관계가 아닌 서열기반 관계에서는 보다 높은 수준의 사회적 기술과 지혜로움이 필요하다. 인간 관계의 복잡성과 다양성을 이해하고 존중하는 것은 서열기반 관계에서 현명하게 행동하는 데 도움이 된다.

2.4.2. 피드백이 없는 관계

일본의 상점에서 쇼핑을 할 때마다 마음이 쓰였던 것은 손님을 맞이하는 종업원이 지나치게 정중한 예의를 갖춘다는 것이었다. 일방적인 대접을 받는 것에 익숙하지 않은 외국인의 입장에서는 판매자의 과도한 친절이 때로는 부담스럽기까지 하다. 외모만으로는 그들이 내가 이방인임을 알아차리기 힘든 점이 내가 미국에서 생활할 때와 또 다른 점이다.

다행인 것은 고객입장에서 그들에게 그에 상응하는 예의를 갖추거나 적절한 피드백을 주지 않아도 된다는 점이다. 즉 굳이 인사를 정중하게 받아주거나 답변을 건네지 않아도 됨을 의미한다. 조직에서건 거래 관계에서건 지신보다 서열이 낮은 쪽에게는 반드시 필요한 경우가 아니라면 피드백을 주지 않아도 결례가 되지 않는다.

고객은 무뚝뚝하게 행동하거나 자신의 의사를 적극적이고 확실하게 표시하지 않아도 무방하다. 오히려 손님이 미국식으로 과도한 응답을 준다면, 종업원들은 당황하거나 오히려 그 손님을 무시하려 들 수도 있다. 명함을 교환하면서 서열을 확인하고 안도하는 일본의 직장인들처럼, 상점을 들어서는 순간부터 손님이 서열을 확고히 해 주면 종업원들은 심리적으로 안정감을 느끼게 된다. 어떤 식으로든 주종관계를 거스르거나 허물려는 시도는 예기치 않는 불편함이나 불이익을 초래할 수도 있다.

음식점이나 편의점 같은 곳에서 종업원이 편하게 앉아서 고객을 맞이하거나 느긋하게 일하는 모습을 보이면, 고객들은 그에 대한 거부감을 느끼게 된다. 항상 종업원들은 고객에게는 분주하게 움직이는 모습을 보이는 것 또한 예의이다. 고객이 상점에 들어섰는데 인사를 마친 종업원이 계속해서 고객의 행동을 주시하는 것도 결례이다. 계속 자신의 업무를 지속하는 모습이 가장 자연스럽다.

피드백이 없는 일본 문화의 전형은 조직 내부에서뿐만 아니라 거래 관계 및 쇼핑문화에서도 광범위하게 나타난다. 일방적인 주종관계가 자영업자들을 포함한 대부분의 상거래 관계에 적용된다. 상호 간에 동등하게 에티켓 차원에서 말을 받아주거나 답변을 주어야 하는 미국인들 간의 관계와는 많은 부분에서 다르다.

특히 거래 관계에서는 주종관계가 상당히 명확한 모습으로 밖으로 드러난다. 대화 시에 나누는 어투 및 표정, 시선처리, 얼굴의 각도 등 태도를 막론한 피드백의 관점에서도 서열은 뚜렷하게 드러난다. 멀찌감치 일본인들 사이의 대화 모습을 지켜보더라도 어느 쪽이 갑에 해당하는지를 쉽게 알 수 있다.

특이한 점은 일본인이 외국인을 대할 때는 태도가 바뀌는 경우가 많다는 점이다. 일본의 지식인들이나 비즈니스맨들은 일방적인 서열 문화는 일본 내에만 통용된다는 것을 학습과 경험으로 알고 있기 때문에 외국인에 대한 과도한 예절은 되도록 피하게 된다.

미시간의 노바이 지역은 일본의 직장인들이 많이 거주하는 곳이다. 특히 저렴하고 대중적인 일식집이 많다. 가주 지역에서는 한국인들이 일식집을 많이 운영하지만, 이곳은 대부분의 일식집들은 일본인들이 운영하고 있다. 신경이 쓰였던 부분은 종업원들이 한국인이나 중국인 고객을 대할 때는 태도가 완전히 바뀌는 경우였다. 그들만의 세계에서만 그들만의 방식으로 대하는 것은 국제화된 일본인들 사이에서의 암시적 규정으로 나타난다.

기억나는 에피소드 중 하나는 일본 본사에서 출장 온 동료 직원이 근처 일식당에서 식사를 마친 이후 팁을 주지 않고 음식점을 떠난 사건이었다. 한국 사람끼리 라면 그 자리에서 쫓아 나와 팁을 달라고 직접 요구했을 수도 있겠지만, 일본인들은 미국에서도 서로 일본식으로 대응한다. 음식점 측에서는 그에게 직접 피드백을 주지 않고, 그의 인상착의와 소속 회사를 기억하여 두었다가 지사장급 주재원에게 우회적으로 불만을 표시해 온 것이다.

결과적으로 그는 귀국 후 그의 상사에게서 직접 주의를 받게 되었다.

고객으로서 지켜야 할 의무는 수평적인 관계보다 수직적인 관계에서 더 명확하게 나타난다. 미국 사회라면 그냥 넘어갈 수 있는 사항이 일본에서는 문제가 될 수 있는 것이다. 이러한 현상은 일본 사회 전반에서 나타난다. 즉각적인 피드백이 없기 때문에 선을 넘어선 경우 그 뒤처리와 수습은 보다 더 복잡해진다.

일본의 대부분 주종관계가 그렇듯, 고객은 피드백을 주지 않거나 애매한 피드백을 줄 수 있는 권리를 가진다. 하청업체는 고객에게 논리적이고 명확한 대답을 요구할 권한이 없는 것이다. 거래 관계에서는 프로젝트의 모든 세부사항이 결정되고 나서야 정식 발주서를 손에 넣을 수 있다.

수년 전부터 고객사와 함께 프로젝트를 진행한 이력을 가지고 있더라도, 제반사항에 아무 문제가 없다는 것이 재차 확인되어야 정식으로 납품이 결정되는 것이다. 중간에 일이 틀어지면 거래처를 변경할 여지를 항상 남겨놓는 셈이다. 하지만 이것은 주종관계를 재차 확인하는 절차이지 현실적으로 프로젝트 중간에 납품처가 변경되는 경우는 극히 드물다.

일본 주종관계의 핵심은 바로 애매함이다. 일본문화의 특징은 미국을 비롯한 서구 문화와는 반대로 애매한 쪽이 갑이고 협상에 유리하다는 점이다. 미국에서는 애매한 쪽이 손해를 보는 경우가 더 많지만 일본의 경우는 그 반대인 것이다. 그러므로 애매하다는 것은 상사의 권리이자 고객의 권리이기도 하다.

실제로 일본기업 미국 지상사의 현지채용인을 교육하는 자료에는 일본문화의 특징 중 하나는 애매함이라고 나와 있다. 교재에는 직장 상사의 애매함을 순종적으로 받아들여야 하며 논리적으로 따지지 말아야 한다고 명시되어 있다. 암시적 규정에 따른 애매함은 일본인들에게 스며 있는 핵심 사고 방식이다.

일본 고유의 애매함 문화의 기원은, 100년 이상 군웅이 할거하던 일본의 전국시대로 거슬러 올라간다고 한다. 권력자체가 유동적이었던 당시에는 누구든 자기 의사를 밝혀서는 끝까지 살아남을 수가 없었다. 예를 들어 전쟁 중인 양쪽 영주들이 동시에 지원을 요청해 오는 경우, 일단 양측에 애매한 대답을 한 후에 추이를 지켜보다가 우세가 확실한 쪽으로 가담해야 살아남을 수 있었다. 약자에게서 이익을 얻고 강자에게 약한 관습도 이때의 영향으로 분석된다. [7]

2.4.3. 고착되어 버린 거래관계

내가 거주하는 미시간 지역은 미국 사회에 완전하게 동화되지 않은 일본인들이 많이 거주하는 편이다. 캘리포니아 지역 일본계 이민자들의 경우에는 이미 여러 세대에 걸쳐서 미국 사회에 동화를 마친 상태이므로 일본인들 고유의 사고방식을 많이 잃어버린 상태이다. 즉 가주지역의 경우 일본계들의 사고방식과 생활양식은 거의 미국인이나 다른 동양계 이민자들과 크게 차이가 나지 않는다,

반면 미시간 일본인 사회의 경우 많은 경우가 1980년대 이후 자동차 산업과 연관된 이주자들이다 보니 그들의 이민사와 폐쇄성은 한국계 이민자들과 크게 차이가 나지 않는다. 많은 일본인 소유의 상점에서는 일본어만을 사용하며, 심지어 영어 표기의 안내가 없는 상점도 있어서 방문자들을 당황하게 만든다.

미국에 거주하는 일본인 자영업자들의 행동을 지켜보면 그들 특유의

폐쇄성을 감지할 수 있다. 일어를 사용하는 일본인 고객들에게는 그들 방식대로 예의 바르게 대하나 영어를 쓰면 그 순간 태도가 달라진다. 일단 외모만으로 일본인으로 판단했다가, 일본인이 아님을 깨닫고 서열기반의 긴장이 풀리는 것이다. 일본에서 외국인 신분으로 살면서 영어를 사용한다면, 서툰 일어를 사용하는 것보다 오히려 좋은 대우를 받는 것과 정반대의 현상이다.

일본인들의 폐쇄성과 담합성은 조직이나 기업 간의 거래 관계에서 뚜렷하게 나타난다. 일단 일본계 기업과 거래를 시작하는 기회는 외부에 보이는 것보다 더욱 만들기가 어렵다. 처음 거래를 시작하게 되기까지는 통상적인 기업 간 거래에 비춘 예상을 뛰어넘는 시간과 노력을 필요로 한다. 기존 납품업체와의 관계가 이미 고정되어 버렸기 때문에 이를 뛰어넘는 명분과 네마와시 과정이 요구된다.

자동차 산업의 주요 관건은 완성차 업체가 적절한 부품공급 라인을 확보하는 일이다. 미국의 글로벌 완성차 업체는 전 세계의 납품업체에서 부품을 구매한다. 보다 좋은 성능과 품질의 부품을 저렴하게 납품 받는 것이 완성차 경쟁력의 주요 부분을 차지한다. 구매부서의 역량만으로는 글로벌 소싱에 한계가 있으므로 이를 중간에서 연결해 주는 중계상들의 역할도 중요하다.

경쟁력 있는 부품들을 지속해서 발굴하고 지속해서 부품 제조사와 완성차 기업 간의 안정적인 물류시스템을 확보하는 것이 현지 중계상들의 주요 임무이다. 미국의 중개상들이 취급하는 완성차용 부품 중에는 한국산도 적지 않은 비중을 차지한다. 한국에서는 이미 완성차에 들어가는 거의 모든 부품을 생산하고 있기 때문이다. 아쉽게도 가장 부가가치가 높은 차량용 시스템 반도체는 한국산이 없기 때문에 예외가 된다.

미국의 한 부품 중계상이 될 듯하면서도 결국 이루어지지 않는 일본계 완성차 T 사에 대한 납품 건으로 엄청난 에너지를 낭비한 경우가 있었다. 납품 자격을 얻기 위해서 계속 고객사에서 추가로 요구하는 시험 성적서를 제출해야만 했다. 결론적으로는 애초부터 납품이 불가능한 구조였는데 T 사 미주 연구소의 어느 누구도 그들의 불편한 진실을 알려주지 않은 것이다. T 사 현지 직원들은 그들이 신규 업체선정의 권한이 사실상 없다는 사실조차 인지하지 못하였다. 한국산 부품을 중계하는 업체가 이에 뛰어들 여지는 사실은 전혀 없었던 것이다.

일본계 기업과 첫 거래를 시도하는 초기에는 이런 어려움이 확실히 와 닿지 않는다. 얼핏 보기에 문은 활짝 열려 있는 것 같은데, 사양이 미달되거나 검사 성적서가 미흡하다는 등의 이유로 납품이 거절되는 과정이 계속 반복된다. 일본문화 특유의 애매한 피드백 문화에 의하여 단칼에 거절을 통보하지 않는 면이 반복되는 탈락에 크게 작용한다. 일본계 기업 특유의 주재원들과 현채인들과의 권한 차이도 무시할 수 없다. 암시적 규정에 의하여 실제 결정권은 본사가 대부분 가지고 있는 것이다.

다음은 내가 근무하였던 일본계 S 사의 고객사인 완성차 H 사의 납품업체 변경 사례이다. 물론 같은 일본계 기업으로의 변경이었지만 이 또한 쉽지 않은 과정이었고 많은 저항이 따른다는 것을 경험하게 되었다. H 사는 오디오 전문업체인 P 사의 오디오를 오랜 기간 납품 받아오다가 차기 모델부터는 일반 가전사인 N 사를 차기 납품업체로 선정하게 된 것이다.

같은 일본계라 할지라도 납품 기업을 변경하는 일은 좀처럼 일어나지 않는다. 간혹 납품업체의 변경이 결정된다면 일본인 직원들에게는 상당히 큰 변화로 받아들여진다. 한번 거래를 놓친 기업은 당분간은 새로운 프로젝트를 성사시키는 것은 불가능할 것이고, 새로 거래를 시작한 기업은 당분간은 지속적인 수주가 보장되는 상황이기 때문이다.

센터페시아는 차량의 대시보드 중에서 운전석과 조수석 사이에 있는 컨트롤 패널 부분이다. 센터페시아에 자동차의 각종 장치를 조작하는 센터 콘솔이 위치하며 오디오, 에어컨, 내비게이션 등으로 이루어진다. S 사는 차량 중앙의 계기판인 센터페시아를 고객사에 납품하였고, 카오디오는 이 센터페시아의 주요 요소로 들어가기 때문에 두 납품업체의 실무자 간의 긴밀한 협업은 과제의 성공 여부를 결정짓는 중요한 요소였다.

내가 충격을 받았던 모습은 S 사 본사의 센터페시아 설계 담당자들이 이 변화에 상당히 곤혹스러운 모습을 보였다는 거다. N 사도 이전 거래처였던 P 사 못지않은 훌륭한 기술력과 서비스를 갖추고 있다는 것은 모두들 알고 있는 사실이었기 때문에, 단지 협업 상대가 바뀌었다는 사실만으로 당황하는 일본인 동료들의 모습은 나에게는 적지 않은 충격이었다.

동료들은 그동안 P 사의 담당 직원들하고 평생 함께 협업을 해 왔고 그들과는 거의 수평적인 형제와 같은 관계였던 것이다. 새로운 협업 상대와 다시 처음부터 친분과 신뢰를 쌓아야 하는 과정이 그들에게는 상당히 부담스러울 수밖에 없는 상황이었다. 일본의 직장인들은 평생을 같은 상대와 거래하는 것이 일반적이므로, 새로운 거래 상대를 접하게 되는 경우 그 부담은 협력업체뿐만 아니라 고객사 입장에서도 버거울 수밖에 없다.

S 사 담당자들의 우려는 이전에 N 사와는 단 한 번도 협업을 한 경험이 없었다는 것이었다. 이들에게 새로 협업 관계를 만드는 과정은 모든 면에

서 부담스럽고 상당한 정신적 에너지를 요구한다. 고정되어 버린 관계에 변화가 일어나면 많은 일본인들은 고통을 느낀다. 나는 이 사건을 경험한 이후, 일본인들이 얼마나 극심하게 거래처에 관련된 변화를 두려워하는지 실감하게 되었다.

나의 또 다른 특이했던 경험은 일본계 고객사를 방문하여 큰 실수를 한 경우이다. 동료 직원들과 함께 고객사인 H 사를 방문하여 회의를 진행하다가 한 동료가 말실수를 해 버린 것이다. 미국의 고객사라면 그냥 핀잔을 듣고 넘어갈 수도 있는 실수였는데, 회의석상의 핵심 주재원을 곧바로 불쾌하게 만들고 회의 분위기까지 망쳐 버린 것이다.

대화 도중 차량용 퓨즈박스를 정션블럭이라 말해 버린 실수였는데 이는 완성차 H 사의 경쟁사인 T 사에서만 사용되는 용어이기 때문이었다. 업무 총괄 주재원은 분노한 표정으로 정션블럭이 도대체 어디에 있냐고 나의 동료를 다그쳤다. 갑자기 회의실의 분위기는 험악해졌고 고요한 적막은 한동안 지속되었다. 사실은 잠깐 사이에 일어난 일이었지만 심리적으로는 그 순간이 상당히 긴 시간으로 느껴졌다. 나의 불쌍한 일본인 동료는 회의가 끝날 때까지 줄곧 조용히 고개를 숙이고 있어야만 했다. 그들과 우리와의 서열을 재확인하는 주기적인 의식이라고도 할 수 있지만, 당사자에게는 상당히 고통스러운 일이었을 것이다.

일본인들과의 거래 관계에 있어서 초기부터 매끄럽게 비즈니스를 진행하려면, 자주 만남을 가지고 되도록이면 많은 대화를 나누어 어색함을 극복해 가는 것이 가장 무난한 방법이다. 일본인들은 익숙하지 않음을 두려워하기 때문이다. 기회가 된다면 회식 자리를 가지는 것이 가장 좋은 방법이다. 물론 술자리를 함께한다고 해서 갑자기 진도가 나가기는 힘들다. 그들은 초반에는 절대로 선을 넘지 않기 때문이다.

일본계 기업에 부품을 납품하거나 용역을 맡는 거래를 트고 협업을 시작하는 것은 처음에는 상당히 어렵고 부담스러운 일이다. 그러나 한번 거래를 시작하면 다음 프로젝트부터는 지속적인 수주나 납품이 가능하게 되고 안정적인 경영 계획을 만들 수 있다는 것이 폐쇄성의 장점이 된다.

일단 협력사로서 연결된 이후라면 갑의 입장인 경우라도 섣불리 먼저 관계를 끊기 힘들다. 다른 협력업체가 더 좋은 가격과 성능을 가진 부품을 납품하고자 하여도 쉽게 업체변경을 하지 못하는 것이다. 대신 경쟁사에서 제시한 조건을 현재 거래하고 있는 업체에 맞추도록 하는 수밖에 없다. 신규업체를 검토하는 주된 이유는 기존 거래처에 압력을 가하고 납품가를 낮추기 위한 수단이다.

일본계 기업과의 거래에 있어서는 반드시 그 폐쇄성을 인정하고 오히려 역으로 활용하여야 한다. 주종관계가 확실하기 때문에 고객사의 입장에서는 그에 합당한 대접을 받을 수 있는 반면에, 협력업체의 매출을 유지해 주어야 하는 암시적인 책임도 뒤따른다. 수직 계열화된 납품 구도에서 갑자기 주거래 업체와의 거래가 끊긴다면 납품을 하던 기업은 운영에 어려움을 겪을 수도 있다.

일본인들 고유의 폐쇄성은 장기적으로 공을 들이고 진심 어린 노력으로 극복하는 수밖에 없다. 당장의 실적보다는 장기적 안목이어야 한다. 고객에 대한 정성을 쌓아 가는 데에는 오랜 기간이 걸리지만 이들과 한번 친구가 되면 영원히 가족으로 남게 된다.

2.4.4. 반복적인 서열의 확인

내가 미국의 일본계 기업에 근무할 당시의 주요한 임무 중 하나는 현지 채용된 직원을 대표해서 협력업체들과 고객사와의 거래관계를 지속해서 유지하는 일이었다. 일본에서 파견된 주재원들은 많은 권한을 가지고 있지만, 그들은 임기가 끝나면 귀국해야 한다. 유럽계 기업이라면 주재원 임기를 마치고 미국에 남기로 결정하는 주재원들이 있지만, 일본기업은 그렇지 아니하고 주택도 구입할 수 없다.

외국계 기업이라면 현지에서 지속성을 가지고 고객사 및 협력업체들과 유대관계를 유지해 갈 핵심 직원이 필요하다. 충성스러운 현지의 핵심직원을 확보하는 일은 해외 사업장의 성패를 좌우한다. 핵심 직원들이 현재 네트워크를 가진 순수 미국인이라면 가장 이상 적이겠지만, 그들의 지속적인 충성심을 확보하기 위해서는 높은 직위와 많은 급료를 주어야 한다.

나의 입장에서 가장 힘들었던 역할은 협력업체와의 반복적인 서열의 확인 과정이었다. 바로 부품을 납품하고 있던 일본계 업체로부터 너무 지나치게 밀착 관리를 받는 일이었다. 이미 거래 관계가 성립된 경우인 데도 불구하고 협력사의 영업담당은 너무 자주 찾아와 굽실거린다는 느낌이 들 정도로 매번 정중하게 예의를 갖추었다. 당장 권한을 가진 주재원들과 별도로 현채인 직원들을 결코 가볍게 보지 않고 철저하게 관리를 하는 모습을 보인 것이다.

수직적인 관계에 익숙하지 않다면 갑의 입장에서도 스트레스가 될 수 있다. 수평적인 관계에 익숙해져 있다가 갑자기 수직적인 갑이 된다면 을을 지속해서 안심시켜 주어야 하는 의무가 있기 때문이다. 납품을 받는 입장에서 계속해서 서열을 확인해 주고 거래관계가 지속될 수 있다는 확신을 반복해서 주는 일은 상당히 신경이 쓰이는 일이다. 서열을 유지하면서 이들을 적당히 안심시켜 주어야 하는 주기적인 의식은 거래처 관리에서 주요한 요소이다. 어느 정도의 압박과 긴장은 지속되어야 하기 때문에 갑작스러운 수평적인 태도로의 전환은 절대 금물이다.

일본 본사 소속의 플랫폼 개발팀과 지속적인 관계를 가지고 있는 협력업체라 할지라도, 절대로 본사끼리의 유대관계에만 머무르지 않는다. 미국 현지 지사의 고객사 및 현지채용 직원들과 친근한 관계를 유지하기 위한 지속적인 노력을 멈추지 않는다. 일본계 기업의 기존 거래처를 물리치고 새로 거래를 트기가 쉽지 않은 또 다른 이유가 여기에 있다. 총체적인 서열의 확인을 반복함으로써 절대로 틈을 보이지 않는 것이다.

이런 일본계의 협력업체에 익숙해져 있다가, 미국 현지의 협력업체를 상대하는 경우에는 그들이 상당히 당당한 모습을 보인다는 차이를 쉽게 느낄 수 있다. 주종관계가 아닌 대등한 관계로서 다가오고 협상을 진행하는 문화의 차이이다. 일본 특유의 폐쇄성과 대척점에 있다고도 할 수 있는 미국식의 수평적 거래 문화는 그 장단점을 들자면 동전의 양면과 같은 것이라고 할 수 있다.

미국에서는 가격, 성능, 품질 등에서 경쟁력이 있다면 초기에 납품 계약을 따내는 것은 그렇게 어렵지 않다. 하지만 한번 납품을 시작해도 다음 프로젝트에서 또다시 지속적인 납품을 보장받지는 못한다. 그렇기 때문에 일단 납품 수주를 한 이후에는 기존 고객에게 공을 들이기보다는 새로운 고객을 확보하는 데 더 많은 노력을 기울일 수밖에 없다. 수주 현황에 따라 해당 프로젝트의 필요 인력과 매출의 기복이 심하므로 유연한 노동시장이 뒷받침되어야 하는 것은 물론이다.

재미있는 사실은 내가 근무하였던 독일계 B 사의 미주법인에 근무하는 직원들은, 같은 회사의 일본 법인 직원들을 신뢰하지 않았다는 사실이다. 본사는 독일에 있었고, 미주법인 일본법인이 수평적인 관계로 협업을 하는 구조였다. 그들은 일본법인에서 근무하는 일본인 직원들이 독일의 본사보다는 일본의 고객들에게 더 충성스럽다는 점에 불만을 가지고 있었다. 고객사 중에 일본계 기업의 비율이 상당했던 상황에서 경영층은 일본계 고객사에 각별한 신경을 쓰고 있었다.

미국에서 일본계 고객사를 담당하는 직원들은 본사와 일본법인과의 삼각구조 사이에서 그들만의 정체성을 느끼고 있었다. 결국 일본인들과 가까이할수록 업무상의 심적 부담만 늘어난다는 것이 그들이 가진 불만의 주된 이유였다. 일본 법인의 직원들은 그들이 일본 고객사의 본사와 더 가까운 위치에 있기 때문에, 미국의 직원들보다 자신들이 더 높은 서열을 차지하고 있다고 여겼기 때문이다.

현실적으로 일본법인의 직원들은 미국측보다 훨씬 더 많은 고급 정보와 영향력을 가지고 있었다. 이를테면 미국 현지의 도요타 연구소를 상대하는 미국법인의 직원들보다 일본 도요타 총괄 연구소를 상대하는 일본법인의 직원이 같은 과제를 진행함에 있어서 더 많은 정보와 권한을 가지는 것이다. 이는 결과적으로 일본지사의 직원들이 더 높은 서열을 차지하게 만든다. 즉 주인과 더 가까이 있는 머슴이 머슴들 사이에서는 더 서열이 높은 현상과 같은 이치이다. 이런 상황에서 고객사와의 큰 이슈가 발생하면 우선적으로 서열을 확인해 주어야 하는 상황이 들이닥친다. 여기에 대응이 부실하면 업무의 진행에 있어서 따돌림을 당할 수도 있다.

나는 완성차 H 사에 주기적으로 방문해서 소속사의 경쟁력을 어필하면서 충성심을 확인하는 의식을 치렀다. 당사의 경쟁력을 어필하는 설명 중에 세계최대 완성차 업체 G 사에 새로 거래를 시작하게 되었다는 소식을 고객에게 전하게 되었다. 나의 주재원 상사가 고객사의 주재원에게 G 사 납품에 성공하였다고 자랑스럽게 떠벌려 버린 것이다. 고객에 대한 친근감의 표시 및 주종관계 확인 과정의 일부다. 보통 제품의 홍보 시에 고객사의 경쟁사에 대한 실적을 어필하는 모습은 보편적이지만, 동생이 잘된 것처럼 여기면서 기뻐해 달라는 의미도 포함되어 있었다.

담당 주재원은 이를 축하해 주기보다는 그러한 납품이 한 차종에 끝나는 거지 지속적인 납품이 보장되는 것도 아닌데 호들갑 떨지 말라는 식으로 가소롭다는 듯이 반응하였다. 물론 일본인 사이의 전형적인 대화로, 미국인 관점에서 그 뉘앙스를 이해하기 힘든 미묘한 대화가 되었을 것이다. 자신들은 우리와의 지속적인 협력 관계를 보장하지만 미국 고객사와 거래하는 경우 매번 새로운 차종을 수주하자면 다시 원점에서부터 경쟁사들과 경합을 반복하여야 한다는 의미였다.

돌이켜보면 내가 일본기업에서 근무하는 직원의 입장에서 다른 일본기업을 고객사로서 상대할 때 어려웠던 부분은 일본 특유의 폐쇄적인 서열 중심의 주종 관계였다. 그냥 단순하게 하청업체를 좌지우지하거나 착취한다는 개념을 뛰어넘는 형 동생 사이로 비유될 수 있는 관계였기 때문이다. 항상 주기적으로 형님에게 문안 인사를 드려야 함은 물론, 좋은 일이 있으면 형님에게 자랑하고, 혹시 비아냥거림을 당해도 그냥 웃으면서 받아들여야 한다.

2.4.5. 위아래가 분명한 거래관계

반복적으로 서열을 확인하면서 신경이 쓰였던 부분은, H 사의 주재원들이 나의 일본인 동료들을 대하는 다소 위압적인 태도였다. 일부 주재원은 형 동생의 관계를 뛰어넘어 우리에게 노골적으로 저자세를 요구하였다. 이런 경험을 나만 한 게 아니라 다른 일본인 동료 직원들도 비슷한 느낌과 불편함을 가지고 있다는 것을 점차 알게 되었다

한 동료 여직원은 해당 고객의 뒷담화를 하면서, 그가 회의실에서 우리를 상대하면서 앉아있던 자세가 만화 도라에몽에 나오는 쟈이안의 포즈와 이미지였다고 회고하였다. 우람한 체격에 거친 성격의 쟈이안은 항상 동네 아이들을 괴롭히고, 거기에 주인공과 도라에몽이 나타나 약자들을 돕는 과정이 도라에몽 만화의 주된 스토리다. 일본인들에게 쟈이안이라는 캐릭터는 힘 쎈 골목대장을 연상시키는 갑의 상징이다.

역사적으로 우리와 고객 H 사와는 오랜 기간을 협력 관계를 유지해 왔고, 일본의 같은 지역을 연고로 하여 동반성장을 해 온 사이였다. 우리 직원들이 어려워했던 부분은 지속적인 수주를 빌미로 끊임없이 협력과제와 무관한 잡무를 계속 요구당하는 상황이었다. 미국의 협력업체에 요구하기에는 적합하지 않다고 판단되는 본질을 떠난 업무들이 모두 일본계 협력업체로 넘어오는 것이다.

일본에서 파견되어 온 주재원 동료들의 하소연은 우리가 그들의 요구를 한번 들어주면 그것으로 끝나지 않고 계속 밑도 끝도 없이 지속해서 무리한 요구를 해 온다는 것이었다. 가족 같은 폐쇄적인 관계가 공고하기 때문에 이를 빌미로 잡다한 요구를 계속해 오는 것이다. 일본인 동료들은 그러한 요구를 일본의 고객사 본사에서부터 받아왔고, 이들이 함께 미국

에 파견된 이후에도 일본인들 사이에는 같은 주종관계가 자연스럽게 지속된다. 고객사의 파견된 주재원들로부터 연속적인 상하 관계, 말 그대로 평생 충성을 요구당하는 것이다.

우리가 충성을 바쳤던 H 사 미주 연구소의 늦은 저녁시간은 평생 잊을 수가 없는 기억이다. 건물 뒤편의 흡연장소에는 항상 협력업체 직원들이 삼삼오오 모여서 잠깐의 휴식을 취하면서 담배를 태우고 있었다. 때로는 밤늦은 시간에도 그곳에서 휴식을 취하는 일본인 협력사 직원들을 발견할 수 있었다. 많은 경우 밤늦은 시간의 흡연자들은 그들이 소속된 일본 협력업체 본사의 근무복을 그대로 입고 있어서 일본에서 출장으로 방문했음을 쉽게 알아볼 수 있었다.

사실 저녁 늦게까지 그곳에 남아 업무를 하고 있을 정도면 긍정적인 관점에서는 상당한 신뢰를 받은 경우다. 보안상 외부에서 방문하는 협력사 직원들은 대부분 로비나 회의실 이상은 출입이 제한적이다. 연구동 출입을 허락 받고 저녁 늦게까지 고객사 직원들과 함께 근무를 하게 되는 상황은 장기적인 종속적 관계에 의해 확립된 신용이 없이는 힘들기 때문이다.

머나먼 타국 땅에서 일본에서 급하게 출장으로 방문한 직원들과 함께 같은 장소에서 담배를 태운다는 사실만으로 상당한 마음의 위안을 받을 수 있었다. 중요한 것은 우리 일행만이 아니라 누군가 다른 사람들도 같은 장소에서 같은 수직적 관계에 대한 애환을 느끼면서 감정을 공유한다는 사실이었기 때문이다. 밤늦은 시간에 그들과 함께 있다는 것, 서로 간에 시선을 나누는 것만으로도 같은 동족이라는 느낌으로 다가왔다. 눈빛만으로 서로를 이해하고 지지할 수 있었던 것이다.

일본인들의 장점은 자신들과 협력 관계에 있다면 기꺼이 그들을 지도하려고 노력한다는 것이다. 일본은 미국에 비하여 노하우를 아래로 전수하는 문화가 상당히 발달되어 있다. 협력업체가 고객사를 스승으로 섬기고 예의를 다하면서 배울 자세가 되어 있다면 지속적인 거래의 보장뿐만 아니라 기술적 노하우를 제공하는 것을 그에 대한 답례로 여긴다.

하지만 그 대가로 하청업체는 사양 및 세부설계 내역에 있어서 많은 부분을 자체적으로 판단하여 결정하여야 한다. 일본 속담에 하나를 가르쳐주면 열을 안다는 말이 있다. 직장 내의 상하관계처럼 기업 간의 거래에 있어서도 상위 기업이 적당히 지시하면 알아서 하는 맥락 문화가 정착되어 있다. 즉 고객사가 일일이 하나하나를 명시하고 규정하지 않더라도, 상식적인 선에서 세부적인 사항을 납품업체가 자체적으로 결정해야 하는 것이다. 그 결정이 고객의 마음에 들지 않는다면, 다시 수정해야 함은 물론이고 그 책임도 협력업체로 돌아간다.

또 하나 상하관계 거래의 특징은 자회사나 협력업체에 일본식 낙하산 인사가 흔하다는 사실이다. 주종관계로 이루어진 기업 간의 관계에서는 모회사나 고객에 해당되는 회사 직원의 협력사로의 이직이 보편적으로 받아들여진다. 특이한 점은 자회사나 협력사로 더 높은 직책으로 영전되면서 이직하는 경우가 많다는 점이다. 미국에서도 고객사로부터 협력사로의 이직은 드문 일은 아니지만 영전되는 경우는 드물고 대부분 상호 간의 수평 이동이다.

일본의 기업들은 이러한 낙하산 관행을 악용하기도 한다. 신입사원을 모회사의 이름을 걸고 채용하여, 일정 기간 후에 자회사로 배치하는 경우가 그렇다. 과거 한국의 대기업 공개채용 제도가 그룹사 이름으로 입사를 시키고 연수원에서 근무할 회사를 결정하던 관례와 흡사하다. 하지만 일본식 채용은 모회사로 일단 입사를 한 이후에 자회사로 전배가 되는 형식이어서 그 과정에서 전직을 하기는 사실상 불가능하다. 대기업 공채는 입사 시 배치가 맘에 들지 않으면 바로 전직을 하면 된다.

하지만 일본의 계열사 재배치 관행은 모회사에서 어느 정도 근무기간을 채우고 난 이후 이루어진다. 입사 이후 애매한 시간이 흘러버린 시점에서의 전직에는 상당한 위험과 손해가 따른다. 재배치 시점의 전직은 경력으로 인정받기에는 너무 단기간이고, 경력에 오점을 남길 수도 있다. 그와 반대로 자회사에 근무하는 직원이 모회사로 전배 되는 경우는 좀처럼 보기 힘들다. 계열사 간 수직적이고 종속적인 서열 관계가 엄격하기 때문에 이를 거스르기는 쉽지 않다.

기업 간 수직 계열화가 이루어진 경우 협력관계에 있는 기업 간뿐만 아니라 하위 레벨의 협력업체 간 관계에서도 전통적인 가족 서열주의에 따른 거래가 이루어져 간다. 하청업체 사이에도 위아래가 있어서 아버지가 자녀들에게 나이순으로 용돈을 차등 지어 나누어 주듯이, 협력업체 간에 발주가 나가는 비율이 미리 결정되어 있다.

도요타의 경우 협력업체로는 같은 수직 계열인 덴소가 만형 노릇을 하고 있다. 장남은 가장 우선적으로 거래를 선택할 수 있는 권리를 가지는 동시에, 동생들에게 일정 비율의 거래를 배분해야 할 의무가 있다. 동생이라면 형들이 할당해 주는 몫을 감사히 받아들여야 하며, 이에 대해 직접적으로 불평하는 행위는 실례로 간주된다. 할당량에 동의하지 못한다면 형들과 상의를 해서 조정해야 하고, 최종 합의안에 불만이 있더라도 차후를 기약하며 결국 승복해야 한다.

2.4.6. 계획적인 분노

내가 일본인들과 업무를 하면서 수직적 관계를 실감하였던 경우는 고객사의 담당 직원이 잔뜩 화가 난 경우였다. 심각한 고객 불만족 사태가 발생하면 협력사의 핵심 직원들이 단체로 고객사를 방문해서 머리를 조아리고, 상황을 봐서 적절한 접대를 하기도 한다. 대부분 비용적으로 과도한 접대는 아니고 서열을 다시 확인하는 과정이면 족하다.

특이했던 점은 갑의 위치에서의 분노를 정당화하는 과정이다. 우리에게 납품하던 협력업체에 어떻게 분노를 표시할 것인지는 상당한 네마와시, 즉 사전 협의를 거쳐서 이루어졌다. 내가 근무했던 조직의 관리자들은 항상 실무자인 나에게 명시적 동의를 구해 왔다. 그들이 무엇을 잘못했고 어떤 점에서 결례를 했는지를 나름 정리해서 나에게 설명을 해 주었던 것이다. 대부분의 경우 나는 그들의 의견에 동의할 수밖에 없었다. 때로는 너무 가혹하다고 생각되어 반대의 의견을 제시하기도 했지만, 대부분의 경우 이미 답은 정해졌다는 것을 깨닫게 되었다.

우리의 분노가 단지 순간의 감정적인 것이 아니라, 협력사가 암시적 규정을 위반했음을 확인하는 작업이었다. 일본에서 거래 담당자가 협력사에 화를 내는 과정은 대부분 즉흥적인 반응이 아니다. 이미 회의석상에 있는 고객사 직원들 간에는 명시적 또는 암묵적 합의가 사전에 이루어진 것이다.

나의 잊지 못할 힘들었던 경험 중 하나는 H 사에서 신기종으로 출고된 A모델 차량에서 문의 도어락이 동작하지 않는 불량이 발생한 사태였다. H 사는 도어락 제어장치를 납품하는 우리 회사에 분노를 표시하였고, 우리는 날밤을 새워 가면서 그 원인을 파악해야만 했다. 결국 도어락으로 가는 전류를 제어하는 릴레이가 정상적으로 동작하지 않는 것으로 밝혀졌고 해당 릴레이는 해당 제조사인 O 사로 더 정확한 원인 분석을 위하여 보내졌다.

O 사는 예상대로 빠르게 불량의 근본 원인을 분석한 보고서를 보내왔다. 다행히 설계결함은 아니었고 그들이 제조거점을 일본에서 동남아로 옮기면서 발생한 제조상의 품질 문제였다. 문제는 불량의 재발을 방지할 수 있는 대책이 급하게 작성된 보고서에 들어있지 않았다는 점이다. 사실 근본대책은 원인 분석에만 날밤을 새웠을 협력사 직원들의 업무강도를 감안하면 시간을 두고 함께 고민해 봐야 할 과제였다.

문제는 O 사 일본 본사의 책임자가 당사의 일본 본사를 방문하는데 그 대응 태도가 마음에 들지 않았다는 점이다. 결국 불려온 업체 직원에게 재고 수량 전량에 대한 보상을 요구하기로 하였다. 그 재고 생산품 안에 같은 불량이 있을지도 모르니 고객사에 납품할 수 없다는 것이 그 이유였다. 따라서 전량 폐기를 결정하였으니, 그 폐기 물량에 대한 보상을 요구한 것이었다.

결국 전량 폐기 및 보상 요구는 거절당하였고 최종적으로 납품업체를 T 사로 변경하게 되었다. 앞서 설명한 대로 일본기업 간 납품업체 변경은 상당히 큰 이벤트이고 좀처럼 드문 일이다. 돌이켜보니 O 사로부터 한 번도 접대를 받은 적이 없었다. 본사의 직원들 또한 서열 재확인을 위한 정기적인 대접을 받지 못한 것으로 보였다.

사실 어떻게든 업체를 바꾸고 싶었는데 교체의 빌미를 제공한 걸 수도 있다. 아무리 고객의 입장이라도 일본의 수직적 구조에서 협력업체를 바꾸는 것은 쉽지 않기 때문이다. 주재원 동료는 나에게 T 사 제품이 더 가성비가 좋다고 설명하고 이에 대한 실무자 입장에서의 동의를 구하였다. 구성원 중에서 누구라도 반대하는 경우가 있다면 부담스러울 수밖에 없기 때문이다.

네마와시 과정을 거치는 일본식 합의 절차는 미국의 기업이라면 직원들 모두가 공감하기도 힘들고 잘 통하지도 않는 지루한 의사결정 방법이 될 수도 있다. 접대에 의한 구성원 상호 간의 서열 재확인과 회식 장소에서의 상호 간 암묵적 합의로 이끄는 대화는 일반적인 미국인들에게는 익숙하지 않은 의식이다. 미국에서 이러한 협상은 관리자와 전문 로비스트가 전담하기 때문이다. 일본식 회식은 미국의 로비스트들이 이끄는 통상적이고 공개적인 접대와는 문화적으로 다른 차원의 접대일 수밖에 없다.

일본인들의 거래 관계에서 단지 화가 났다는 것을 암시 받은 경우라면 의외로 접대가 많은 부분을 해결해 준다. 물론 문제나 불협화음이 위의 사례처럼 외부적으로 크게 드러나기 이전에 접대가 이루어지는 경우이다. 일본인들의 회식이 야간에 이루어진다는 점은 미국의 접대문화와 크게 구별되는 부분이다. 미국에서는 가족이 우선이지만 일본은 조직이 우선이라는 원칙과, 주류를 곁들여야 하는 상황이 복합적으로 야간 접대를 선호하게 만든다.

나의 경우 협력업체 후보 기업의 방문자가 지속해서 찾아와서 공손하게 대하면서 기분 좋게 만들어 주면 그에 대한 보답으로 깜짝 선물을 주기도 하였다. 바로 신규 거래에 대한 실제 결정권자가 누구인지 그 자세한 인적 정보를 알려주는 것이다. 이를테면 부품선정 권한은 미국 현지의 부품 담당자가 가진 것으로 보이지만, 실질적 권한은 본사 개발팀의 부품 담당 누구에게 있다는 정보이다.

일본인들은 그들 고유의 보수적인 의사결정 과정에 상당히 익숙해져 있기 때문에, 이러한 고급 정보의 가치를 바로 깨닫는다. 이러한 사실을 적나라하게 알려주면 상당히 놀라면서도 감사하는 태도를 보인다. 그리고 그들이 나에게 찾아오는 빈도가 줄어들면서 나의 그들에 대한 부담도 줄어들기 시작한다. 나의 마음속 깊은 곳에서 그들이 너무 자주 찾아오고, 계속 굽신거리는 행동에 대한 스트레스가 있었던 거 같다. 물론 많은 일본인들이 그러한 대접을 받는 상황을 즐기는 데에 익숙하다. 하지만 나의 마음속 깊은 곳에서는 수평적인 관계가 더 편하고, 형식적인 서열 관계는 부담스러웠던 것이다.

2.5. 관용과 독립성

2.5.1. 관용에서 나오는 창의력

관용이란 타인의 의견, 신념, 행동을 받아들이거나 용인하는 태도라 할 수 있다. 미국인들이 타인의 간섭 없이 자율성과 자유를 누리는 데에는 사회적인 관용의 문화가 많은 역할을 한다. 미국인들은 관용적인 태도를 통해 서로 다른 배경과 사상을 존중하고 자율적이고 독립적인 삶을 추구해왔다.

이러한 관용의 태도는 조직 생활에서도 중요한 원칙으로 작용한다. 조직 구성원의 결정권을 존중하고, 내적인 독립성을 강화하는 데 기여하기 때문이다. 다양한 배경을 가진 인재들이 함께 일하며 협업하는 과정에서 각자의 의견을 자유롭게 표현할 수 있다는 것이 중요하다. 미국인들은 구성원의 의견을 억압하지 않고 다양성을 수용하며, 자기 주도적이고 독립적인 사고를 장려한다.

기업의 실무적인 관리 측면에서는 직원들에 대한 관용은 다른 차원의 리더십을 필요로 한다. 직원들의 의견을 하나하나 다 듣고 설득하는 과정은 리더의 상당한 인내력을 필요로 한다. 신입이라면 누구나 관용적인 문화를 가진 조직에서 일하기를 원할 것이다. 하지만 직장인들은 그들의 경력이 쌓여갈수록 근무양식이 보수적으로 바뀌어 간다. 직원들의 보수화 현상은 어떤 조직에서나 공통적으로 나타난다. 미국에서는 주기적인 정리해고와 물갈이로 조직문화가 정체되는 현상을 방지한다.

내가 한번은 설계 도면을 검토하면서 일부 설계가 비효율적으로 이루어진 사실을 발견한 적이 있었다. 젊은 개발자가 새로 고안한 회로에서 문제점을 발견한 것이다. 원가나 성능 차원에서 개선의 여지가 있었지만, 토론 결과 담당자의 설계 그대로 양산을 진행하기로 하였다. 시제품의 성능향상보다는 설계담당의 판단과 독립성을 존중하자는 의견이 우선이었기 때문이다.

사실 회로의 동작이나 안전성에는 큰 문제는 없었고, 단지 동작 오차값이 늘어났을 뿐이었다. 하지만 일본에서라면 바로 담당자의 상사에게 문제점을 이야기하고, 바로 개선에 들어가야 하는 상황이었다. 담당자에게 더 나은 해답을 제시하고 설득하여 개선(Kaizen)으로 유도하는 것이 일본인들의 보편적인 업무 방식이기 때문이다. 일본에서는 장인정신을 바탕으로 갈고 닦는 개량혁신을 개발자 정신으로 여기는 데 반해, 미국인들은 실무 담당자의 창의성과 재량을 더 우선으로 생각한다.

중층구조의 위계 조직에서는 관용이 베풀어지기 어려운 환경인 데 반하여, 미국식의 수평적 조직은 관용이 작동하기 쉬운 환경을 가지고 있다. 업무방식에 대한 관용에는 구조적 유연성과 심리적 안정감이 전제되어야 한다. 직원들이 자신의 의견을 자유롭게 표현하고 실수를 두려워하지 않는 분위기가 형성될 때, 관용적 업무환경은 비로소 실질적인 성과로 연결될 수 있다.

실무에 있어서 리더의 역할은 개인이 자신의 아이디어를 충분히 표현하고, 이를 공유할 수 있는 토론의 장을 마련해 주는 것이다. 일본인들의 아이디어가 갈고 닦음에서 나온다면, 미국인들의 아이디어는 자유롭게 열린 토론에서 나온다. 회의 중간에 갑자기 기발한 아이디어가 나오면 참석자들은 무언가에 홀린 듯이 그 주제로 빨려 들어간다. 모두들 다투듯이 그 아이디어에 대한 자신의 의견을 말하게 된다.

내가 미국에서 직장생활을 하면서 가장 보람 있었던 때는 직원들을 토론시키고 번쩍이는 아이디어를 캐치하는 역할을 맡았을 때였다. 계속 토론을 주의 깊게 경청하면서 중간중간에 추임새를 넣어 주는 것이 중요하다. 물론 리더는 토론하는 분야에 대한 충분한 전문지식과 이해력을 가지고 있어야 한다. 핵심은 직원들이 스스로 자신들의 의견이 충분히 존중받고 있다고 느끼는 거다.

관용에 의한 실수를 최소화하기 위하여 이루어지는 것이 적절한 전문가의 투입이다. 관리자의 주요 역할은 독립적인 역할을 하는 전문가를 적재적소에 배치하는 일이다. 깊은 전문지식과 오랜 경험은 오류를 사전에 예방하고, 문제에 효과적으로 대응하는 데 큰 역할을 한다. 특히 급변하는 IT 산업의 경우 상황에 따라 빠른 대응이 필요하다.

실리콘밸리에서는 해마다 정기적으로 정리해고 바람이 불지만 그들의 조직 자체는 흔들리지 않는다. 각 분야에 최고 전문가들이 일하고 있기 때문이다. 전문가들이 모인 조직은 관용적인 문화 속에서 더욱 높은 효율을 발휘하고, 이는 창의적인 성과로 이어진다. 전문가들은 각자의 방식으로 일할 자유를 보장받고, 이들의 자율성을 기반으로 최선의 결과가 나오는 것이다.

2.5.2. 미국기업의 빠른 의사결정

미국의 많은 기업들은 소수의 젊은 엘리트들이 상대적으로 빠른 시간 내 의사결정을 행한다. 많은 내용들이 회의실 내에서 설명되고 검토되며 결론이 내려진다. 참석자들의 자율성과 판단을 존중하는 관용의 문화는, 불필요한 논쟁이나 통제를 줄이고 신속한 결정을 유도한다. 회의 참석자들은 사전에 회의의 상세 내용을 모르고 참석하는 경우도 많다. 회의석상에서 토론할 내용의 소개와 질의가 오간 이후에 바로 의사결정이 이루어진다. 예습을 거의 하지 않고 바로 수업에 임하는 미국의 학생들과 닮은 점이 많다.

내가 주관했던 회의 중에 특히 준비하는 데 많은 노력이 필요했던 경우는 제품의 설계결함에 관한 거였다. 그 자리에서 신속하게 의사결정을 목표로 해야 했기 때문이다. 논제는 설계에 대한 결함을 어떻게 경영층과 고객사에 설명하느냐 하는 거다. 실제로 설계결함에 대하여 어느 부분은 숨기고 어느 부분을 공개할지의 결정은 상당히 중요하다. 리콜 대상이 되는 경우 수백 수천억의 손실을 볼 수도 있기 때문에 기업의 운명을 좌우할 수도 있다. 세상의 어떤 부품사도 그들 제품의 결함이나 사고 시 기록된 EDR 데이터를 모두 공개하는 경우는 없다.

미국에서의 회의는 일방적인 정보 전달보다는 토론 중심의 의사 교환이 이루어진다. 곧바로 결론이 나지 않는다면 빠른 시일 안에 다음번 회의가 잡힌다. 의사결정 패턴은 최고 경영층 회의나 일반 관리자 회의나 거의 유사하다. 의사결정에 대한 책임과 권한이 명확하다는 부분이 빠른 의사결정에 도움을 준다. 거기서 만약 실수를 하더라도 결정권자가 다른 직장으로 이직해 버리면 그만이다.

일본계 기업 타카타는 설계 담당 부서의 잘못된 의사결정으로 몰락한 경우이다. 미국 현지의 개발 부서가 에어백의 설계결함에 대해 계속 숨기다가 일이 커져 버린 것이다. 일본 본사에서 이를 인지한 시점에서는 이미 손을 쓸 수 없는 상태였다. 물론 본사에서 원가절감에 집착하여 잘못된 플랫폼 설정을 한 탓도 크다. 에어백 업계 2위였던 타카타는 결국 창업 84년 만에 중국계 기업에 매각되고 만다.

일본 및 미국기업과 계약을 해 본 경험자들은 모두들 미국기업이 상대적으로 계약 진행 속도가 빠르다고 입을 모은다. 미국의 기업들은 그간 쌓인 데이터와 경영이론에 따른 상대적으로 단순하면서 체계적인 의사결정 과정을 수행한다. 변화에 발 빠르게 대응할 수 있다는 강점은 특히 다른 어떤 산업보다도 변화가 빠른 IT 산업에서 나타낸다. 페이스북, 아마존, 구글 같은 기업들은 초고속 의사결정으로 기민성 면에서 뛰어난 경쟁력을 보유하고 있다. 의사결정이 느린 기업의 경우 기회 자체를 잃어버릴 수도 있기 때문이다.

내가 이직을 위하여 거주지 근처에 있는 기업에 지원서를 접수하였을 때 일이다. B 사의 상시 경력채용 사이트에 온라인으로 이력서를 올렸는데, 그 다음날 바로 인사팀이 아닌 해당 부서의 핵심 개발자로부터 개인 휴대폰으로 전화가 걸려왔다. 자기 사무실이 나의 집에서 10분 거리이니 내일 아침 당장 실무부서로 인터뷰를 하러 오지 않겠냐는 제안이 었다.

다음날 반나절 정도의 실무레벨 인터뷰가 끝난 직후 핵심 개발자는 해당 부서에서 갑자기 여러 직원이 퇴사해 버리는 바람에 겪고 있는 고충을 토로하며 당장 와서 일해주었으면 한다고 부탁하였다. 결과적으로 이후의 임원 면접 및 인사팀 면접은 사실상 형식적인 것이 되어 버렸다. 나는 실무레벨 합격 사실뿐만 아니라 현업부서의 긴박한 사정을 알게 되었기 때문에 연봉 협상을 유리하게 진행할 수 있었다.

미국에서도 실무 면접 면접관은 응시자에게 결과를 미리 알려 주지 않는 것이 원칙이다. 하지만 빠른 진행을 위해서 그들의 암시적 규정을 위반하고 추가의 인건비 지출을 하게 된 것이었다. 원칙적으로는 인사팀에서 마지막으로 인성면접 및 신원조회를 완료한 이후 최종 결정을 내리고 정식으로 합격통지서가 나가야 맞다. 연봉협상은 채용이 확정되지 않은 상태에서 인사팀의 협상 전문가가 진행하는 것이 원칙이기 때문이다.

미국기업들의 빠른 의사결정은 최고 경영자의 능력을 기반으로 하고 있다. 직원들이 꼼꼼하게 보고서를 작성하여 관리자들이 다시 내용을 검토하고 수정을 반복하는 과정이 미흡하기 때문이다. 따라서 최고 경영자의 의사소통 능력과, 순발력, 판단력이 최종 의사결정에 있어서 무엇보다 중요하다. 미국 CEO의 최종 의사결정은 오랜 사전 협의에 의한 일본의 방식과 달리 독자적 권한으로 이루어진다.

대부분의 관리자들과 마찬가지로 최고 경영자도 실시간으로 정리된 보고서 없이 직관으로 최종 의사결정을 하는 경우가 많다. 그들 직관의 기저에는 분석적인 인과모델이 존재한다. 보고서가 준비되는 경우에도 일목요연하게 의사결정의 옵션사항이 정리되어 있지는 않다. 따라서 의사결정권자의 역할은 매우 중요하며, 그들은 검증된 능력에 따라 고액의 연봉을 수령한다. 기업 효율의 많은 부분이 최고 경영자의 판단력에 달려 있기 때문이다.

의사결정 속도에 비례하여 해당 기업의 성장률은 증가하지만 아무래도 위험성은 높아질 수밖에 없다. 상황에 맞는 가장 합리적인 집단 의사결정 기법을 적용하더라도 여전히 오류가 발생할 확률은 존재한다. 빠른 의사결정에 비례하여 빠르게 망할 위험도 내포하고 있는 것이다. 실제 통계를 보면 빠른 의사결정의 결과는 절반 정도가 올바르고 나머지에는 오류가 존재한다.

절반의 올바른 의사결정에 대한 결과로 해당 기업이나 조직을 이끌어 가야 하며, 나머지의 잘못된 의사결정을 보완할 시스템이 뒷받침되어야 한다. 일정 이상의 통제 및 위험관리의 수준을 유지해야 하는 것이다. 주식투자 시 수익과 위험을 감안한 포트폴리오를 구성하여, 결국 일부 주식은 포기해야 하는 상황과 흡사하다. 책임은 모두 CEO가 지고, 실패하는 경우 CEO만 바로 물러나면 된다. 실패에 관대한 미국의 기업 문화가 빠른 의사결정 시스템의 기반이다.

실리콘밸리를 위주로 한 미국 IT기업들의 경우에는 순환식 개발 방식인 애자일 전략이 널리 정착하게 되었다. 전형적인 탑 다운 의사결정 방식의 반대 개념으로 제품의 요구사항을 개발이 진척됨에 따라 끊임없이 수정하는 방식이다. [12] 동시에 진행하는 업무의 수를 제한하여 효율을 높이는 도요타 간판방식 또한 애자일의 진행 방법으로 활용되고 있다.

역할분산 조직의 강점은 그때그때의 의사결정과 해결책 제시가 현업부서 단위에서 가능하다는 점이다. 요구사항과 피드백에 유연하게 대응

함으로써 고객 만족도를 향상시킨다. 특히 변화가 빠른 IT환경에서 경영자들의 빠른 의사결정에 뒤따르는 리스크와 비용을 실무선에서 최소화할 수 있다.

애자일 방식의 핵심은 구성원 간의 의사 소통이다. 협조와 구축 문화는 비공식적이지만 참여적인 방법으로 의사결정을 내리고 사람과 맥락을 중시한다. 프로세스나 도구보다 개인과 상호작용을 중시한다. 실패의 대가가 작으면 다양한 방식을 실험적으로 시도해 볼 수 있고, 미처 몰랐던 요소들을 빨리 잡아낼 수 있다. 빨리 실패해서 신속하게 배우려면 피드백 회로가 짧아야 한다. 피드백은 리스크 완화 수단이다. [13]

물론 IT기업에서 요구되는 기업문화와 신속성을 보편적인 기업들에 적용하는 데에는 무리가 따를 것이다. 하지만 서비스업은 물론 일반 제조업도 기획이나 설계 단계부터 고객 참여를 강화하고 그때그때 다양한 요구를 수용하는 유연성이 점차 중요해지고 있다. 이러한 접근은 고객과의 긴밀한 협력을 통해 제품이나 서비스의 품질을 향상시키며, 변화하는 시장 조건에 신속하게 대응하는 데 도움이 되고 있다.

2.5.3. 연말정산은 개인 비용으로

내가 근무하던 미국의 일본계 S 사에서 새로운 신입 직원으로 일본인을 고용하게 되었다. 일본계 기업에서 일본 출신의 유학생을 취업비자를 지원해 주고 고용하는 것은 오래된 관행이다. 상대적으로 저렴한 급료에 일본어에 유창할뿐더러, 연장 근무를 하는 데에도 크게 심리적 저항을 느끼지 않는다. 연장 근무는 주로 일본 본사와의 소통 때문인데, 미국 동부가 저녁시간이 되어야만 본사 직원들의 출근 시간에 맞추어서 실시간 전화 회의를 할 수 있기 때문이다.

그가 미국에 건너온 이후 처음으로 수입에 대한 연말정산 절차를 맞이하게 되었다. 그는 미국의 기업에는 개인 연말정산을 전담하는 직원이 없다는 것을 깨달았다. 결국 미국의 많은 직장인들과 다름없이 외부의 회계 전문가에게 의뢰할 수밖에 없었다. 그가 억울해했던 부분은 그가 예상했던 것보다 훨씬 높은 비용이었다. 당시 그는 150불을 지불해야 했는데, 일본인 입장에서는 눈이 튀어나올 만큼 비싼 금액이었다.

터보텍스와 같은 전용 소프트웨어를 구입하여 개인 시간을 조금만 투자하면 수수료를 절감할 수 있었지만, 비용을 전혀 예상하지 못하고 그냥 세무사 직원에게 덜컥 의뢰해 버린 것이다. 독신이면서 부동산도 없었던 그는 공제에도 거의 해당되지 않아 계산이 아주 간단하고 수수료도 저렴할 것이라고 속단했던 것이다.

미국 직장인들에게는 세금 연말정산 서류작성 및 제출 절차를 개인이 자신의 시간과 비용을 부담해서 진행해야 하는 어려움이 있다. 미국의 조세 체계는 근로세 위주인 한국과는 달리 상당히 포괄적이기 때문에 계산이 까다롭고 시간이 오래 걸릴 수 있다. 세율은 벌어들인 돈의 총합에 비례하여 결정되는데, 이는 돈을 많이 벌수록 세율도 더 올라야 한다는 기본 원칙에 따르는 것이다.

문제는 포괄적 조세방식을 따르자면 연말정산 방법이 상당히 복잡해진다는 거다. 예를 들어, 주식 거래에서 얻은 차익에 대한 세금 계산은 단순히 그 차익에 대한 고정된 세율을 부과하는 것이 아니라, 당사자의 전체 소득을 고려한 차익에 대한 세금이 부과된다. 주식 거래로 얻은 이익에 대한 세금은 실제로 이익을 얻은 시점이 아니라 연말 정산 시에 포괄적으로 계산된다. 같은 1000원의 차액을 남겼다고 하더라도 가난한 자는 10원을, 부자는 300원의 세금을 연말에 정산하게 되는 것이다.

연말정산 전용 소프트웨어를 사용하다 보면 항상 구입비용 이상의 추가비용이 발생하게 되어 있다. 회계분야에 대한 개인의 역량에 한계가 있다 보니 언제든지 시행착오가 발생할 위험성이 있다. 나의 경우에도 설정 실수로 국세청 등록에 실패하기도 하였고, 옵션사항인 보험가입 버튼을 실수로 눌러서 소프트웨어 구입 비용보다 훨씬 비싼 보험료를 억지로 지불해야 했다.

정신 똑바로 차리지 않으면 예기치 않은 추가 비용을 지불해야 하는 것이다. 실수에 대한 환불 절차도 상당히 복잡하여, 전산상으로는 허용이 되지 않고 반드시 상담원과 길고 지루한 통화를 하여야 한다. 물론 상담원과 연결되기까지의 과정도 결코 쉬운 일이 아니다. 미국에서는 아마존 같은 판매 사이트는 반품과 환불 과정이 상당히 체계적으로 구성되어 있다. 하지만 연말 정산 프로그램은 지능적으로 실수를 유도하고, 결국 보험가입의 취소와 환불 자체를 아주 복잡한 과정을 거치게 함으로써 스스로 환불과정을 포기하게 만든다.

포괄적 조세 방식은 부자일수록 세율이 올라가기 때문에 서민들 입장에서는 상당히 기뻐할 일이지만 모든 미국인들이 연말마다 진땀을 빼야 하는 진풍경이 벌어진다. 부자들은 세무사의 서비스를 이용하면 되지만 서민들 입장에서는 한 푼이라도 아끼려면 서류들을 붙잡고 한참 씨름을 해야 한다. 내가 딱히 고정 수입이 없더라도 국세청에 연말 정산은 반드시 보고해야 함은 미국시민의 중요한 의무이다.

문제는 미국인들에게 있어서 세금정산 과정은 개인의 사적인 일이지

고용주나 조직이 도와주어야 하는 의무가 없다는 거다. 연말정산은 사적인 일이므로 필요한 서류만 발급해 주면 고용주로서의 의무가 끝나는 것이다. 포괄적이고 공정한 조세 시스템이 오히려 개인에게 불편함을 준다고 볼 수도 있다. 좀 더 공정한 사회가 되고자 하자면 개인들이 그 공정성을 지원하기 위하여 시민들이 보다 많은 노력을 기울여야 하는 것이다.

일본의 경우라면 기본적인 공제를 포함한 연말정산은 대부분 직장에서 도움을 준다. 물론 개인의 모든 사항을 일일이 책임져 주지는 않는다. 특히 일정 범위 이상 공제의 경우 직장에서 일괄적으로 공제내역을 정산해 주지 않는다. 기부금이나 의료비와 같은 고액의 공제대상 지출에 대해 환급을 받으려면 개인이 지역세무소에 가서 연말조정 확정신고를 하여야 한다. 정산이 복잡한 경우에는 미국의 경우와 유사하게 개인이 비용을 지불하고 회계 세무사에게 의뢰를 하여야 한다.

2.5.4. 실수를 인정하지 않는 미국인들

미국에서는 실수를 하여도 절대로 그 자리에서 사과하지 말라는 말이 있다. 물론 과장된 표현이지만 무작정 사과부터 하고 보는 동양의 조직사회와 혼동해서는 안 된다는 뜻이다.

일단 미국인들은 실수에 대해 관대하고 이는 미국인들의 단점으로 연결된다. 관대하다는 것에는 굳이 실수를 들추어 내지 않는다는 측면이 포함된다. 즉 자신이 저지른 중요한 실수는 좀처럼 인정하지 않으려 한다는 점이다.

이들도 간혹 실수를 인정하는 경우가 있지만, 반드시 그 문제가 해결이 된 후이거나 대책이 마련된 이후이다. 그들에게는 실수 인정이 향후 행보에 치명적이 될 수도 있기 때문이다. 이런 이유로 초기에 실수를 발견하고 해결될 수 있던 문제를 덮어놓아 그것이 원인이 되어 나중에 사고가 이어지는 경우도 있다.

학교 기숙사 안에서 강도를 당하게 된 한국 출신 유학생의 사연을 들어보면 그들의 실수에 대한 관점을 알 수 있다. 학교 주변은 우범 지역이었으나 기숙사 안은 안전하다고 방심하여 강도 피해를 당한 사례이다. 그는 학교 시설 내부에서 피해를 보았으니 학교측으로부터 적절한 피해 보상을 받아야 한다고 생각하였다.

피해자는 부지런히 건물 경비원에서부터 기숙사 사감까지 찾아다니며 피해를 호소하고 보상을 받을 수 있는 방법을 알아보았다. 그러나 다들 위로 정도를 해주었을 뿐, 어느 누구도 자신 부서의 책임이라고 인정하지는 않았다. 그는 결국 많은 시간을 허비하고 나서야, 법적 소송으로 가지 않는 한 보상은커녕 최소한의 사과조차 받을 길이 없다는 것을 깨달았다.

미국 사회에서 사과는 금물인 대표적인 상황은 자동차 접촉사고이다. 쌍방이 바로 사죄를 한다면 이상적이고 해결도 빠를 텐데, 미국인들의 태도는 이러한 미덕을 허용하지 않는다. 명백한 본인의 과실이 아니라면 절대 먼저 사과를 해서는 안 된다. 사과를 하는 쪽은 잘못을 인정하는 것이 되기 때문에 결국 손해배상을 요구당하게 된다.

형사사건으로 법정에 서게 되는 경우도 판결 이전에 피고가 미리 원고에게 사죄를 하는 경우 더 무거운 형이 부여될 수 있다. 자신의 잘못을 공식적으로 인정한 것으로 여겨지기 때문이다. 사죄 자체가 일본식 개전의 정으로 인정되어 형량이 감소되는 일본과는 반대의 결과이다. 미국인들이 자기 방어 반응이 과도한 이유이다.

간단한 실례나 실수에는 항상 명쾌하게 사과를 하는 직장동료들도, 커다란 실수에 대해서는 자신의 잘못을 인정하는 데에는 상당히 신중하다. 조직 내부에서는 농담으로라도 상대의 실수를 지칭하는 듯한 발언은 조심해야 한다. 미국 직장인 특유의 공격적인 자기 방어를 부를 수 있기 때문이다.

어떤 문제가 생겼을 경우 다들 문제 자체의 원인을 다른 직원의 책임으로 돌리게 되니, 사태가 어느 정도 심각해지고 나서야 대책이 논의되기 시작한다. 초반에 대응하면 쉽게 해결될 수 있는 작은 문제가 이런 조직 문화로 인하여 눈덩이처럼 커질 수도 있다.

만약 누군가 자신의 실수를 바로 인정해 버린다면, 모두가 화살을 그에게 돌리는 경우가 많기 때문이다. 또한 공개적인 실수 인정은 실수 자체보다도 향후 진급에 악영향을 미친다.

상대방이 자신의 실수를 추궁해 오더라도 협상에 의해서 문제를 해결해 나가야지, 일본식으로 실수부터 인정하고 나서 다음 단계를 진행하고자 한다면, 관리자는 앞으로 다시는 그에게 중요한 일을 맡기려 하지 않을 것이다. 부하사원의 실수 그 자체보다는 실수를 타 부서에 쉽게 인정해 버리는 그 행동 자체가 관리자의 눈에는 감점 요인인 것이다.

본인이 충분히 실수를 인지하고 있다는 사실과 재발방지를 위한 노력에 대한 시도를 관리자에게 인식시키면 그것으로 충분하다. 비록 자신의 실수가 아니더라도 일단 사과부터 하고 보는 일본의 조직 문화와는 상당한 거리가 있다.

실수를 범했다면 그것을 만회할 방법을 생각하고 그것을 합리화하는 것이 중요하다. 조직생활의 경우 실수하고 나서 그것에 대하여 사과한 이후 오히려 해고되는 사례가 더 많다. 그냥 주변에 자신이 실수를 인지하고 있되 공개적으로 인정하기에는 곤란하다는 정도만 어필을 주면 된다. 실수를 어떻게 만회할 것인가, 최악의 경우 어떻게 도망갈 것인가를 우선적으로 고려하는 것이 현명하다.

상대방의 실수가 확실하더라도, 그 실수에 대하여 확실히 짚고 넘어가려고 한다면 결국 무리가 따를 수밖에 없다. 해당 직원의 공격적인 자기 방어가 뒤에 따르는 것이 일반적이기 때문이다. 실수한 본인이 자신의 잘못을 인식했다면, 그냥 넘어가 주는 것이 동료나 부하 직원을 위한 배려가 된다. 상대방이 인지하고 있다는 암시조차 주려 하지 않아서 자신이 뒤집어써야 하는 경우라면 간접적인 방법으로 반드시 관리자가 그 사실을 알게 해야 한다. 유능한 관리자라면 부하직원 중 누가 실수를 했는지를 직시하지 않고 스스로 판단하는 능력을 가지고 있어야 한다.

미국에서 조직 생활을 하다 보면 직원들이 자신의 실수를 인정하지 않음으로써 부서 간 또는 직원 간에 격렬한 논쟁이 야기되는 상황도 접할 수 있다. 서로 간의 가지고 있는 칼을 먼저 보여준 다음에 협상에 들어가는 것이다. 하지만 초반에 불협화음이 나더라도, 시간이 지남에 따라 서로 부담을 주지 않는 선에서 좋게 끝내는 것이 일반적이다. 일단 한판 붙어보고 상대를 판단해 가면서 서로에게 가장 유리한 합의점을 찾아가는 것이다. 실수와 관련된 협상의 마지막 단계에서는 긍정적 대화법으로 해결해야 한다.

조직의 내부뿐만 아니라 기업 단위의 경우에도 서로 책임을 회피하는 현상은 미국 사회의 고질적인 병폐라고 할 수 있다. 기업의 위기를 맞이하였을 때 경영자, 노조, 직원들이 모두 최후의 순간을 맞이할 때까지 자신들의 과오를 인정하지 않는 모습을 보이기도 한다. 오너십이 특정되지 않은 미국식 기업의 치명적인 단점이다.

많은 회사들이 동시에 어려움을 겪는 전반적인 불경기 때에는 오너 경영의 회사가 이런 한계를 극복하고 위기관리에 성공하기도 한다. 2009년 미국 경제 침체기 때 GM과 Ford의 대조적인 위기 대응 방법 차이가 그 좋은 실례이다.

2.5.5. 반복되는 고의적 실수

미국에서 일상 생활을 하면서 주의할 점 중의 하나는 상대의 고의적인 실수이다. 실수에 대해서 관대한 미국인들의 태도는 악의적인 상황에서는 의도적인 실수로 연결이 된다. 고의적인 실수는 자영업이나 서비스업계에서는 거의 관행이라고 할 수 있다. 즉 식사 후 음식값을 치르거나 서비스요금을 부과할 때 실제보다 더 많은 과금을 하는 것이다. 고객이 알아채고 수정을 요구하면 그때에는 친절하게 바로 추가 부과금을 환불해 준다. 하지만 고객이 알아채지 못한다면 추가 수입을 얻게 되는 구조이다.

이들의 실수가 고의인지는 실수로 요금을 덜 부과하는 비율과 비교해 보면 쉽게 알 수 있다. 나의 경험으로는 지난 20년간 서비스 기업이 실수로 요금을 더 적게 부과한 적은 단 한 번도 없었다. 물론 더 부과한 적은 수도 없이 많았지만 말이다. 비슷한 상황은 음식점에서도 일어난다. 계산서를 꼼꼼히 검토하지 않으면 자신이 주문하지 않았던 음식이 살짝 추가되었음을 알아내기 힘들다.

이는 조직 생활에도 그대로 적용이 된다. 직원은 그가 그동안 작업한 내용을 실수로 모두 날렸다고 보고할 수도 있다. 일본의 기업이라면 그리고 관리자의 날마다 작업 내용을 백업시키라는 한마디 지시가 사전에 있었다면 귀책은 직원에게 가지만, 미국의 조직은 그렇게 융통성을 가지지 못하다. 일본인들은 자신의 예기치 못한 실수는 추가 연장 근무로서 만회하고 어떻게든 주어진 납기를 지키는 쪽으로 움직인다. 하지만 미국인이라면 이는 납기 지연으로 곧바로 연결된다.

특히 관리자가 미처 인지하고 대비시키지 못한 경로들을 기가 막히게 찾아내서 습관적으로 실수를 반복하는 직원도 있다. 융통성 부족과 반복되는 실수는 조직 내부에서만 나타나는 것이 아니라, 관공서 등 공공 서비스 분야에서도 쉽게 드러난다. 교통국이나 이민국 직원은 왜 그렇게 느려 터지고 실수를 반복하는지 울화통이 터진다는 것이 처음 미국에 이주하는 이민자들의 불만이다. 실제로 이민국에서 실수를 많이 하면 할수록 그해의 이민자 수를 제한하는 효과를 보기도 한다.

내가 V 사에 처음 이직하였을 때 기존직원이 일 년간 작업한 설계계산서를 인수인계 받으라는 지시를 받았다. 하지만 그 직원은 인수인계를 차일피일 미루더니 결국 그동안 작업한 자료를 모두 날렸다는 이야기를 전해왔다. 그간 작업하던 랩톱의 하드 디스크가 망가졌다는 것이다. 회사의 온라인 시스템에 백업 받지 않았냐는 질문에는 묵묵무답이었다. 백업 여부를 일일이 확인하지 않은 관리자의 책임이기도 하였다.

나의 느낌상 그의 작업에는 거의 진전이 없었고 결국 인수인계할 수준이 되지 않았기 때문에 전달하기를 포기한 것 같았다. 내가 처음부터 다시 작업을 시작하면서 그때그때 세부사항에 대하여 그에게 도움을 요청하였으나 이렇다 할 대답을 듣지 못했기 때문이다. 내가 겪는 과정을 그가 이미 경험했다면 적당한 솔루션을 기억하고 있어야 하는데, 전혀 그렇지 않았다. 수학적 계산능력은 좋았지만 모델링이나 해석 능력은 부족한 듯하였다.

결국 관리자와 상의하여 그를 해고하는 쪽으로 결론을 냈지만, 지난 일 년 간의 작업 손실은 피할 방법이 없었다. 그가 작업한 내용을 이해하고 크로스체크할 새로운 직원을 고용하자마자 그는 자료를 모두 파기해 버리고 떠나 버린 것이다. 관리자는 그가 콜롬비아 대학 출신이기에 신뢰하였다고 하면서 한탄하였다. 이 사건으로 관리자도 결국 자리를 떠나야 했고, 그가 신뢰했던 우리 팀의 수석 개발자였던 나의 동료도 명퇴를 하게 되었다. 새 관리자가 와서 조직을 모두 뒤집어엎은 것이다.

미국기업의 관리자 입장에서는 직원들의 실수를 가능한 빠르게 파악하거나 보고를 받아, 추가 업무량을 조직 전체에 효율적으로 분산시켜야 하는 의무가 있다. 직원들의 실수 가능성은 항상 업무 계획에 포함된다. 여기에는 고의적인 실수와 우발적인 실수가 포함된다.

이민자 출신들은 각 출신에 따라 실수에 대한 성향이 다르다. 북구나 동양 출신은 대체적으로 우발적 실수의 확률이 적다. 남유럽이나 남미, 인도 출신의 경우 고의적 실수의 확률이 상당히 높다. 이는 각 출신국가의 문화에 따른 것이다. 유능한 관리자들은 납기의 시급성에 따라 직원들의 특성과 성향을 고려하여 인력을 배치한다.

2.5.6. 회의실에 모여서 뛰어노는 아이들

미국인들의 일하는 방식이 워낙 개인적이고 낙천적이다 보니, 때로는 직원들이 자녀들을 회사에 동반하고 출근하는 모습도 목격하게 된다. 특히 휴일에 근무해야 하는 경우라면 자녀들을 함께 데리고 출근하여 그들을 근무지에 함께 머무르게 하는 것은 전혀 이상한 일이 아니다. 내가 근무했던 일본계 S 사에서는 때로는 직원들이 휴일 특근을 함께 해야 하는 경우도 있었다. 일본계 고객사가 납기 연장에 관용을 베풀지 않았기 때문이다.

어느 날, 나 역시 비슷한 사정으로 주말에 회사에 출근하여 특근을 하게 되었다. 미국에서의 정규직 특근은 흔하지 않은데 당시 진행되던 과제의 납기가 상당히 촉박하여 과제 진행이 상당히 긴급한 상황이었기 때문이다. 회사 건물에 들어서면서 놀란 것은 그날따라 많은 동료 직원들이 모두 자녀들을 데리고 회사에 출근하였다는 사실이었다. 넓은 회의실을 하나 골라서, 그 안에 데리고 온 자녀들을 다 몰아넣어 놓은 상태였다.

회의실 안에서 아이들은 자기들끼리 서로 친구가 되어 시끄럽게 떠들면서 신나게 놀이를 즐기고 있었다. 특근을 하게 된 직원들이 큰 회의실 하나를 자녀들 전용으로 정해 자녀들을 모두 한자리에 모아 놓고 서로 친구삼아 놀게 한 것이다. 그 왁자지껄한 소리가 내가 일하는 사무실 자리까지 계속 들려왔다. 아이들 입장에서는 갑자기 새로운 친구들이 생겨서 신이 나는 거였다. 아빠 회사에 가면 새로운 친구들이 기다리고 있다는 사실이 그들에게 엄마가 아니라 아빠를 따라가도록 만들었을지도 모른다.

미국의 많은 싱글 맘 또는 싱글 대디의 경우 그들의 육아에 대한 부담은 차별의 대상이 아닌 사회적 배려의 대상으로 여겨진다. 또한 미국에는 맞벌이 부부가 상당히 보편적이고, 자녀양육에 대하여는 사전에 합의된 주간 스케쥴이 정해져 있다. 아무리 부부간에 양육을 공평하게 분담한다고 해도, 아무리 미국이라 해도 주중에는 엄마 쪽이 부담이 더 많을 수밖에 없다. 따라서 주말에는 남편 쪽에서 자녀들을 책임져야 하는 경우가 많다.

미국인들은 부부사이라 하더라도 요일과 시간별로 양육에 대한 각자의 역할 분담이 확실하다. 부부가 함께 양육의 의무를 분담하는 경우에 부부간의 역할과 의무가 명확하게 구분되어 있다. 주말에 특근을 하게 되었더라도 자신이 자녀를 돌보기로 미리 합의되었다면, 해당 시간대에는 출근을 하게 되더라도 어떻게든 책임지고 자녀를 돌봐야 하는 것이다.

나의 미국생활 초기에는 아무리 주말 특근이라고 해도 공과 사의 구분이 확실한 미국 직장에서 자녀들을 직장에 동행한다는 사실이 쉽게 납득이 되지 않았다. 하지만 미국인들 입장에서는 주말의 시간은 자신들의 사적인 시간이고 사적인 부분에 공적인 부분이 침범해 들어온 것으로 받아들이는 것이다.

일본계 기업뿐만 아니라 미국의 여러 직장에서 근무하면서 정규직 직원이 초과 근무나 휴일 근무를 해야 하는 경우, 자녀들을 회사에 동행하는 경우를 자주 목격하였다. 심한 경우 갓난아기를 데리고 출근하는 경우도 있었다. 나에게는 사무실에서 아기 울음 소리를 듣는 것은 미국 생활 초기에는 아주 색다른 경험이었다.

내가 미국 생활을 하면서 예상하지 못하였던 소득은 동료들 자녀들과의 유대 관계이다. 나와 함께 일했던 동료 J의 경우 자기 딸에게 태권도를 가르치게 되면서 나의 가족과 친분을 가지게 된 경우이다. 나와 같은 지역에 살던 그는 한류에 관심이 많아서 동네의 태권도 사범과도 깊은 유대 관계를 유지했다. 그는 어느 날 사범과 상의 후 나에게 전화를 걸어와 내가 아들과 함께 태권도장으로 오라고 설득하였다.

결국 나의 아들은 그의 딸과 함께 도장에 다니게 되었다. 그리고 그는 태권도를 가르쳤던 딸을 서울에 어학연수를 보내기로 결정하였다. 딸이 특정한 분야의 전문가가 되지 않는다면 한국어를 구사하는 것만으로도 그녀의 미래에 많은 도움이 될 거라고 여겼기 때문이다. 내가 봤을 때에도 그의 딸은 한국인들이 좋아하는 백인여성의 모든 면을 갖추었기 때문에 한국에서 활동해도 성공할 거로 보였다.

자녀들 간의 유대 관계는 가족을 동반한 회사의 야유회에서도 빈번하게 나타난다. 직원들의 직급이 수평적이기 때문에, 같은 주니어나 시니어 직원의 자녀들끼리 어울리는 현상은 상당히 보편적이라고 할 수 있다. 가정 친화적인 직원들 간의 정서적인 유대가 조직의 분위기를 더욱 활력적으로 만든다.

2.6. 중복된 영역

2.6.1. 오직 일 이야기만 하는 직원들

일본의 조직에서 나는 동료들과 거의 하루 종일을 함께 지내도, 일 관련 이야기 아니면 거의 나누지 않는 분위기였다. 일본에서 처음 일을 시작했을 당시에는 그러한 분위기에 전혀 익숙하지 않았기에 상당히 불편함을 느꼈다. 미국 회사에서 일할 때는 근무 시간이 주 40시간으로 한정되었음에도 불구하고 동료들과 짬짬이 사적인 이야기를 많이 나누는 편이었기 때문이다.

가족과 같은 관계인데 왜 사적인 이야기는 하지 않을까 하는 의문은 차차 풀리기 시작하였다. 이들은 사무실에서는 무의식적으로 공과 사를 구분하고 있었던 것이다. 자신에게 힘든 일이 있더라도 이를 직접적으로 동료들에게 드러내지 않는 다테마에이다. 건강이 안 좋은데도 계속 연장 근무를 하다가 과로사하는 경우까지 생긴다.

결국 일본에서는 하루 일과의 대부분을 직장에서 보내면서 일 속에서 동료 상호 간의 유대감을 찾아야 한다는 것을 깨달았다. 이러한 제약을 보완하는 방편이 바로 잦은 부서 회식 자리이다. 부서회식은 일반적으로 한 달에 한 번 정도이며, 그 비용은 대부분 개인 부담이다. 위에서 설명한 대로 회식비용을 대부분 조직에서 모두 부담하는 미국 조직의 회식과 크게 다른 점이다.

자신이 비용을 지불하고 부서 회식에 참석해야 하는 이유는, 회식 때만이 어느 정도 개인적인 이야기를 나누는 것이 가능하기 때문이다. 하지만 너무 개인적이거나 튀는 화제를 꺼내는 것은 다들 권하지 않는다. 아무리 가족끼리라도 처음에는 예의를 지켜야 한다는 점을 명심하여야 하는 것이다. 회식의 목적은 서로의 개인 신상을 파악하기보다는, 업무상 또는 인간관계상 힘들었던 부분을 서로 나누고 위로해 주는 시간이다.

실제로 누군가와 술잔을 나누면서 이야기를 나누는 과정은 나에게 많은 위로가 되었다. 미국의 회식 자리에서는 전혀 느껴보지 못했던 감정이다. 사실 동료들과 친해졌다고 느끼는 때는 다른 동료의 험담을 함께 나누는 상황이다. 미국의 회식 자리에서는 상사에 대한 험담은 상당히 조심해야 하지만, 일본에서 서로 신뢰할 수 있는 동료가 생겼다면 상사나 동료에 대한 뒷담화를 적절하게 받아줘야 한다. 한 번도 이런 이야기가 밖으로 흘러 문제가 된 적은 없다.

일본인들의 회식 자리는 철저하게 본질을 뛰어넘은 업무의 연속인 셈이다. 회식 자리에서의 화제는 항상 업무나 동료들과 관련되어 있다. 순수하게 개인적인 이야기로 넘어가려면 첫 단계에서 상당한 유대관계가 성립된 이후여야 한다. 동료와 뒷말을 걱정하지 않고 조직의 누군가에 대한 험담을 공유할 수 있다는 것은 상당히 중요한 관계의 발전이다. 친한 동료와는 보통 업무 관련 이야기에서 시작해서 세상 돌아가는 이야기로 넘어가고 최종 단계에서 개인적인 화제로 들어간다.

조직원들 사이에서는 회식장소에서 역시 상대방에 대한 배려를 최우선시한다. 미국이나 중국과 마찬가지로 일본에서도 주사는 절대 허용되지 않는다. 기분이 좋아지는 정도 이상의 과도한 음주는 일반적이지 않으며, 억지로 권하는 경우도 없기 때문이다. 회식 자리에서 자신의 주량을 넘는 과도한 음주에 대한 거절은 실례가 아니다. 하지만 상대의 잔을 항상 주시하고, 적절한 타이밍에 첨잔을 해줘야 한다. 비용을 정확한 비율로 분담하므로 많이 마시는 쪽이 기분이 좋을 수도 있다.

나의 경우도 한국에서의 경험에 젖어 회식 도중 무의식적으로 흐트러진 모습을 보였다가, 상대방 동료가 놀라는 모습을 보고 정신이 번쩍 드는 경험을 하였다. 절대 완전히 취해서는 안 된다는 것이 조직생활의 원칙으로 보였다. 대신 못 마시는 술을 억지로 먹지 않아도 되니 이 면에서는 상당히 편하다. 처음에는 예의상 계속 마셔야 한다고 생각하였으나, 아무리 어려운 상사나 선배 앞이라도 내가 기분 좋아질 정도만 마시면 된다.

강제로 술을 권하는 경우나 완전히 취하는 모습을 보이는 경우는 아주 친한 친구 사이에 한한다. 친구 사이라면 가족보다 더 편하고 실수를 해도 어느 정도 용인이 되기 때문이다. 조직 내에서는 반드시 서로 성으로 호칭하지만 친구 사이에는 이름이나 애칭을 불러도 된다.

어느 정도 조직 분위기와 암시적 규정을 파악하고 동료들의 행동을 잘 관찰하여 조직 특유의 문화를 습득한다면 일본의 직장생활은 오히려 쉬워지는 면이 있다. 동료들 고유의 개성이 약한 편이고 취향에 대한 개인적인 편차가 적기 때문이다. 즉 모두에게 통하는 공통의 룰을 파악하기가 상대적으로 용이하다는 것이다.

특히 조직에서 모범적인 동료가 행동하는 방식을 그대로 따라서 한다면 조직생활에 크게 문제되는 일은 생기지 않는다. 일본에서는 모든 접근을 일로부터 시작하면 거의 만사형통이다. 사실 미국이라면 동료들에게 일 이야기만 한다면 중국인 취급을 당할 수도 있다. 미국에서는 누군가를 모방하기보다는 상대의 취향을 잘 파악하여 그에 맞게 접근해야 한다.

물론 일본의 조직 내에서의 과도한 업무량과 스트레스는 어느 정도 감내해야 한다. 모범적으로 행동하려면 그에 따른 노력과 조직에 대한 공헌이 필요하기 때문이다. 하지만 행동방식 자체는 그다지 복잡하지는 않다. 사실 암시적 규정은 중국 사회와 조직이 가장 복잡하다고 할 수 있다. 누구에게는 허용되는 것이 다른 누구에게는 허용되지 않는다.

일본에서는 중국에서 일하는 경우처럼 의외의 암시적 규정 때문에 갑자기 골탕을 먹거나 심리적인 에너지가 소진되는 일은 드물다. 규정은 누구에게나 공평하게 적용되고 예외를 두지 않기 때문이다. 일본사회는 사실 사회주의적인 성향이 강하다. 주어진 룰대로만 행동하고 업무 관련 이야기를 주로 한다면 크게 고민하지 않아도 기본적인 조직생활을 영위할 수 있는 것이다.

2.6.2. 회식은 업무의 연속인가

공과 사의 구분은 미국인들의 합리적인 사고방식과 직결되는 사항이다. 미국의 조직에는 회사나 거래처의 비용으로 일과 후에 과도한 회식 자리를 마련하는 경우는 이례적이다. 물론 연말의 경우에는 성대한 파티를 여는 경우도 있지만, 평상시에 주류를 동반한 부서 회식은 드물다고 할 수 있다. 퇴근 시간 이후는 개인 소유이므로 회식을 강요할 수도 없거니와, 직원들이 회식을 원하는 경우라도 회사에서 그 비용을 부담해야 할 명분은 떨어진다.

일본에서뿐만 아니라 미국에서 역시 회식은 본질적으로 업무의 연속이라고 할 수 있다. 단지 그 빈도와 대화 주제에서만 차이가 날 뿐 근본적인 회식의 목적에는 큰 차이가 없다. 회식의 형태도 주류를 동반하고 저녁 시간에 이루어지며, 회식 자리에서의 관계와 태도에 의해 업무적합성에 대한 평가나 진급에 영향을 받는다는 점은 두 문화가 동일하다.

내가 근무했던 기술관련 개발 부서들의 경우에 부서회식은 두세 달에 한 번 정도 이루어졌다. 대부분 핵심 직원이 퇴사를 하거나, 전배를 가는 경우였고, 단순히 조직의 결속을 명분으로 한 회식은 없었다. 연말 회식은 기업문화에 따라 연회장을 빌려서 성대하게 치러지는 경우도 있었고, 간단한 음식을 앞에 두고 경영진이 프레젠테이션을 하기도 한다.

회식이 팀워크 강화에 주는 효과를 분석하려면 각 조직문화에 따른 회식이 조직생활에 주는 심리적인 효과의 차이를 고려해 봐야 한다. 회식의 효과는 조직의 구조와 문화로부터 많은 영향을 받기 때문이다. 의사결정 체계의 분권화, 직원과 조직과의 관계, 명확한 조직의 목표, 체계화된 업무 흐름에 따라 회식의 효과는 차이가 발생한다. 수직적이면서 많은 규정이 암시적인 조직일수록 회식의 효과는 상승한다. 수시로 서열과 충성심을 다시 확인하는 과정은 무엇보다도 중요하다. 체계가 암시적인 조직일수록 조직원들의 통제나 상하관계 확인의 수단으로서 주기적인 회식이 필요한 것이다.

하지만 수평적인 조직의 경우라면 회식의 효과는 크게 나타나지 않는다. 회식문화의 부재로 공동체의식이 떨어질 수도 있다는 우려는 미국식의 개인주의가 지배하는 조직에는 해당이 되지 않는다. 오히려 공과 사의 엄밀한 구분으로 개인의 생활이 보장되며, 개인적인 공간과 공동의 공간이 구분되어 공적인 공간에서의 긴장이 지속해서 유지된다. 조직의 공동공간에 대한 거리감의 유지가, 긴장감을 가지는 공적 사적 공간관계를 확립하게 해 주는 것이다.

내가 일본에서 근무하던 조직에서는 부서 전체의 회식은 드물었고, 소그룹 형태의 개인이 각자 부담하는 회식이 주를 이루었다. 공식적인 회식이 아니기 때문에, 반드시 참석해야 할 의무는 없는 회식이다. 하지만 조직의 핵심 그룹에서 소외된다면 조직생활에 치명적인 결과를 가져올 수도 있다. 일본에서의 조직은 동심원 형태로 미국의 그물 형태와는 다르기 때문에 중심에 해당되는 모임에는 어떻게든 참석하는 것이 좋다.

희한하게도 변방끼리의 모임은 거의 이루어지지 않고, 간혹 있다고 해도 그다지 의미도 두지 않는다. 핵심에서 밀려난 직원들끼리 대응 세력을 만들 법도 한데, 그러한 움직임은 전혀 찾아볼 수 없었다. 일본의 조직 문화에서는 이러한 행동이 오히려 독이 되어 제거 대상이 될 수도 있기 때문이다. 같은 조직 안에서 구심점이 두 개가 되는 상황은 용납이 되지 않는 것이다. 이는 일본인들의 정치 세계에도 적용된다.

일본에서의 공식적인 부서 회식은 성대하게 이루어진다. 각자 착석하는 자리가 서열에 따라 정해져 있고, 회식장소에 도착하는 순서도 서열을 따른다. 보통 입구에서 가장 먼 자리가 상석인데 이는 무인사회의 전통이다. 미국이라면 당연히 가운데 자리가 상석이지만 일본인들은 언제 적으로부터 습격을 당할지 모르기 때문에 부하들이 입구를 지켜야 하는 관습을 따른다.

신참들은 물론 장소에 미리 도착해야 하지만 자리에 먼저 앉지 못하고 회식장소 주변에 서서 대기하여야 한다. 나중에 도착하는 고참들이 먼저 착석해야만 비로소 입구 쪽 자리에 착석할 수 있다. 계속되는 술자리는 상황에 따라 계속 2차 3차로 이어지고 과도한 음주가 따르기도 한다. 2차 3차는 의무는 아니지만 여기서 더 중요한 핵심 정보들이 오고 간다.

일본의 회식문화에 처음 접하는 외국인 직원들이 가장 놀라는 부분은, 직원들이 마치 전날 밤의 술자리가 없었던 것처럼 다음날 말짱하게 정시에 출근한다는 거다. [14] 사실 회식 다음날은 모두가 지켜보기 때문에 평소보다 일찍 출근하는 것이 이미지 관리에 좋다. 해당 직원의 정신상태와 충성심을 확인할 수 있는 좋은 기회이기 때문이다. 출근만 제때에 한다면 그날만은 힘든 업무는 주지 않고 평소보다 조금 일찍 퇴근해도 결례가 아니다.

2.6.3. 회식 비용은 누가 내는가

일본기업에서의 회식의 경우 미국과는 달리 부서에서 회식비가 지급되는 경우는 드물다. 특별한 행사가 아니라면 조직원 각자의 비용으로 회식을 하는 것이 일반적이다. 개인 부담 위주여서 그런 건지 대신 모든 멤버가 참석하는 부서 전체 회식의 비중은 얼마 되지 않는다. 서열과 충성심 확인을 위한 회식 비용을 개인 각자의 부담으로 돌리는 상황이 신참 직원들에게는 잔인하게 느껴질 수 있다. 비용을 직급순으로 차등 분담하는 경우도 있으나 내가 근무하던 조직에서는 공평하게 분담을 하였다.

각 개인 부담이다 보니 공식적인 부서 회식이 아닌 소모임이라면 값비싼 주점이나 화려한 맛집에서 고가의 식사는 하지 않는 편이다. 직원들은 자신이 소모임에서 소외되는 경우를 두려워하기 때문에, 개인 시간과 비용이 들어가더라도 굳이 참석을 마다하는 동료는 드물다. 물론 관리자가 함께 동석하는 경우 비용을 전담하는 경우도 있다. 이런 경우에도 관리자의 개인 지출인 경우가 더 많고 조직에서 공식적으로 회식비를 지원하는 경우는 드물다.

대부분 회식은 몇몇 친한 직원들끼리 모여 일과 후 한잔을 나누는 형식이다. 마음이 맞는 직원들끼리는 삼삼오오 자주 가는 단골 주점이 있다. 특히 같은 지역에 거주하는 직원들끼리 친하게 되는데, 퇴근 전철에서 함께 하차하여 동네 주점에 들르게 된다. 이러한 주점은 규모가 작아서 귀가 직전 혼술을 하기에도 전혀 부담이 없다. 최근 젊은 층 사이에서는 주류 소비가 줄고 있지만, 일본에서 조직생활을 한다면 일차 정도는 친한 동료와 함께 술잔을 나누는 시간을 가지는 편이 좋다.

하지만 주점에서 함께하는 상대가 자신의 상사라면 이야기는 달라진다. 아무래도 모든 말과 행동에서 부담스러울 수밖에 없다. 상사가 안내하는 곳으로 따라갔다고 해서 절대로 회식 비용을 내줄 것으로 기대해서는 안 된다. 내가 당황했던 상황은 '잘 먹었습니다' 하고 정중하게 인사를 건넸는데 그가 당연한 듯이 비용을 분담시켰던 경우다. 일본에서는 어떤 상황에서든 회식이 끝나가면 비용을 분담할 마음의 준비를 하고 있어야 한다. 혹시 상사가 비용을 모두 지불한다면 그 다음날은 평소보다 일찍 출근해 감사의 인사를 하는 것이 예의이다.

일본에서 고급 식당에서 회식 자리를 가지게 된다면 대부분 협력업체로부터 접대를 받는 경우이다. 회식 비용에는 박하지만 하청업체로부터 접대를 받는 상황에 대해서는 미국의 기업에 비해서는 관대한 편이다. 접대를 받는 상황도 서열이 명확하기 때문에 수평적인 회식에만 익숙하다면 불편한 자리가 될 수도 있다.

송별회의 경우 떠나는 직원의 회식비를 다른 직원들이 나누어 분담해준다. 내가 일본을 떠나던 마지막 회식의 경우 함께 일하였던 부서원들이 식사 비용을 분담하여 주었다. 함께 일했던 선배가 외국인으로서는 특별대우를 해주는 거라고 귀띔을 해 주었다. 사실상 고참의 무언의 강요에 의한 부분도 있었을 것이다. 일본의 회식문화를 감안하면 커다란 배려였던 셈이니 감사할 일이다.

한번은 일하던 직장에서 나를 지도하던 선배와 장거리 여행을 하게 되었다. 내가 주말에 딱히 할 일이 없었는데 그가 부서원의 결혼식에 참석하기 위해 혼자서 먼 거리를 운전해서 간다고 했기 때문이다. 일본에서의 결혼식은 초대받은 경우에만 참석할 수 있고 부조금은 모두 그날의 식대로 이용된다.

그의 장거리 여행은 톨비 비싸기로 악명높은 일본에서 오랜만에 드라이브를 즐길 좋은 기회였다. 당시 나는 혼자서 하는 철도 여행에는 이골이 난 상태였기 때문이다. 나는 그와 목적지까지 동행하면서 톨비는 물론 온천의 숙박비용까지 분담해 주겠다고 제안하였다. 그가 행사에 참석하는 동안 나 홀로 근처 관광지를 둘러보기로 하였다. 여행의 모든 비용을 정확히 절반씩 부담하니 의외로 마음이 너무 편했다.

홀딱 벗고 온천탕에 함께 들어가는 과정은 일본인 동료들과의 중요한 의식이다. 처음 일본인 친구로부터 함께 목욕탕에 가자는 제안을 받았을 때는 상당히 당황하였지만, 그들과 조직 생활을 하면서 서로 알몸을 보여주는 상황을 자연스럽게 받아들이게 된 것이다. 후에 자세히 설명하게 될 일본인들의 목욕 문화이다.

미국에서는 일본과 달리 부서 회식이나 연말파티 비용은 조직에서 모두 부담하는 것이 일반적이다. 나의 경우 일본의 조직에서는 대부분 개인 비용으로 동료들과 회식을 하였지만, 미국의 조직에서는 단 한 번도 나의 개인 비용으로 회식비를 분담한 적은 없다. 공과 사의 철저한 분리가 이루어지기 때문에, 업무의 연속인 회식으로 과도하게 개인의 일과 이후의 시간을 소모 시키거나 비용을 분담시키는 행위는 미국에서는 착취에 해당된다.

미국 근무 초기에는 모두들 나만 빼놓고 소그룹으로 모여 개인비용으로 술자리를 가지는 건 아닐까 의심도 해 보았다. 하지만 15년 이상 미국 직장 생활을 하면서 주변에서 결코 그런 일은 없었다. 점심시간에 동료들과 함께 스케이트를 타러 간 것이 전부이다. 조직에 따라서는 동료들과 함께 점심을 먹는 일도 드물다. 기본적으로 회사에서 중식을 제공하지 않고 개인의 비용으로 사 먹어야 한다. 사내식당을 자주 이용하는 동료들과는 이야기를 나눌 수 있지만, 도시락을 싸오는 동료들은 대부분 자기 자리에서 점심을 먹는다.

점심 식사를 함께하는 경우도 드문데, 하물며 퇴근길에 술자리를 함께하는 상황은 좀처럼 일어나지 않는다. 미국에서는 한잔하면서 조용히 대화를 나눌 수 있는 장소도 드물다. 미국에서 퇴근길에 음주를 할 수 있는 바는 대부분 상당히 시끄러워서 깊이 있는 대화에는 부적절하다. 미국에서의 음주란 파티 문화를 기반으로 하고 있기 때문이다. 편의점에서 구입한 주류를 야외에 앉아서 마시는 행동은 불법이다.

미국에서 동료들이 함께 식사를 하는 주된 행사는 팀 런치이다. 한두 달에 한 번 정도 팀원들이 회의실에 모여서 배달 음식으로 점심을 함께하는데, 이때의 비용 역시 조직에서 부담한다. 점심시간에 긴급한 회의를 소집해야 한다면, 피자나 샌드위치 등의 간단한 음식을 배달시키고 이를 회사에 청구할 수 있다. 근무 시간에는 이미 직원들이 다른 일정이 잡혀 있는 경우가 대부분이므로, 점심시간에 회의를 진행하고 대신 식사를 제공하는 것이다.

2.6.4. 함부로 넘을 수 없는 경계

하루는 내가 휴가를 마친 후 회사에 복귀하였을 때, 옆자리 동료의 책상이 깨끗이 치워져 있다는 것을 깨달았다. 그 사이에 그가 불시 해고를 당한 것이었다. 해고 사유인 즉, 고객에게 공개해서는 안 될 정보를 유출하였다는 사연이었다. 홍콩 출신이었던 그 동료는 일본 문화의 겉모습만 보고, 분위기에 이끌려 고객을 과도하게 만족시키려다가 돌이킬 수 없는 실수를 범하였다. 고객사의 부당한 기밀 정보제공 요구를 적절하게 거절하지 못한 것이었다.

그에게는 겉으로 보기에는 일본인 동료들이 고객사에 굽신거리기만 하는 것으로 비칠 수도 있었다. 결국 직원 자신이 분위기에 휩쓸려서 행동하다가 고객의 선을 넘은 요구에 응하여 주요 원가 자료를 고객사에 넘겨버린 것이었다. 고객의 만족도를 높이려는 순수한 의도가 명백한 불시해고 사유가 되어 버린 것이었다. 일본인들이 암시적 규정이 정하는 선은 한국이나 중국의 그것보다 훨씬 더 명확하다.

일본인들의 수직적인 거래관계의 모습을 가만히 지켜보면, 굽실거리는 것으로만 보이는 행동에도 분명한 선과 한계가 있다는 것을 알 수 있다. 일본인들 사이에서는 이러한 암시적 규정을 서로 잘 알고 있으며, 이 선을 넘는 경우는 보편적인 주종 관계에서 적대 관계로 급반전되는 경우도 있다. 그들이 지켜야 하는 보편적인 암시적 룰은 기업 간 개인 간 커다란 차이가 없기 때문에 일본인들과 어느 정도 교류를 하다 보면 쉽게 감지할 수 있다.

아무리 수직적인 주종관계라고 해도 대기업이나 고객사가 협력업체의 고유 영역이나, 프라이버시를 침범하는 것은 허용되지 않는다. 표면적으로는 서로 간에 프라이버시가 없어 보이지만 실제로 제조원가, 설계도면, 소스 코드 등은 철저한 보안사항으로, 침해를 시도하는 것은 업계의 거래 관행을 뛰어넘는 실례로 여겨진다.

실제로 일본에서는 고객사와 협력사 사이의 영역은 미국에서보다도 더 엄격하게 지켜진다. 특히 민감한 최신 기술정보라면 더 그렇다. 나의 경험으로는 일본의 완성차 T 사 H 사와 협업하는 과정에서 전자제어기의 회로도를 직접적으로 요구한 적은 한 번도 없었다. 하지만 미국의 완성차 F 사에서는 계속 설계도면의 공개를 요구하여 상당히 애를 먹기도 하였다.

내가 일본 S 사의 제품 개발부서에서 근무하던 때다. 우리 부서는 제어기의 설계를 전담하고 있었고 설계된 제어기는 바로 옆의 시작 부서에서 설계도면에 따라서 조립되었다. 문제는 설계 실수로 회로기판의 수정이 필요한 경우였다. 설계를 수정할 때마다 그에 따른 기판의 수정을 시작부서에 의뢰하는 일은 사실상 불가능한 상황이었다. 간단한 수정이라면 의뢰 절차에 따르는 것보다 그냥 직접 작업하는 편이 인력과 시간을 절약할 수 있었기 때문이다.

시작부서의 직원들은 설계부서보다 더 고참이었고, 그에 따라 암묵적인 부서 간 서열도 설계부서와 동등하였다. 팀원들의 평균 나이가 조직 간의 서열에 영향을 미치기 때문이다. 따라서 현실적으로 회로기판 수정 작업은 절차에 따른 의뢰보다는 설계 부서에서 그때그때 젊은 개발자들이 직접 수정하는 편이 훨씬 수월하였다. 하지만 수정이 필요할 때마다 시작 부서에 가서 수정 작업을 하거나 공구를 빌려와야 했다. 다행히 그들은 우리가 직접 작업을 할 수 있도록 작업대와 공구들을 기꺼이 빌려주었다.

나는 그곳에서 작업을 하면서 그들의 지원부서로서의 고충과 하소연을 들어주는 식으로 관계를 만들어 가기 시작했다. 특히 최고참 직원은 우리 부서에 대한 불만을 계속 나에게 털어놓았다. 때로는 나의 부서 선배에 대한 험담을 하기도 하였다. 당사자에게 직접 이야기하지 않고 우회적으로 불만을 표시하는 일은 일본에서는 일반적이다. 내가 외국인 직원이니 부담이 덜하다고 느꼈을 수도 있다. 주된 불만은 우리가 그쪽 부서와의 경계를 함부로 넘어선다는 것이었다. 특히 팀의 고참으로서 울화통이 터진다는 그의 표현은 나의 가슴에 와닿았다.

통상적으로 일본의 제품개발 부서는 늦은 연장 근무가 일상적인데 나의 부서도 예외는 아니었다. 늦은 저녁까지 설계 업무를 계속하는 데에는 딱히 다른 부서의 협조가 필요하지는 않았다. 하지만 시급한 기판 수정이 필요하거나 갑작스러운 고장을 수리해야 하는 경우가 문제였다. 시작부서의 직원들은 대부분 정시에 퇴근하기 때문이다.

지원부서일수록 정시 퇴근이 가능한 이유는 일본인들이 추구하는 공평과 전체적인 조화의 산물이다. 워라벨을 중시하는 직원의 경우 지원부서를 선호하기 때문에 인력이 부서들에 고르게 배치된다. 인기 사업부로 갈수록 핵심 부서로 갈수록 근무 강도는 강해진다. 그들의 공정성에는 함부로 넘을 수 없는 경계가 있다. 일터에서 승자독식이나 빈익빈 부익부는 용납되지 않는다.

내가 갑자기 저녁 늦게까지 수정작업을 해야 했던 그날도 시작부서의 직원들은 대부분 일찍 퇴근해 버리고 자리에는 아무도 없었다. 결국 작업에 필요한 공구를 직접 구해야 해서 그곳 직원들의 공구함을 뒤지기 시작하였다. 문제는 대부분 퇴근한 직원들의 개인 공구함들은 자물쇠로 잠겨 있었다는 거였다. 유일하게 서열이 가장 높은 고참 직원의 공구함만 열려 있었다. 고참의 공구를 허락 없이 꺼내서 사용한다는 거는 경계를 넘는 상황이기 때문에 상당한 심리적 부담을 요구한다. 티가 안 나게 조심조심 사용하고 사용 후에는 반드시 제자리에 돌려 놓게 된다.

자영업의 경우에도 고객의 권리에 대한 명확한 역할은 조직생활과 유사하다. 음식점 출입문에 팻말이 준비 중으로 돌려져 있다면 그 시간에는 손님을 받지 않는다는 의미이다. 아무리 많은 단체 손님이 방문하더라도, 손님의 사정이 어떻든 정해진 시간이 아니면 절대 영업을 하지 않는 것이다. 예를 들어 규정된 점심영업은 11시부터 2시, 저녁영업은 4시부터 7시라고 한다면, 2시에서 4시 사이에 방문하는 고객은 정중하게 거절할 권리를 가지는 것이다.

미국에서는 좀처럼 있을 수 없는 일이다. 일단 문을 열면 폐점시간까지 언제나 손님을 받을 준비가 되어있는 미국의 음식점과는 다른 고객과의 관계이다. 일본 고유의 경계를 적용한 독특한 관계 설정이다. 상점에 들러서 구경만 하고 물건을 사지 않고 나온다면 반드시 그에 합당한 언질을 주어야 한다. 보통 다시 찾아오겠다는 표현이 적당하다. 미국이라면 아무 말 없이 그냥 나와도 된다.

오늘날 대부분의 선진 사회에서 물건을 구경하고 그냥 나오는 상황은 허용되지만 이의 역사는 그다지 길지 않다. 근대 이전에는 상점을 들르면 무언가를 반드시 구입하고 나와야 했었고, 이는 서구사회에도 예외는 아니었다. 번화한 상점가가 형성되고, 고객이 원할 때 다시 찾아가서 구매를 할 수 있는 시스템이 만들어진 것은 산업혁명 이후의 일이기 때문이다.

2.7. 미국인들의 프로 정신

2.7.1. 합리적인 인력의 운용

미국인들이 가장 중요시하는 가치는 창의력과 새로운 것에 대한 도전이다. 미국인들은 건국초기부터 출신과 무관하게 재능에 따른 인력 선발에 앞장서서 우주개발과 신기술 개발을 선도하여 왔다. 서유럽의 잣대로 수상자를 선정하는 역대 노벨상 기록에서 미국인 수상자들의 규모를 보면 쉽게 납득이 간다. 이러한 창의력 기반의 도전정신은 기업들의 철학에서도 나타난다.

미국의 제도업계에서는 양산제품 개발이나 상품화보다는 새로운 아이디어나 발견, 연구 자체를 더 중요시한다. 고급 인력들 또한 이러한 선호도와 시장원리에 기반하여 창의적이고 흥미로운 보직으로 몰린다. 이 때문에 기업들의 인력 운용이 합리적이지 못한 경우에는 고급 인력 수급의 불균형으로 치달을 위험 또한 가지고 있다. 양보에 대한 보상이 합리적이지 못한 경우는 비인기 직종의 질이 저하될 수 있기 때문이다.

미국의 테크 기업들을 사람에 비유한다면, 머리는 아주 좋은데 손발은 좀 게으른 스타일의 사람에 비유할 수 있다. 많은 우수한 인재들이 상품화 관련 개발직보다는 순수 연구직이나 원천기술 개발 쪽으로 집중된다. 이런 인력 수급의 불균형을 보완하는 정책이 바로 외국에서 계속 유입되는 고급 인력들이다. 사실상 상품개발 직군의 박사급 개발자는 거의 대부분이 외국 출신이라고 보면 된다.

미국의 테크 기업들은 원천기술 자체를 보유하고 있으나, 제조업의 손발이 되어야 하는 생산, 제조기술에는 소홀해질 수밖에 없는 인력 구조를 가지고 있다. 특히 양산과 관련된 제조업체들은 생산품질 저하에 대한 위험을 지속적인 외국인 직원 고용으로 극복해 가고 있다. 미국인들은 전통 제조업을 포기하기보다는 아웃소싱 하는 쪽으로 움직이고 있다. 이들의 제조업 기반 산업 존속 정책에는 노조의 영향도 크다.

애플의 경우 개발자 대부분이 외국인 출신이고, 제품 자체는 중국 등에서 외주 생산을 하고 있다. 현지 생산기지에서는 미국에서 파견된 직원들을 중심으로 생산이나 품질 관리를 하고 있다. 글로벌 수준의 효율적인 양산 체계를 갖추지 않으면 아시아의 제조업 회사들과 경쟁 자체가 근본적으로 불가능하기 때문이다.

내가 미국 테크기업에 근무하면서 깨닫게 되었던 현실 중 하나는 평가나 품질관련 전문가들이 인력 시장에서 의외로 좋은 대접을 받고 있다는 것이다. 하이테크 직군의 설계자들은 그들이 가볍게 여겼던 평가 담당들이 자신들보다 더 많은 연봉과 대우로 경쟁사들로부터 손짓을 받는다는 사실에 놀란다.

실제로 나의 지인이었던 한 제품 시험평가 전문가는 설계 담당보다 더 많은 급료를 받으면서, 내로라하는 경쟁사들을 계속 옮겨 다니기도 하였다. 미국에서는 초급 수준 핵심 설계 담당의 급료는 그다지 높은 편이 아니다. 향후 성장 가능성, 즉 담당업무의 미래가치가 높은 대신 현재의 소득에서 손해를 보는 구조이다. 꿈을 가진 청년들은 자신이 원하는 업무를 선택하는 대신 그에 따른 저임금을 수용한다.

이러한 암묵적 차등에 대해서 그들 간에 서로 불만은 없다. 시장원리에 의해 결정되고 합의된 사항이기 때문이다. 인력에 대한 합리적인 대우와 비인기 직무에 대한 보상은 그 기업의 가치를 결정한다. 직원 모두가 동의하는 합리적인 보상이 조직의 영속성과 미래가치를 가져온다.

미국의 기술자(Technician)들은 당당히 자기는 개발자(Engineer)가 아니라 기술자라고 대답한다. 하지만 똑똑한 개발자는 많으나, 똑똑한 기술자는 구하기 힘든 것이 미국의 현실이다. 하이테크 직군으로 인력이 몰리는 원인 중 하나는, 미국에서는 고령인 경우에도 상위학위 취득이 가능하기 때문이다. 고졸학력 중심의 단순기술 직군 근무자들은 조금만 능력이 있으면 직종변경을 원하게 되고, 비인기 직종에 계속 남아있는 직원들의 규모는 제한적일 수밖에 없다.

같은 능력이라면 비인기 직종이 더 많은 급료를 받게 되는 현상은, 미국의 합리적인 고용시장과 직군 전환의 용이성에 따른 것이다. 당장 돈이 필요한 청년들은 오지의 비인기 직무에 지원하여 경제적인 혜택을 누릴 수 있다. 반면 인기 지역에서 자신이 하고 싶은 직무를 선택하고 대신 저축을 포기할 수도 있다.

내가 석사 유학 시에 학교에서 고령의 캐나다 출신 유학생을 만나게 되었다. 그는 캐나다 북부 오지의 탄광 출신으로, 직군 전환의 꿈을 가지고 관련 석사과정에 진학한 것이었다. 엔지니어라는 새로운 길에 도전하는 그의 모습은 진심으로 행복해 보였다. 나 역시 9년간의 직장 생활 이후 대학원에 진학했기 때문에 그의 기분을 짐작해 볼 수 있었다. 그것은 단순히 성취감뿐만 아니라, 기나긴 삶의 여정에서 잠시 휴식을 가지는 시간이기 때문이다.

미국인들은 테크 기업의 기술 역량을 평가할 때 박사급 인력의 규모만으로 조직의 역량을 판단하는 것이 합리적이지 않다고 생각한다. 이는 물론 모든 기술직에 박사 학위가 반드시 필요하지 않기 때문이다. 한국이라면 형식적인 고용을 통해 박사 수를 늘려 조직 인력의 외형적 규모를 키우는 경우가 많지만, 실질적인 인력활용의 효율은 떨어질 수 있다. 박사학위자가 자신의 전공과 다른 업무를 맡게 되면 오히려 비효율을 가져온다.

미국인들은 이러한 외형에 치중한 인적 자원의 낭비를 최소화하려고 노력한다. 외형상 안정감을 주는 인력 구성이 조직원들의 근무의욕을 높일 수는 있지만, 개인적인 역량의 낭비로 이어질 수 있다. 세상 어디에서나 박사급 인력은 주로 자리에 앉아서 계산이나 해석과 같은 정적인 업무를 선호하는 경향이 강하다. 제조업 분야에서는 현장에서 뛰면서 일할 수 있는 우수한 직원의 확보 또한 중요하다.

미국인들은 어떻게든 좀 더 높은 자리로 올라가려고 애쓰기보다는 제자리를 지키는 것도 나쁘지 않다고 생각한다. 아무리 미국이라도 출세 지향적인 직원들은 좀 더 높은 벼랑 끝으로 계속 다가설 수밖에 없다. 많은 미국의 근로자들은 그다지 출세 지향적이지 않다. 젊었을 때 한 번쯤은 관리자 트랙을 시도해 보지만, 자신의 길이 아니라고 생각하면 바로 발을 뺀다. 이들을 위한 합리적인 퇴로가 준비되어 있기 때문이다.

아무리 미국이라도 어느 정도의 나이가 넘어가면 관리직 전환의 기회는 점점 사라진다. 적절한 시기에 관리자의 길을 한 번쯤 시도해 보는 것도 나쁘지 않다. 여의찮다면 실무직으로 다시 돌아가면 된다. 보수적인 조직이라면 부서장을 10년 정도 경험하고 50대에 다시 실무직으로 돌아가는 경우도 있다. 이 경우 전직을 하는 것보다 같은 조직에서 실무로 돌아가는 편이 훨씬 더 수월하다.

내가 미국에서 관리자로의 승진을 포기한 시기는 40대 초반이었다. 이때가 조직의 리더로 나갈 수 있는 마지막 기회였던 것 같다. 주변에서는 스펙이나 성과로 봐서는 관리자가 되기에 충분하다고 여겼는데 아쉽게도 다른 동료가 관리자로 진급하게 되었다. 나는 결국 한국의 회사로 이직하여 관리직을 시도해 보기로 하였다. 한국의 기업이 관리직을 수행하는 데 훨씬 수월하기 때문이다. 언어장벽을 떠나서 한국의 상명 하달식 문화는 새로운 관리자에게 유리하게 작용한다.

나의 한국 관리직 체험 결과는 그다지 긍정적이지 않았다. 다시 실무자로 돌아오기로 마음먹었는데, 그 과정은 정신적으로 상당히 힘들었다. 불과 4년간을 손에서 실무를 놓았는데, 다시 실무에 적응하는 데에 상당한 노력을 요하였다. 사람이 권력을 한번 맛보면 그 맛을 절대 잊지 못하는 존재임을 몸소 깨닫게 되었다. 다행히 미국의 조직들은 다시 실무로 돌아오는 나를 따뜻하게 맞아 주었다.

세상의 어느 조직이든 기회가 있을 때 망설임 없이 관리자로서의 진급 시도를 해 보는 것이 좋다. 그리고 자신에게 맞는 길을 선택하는 편이 조직이나 개인 입장해서 모두 합리적이다. 미국에서는 이러한 선택의 기회가 공평하게 주어진다. 그리고 관리자에서 실무로 돌아오는 직원들에게 역차별이나 불이익을 주지 않는다. 실무로 돌아온 직원은 조직의 배려에 감사하며 미련 없이 좀 더 실무에 매진하게 된다.

이들은 누구에게나 주어지는 공평한 기회를 사용해 보았기 때문에, 더 이상 출세에 미련이 없는 평안한 상태가 된다. 미국의 대부분 말년의 직장인들은 마음을 비운 상태에서 평안하게 노년을 맞이하게 된다. 그들에게 법적으로 규정된 정년 나이는 없다. 무언가에 쫓길 이유가 전혀 없다. 나와 함께 실무를 하였던 선배 동료들은 다들 평화로운 상태에서 조직 생활을 하였고 본인이 원하는 시기에 은퇴를 하였다.

조직 입장에서는 다수의 고참 실무자 확보는 안정적인 조직의 운영을 가져온다. 핵심 업무를 하던 직원이 갑자기 과도한 임금 인상을 요구하거나, 경쟁사로 이직해 버리는 위험을 최소화할 수 있다. 젊고 빠릿빠릿한 직원들은 교체가 잦고, 나이 들고 여유로운 직원들은 전직에 그다지 관심이 없다. 이 두 그룹을 합리적으로 조화시키는 기술이 관리자의 주요 능력일뿐더러 해당 조직문화의 핵심이 된다.

2.7.2. 시장원리에 따른 인재 대우

GM의 릭 왜고너(Rick Wagoner) 사장은 2009년 경제위기 당시 퇴임을 하면서 2000만 달러의 퇴직금을 수령하였다. 그리고 추가로 연간 450만 불의 연금을 받기로 하였다. 그가 퇴직하기 직전 회사 가치는 90%가 하락하였고, 사장으로 재직 중에 회사가 입은 손해는 수백억 불에 달하였다. 퇴직 직전에는 정부보조금을 요청하러 회사의 자가용 비행기로 워싱턴을 방문하기도 하였다.

미국 사회에서 기업이 망해가더라도 경영층에게 거액의 연봉을 보장하는 이유는, 딱히 주인이나 오너십이 없는 회사를 살려내기 위함이다. 딱히 오너가 없는 회사가 전반적인 쇠락기에 접어드는 경우에는 유능한 경영자를 구하기가 힘들어진다. 어느 누구도 굳이 침몰하는 배의 선장 자리를 새로 맡으려고 하지 않기 때문이다.

같은 대우라면 누구나 상승세에 있는 기업을 선호하고 쇠락해가는 회사에서의 근무를 기피하게 된다. 오너 경영의 회사라면 오랜 기간을 총수와 함께한 핵심 경영진들이 총수 및 기업과 함께 그들의 운명을 함께하게 된다. 하지만 오너가 없는 회사의 경우는 기업의 경영상태에 따라 주주들 및 노조의 요청에 의하여 경영진이 계속 교체되는 것이 관례이다. 특히 재정상태가 안 좋고 쇠락기에 있는 경우라면 경영진은 더 자주 바뀌게 된다.

결국 하락세에 있는 기업은 시장원리에 따라 상승 때보다 고액 연봉의 구원투수를 영입해야 하는 처지에 이른다. 동등한 능력의 경영자를 영입한다면 선발투수보다 마무리 투수에게 더 많은 대가를 지불해야 하는 것이다. 마무리 투수가 패전 투수가 될 확률이 더 높은 경우는 위험수당을 추가로 줘야 하는 셈이다. 같은 노동을 하고서도 기분 좋은 우량 기업의 경영자와는 달리 비난을 받기 쉽기 때문에 이에 대한 보상이 추가되어야 한다. 고액의 급료에 대한 지탄 또한 추가 보상의 명분이 된다.

역설적으로 회사의 실제 권력이 노동조합에 있는 경우, 영입돼 온 경영층의 퇴직금은 노조에서 보장해 주기도 한다. 사실상 전직이 불가능한 노조원들이 주인인 기업에서 그들이 최대한의 혜택을 누리기 위해서는 유능한 경영진의 영입이 무엇보다 중요하다. 경영진 입장에서는 노조에 종속적이면서 상호 간의 윈윈 전략을 이끌어 가야 한다. 노조와 임원들의 결속은 비노조원들의 상대적 불이익으로 연결되기도 한다.

2009년 자동차 Big 3가 위기에 처했을 때 Ford의 경우 실무자부터 정리해고를 시작하였다. 지속적인 구조조정으로 결국에는 경영진, 관리자와 노조원만 남았다고 지탄을 받기도 하였다. 미국인들은 구조조정 과정에서 시장원리에 따라 조직의 실무자들은 우선 감축 대상으로 여긴다. 충성스러운 관리자만 지켜내면 실무자는 언제든지 재고용이 가능하고, 구축된 매뉴얼에 따라 업무가 정상적으로 돌아오면 원상 회복이 가능하다고 보는 것이다.

노조 입장에서는 경영진과 실무진 모두 언제든지 교체가 가능하고, 기업의 시스템에 익숙한 관리자가 그들에게는 더욱 중요하다. 실무자들은 정리해고를 당해도 다른 경쟁업체로의 이직이 수월하다는 부분도 그들의 우선적인 희생을 정당화한다. 미국의 유연한 노동시장은 실무자들에게는 이직의 천국이기 때문이다. 구조조정 시 위로금을 수령하고 곧바로 경쟁사로 옮기는 경우는 오히려 이득이다.

실제로 나의 자동차 업계 미국인 동료들은 항공회사에서 이직해 오거나, 다시 항공 쪽으로 이직해 가는 경우가 많았다. 항공업계와 자동차 업계가 서로 경기의 주기가 다르기 때문이다. 자동차 업계 전체가 어려우면 대신 항공업계에 호황이 오고 다음번에는 그 반대가 된다. 특히 미국인 개발자들은 노년이 되면 방산이나 항공업계에서 말년을 보내고 은퇴하기를 선호한다. 방산이나 항공업계의 단점은 개발 주기가 너무 길어 모두에게 도전적인 업무가 주어지지 않는다는 점이다.

합리적인 인력의 운용을 위해서는 직원들에게 시장원리에 따른 대우를 해야 한다. 인기 지역에서 일하거나 미래가치가 높은 업무를 담당한다면 급료는 줄일 수 있지만, 그 반대의 경우라면 그 보상을 충분히 해 줘야 좋은 직원을 구할 수 있다. 직원 입장에서는 미래를 향한 꿈을 가졌다면 당장의 금전적 손해를 수용해야 하고, 미래를 희생한다면 당장 좋은 수입을 얻을 수 있다.

나의 동료들 중에서는 고등학교를 졸업한 직후 당장 취업을 하고, 대학교는 나중에 다닌 경우도 적지 않았다. 물론 대학교를 졸업한 이후 취업을 하고 대학원은 그 이후 회사의 지원으로 다닌 경우가 더 보편적이다. 기업 입장에서는 대학원을 졸업한 직원을 비싼 급료로 채용하는 것보다, 이렇게 하는 편이 고급인력에 대한 비용을 줄일 수 있다.

나의 경우는 다니던 직장을 관두고 대학원에 풀타임으로 등록한 경우지만, 이런 경우 학비는 자비로 충당해야 한다. 미국에서 직원들의 풀타임 학비를 지원하는 직장은 한 번도 보지 못하였다. 보통 학기당 한 과목 3학점 정도를 지원하기 때문에 졸업까지는 풀타임 두 배 이상의 시간이 걸린다. 보통 직장 근처의 학교에 소속되어 있기 때문에 그 기간만큼은 직원을 저렴한 급료로 잡아 놓을 수 있다.

미국인들은 당장 경제적인 부분을 해결하고 학업은 천천히 이루는 경우가 드물지 않다. 많은 부모들이 대학교 학비를 지원하지 않으며, 대학원 학비를 지원하는 경우는 거의 없다. 주변에 명문 대학이 있는 일터는 청년들에게 인기가 좋아서 많은 인재들이 몰려든다. 내가 거주했던 미시간 지역도 미시간 대학 근처의 직장이 젊은 인재들에게 가장 인기가 좋다. 시장원리를 이해하고 적극적으로 활용하는 기업이, 저렴한 인건비로 우수한 인재들을 확보할 수 있다.

2.7.3. 기술을 중시하는 미국의 전통

미국인들이 선호하는 직종 중에서는 기술직을 빼놓을 수 없다. 이는 그들의 전통적인 기술 중시 가치관에서 비롯된다. 모든 사회에서는 구성원들의 선호도에 따라 직종 간에 암묵적인 서열이 존재한다. 즉 인기도가 높은 직종은 급료도 높고 대중들에게 인기도 좋다. 미국에서 엔지니어링이라는 단어가 주는 어감은 한국인들은 물론 일본인들이 생각하는 것보다 더 무게가 있다. 미국의 엔지니어는 세상의 다른 어떤 사회에서보다도 더 높은 서열에 위치한다. 그 느낌이 한국에서는 '사' 자로 끝나는 직업에 해당된다고 할 수 있다.

이민자 출신이라 하더라도 테크기업에 근무하는 경우라면, 즉시 미국인에 준하는 신분 상승이 암묵적으로 이루어진다. 외국인 노동자 신분에서 평균적인 미국인으로 대접을 받게 되는 것이다. 기술 중시 이민 정책은 과학기술자들이 이루어 놓은 부자나라 미국의 핵심 전통이다. 이는 평민 중심의 초기 이민 사회와도 관련이 깊다. 같은 평민 출신끼리 서열을 정하는 데 있어서 기술을 가진 경우가 더 높은 위치에 서게 된 거다. 벤자민 프랭클린은 말년에 미국인 최고의 서열에 올랐지만, 단 한 번도 그의 손에서 기술을 놓지 않았다.

나와 함께 근무하던 이민자 출신 동료들은 대부분 핵심 기술 하나씩을 가지고 있었다. 그들은 각 분야에서 출신국가 최고 수준의 실력을 가진 프로들이었다. 특히 나와 같은 세대의 동료들은 공산국가 시대의 동구권 출신들이 많았다. 그들은 학창시절 공산주의 체제의 붕괴를 직접 경험하면서 많은 고민을 안고 성장했던 세대들이다. 그들이 한국의 군사정권을 경험했던 나와 코드가 잘 맞았던 이유인 것 같다.

당시 한국의 자유세계를 동경하였던 동료들도 많다. 그들 관점에서 군사정권은 그다지 큰 제약이 아니었던 것이다. 나와 두 군데 회사에서 8년을 함께 일했던 러시아 출신의 E 동료는 1980년대의 자유로운 영혼을 부르짖던 빅토르 최를 결코 잊을 수 없다고 회상한다. 슬로바키아 출신의 M 동료도 한국에 상당히 관심이 많았고, 은퇴 이후 절대 자신의 고향으로는 가고 싶지 않다고 말하곤 하였다. 차라리 한국에 가서 사는 게 낫다고. 모두들 해당 분야의 세계 최고 전문가였지만 가슴속 한구석에는 젊은 시절의 아쉬움과 회한이 남아 있었다.

미국이야말로 현재 인류가 낳은 세계 최고의 과학기술 국가라는 데 이의를 제기하는 독자는 없을 것이다. 2차대전 이후 전 세계로부터 과학자와 기술자들을 받아들여 연구중심의 대학을 육성하고 테크 기업들을 공들여 육성한 결과이다. 미국의 대학들이 얼마나 연구 중심이냐 하는 척도는 바로 대학교별 노벨상 수상자 수에서 정량적으로 나타난다. 미국의 명문 대학들은 일본 전체와 맞먹는 수상자들을 배출하였다.

미국인들이 과학기술에 너무 집착하다 보니 과학기술에 대한 패권주의 경향까지도 나타난다. 물론 독일이나 일본도 기술과 장인정신을 중시하는 과학기술 국가의 전통을 가지고 있지만, 그 전통의 화려한 꽃을 피운 곳은 미국이다. 미국 취업이민의 근간이었던 기술이민 문화와 어우러져 기술을 가진 개발자들의 천국을 이루어 낸 것이다.

내가 한국 출신 이민자여서 너무 다행인 건, 미국의 테크기업 종사자들이 한국에 대해 많은 관심을 가지고 있다는 거다. 특히 이민자 출신 개발자들은 한 번쯤은 한국에서 머무르며 잠깐이라도 살아보고 싶어 한다. 미국의 기술 중시 문화와 한국인들의 얼리 어답터 성향이 딱 맞아떨어지기 때문에 나타나는 현상이다. 한국인들의 새로운 기술을 빠르게 받아들이는 가치관이 미국인들과의 기술적 공감대를 이루어 내었다. 물론 한국은 과학기술이나 원천기술 쪽으로는 아직도 가야 할 길이 멀다.

미국 사회의 기술 중시 현상은 영국의 전통에서 많은 부분이 유래되었음을 알 수 있다. 유럽의 변방이었던 영국에서 가장 먼저 사상적 자유가 이루어졌기 때문에 산업혁명을 리드할 수 있었던 것이다. 그렇게 이루어진 기술 중시 풍조가 청교도 정신과 결합하여 신대륙 개척 과정에서 미국으로 전파되었다. 청교도 고유의 근면 검소와 노동중시의 가치관은 이민자들에게 지식과 기술 습득의 열망을 불러일으켰다.

미국인들의 기술을 중시하는 사고방식은 그들 고유의 개척정신과 관련이 깊다. 또한 그들 고유의 낙관주의, 합리주의 및 패권주의와도 연관성을 가진다. 현대 자본주의의 기반이 된 그들의 기술 중시 사고는 단순한 실용성을 넘어, 국가의 성장을 주도하고 세계 질서에서의 우위를 정당화하는 핵심 가치로 여겨져 왔다.

영국 고유의 기술 중시 전통은 자동차 조립공 출신 개발자 로저 베커(Roger Becker)의 사례에서 찾아볼 수 있다. 그는 1966년에 완성차 업체 로터스에 조립라인 작업자로 취직하였으나, 타고난 기술과 재능을 인정받아 핵심 설계팀에 합류하게 된 경우이다. 그는 최고경영자 직속 기술임원으로 진급하여 신차 엔진개발 업무를 수행하였다. 그는 44년을 근무한 정든 회사를 뒤로하고, 2010년 64살의 나이로 은퇴하게 된다.

내가 근무하는 Z 사의 조향 사업부는 과거 영국의 전통기업 루카스를 인수한 것이다. 루카스는 2010년 즈음에 현대모비스에 조향 기술을 제공하기도 하였다. 나의 동료인 루카스 출신의 수석개발자 H는 항상 와이셔츠와 넥타이 차림으로 출근을 한다. 그의 인생 철학에서 끊임없이 추구해 온 기술에 대한 자존심이다. 시험실 근무를 겸한 실무직으로서 정장 차림은 상당히 불편할 텐데 언제나 넥타이 차림을 고집한다. 지금은 비록 쇠퇴하였지만 전통적인 기술 종주국 출신으로서의 근본을 잃지 않는 것이다.

2.7.4. 연장자들로 이루어진 미국의 조직

조직단위의 업무 효율을 판단하자면 같은 나이대로 구성된 조직 간 비교가 가장 효율적일 것이다. 특히 실무자들의 고령화가 진행된 조직 간의 효율 차이를 분석해보는 것은 흥미로운 주제이다. 기업의 직원 연령분포를 살펴보면 해당 분야의 특성과 조직문화에 따른 연령대의 차이가 더욱 명확하게 드러난다.

상대적으로 나이가 많은 직원들을 기업에서 효율적으로 활용하기 위해서는, 빠르게 변하는 응용기술보다는 보다 진입장벽이 높고, 많은 경력의 실무자를 필요로 하는 원천기술 쪽에 주로 의존하게 된다. 이런 높은 진입장벽의 분야에 지속해서 집중하면서 경쟁력을 키우다 보면, 고령 인력에 대한 수요가 자연스럽게 증가하게 된다.

실무자들의 고령화는 산업이 어느 정도 안정을 이룬 산업 선진국에서 나타나는 보편적인 현상이다. 한국이나 중국의 빠른 추격을 뿌리치기 위하여, 일본은 부품 소재 쪽으로, 미국은 우주항공 쪽으로 계속 발길을 재촉하고 있다. 이들이 경쟁력을 유지하기 위해서는 젊은 혈기만으로는 곧바로 도달하기 힘든 위치에 가 있어야 하기 때문이다.

미국의 테크 기업에서는 사내 복도를 활보하는 40대 개발자들을 쉽게 찾아볼 수 있다. 특히 방산이나 우주항공 분야에서는 50대 실무자들이 그들의 전성기를 누리고 있다고 할 수 있다. 내가 30대의 젊은 개발자였을 때 한국의 친구들에게 부서 동료들과 함께 찍은 사진을 보여주니 다들 깜짝 놀랐다. 나와 함께 일하던 많은 동료들의 외모가 상당히 노쇠해 보였기 때문이다.

미국에서 직장 생활을 하면서 한국이나 일본에서 거래처 출장자들을 맞이할 기회가 많았다. 이들 중 미국 방문에 익숙하지 않던 출장자들은 미국기업의 실무 담당자들의 나이대 구성에 놀라움을 표시하였다.

반대로 한국이나 일본을 방문하는 미국인들은 한국 기업에서 일하는 직원들을 만나보고 깜짝 놀란다. 실무자들이 대다수가 2-30대로 구성된 너무나 젊은 조직이어서이다. 나의 미국인 동료는 당시 미국에 새로 설립된 일본계 H 고객사 미주 연구소의 직원들이 다들 너무 젊어서 대학교 캠퍼스에 방문한 것으로 착각이 들었다고 한다. 일본기업들은 신규 설립된 미국 법인에서 현채인들을 고용할 때 대부분을 젊은 신입으로 충당하기 때문이다.

미국의 기업들은 나이에 차별을 두지 않고 공식적으로 나이를 묻지도 굳이 알려고 하지도 않는다. 같은 능력이 되면 나이로 인한 불이익을 받지 않는 대신, 나이 대접 같은 것은 기대하면 안 된다. 자신의 나이나 경력과 상관없이 더 젊은 직원 아래에서 일하게 될 수도 있다. 서로 나이를 의식하지 않다 보니, 그에 대한 배려 또한 없는 거다.

원칙적으로 나이 차별이 없는 만큼 젊은 직원이 고위직 자리에 오를 수도 있고, 나이 든 직원이 허드렛일을 담당해서 할 수도 있다. 사무직 근무자라면 자신이 만약 억울한 나이 역차별을 당했다고 느끼더라도 주변에 호소하기는 쉽지 않다. 젊은 간부 직원의 갑질에 희생이 되어도 그다지 동정의 대상이 되지는 않는다.

오히려 자신이 나이 많다고 위축되거나 겉돌거나, 젊은 상사와의 관계에서 불편함을 드러내거나, 기력이 쇠했음을 티 내는 것은 조직생활에 부정적인 영향을 미친다. 자신이 임원 자리에 있지 않는 한 조직 내에서 노티를 내는 것은 절대 금물이다. 임원이나 고위 관리자는 어느 정도 나이 티를 좀 내도 되지만, 일반 실무직 직원이나 중간관리자가 그러한 경우는 오히려 젊은 동료들의 반감을 부를 수도 있다. 때로는 정리해고의 첫 번째 대상이 되기도 한다.

미국에서는 사무직 노조의 활동은 미약한 편이며, 사무직 노조의 필요성이나 가치는 사실상 상당히 희박해진 상태이다. 나의 동료들 중에도 사무직 노조에 가입한 경우는 한 번도 보지 못하였다. 현장의 노무직 직원이 노조원 신분이라면 그들의 경력이 늘어나고 노쇠해 갈수록 노조의 보호를 필요로 한다. 노조원들은 나이가 많을수록 나이에 걸맞은 업무를 맡는 것이 일반적이다.

이는 물론 주로 현장 노무직에 한해서다. 제조라인에서 일하던 직원이 고참이 되면 노조의 힘으로 사무실에서 근무할 수도 있다. 노조원이나 그 출신들이 모여서 근무하는 사무실은 항상 연장자들로 가득하다. 노무직 연장자들은 그들 특유의 여유로움 속에서 근무하면서 나름대로의 혜택을 누린다. 그들의 여유로움은 젊었던 시절 현장에서 단순노동에 자신들의 청춘을 바친 대가이다. 그들의 모습은 젊은 현장의 노조원들에게 그들의 미래에 대한 심리적인 안정감을 선사한다.

아무리 미국의 기업이라 할지라도 IT 기업이나 테크 기업들의 경우에는 나이 차별이 공공연히 나타난다. 구글의 경우 십 년 넘게 계속 직원들의 평균 나이를 서른 정도로 유지하고 있다. 십 년 전에 일하던 30세의 직원들은 이제는 거의 남아있지 않다는 이야기다.

구글은 채용 과정에서 나이차별 혐의를 받아 지원자들로부터 소송을 당하기도 하였다. 2000년대 초반 40대의 나이에 구글이나 퀄컴 등 글로벌 기업에 입사해서 60을 넘기면서까지 계속 일하는 경우는 시기를 아주 잘 탄 사례이다. IT 기업들의 경우 입사 시 코딩 테스트 자체가 어느 정도 나이 차별이라고 할 수 있다. 코딩 테스트는 나이가 어릴수록 더 유리할 수밖에 없다. 경력이 쌓일수록 코딩 자체에 대한 순발력은 떨어지기 때문이다. 젊은 사람들에게 유리한 테스트를 하면서 암묵적 나이 차별을 두는 수법이다.

2010년대 미국 직장인들의 평균 나이는 43세였으며 2020년대 들어서 코로나 영향으로 약간 감소하여 42세를 기록하고 있다. 2030년대에는 다시 증가할 것으로 예측된다.

나의 미국 일터에서 간혹 50대 이후의 직원을 혹사하는 광경을 목격하기도 하였다. 한번은 고객사에서 명예퇴직 이후 입사한 고참 직원에게 엄청난 문서작업을 할당하는 모습을 보았다. 계속 연장 근무를 하지 않으면 끝낼 수 없는 분량이었다. 나의 입장에서는 그 연로한 동료직원이 참으로 걱정스러운데 다른 동료들은 모두 그에게 무관심해 보였다. 내가 좀 도와줄 수 있을 거도 같아서 염려를 해 주었지만 그는 걱정하지 말라면서 전혀 도움을 요청할 기색이 없었다.

개인주의 기반의 역할조직은 자율적인 면에서 업무효율을 증대 시키지만, 갈 곳 없는 연장자들에게는 가혹한 환경이 될 수도 있다. 문제는 그가 이미 심리적으로 약점을 보였기 때문에 직원들이 기피하는 문서 업무를 떠맡아야 한다는 거였다. 내가 일했던 모든 제조업 개발 조직에서 설계사양 수집과 같은 문서업무는 여지없이 연장자들에게 돌아갔다.

미국에서의 조직생활에 있어서 나이가 많은 직원이 관리자 직급으로 일하는 것이 항상 유리한 것은 아니다. 오히려 중간관리자의 경우 나이가 너무 많으면 같은 나이대의 실무자들보다도 더 이직하기가 힘들다. 고위층 관리자라면 나이가 좀 많아도 조금 작은 회사로 옮겨간다면 이직이 어렵지는 않은데, 중간관리자의 경우는 이직이 쉽지 않다. 경우에 따라 이직하면서 아래 직급으로 강등될 수도 있다는 점을 인정해야 한다.

중년 이후의 직장인이라면 규모가 작더라도 정체 없이 지속해서 성장하는 회사를 선택하는 것이 중요하다. 미국식의 유연한 고용은 자신이 관리자이든 실무자이든 항상 물갈이를 할 준비가 되어 있기 때문이다. 조직의 성장이 조금만 정체되더라도 곧바로 구조조정에 들어갈 수 있고 연장자들은 신입들과 함께 항상 우선 정리 대상이기 때문이다. 인사팀 직원들은 항상 구조조정은 양쪽 끝에서 동시에 시작한다고 조언한다. 일반적으로 경력이 가장 많은 쪽 그리고 적은 쪽의 인력으로부터 구조조정을 시작한다.

일본의 테크 기업들은 역사적으로 산업화 초기에는 높은 역동성으로 진입장벽이 낮은 사업에 이른바 속도전으로 그들의 경쟁력을 확보하였다. 이러한 기업 문화가 새로운 조직이나 지사를 설립할 때마다 새로이 다시 모습을 드러낸다. 일본의 일반적인 조직이 고령자로 많이 이루어져 있다고 하여도, 고령자에 대한 채용이 그만큼 많이 이루어지는 것은 아니라는 것이 미국 조직문화와의 아주 큰 차이점이다.

일본기업의 본사에는 연장자들로 가득 찬 일본 제조업 기업들의 미국 지사들이 현지에서 즐겨 채용하는 미국인 직원들의 나이대는 20대 위주이다. 이 사실은, 일본인들도 젊은 직원을 채용하여 훈련시키는 것이 개발이나 생산직에는 더 효율적이라는 것을 누구보다도 잘 알고 있다는 것을 증명한다. 결국 관리직이나 연구직 이외에는, 특히 진입장벽이 낮은 직종에는 젊은 사람들을 채용하는 것을 선호하는 것은 전 세계 기업의 공통적인 현상인 것이다.

2.8. 일본인들의 장인정신

2.8.1. 일본의 기업정신 및 기술력

전 세계에서 오직 일본만이 만들 수 있었던 양산 제품들은 일본인들의 기업정신과 기술력을 말해 준다. 소비재를 중심으로 한 전통적인 제조업 강국으로서의 면모는 과거 한국 소비자들로부터의 엄청난 호응에서도 알 수 있었다. 그 위력에 놀라 정책적으로 일본 소비재 제품을 수입 금지시키기도 하였다.

나와 같은 세대들은 수많은 일본 고유의 제품 중에서 소니의 워크맨을 혁신의 으뜸으로 친다. 1970년대에 대중들에게 보급되기 시작한 워크맨은 소니에서 최초로 양산에 성공한 휴대용 카세트 플레이어이다. 라디오 방송이 아닌 자신이 원하는 음악을 언제 어디에서나 선곡하거나 반복해서 들을 수 있는 기능은 당시에는 전 세계의 대중문화를 선도하는 혁신적인 제품이었다.

일본인들의 첫 번째 개량혁신은 휴대용 라디오였다. 주머니에 들어가는 소니의 트랜지스터 라디오는 당시에는 획기적인 제품이었다. 1959년에는 일본의 11개 제조사가 미국 휴대용 라디오 시장의 절반을 점하게 된다. 두 번째 개량혁신은 휴대용 계산기다. 카시오를 위시한 일본의 제조사에서 1980년에 연간 6천만 개의 계산기를 전 세계에 공급하였다.

내가 가장 부러웠던 친구는 초등학교 시절에는 카시오 전자시계를 찬 친구, 중학교 때는 워크맨을 가진 동료였다. 이러한 일본의 경박단소 제품들은 미국의 아타리 게임기와 함께 부의 상징이었다.

전통적으로 일본의 제조업은 장인정신에 입각한 축소지향의 소형화 양산제품에 강한 면을 보여왔다. 독일과 함께 항공우주산업 진출에 제한이 걸려 나타내지 못한 역량을 자동차, 전자제품 소형정밀제품 산업으로 집중시켜 왔다. 특히 기계식 카메라 등 소형정밀기계 분야에서는 IT 시대가 도래하기 이전에는 기간 산업으로서 타의 추종을 불허하였다.

어느 다른 선진국도 감히 넘볼 수 없었던 일본 고유의 소비재 전자제품 산업을 이끌었던 분야는 바로 민생기기용 소형 부품이다. 생활가전이나 휴대용 기기를 열여 그 안을 들여다보면, 일본기업에서 공급한 부품들을 쉽게 찾아볼 수 있다. 사실상 지금까지도 많은 민생용 소형 부품 분야를 일본의 전문기업들이 독점하고 있다. 전 세계에서 일본만이 유일하게 생산하고 있는 전자 부품으로는 PCB용 소형 Relay, 수정 진동자, 표면 탄성파 필터 등을 들 수 있다. 이들은 자동차 제어나 휴대폰에 반드시 필요한 부품이다.

전자재료 부품뿐만 아니라 과거 휴대용 카세트 플레이어나 비디오 카메라의 구동 기계식 부품도 세계 최고의 기술력을 보유하고 있었다. 브라운관용 전자총을 구성하는 전극 중 가장 높은 정밀도를 요구하는 G2전극은, CRT 방식 TV가 단종되던 시점까지 일본의 특정한 협력업체 단 한 곳에서만 제조할 수 있었다. 한 중소 전문기업이 특정부품 전 세계 수요 100%를 공급한 것이었다.

장기간 대규모의 연구개발비를 투자해야 하는 전자재료 사업의 특성은 일본 화학업계의 재무 건전성, 일본인들의 치밀한 성품과 잘 결합되었다. [15] 어느 기업이든 원천기술을 가지고자 한다면 기술중심 고용과 경영이 이루어져 기술자들의 이직률이 낮아야 한다.

나의 실무와 관련되었던 일본인들의 특이한 주요 발명품 중 하나는

1960년대에 탄생한 진공 형광표시관(VFD)이다. 전통적인 CRT는 뒤에서 쏜 열전자를 맞은 형광체를 반대쪽에서 보는 방식이다. VFD는 반대로 화면의 앞쪽에서 쏜 열전자가 뒤에 있는 형광체를 때리고 그것을 앞에서 보이는 방식이다.

오늘날에는 별로 대단할 것이 없는 기술로 여겨질지도 모르지만, CRT가 영상산업의 주류이던 시절에는 혁신적인 발상의 전환이었다. 열전자 현상을 응용한 CRT 자체는 미국에서 고안되었지만, 일본인들은 거의 새로운 창조물에 가까울 정도의 혁신적인 모방을 이루어 낸 것이다.

내가 일했던 건물에서 사내식당을 가는 길에 한국 유일의 VFD 생산라인이 있었는데 이를 지나칠 때마다 시큼한 냄새가 났었다. 혹시 이 약품을 자주 마시면 건강에 해롭지는 않은지 관련 개발자에게 물어보았다. 공정에서 쓰는 식각 약품 냄새인데 건강에는 별 영향이 없다는 답변을 들었었다. 여기에서 생산된 형광표시관이 한때는 전국의 당구장에서 게임이 진행되는 시간을 표시해 주기도 하였다.

VFD는 고휘도 평판방식 소자에 밀려 시장에서 점점 사라져 갔지만, 1980년대부터 30년 넘게 고휘도 영상표시의 주요 방식으로 채용되면서 전성기를 누렸다. 독자들이 오래된 명품 오디오를 가지고 있다면, 초록색으로 빛나는 진공 형광표시관을 볼 수 있을 것이다. 이는 일본인들의 개량적 창의성과 장인정신을 엿볼 수 있는 대표적인 발명품이다.

벤치마킹 차원에서 그들의 작품들을 비교 분석하는 일은 한국 S 사 초년기 시절에 나의 주요 업무 중 하나였다. 실무 일본어가 가능했기 때문에 다른 동료들보다 더 많은 기회를 가질 수 있었다. 분석을 진행할수록 그들의 장인정신에 경탄을 할 수밖에 없었다. 당시 일본은 아날로그 세계의 절대 강자였다. 디지털 세계로 전환되지 않았다면 그들은 지금도 절대 강자의 자리에 있을 거다. 미국 주도의 IT 사업과 디지털화는 판을 바꾸어 놓았다. 정보화 사회에서는 장인정신만으로는 한계가 있는 만큼 순발력이 더 중요하게 된 거다.

영상 Display 공정, 반도체 식각 및 도핑 등 공정기술도 과거 일본이 선두를 차지했던 기술이다. 소형 릴레이, 산업용 로봇 서브모터, 소형 사출금형 기술 등 소형정밀 부문에서 세계 최고의 경쟁력을 보유하고 있다. 릴 테이프 레코더를 선두로, 세계 최고 가성비와 품질의 테이프 레코더를 생산해 왔다. 30년대 독일에서 발명된 릴 테이프 레코더가, 일본으로 건너가 그 꽃을 피운 것이다.

2008년까지 판매된 디지털 DV 비디오 레코더를 끝으로, 70년간 지속되어 왔던 민생용 테이프 레코더의 시대는 그 역사의 막을 내렸다. 미국, 한국 등 다른 국가의 많은 경쟁사들이 일본의 소형화 기술력을 따라잡으려고 열심히 노력했지만, 테이프 레코더 부문에서는 아무도 일본인들의 장인정신 앞에서 맥을 못 추고 말았다.

원천기술 및 소재기술에 있어서 일본은 여전히 세계 최고이다. 특히 소니의 기업정신은 선구자의 길을 개척하는 표상으로서 전 세계의 많은 엔지니어와 개발자들에게 영원히 기억될 것이다. 결코 모방할 수 없었던 품질의 워크맨과 캠코더, 테이프 녹화 방식의 방송장비는 지금까지 인류가 가졌던 최고 작품 중의 하나로, 에디슨의 백열전구와 함께 인류 역사에 남을 것이다.

2.8.2. 장인정신에 대한 존중

일본인들이 추구하는 장인정신은, 2025년 현재까지 세계 판매 1위를 수성하고 있는 도요타 자동차의 기업 문화에서 살펴볼 수 있다. 5개 항목으로 정리된 도요타 개발자 정신은 일본 제조업의 핵심인 장인정신의 표본이 된다. 여기에는 기술자라면 항상 현장을 중시하고 물건을 직접 손으로 만지는 것을 즐겨야 한다는 내용이 포함되어 있다. 도요타 특유의 생산관리 및 간판 시스템은 전 세계 제조 업계의 표준이 되었고, 그 근간이 되는 것은 개발자들의 장인 정신이었던 것이다.

소니는 선구자요 결코 남의 뒤를 따르지 않는다는 소니의 경영이념은, 전성기에 일본 최고의 입사 지명도를 자랑하였던 소니의 자랑이다. 소니는 오랜 기간동안 일본의 대학생들에게 장래 일하고 싶은 기업 중 1위를 차지하였다. 일본의 기업들은 빠른 추격자가 아닌 험난한 선구자의 길을 택하겠다는 창업자의 강력한 의지에서 비롯된 프런티어 기업 문화를 가진다. 직원들 모두가 공동 운명체임을 전파한 마쓰시타 고노스케의 리더십 또한 어떠한 어려움이 닥쳐도 이를 이겨낸다는 것이었다.

수백 년 역사의 우동 가게, 종이 가게, 도자기 가문을 살펴보면 한 우물을 파는 일본인 특유의 장인 정신이 엿보인다. 그런 집요함과 정교함이 반도체를 비롯한 전자재료의 품질과 수율을 높였다. 장인정신을 기반으로 많은 전자 제품들, 자동차, 조선, 철강 등 거의 모든 제조업에서 성공을 거두었다. 서구에서 발명된 제품들을 가져다 자신들의 정교함을 더해서 개량혁신을 이루어 낸 것이다.

기술지상주의, 즉 한 우물만 파는 집요한 장인 정신은 수요가 변하지 않을 때에는 높은 경쟁력을 가진다. 일본에는 수백 년 된 여관, 우동집, 뎀

뿌라집 이런 곳들이 많은데, 일본 소비자들이 비싼 가격을 치르고도 그런 데에 돈을 쓰기 때문이다. 하지만 수요 자체가 바뀐다면 한 우물을 파는 것은 시간과 노력의 낭비가 될 수도 있다. 우물을 파자면 그 물을 마실 사람이 있어야 한다.

한국의 제조 기업들이 추구하고 있는 개발자 엔지니어들의 강한 정신력과 집단의식은 그 기원을 일본 전통 테크 기업들의 창업 이념에서 찾아볼 수 있다. 일본인들의 장인정신은 한때는 한국식 열정의 모체가 되기도 하였다. 물론 장인정신은 양날의 검과 같아서 미국인들 관점에서 본다면 노동력 착취로 비칠 수도 있을 것이다. 미국인들도 물론 기술자체를 상당히 중요시하고 있지만, 일본이 중시하는 건 기술 중에서도 바로 장인정신에서 비롯되는 기술이기 때문이다. 물건을 설계하고 만드는 과정은 장인들의 공헌감과 내면의 성장에 기반한다.

미국인들이 추구하는 학문이나 지식, 도구 기반의 기술과는 분명한 차이가 있다. 미국인들은 모델링이나 시뮬레이션에 강한 반면 일본인들은 축적된 경험에 의한 직관적인 판단을 더 중시한다. 이런 분위기에서는 학벌이 좋은 직원보다도 전문분야에 오랜 경험을 가진 고참들이 더 존경받게 된다. 그들은 진급 여부와 상관없이 주변 눈치를 보지 않고 실무만으로 평생을 보내게 된다. 평생 평직원으로 일하다 노벨상을 수상한 다나카 고이치가 그 대표적 사례이다.

직관적인 판단의 중요성에 관하여 승용차의 승차감 튜닝과정을 예로 들어보자. 미국 완성차 개발조직의 박사급 평가 전문가는 주행시험장에서 계측된 진동계수나 가감속도의 데이터를 분석하여 개선해야 할 부분을 설명한다. 반면 일본인 고참 평가 담당은 시험차를 험로에서 몰아보니까 드라이브하는 느낌이 어떻고 고속주행 시는 저러며, 발전기의 가는 소음은 귀에 약간 거슬리더라는 식으로 보고서를 내놓을 것이다.

결과적으로 일반 소비자는 같은 가격대라면 일본기업의 차량을 선택하게 되고, 중급 승용차 시장은 일본의 기업들이 석권하게 되었다. 운전자의 감성에 민감한 세단 차량이라면 수식에 의한 설계보다는 직관에 의한 장인정신의 승리라고 할 수 있다. 소비자 입장에서는 물건을 설계하고 만드는 장인의 정성이 느껴지는 제품을 선택하는 것이다. 특히 일반 소비재가 아닌 많은 비용을 지불하는 모처럼의 선택이라면 그 제품의 완성도는 상당히 중요시되게 된다.

미국의 자동차 업계는 이에 대응하기 위하여 중형세단의 수요자체를 줄이는 전략을 선택하였다. 도저히 극복할 수 없는 장인정신에 대한 수요를 이동시키기 위하여, 그들이 경쟁력을 가진 SUV와 트럭 문화로 소비자의 트렌드를 바꾸어 간 것이다. 미국인들은 차량의 선택 시에 운전시의 승차감보다는 캠핑카를 견인할 수 있을 정도의 강인한 힘을 중요시하게 되었다. 미국의 소비자들이 장인정신이 중시하는 방향으로 계속 흘러간다면 일본의 승리가 확실하니 수요를, 이를 회피하는 방향으로 유도한 것이다.

일본인들 고유의 장인정신의 배경으로는 과거 전통사회의 관습을 들 수 있다. 직업을 바꾸기 힘들었던 일본의 봉건 사회 시절에는, 기술은 대를 이어서 전수하는 것이 전통이었다. 장인들이 다른 기술자들과의 경쟁에서 살아날 방법은 오로지 장인정신밖에 없었다. 아들이 없다면 양자를 들여서까지 기술을 전수하고 전통을 이었다. 오늘날에도 일본의 직장인들이 가업전수를 이유로 일하던 조직을 갑자기 버리고 낙향하는 경우를 볼 수 있다.

일본의 장인들은 평민 신분이었지만 직업을 바꿀 수 없었다는 점에서 관노비 신분이었던 조선의 장인들과 본질적으로 같은 처지였다. 직업을 바꿀 수 없었고, 기술을 직계 자녀에게 전수해야 한다는 점에서는 조선의 관노비 시스템과 유사하였다. 다른 점은 사실상 공무원으로서 평생 생계가 보장되는 관노비와 달리 일본의 장인들은 스스로 다른 장인들과 계속해서 경쟁을 해야 했다는 부분이다.

상황에 따라서는 이런 시스템은 장인 자신에게는 노비 신분보다 더 가혹한 환경이 되기도 하였다. 공무원과 자영업자의 차이로 비유할 수 있다. 평민 신분으로서의 자유는 보장되지만 경쟁에서 낙오하는 경우 생계 자체를 유지하기 힘들 수도 있다. 이는 사회주의와 자본주의 제조업 시스템의 차이로도 설명할 수도 있다.

제조업계뿐만 아니라 출판물에서도 일본인들의 장인정신을 엿볼 수가 있다. 1960년에 발행된 한자사전인 대한화사전(大漢和辭典)을 편찬하는 데는, 저자 모로하시 데쓰지(諸橋轍次)의 일평생인 32년이 소요되었다. [16] 저자는 일에 너무 열중한 나머지 눈까지 멀게 되지만, 구술로 대신하여 아들에게 내용을 기록하게 하였다. 이 저서는 훗날 한문관련 공부를 하는 학자라면 누구나 한 질씩 가지게 되는 대작으로 평가받게 된다. [7]

그 이후 한국과 중국에서도 비슷한 규모의 한자대사전이 편찬되지만, 일본과는 달리 수많은 학자들과 저자들이 함께 협업한 결과였다. 일본고대인명사전의 경우도 사학자 히라오 쿠니오(平野邦雄)가 20여 년 세월을

몸 바쳐 장인정신으로 집필한 결과물이었다. [17]

아키모토 오사무(秋本治)는 '여기는 가쓰시카쿠 가메아리 공원 앞 파출소'(한국어 번역판: 여기는 잘나가는 파출소)를 1976년부터 2016년까지 40년간 매주 한 번도 쉬지 않고 주간만화 점프에 연재한 것으로 유명하다. 내가 처음 일본에서 주간 만화잡지를 접하면서 즐겨 보았던 만화이다. 스토리 전개가 상당히 서민적이면서도 일본인들의 불편한 내면이 주인공을 통하여 직설적으로 표현된다.

주간만화 점프는 아기공룡 둘리를 등단시켰던 월간 보물섬의 원조격이 되는 전설적인 잡지이다. 점프는 일본 만화가들의 등단과 만화의 대중적인 보급에 커다란 영향을 미쳤다. 내가 이 잡지를 처음 접했을 때 만화가들을 반드시 선생으로 호칭하던 것에 인상이 깊었다. 1980년대 당시에는 한국에서의 만화가에 대한 대접은 전혀 그렇지 못했기 때문이다. 잡지는 마치 신문 기사처럼 만화가들의 주간 동정을 독자들에게 알리곤 하였다. 만화가들은 대중적 인기뿐만 아니라 전문의와 대등한 사회적 존경을 받게 된 것이다.

후지코 후지오(藤子不二雄)는 그의 인기만화 도라에몽을 1970년부터 1996년 그가 사망할 때까지 26년간 계속 단행본으로 출간하였다. 그가 간부전증으로 자택의 집무실 책상에 엎드려 숨져 있는 것이 발견되었을 때, 책상 위에는 생애 마지막의 도라에몽 미완성 원고가 놓여 있었고, 그의 손에는 쓰다만 연필이 쥐어 있었다.

일본인들의 장인정신 표출은 출판물을 뛰어넘어 '아니메'라 지칭되는 일본 고유의 만화영화에서 그 절정을 보여준다. 시나리오와 스토리보드,

그리고 여러 장의 만화를 연속적으로 연결시키는 작업은 기술 자체만으로는 매끄러운 작품이 잘 나오지 않는다. 위의 요소들을 섬세하게 포괄하는 과정에는 노동 집약적이고 투철한 장인정신이 요구된다. 구성원 개인의 역량도 중요하지만, 작업자들이 유기적으로 협력해야 하는 종합예술이기 때문이다.

만화영화에 종사하는 장인들은 청소년 계층뿐만 아니라 일반 대중들로부터 많은 존경을 받는다. 제작팀 내부에서의 리더십과 팀워크, 그리고 각 팀원들의 정성이 모이는 과정은 작품의 완성도를 높이는 데에 매우 중요하다. 미야자키 하야오를 비롯한 애니메이션 감독들은 일본 사회에서 독보적인 위치를 가진다.

전통 2D 애니메이션은 일본 이외의 어떤 나라도 근접하지 못하는 분야가 되었다. 미국은 결국 일본과의 경쟁을 피해 수작업 위주였던 2D 애니메이션을 포기하고 3D 그래픽 쪽으로 움직여 갔다. 자동차 산업에서 승용차를 피해서 트럭으로 움직인 그들의 전략과 유사하다. 미국인들이 경쟁력을 가진 툴 기반 CG 예술분야로 서서히 이동해 간 것이다.

2.8.3. 현장을 중시하는 일본기업

내가 일본에서 근무할 때나 미국의 일본계 기업에서 경험했던 특이 사항 중 하나는 수도 없이 현장을 방문해야 했고, 때로는 현장에서 밤을 지새우기도 하였다는 점이다. 미국의 기업에서 근무하였을 때는 좀처럼 하기 힘들었던 경험이다. 사람마다 취향이 다르겠지만 나의 경우는 현장을 직접 보고 경험해야 더 빠르게 이해를 하는 스타일이다. 그러니 나 같은 성향의 직원은 미국 회사의 한 직종에서만 줄곧 일한다면 어느 시점에서 한계를 맞이했을 수도 있다.

많은 일본기업들이 현장을 중시하는 경영을 펼친다. 주로 현장과 사무실이 완전히 분리되어 있는 미국의 기업들과 달리 일본의 전형적인 기업들은 사무실과 현장이 가까이에 위치하고 있다. 고용 시에도 현장직과 사무직에 차별을 두지 않으며 양측 간 업무 순환이 자유롭다. 사무직 출신이 현장으로 투입되거나 그 반대로 현장 출신이 사무직으로 전환되는 경우는 일본에서는 흔한 일이다.

일본기업의 경쟁력은 많은 엘리트들이 본사 못지않은 수준으로 현지공장이나 건설현장에 투입된다는 점이다. 일본의 기업문화는 계층이나 업무 영역에 대한 뚜렷한 구분이 없고 직원들의 전문성보다는 유연성을 더 중요시한다. 따라서 현장 배치가 가져오는 사무직 대비 불이익은 언제든지 회복이 가능하다는 장점을 가진다. 일본의 고급인력들이 현장 배치에 거부감을 크게 가지지 않는 이유이다.

실무자들은 부품의 공정감사 등으로 협력업체의 생산현장에도 자주 방문하도록 힘쓴다. 완성품에 문제점이 생기면 직접 하청업체에 가서 현장을 둘러보고 문제점을 파악하도록 한다. 일본에서는 현장 경험이 많은 직원일수록 관리자로 진급이 유리하고 유능한 관리자로 인정받기도 한다. 사무직 직원들의 현장 경험에 대한 경시 현상이 나타나는 미국기업들과는 차별되는 점이다.

업무에는 수평적인 넓이가 있어야 관점과 공감이 형성된다. 너무 깊이만 추구하는 미국식의 전문가는 자신의 업무만을 수행하려는 경향이 강하다. 자기분야 밖의 아이디어를 쉽게 받아들이고 연결함으로써 새로운 것이 창조된다. [13] 일본인들의 의식 속에 있는 현장은 생산이나 건설부문에 한정되어 있지 않다. 소비자를 대하는 영업 일선 또한 현장으로 여겨 전 직원이 영업사원 마인드로 네트워크를 활용한 자사제품 판매 활동을 한다.

내가 근무하였던 일본기업의 경우도 자주 고객사에서 당사의 생산라인을 직접 방문하여 그들이 준비한 매뉴얼에 따라 공정 하나하나를 세밀하게 점검하곤 했다. 협력업체 공정감사는 서열 재확인을 겸한 일본 고유의 이벤트인데, 미국에서는 좀처럼 경험하기 힘든 연례 행사였다. 고객사의 직원들을 우리의 생산 라인으로 안내하는 과정은 항상 긴장되고 피가 마르는 일이었다. 어느 부분을 미흡한 점으로 지적당하고 꼬투리 잡힐지 예측하기 힘들었기 때문이다. 한번은 생산라인에 투입될 크림납을 임시로 보관하는 냉장고가 없다고 지적당하기도 하였다.

일본인들이 중국에 비해서 근대화를 빠르게 진행시킬 수 있었던 이유 중 하나는 바로 현지를 통한 문물 습득이다. 중국인들은 자기나라에 가만히 앉아서 선진문물을 받으려고 했는데 반하여, 일본인들은 인재를 선발하여 해당국가에 파견하였기 때문이다. 일본은 정책적으로 엘리트들을 서구 현지에서 공부를 시킨 후에 필요한 선진문물을 가지고 돌아오게 하였다. [7]

일본에서 파견되는 공관원들이나 주재원들도 처음 파견 시에는 실무에 들어가기 이전에, 현지사정을 파악하고 익힐 수 있도록 시간을 준다. 새로 고용된 신입사원에게 충분한 학습 기간을 주는 것과 비슷한 형식이다. 일본인들의 현지 문화에 대한 적극적 학습정책의 반영이다. 물론 현지문화를 사전학습만으로 모두 다 수용하기에서 한계가 있다. 하지만 이들의 충분한 사전학습과 관리자로서 적절한 현채인 대응이 성공적인 현지화를 가져왔다.

2.8.4. 세계 최고의 품질을 지킨다

일본 제조업계는 뛰어난 설계 및 검증 능력뿐만 아니라 철저한 생산관리 기술로 최상의 품질을 지향해 왔다. 그들 고유의 장인정신에 의한 세계 최고의 설계품질 및 생산품질을 달성하였던 것이다. 그들은 설계상 및 공정상 실수를 방지하지 위하여 상당히 많은 인내력과 에너지를 투입한다. 내가 일본인들과 함께 업무를 진행하면서 심리적으로 가장 힘들었던 부분은, 같은 설계를 몇 번이고 재검증하는 과정이었다.

한번은 나와 함께 일했던 M 과장이 실무자의 설계와 검증이 끝난 도면과 부품리스트를 밤 열 시에 퇴근하면서 자신의 가방에 넣는 모습을 목격한 적이 있다. 궁금해서 사연을 물어보니 퇴근 이후 집에서는 취침 전까지 자신이 직접 도면과 부품 리스트가 일치하는지 다시 한번 검토할 예정이라고 하였다. 나는 그의 헌신에 감탄하면서도 그의 가정생활을 우려하지 않을 수 없었다. 장인정신에는 항상 가족의 희생이 따르기 때문이다.

일본인들이 강점을 보이는 소재부품 분야에서는 설계 자체보다는 그 검증과정에 더 많은 노력과 시간이 요구된다. 무엇보다 가장 많은 에너지가 필요한 부분은 설계가 완료된 제품의 양산적용 과정일 것이다. 아무리 설계가 뛰어나고 실수가 없어도 공정기술이나 품질관리가 뒷받침되어 주지 못한다면 품질면에서 그들이 원하는 경지에 이르지 못할 것이기 때문이다.

일본 산업계는 미국에서 시작된 통계적 품질관리를 1950년대부터 배워 가면서 그들의 양산제품에 적용하기 시작하였다. 점령군이던 맥아더 사령부는 미국에서 품질관리 전문가를 초청해 일본기업을 대상으로 품질관리에 대한 강의 및 지도를 하도록 지원했다.

1970년대에 들어서면서 일본의 기업들은 제조산업분야에 전사적 품질관리를 접목시키게 된다. 이런 품질 시스템은 제조분야뿐만 아니라 건설업과 서비스업 등으로 확대되었고 1980년대에는 품질관리의 스탠더드로 자리 잡게 되었다. 이런 품질 경영의 발전에는 그들의 전통적인 장인 정신을 통계적 시스템에 접목한 지속적인 개선 활동이 뒷받침되었다.

내가 미국의 완성차 G 사와 협업을 하고 있던 시기에 G 사는 일본 완성차 T 사에서 고안된 설계품질 관리 기법인 DRBFM을 도입하기도 하였다. 놀라웠던 사실은 T 사에서 DRBFM을 처음으로 제안하였던 기법의 창시자 요시무라 타츠히코를 G 사에서 거액의 연봉으로 영입한 일이었다. 일본에 품질경영 기법을 전수했던 미국인들이 일본으로부터 설계품질 저하 방지 기법을 역으로 수입하게 된 것이다.

G 사는 결국 T 사의 DRBFM 설계검증 기법을 협력업체들에 납품 조건으로 요구하였고, DRBFM은 미국의 주요 납품업체뿐만 아니라 내가 근무하였던 독일계 B 사에까지 전파되었다. B 사에서는 고객의 결정을 존중하여 받아들였을 뿐만 아니라 독자적으로 T 사에서 일본인 전문가를 영입하였다. 결과적으로 DRBFM 기법은 모든 제품설계에 광범위하게 받아들여졌고 많은 설계자들이 체계적인 검증과정에 따라 핵심 기술을 서로 공유할 수 있게 되었다. 핵심개발자들의 머릿속에만 있던 원천기술이 문서화되고 체계적으로 정리되었다.

G 사의 품질부서에서 근무하던 직원들 사이에 오가던 뒷이야기는 흥미로웠다. 그들이 특이하게 여겼던 점은 요시무라가 기술지도 회의 중간중간에 계속 조는 모습을 보였다는 점이다. 완전히 잠이 들었나 싶으면 다시 깨어나서 아이디어를 말하고 다시 잠들기를 반복하는 기술고문의 업무 모습은 미국인들에게는 상당히 인상적이었다.

사실 G 사 임직원들은 업무와 취침이 공존하는 일본의 조직 문화를 전혀 이해하거나 받아들이지 못하였다. 결국 미국인들은 이러한 요시무라의 모습을 일본인들 고유의 창의적 장인정신의 원천으로 결론 지었다. 미국인들이 가지고 있지 않은 졸면서도 업무회의에 임하는 능력이 일본 고유의 개량창조를 이끌어 내게 되었다고 해석한 것이다. 짧은 수면과 창의성의 연관성은 여러 실험으로 증명되었지만 미국인들에게는 상당히 생소한 업무방법이다.

일본인들은 품질에 대한 장인정신뿐만 아니라 개발일정 및 납기에 대한 의식도 철저하다. 아무리 훌륭한 제품을 설계해도 시장과 고객의 요구에 대한 반응성이 떨어진다면 경쟁력에서 뒤처질 수도 있기 때문이다. 일본의 개발자들은 날밤을 새워서라도 주어진 납기를 기필코 맞추어 낸다. 한때는 그 속도를 아무도 따라가지 못하였다. 아무리 머리가 좋아도 밤새고 공부하는 친구를 성적으로 이길 수 없는 상황과 비슷하다.

내가 미국의 독일계 B 사에서 근무했을 당시에는 일본계 고객사는 왜 우리가 항상 주어진 납기를 지키지 못하는지 의문을 가졌다. 물론 그들은 우리의 설계수준이나 개발자들의 자질 생산 품질에는 상당히 만족하고 있었다. 문제는 바로 납기 준수 여부였다. 다른 일본계 협력업체는 항상 주어진 날짜에 초도 샘플을 납품하는데, 우리 회사만이 항상 늦는다는 거였다.

당시 나는 설계 담당을 맡으면서 밤을 새워서라도 시작품의 납기를 맞추겠다는 각오로 업무를 하고 있었다. 문제는 사내 업무 프로세스였다. 도면이 출도가 되고 그 도면에 맞추어 시작품이 제작되어 출고까지 6주가 걸렸다. 하나라도 설계결함이 발견되어 도면의 수정이 이루어진다면, 바로 그 시점에서 다시 6주가 추가되는 시스템이었다.

불행히도 그때 도면을 출도한 이후 설계를 재검증하는 과정에서 중대한 설계결함이 발견되었다. 부랴부랴 재출도를 하고 샘플조립팀에 미친 듯이 전화를 돌렸으나, 그 시점부터 6주 후에 샘플 출고가 가능하다는 같은 답변만 계속 돌아왔다. 결국 사업부장에게까지 보고되어 힘으로 밀어붙이기로 했는데, 결론적으로 먼저 접수된 다른 시작품 일정을 새치기해서 4주까지 단축이 가능한 것으로 결론이 났다.

사업부장까지 나서서 닦달을 했어도 샘플을 조립하는 시작 부서에서는 그 어느 누구도 연장 근무를 원하지 않았던 것이다. 나는 물론 일본계 고객사에 코빼기도 보일 수 없었고, 잘생긴 백인 동료를 총알받이로 보내 고객사의 분노를 누그러뜨리도록 하였다. 복귀한 그 동료는 화가 안 풀렸는지 설계 실수에 대한 해고를 거론하기까지 하였다. 참고로 미국 회사에서는 징계는 없고 오로지 해고만 있다.

내가 일본회사에서 근무할 때였다면 설계 실수에 대해 백배 사죄하고 조신하게 행동해야 할 터였다. 하지만 미국인들과의 사이였기 때문에 뻔뻔해지기로 마음을 먹었다. 설계 실수 때마다 설계자를 해고한다면 누가 설계를 맡으려고 하겠냐고 받아치고 애써 태연한 척하였다. 하지만 같은 실수를 다시 반복한다면 다른 일자리를 알아봐야 하는 상황임에는 의심할 여지가 없었다.

조금이라도 설계 변경이 발생하는 경우 새로운 시작품 제작에 6주가 추가로 소요된다는 상황을 일본인 고객들이 이해할 수 있을까. 일본인들도 역시 설계 실수와 변경을 반복하지만 그들의 시스템 하에서는 납기의 지체 없이 예정된 일정대로 시작품이 출고된다. 물론 시작품 제작업체에 지불할 금액은 설계변경 횟수와 그 긴급성에 비례해서 계속 올라 간다.

일본인들의 품질관리에 대한 명성이 최고조에 달하였던 1990년대에는, 미국을 위시한 전 세계에서 일본식 상품명의 사용이 유행한 적도 있었다. 일본식 이름은 소비자들의 잠재적 구매욕구를 자극하여 매출향상에 많은 도움이 되었기 때문이다. 헤어가미처럼 영어와 일어를 합성한 상품명부터, 푸주오쿠처럼 일본풍의 신조어를 상품명으로 차용하는 경우까지 미국시장에서 다양한 시도가 이루어졌었다.

최근에는 전기 조리기구 전문 닌자 브랜드가 우수한 가성비로 미국의 주부들에게 인기를 끌고 있다. 최근에는 중국계 기업들이 일본식 브랜드 이름을 주로 사용하고 있으며, 닌자는 공식적으로는 미국에 본사를 두고 있다. 일본산의 민생용 제품은 오늘날까지도 많은 소비자들의 신뢰를 받고 있다.

2.8.5. 경박단소에 강한 일본

워크맨을 위시한 일본 고유의 경박단소 제품은 1980년대 초반 전 세계의 소비자들의 인기를 휩쓸면서 당시의 전자제품 시장을 주도하였다. 그 이후 제3의 물결로 지칭되는 정보화시대가 도래하면서 경박단소가 전 세계 산업 트렌드의 키워드가 되기도 하였다. 오늘날에도 고성능의 경박단소 부품을 공급하는 협력업체는 일본계의 소재 기업들에 집중되어 있다. 인공으로 수정을 키워서 이를 프로세서용 클럭으로 만들어 공급하는 기업들은 모두 일본에 있다.

내가 한국의 S 사에 근무하던 시절에 한때 일본보다 더 작은 랩톱컴퓨터를 개발하려는 야심 찬 시도를 했었다. 제품 기획 자체는 아주 근사하게 진행되었다. 하지만 문제는 기획된 제품을 구현시킬 부품을 구할 수 없었다는 것이다. 랩톱의 최소 외관 사이즈는 일본의 납품업체 A 사에서 공급하였던 디스크드라이버의 사이즈에 절대적인 제약을 받을 수밖에 없었다. 국내 계열사 납품업체의 기술로는 A 사에서 기존에 공급하던 사이즈조차도 구현이 불가능했던 것이다.

오늘날 경박단소를 대표하는 스마트시계, 휴대폰, 태블릿, 랩톱컴퓨터에는 일본제 전자부품이 필수로 탑재된다. 부품소재를 위시한 일본의 강소 기업들은 장기불황에서 벗어나는 자신감을 회복하는 데 중추적인 역할을 담당하였다. 경박단소의 근간에는 일본인들의 아날로그 기반의 장인정인이 있고, 그 핵심은 정밀소재기술이다.

일본인들은 그들이 추구하는 작고 귀엽고 앙증맞으며 정교한 것들을 만들어낸다. 최초 초경량 트랜지스터 라디오와 TV, 그리고 소니 독자의 트리니트론 방식 CRT는 그들의 개량창조 역량을 보여 준다. 때로는 거의 새로운 창조물에 가까울 정도의 혁신적인 제품도 많다.

일본인들의 창조력은 미국인들의 비약창조에 대비한다면 개량창조로 구분할 수 있다. 개인의 뛰어난 아이디어에 기초하기보다는, 고민하고 덜어내서 남은 핵심에 도달하는 방식이다. [2] 개량창조는 소형화 경량화에 핵심적인 사항이다. 세상을 바꾸는 혁신적인 아이디어도 중요하지만 기존의 아이디어를 계속 발전시켜 나가는 장인정신도 인류의 발전에 중요한 요소이다. 기반의 지속성을 중시하는 일본인들은 위험을 최소화하면서 장인정신을 활용하는 편을 선택한다.

일본인들의 지나온 역사를 살펴본다면 대표적인 개량창조의 산물은 가나 문자이다. 한자에서 가나 문자로의 변천과정에서 이들의 점진적인 개량응용에 의한 창조성을 엿볼 수 있다. 가타카나는 신라의 각필 구결에서 유래되었다는 설도 있지만, 일본인들은 한국에서는 사라져 버린 구결문자를 계승하고 발전시켜 그들 고유의 문자 문화로 정착시켰다.

내가 근무하였던 독일계 B 사의 경우 일본인들의 경박단소 제품에 대한 강점을 정책적으로 활용하였다. 일본에 기술센터를 설립하고 경차형 초소형 유압장치를 그곳에서 독자적으로 개발하도록 조직한 것이다. 같은 맥락으로 대형 트럭을 위한 대형 유압장치는 미국의 기술센터에서 개발을 하도록 하였다.

일본인 직원들은 B 사의 경영진이 의도했던 대로 성공적으로 유압식 제동장치의 소형화 및 경량화 목표를 달성하여 제품의 부가가치를 높일 수 있었다. 개발 착수 시 목표하였던 바를 이루었고, 일본의 소형차 제조사들로부터 높은 평가를 받고 좋은 가격에 납품할 수 있었다. 미국이나 유럽의 고객사 입장이었다면 단지 부품이 작다는 이유만으로 경쟁사보다 더 나은 평가를 받지는 못하였을 것이다. 일본인 직원들은 일본의 고객사들로부터 노력의 가치를 인정받는 사실 하나만으로도 제품을 조금이라도 더 작게 만들려는 장인정신을 발휘한 것이다.

내가 B 사에서 특이하게 여겼던 부분은 주력 유압부품의 모델명에 대형을 의미하는 L 또는 소형을 의미하는 S 라는 표식이 들어가 있었다는 점이다. 마케팅 전문가에게 중형을 의미하는 M 표식의 부품은 없냐고 물어보니 제품명에 중간크기를 암시하는 모델명을 사용하면 그 부품의 상품가치가 떨어져서 사용하지 않는다는 답변을 들었다.

일본의 소형차 업체들에는 S 자가 들어간 모델명의 제품을, 미국의 대형 트럭 업체들에는 L 자가 들어간 모델을 권유하는 것이 마케팅 측면에서 효율적이라는 의미다. 영업직원들은 일본인들에게는 이게 크기는 아주 작지만 힘은 좋다고 설명하고, 미국인들에게는 이게 덩칫값을 해서 힘이 장난이 아니라고 자랑한다. 기술 자체도 중요하지만 마케팅 전략 또한 기업의 경쟁력에서 빼놓을 수 없는 부분이다. 고객의 취향을 파악하는 것은 마케팅의 핵심이다.

2.9. 효율에 대한 추구

2.9.1. 불확실성의 수용

미국인들은 동양이나 유럽인들에 비하여 장기적 가치보다는 단기적 만족을 더 중요시하는 편이다. 국가 정책이나 이상은 미래를 추구하지만 개인의 삶은 절대 그렇지 않다는 사실은 처음 미국인들의 생활양식을 접하는 방문자라면 신기해하는 현상이다. 이들이 개인의 삶에서 미래를 위한 대비에 소홀한 이유는 그들의 예측 가능한 사회에 기반한다. 내가 당장 직장에서 나오게 된다 하더라도, 곧바로 다른 직장을 찾을 수 있다는 믿음이 있기 때문이다.

그들은 미래를 위한 투자보다는 현재의 삶의 질을 우선시한다. 나의 미국인 동료들은 다들 여가를 즐기면서 많은 비용을 여행이나 취미 활동에 소비한다. 캠핑카나 요트를 보유하는 건 기본이고 제트스키, 스노우모빌 등 그들의 차고에는 비싼 취미를 위한 소장품들이 가득하다. 분명히 이들이 나보다 많은 급료를 받거나 저축이 많은 게 아닌데, 처음에는 부모로부터 물려받은 재산이 많을 것이라고 추측하였다. 하지만 그들은 주택을 보유하였더라도 상당액수가 융자였고, 저축은 거의 바닥인 것을 알고 나니 상당히 혼란스러웠다.

어떤 싱글 동료는 차를 두 대 소유하고 있었다. 하나는 세단 또 하나는 트럭이었다. 그의 재정 상태에 대해 알아본 결과 자신은 아버지로부터 단한 푼도 지원을 받지 못한 상태였다. 그의 아버지는 대기업 출신으로 상당한 재산과 은퇴연금을 가지고 있었지만, 은퇴한 직후 이 재산을 정신없이 소비하기 시작하였다. 그의 표현에 따르면 모든 재산을 죽기 전에 다 써버릴 기세였다. 은퇴자들은 자식에게 재산을 물려주기보다는 남은 여생을 풍요롭게 즐기는 편을 택한다. 사후 상속되는 재산은 보통 그냥 쓰다가 남은 유산일 뿐이다. 언제 세상을 떠날지 모르기 때문에 여유분으로 보유하던 저축이지 자손을 위해 따로 남겨둔 것은 아니다.

미국인들은 그때그때 수입을 소비하는 편이 삶에 있어서 효율이 높다고 여긴다. 이들이 미래를 위한 저축을 하기보다 현재를 즐길 수 있는 배경에는 앞서 언급한 대로 미국의 예측 가능한 사회가 있다. 이들의 국가에 대한 신뢰가 미래의 불확실성을 수용할 수 있게 만든다. 낙천적인 미국인들은 절대 최악의 경우를 걱정하지 않는다. 이들은 확실한 것, 정해진 것을 선호하는 일본인들의 위험회피 성향과 반대의 모습을 보인다.

그들은 기업의 의사결정에 있어서도 당장의 위험을 감수한 새로운 시도를 선호한다. 미국을 대표하는 테크기업 테슬라의 거침없는 행보는 발빠른 의사결정의 진수를 보여준다. 물론 사이버트럭과 같은 경우는 잘못된 의사결정으로 실패한 사례라 할 수 있다. 미국인들은 모든 상황을 통제하려 하기보다는 영향력을 행사할 수 있는 부분에 집중한다. 이들은 불확실성을 기회로 전환시키며, 실패를 하나의 학습 과정으로 여긴다.

나의 내부 고객사였던 조인트벤처 V 사의 직원들은 모두들 위험을 감수하는 성향을 가지고 있었다. 기기에서 일하던 엘리트 직원들은 기존의 탄탄한 직장을 뒤로 하고 새로 설립된 회사에 뛰어들었던 모험가들이었다. 그들이 주관하는 회의에 참석해 보면, 토론 분위기는 항상 화기애애하였다. 젊은 직원들도 거침없이 자신의 의견을 내놓아서 내 입장에서는 불편하게 느껴질 정도였다.

결론적으로 조인트벤처 V 사는 4년 만에 매각 단계를 겪게 되었지만, 핵심 직원들은 그 경험을 바탕으로 더 좋은 직장으로 전직할 기회를 얻었다. 대부분 새로 구한 직장에서 더 도전적이고 핵심적인 업무를 맡으면서 그에 합당한 더 많은 급료를 받게 되었다. 4년 동안 그들의 아이디어대로 자체 플랫폼을 구현하면서 실력이 일취월장 했던 것이다. 그들은 불확실성을 수용함으로써 더 많은 도전을 경험하게 되었고, 그 경험은 그들의 이력서에 핵심적인 필수요소가 되었다.

미국인들은 감당할 만한 수준의 불확실성을 수용하고 어느 정도 모험을 하기를 좋아한다. 협상이나 계약에서도 조건부를 선호한다. 고급 인력들이 계약직으로 일하는 많은 이유도 이런 문화의 차이다. 미국인과의 협상 시 불확실성을 배제하기 위해 조목조목 따지고 든다면, 오히려 신뢰를 잃을 수도 있다. [18]

일본계 기업과 거래를 시작하고자 하는 미국의 협력사들이 결국 거래를 포기하는 사례를 종종 목격하였다. 일본계 고객사가 요구하는 세세한 기준과 제안서의 완성도에 부응하지 못했기 때문이다. 미국인들은 때로는 일본인 고객들의 까다로운 요구에 노골적으로 불쾌감을 나타낸다. 이러한 반응은 일본식 협업 문화에서는 절대로 있을 수 없는 일이기 때문에, 나에게는 꽤나 충격적이었다.

모험과 변화를 즐기는 미국인들은 중년 이후에도 새로운 분야로 전직하는 경우가 많다. 나와 함께 일했던 아주 가까웠던 J 동료는 60대에 도달한 이후에도 계속 전직을 시도하였다. 친딸에게 태권도를 가르치고 한국에 어학 연수를 보낼 정도로 나와 막역한 사이였고 한국 문화에 관심이 많았던 미국인 동료였다. 그는 미국에서의 암묵적인 정년인 65세를 훌쩍 넘긴 이후에도 계속 새로운 분야에 도전하는 모습을 보였다. 그는 진작에 은퇴할 것이라는 나의 예상을 깨고 보란 듯이 70대 개발자의 길을 향해 가고 있다.

미국인들이 생각하는 행복의 본질은 낙관에 의한 만족, 그리고 새로운 경험에 대한 개방된 마음에서 나온다. 이들의 조직생활에 대한 낙관적인 마음가짐은 계약직 신분을 순순히 받아들이는 태도에서도 나타난다. 테크기업의 경우 같은 능력의 직원이라면 계약직은 더 높은 급료를 지불한다. 작은 규모의 스타트업이라면 프로젝트 단위로 우수한 전문가를 그때그때 고용하는 편이 운영면에서 더 효율적이다. 직원 입장에서도 시간 단위로 조금 더 본질에 가까운 일만 하면서 다양한 업무 경험을 쌓고, 더 많은 급료를 받는 혜택을 누릴 수 있다.

일본이라면 계약직 조건으로 실력 있는 지원자를 구하기는 사실상 불가능하다. 유능한 인재들은 불확실성을 받아들이지 않을 것이기 때문이다. 미국의 테크기업 종사자들은 한시적 근무조건을 받아들이고 흥미 있는 과제와 높은 급료를 찾아서 계속 직장을 옮겨 다닌다. 젊은 시절에 단기간에 많은 수익을 올리는 것도 그들이 추구하는 목표의 하나이다. IT 직군의 경우라면 능력 있는 개발자는 투잡 스리잡을 뛰기도 한다. 정규직 직원은 같은 직종의 부업은 용인되지 않기 때문이다.

2.9.2. 하나라도 더 말해라

미국의 일본계 회사에서 근무할 당시 일본인 선배들로부터 자주 들었던 조언이, 내가 너무 일본적인 사고 방식을 가지고 있다는 것이었다. 이들에게는 나의 한국적인 사고가 일본적인 사고로 비친 것이다. 나의 행동에서 그들은 익숙한 일본적인 요소들을 읽어냈던 셈이다. 가장 큰 불만은 내가 토론 시에 나의 의견을 그때그때 곧바로 이야기하지 않는다는 것이었다. 전에 한국에서 일하면서 그렇게 교육을 받았고, 일본인들이 참석한 회의장에서는 무의식적으로 말을 아끼게 된 거다.

일본에서 파견된 주재원들은 미일 간의 문화와 양식의 차이에 대해 사전에 체계적인 교육을 받는다. 그들은 어떤 행동이 한쪽 문화에서는 허용되지만 다른 쪽에서는 받아들여지지 않을 수 있다는 점을 집중적으로 학습한다. 이러한 사전 준비 과정을 거친 후에 파견 근무를 시작한다. 주재원들을 위한 매뉴얼이 부실한 중소기업의 파견자는 일본 지상사 협회에서 판매하는 매뉴얼을 구입할 수도 있다. 물론 일본계 지상사에 한해 고가에 판매되고, 그 내용이 유출된 경우는 보지 못하였다.

나 스스로 별로 의식하지 못하고 한 행동이, 일본인 고참들의 눈에는 내가 미국 문화에 제대로 적응하지 못하는 것으로 여겨졌을 것이다. 일본계 직장 생활을 하면서 소통 과정에서 그러한 상황을 여러 번 경험하였다. 회식 자리에서 스테이크를 미리 모두 썰어놓고 먹기 시작하는 사소한 부분부터 시작하여, 회의석상에서 답을 알고 있으면서 침묵하고 있는 모습 등이 주재원들이 보기에는 너무 일본식이라 내심 불편하였던 것이다.

미국에서 일하는 일본인들은 이중성을 가지고 있었다. 미국인이라면 오히려 무시하고 넘어갈 부분까지, 미국 현지 문화에 적합하지 않은 부자연스러운 행동으로 눈에 거슬려 했던 것 같다. 돌이켜 보면 일본인 특유의 섬세하고 세밀함의 추구에 어긋난 행동이었다. 흥미로운 사실은 중국 출신 직원들은 일본인과는 달리 미국이라는 새로운 환경에서도 자신들의 방식대로 행동하지만, 이것이 일본인들을 자극하지는 않는다는 거다. 일본인들과 반대의 성향을 가진 중국식 행동은 용납이 되지만 한국식 행동은 알게 모르게 불편하다는 거다.

사실 직원들이 자신이 가진 지식을 하나라도 더 말해야 업무 효율이 올라간다는 것은 대부분 자율 조직에서는 보편적인 사실이다. 특히 급변하는 환경에 적응해야 하는 테크 기업에서는 전문가 지식의 즉각적인 공유가 더 중요하다. 기술관련 지식이라는 게 누군가 아주 뛰어난 관리자나 전문가가 독점할 수 있는 성질의 것이 아니기 때문이다.

협업의 핵심은 즉각적인 소통이다. 회의 시에는 빠른 의견 교환이 이루어지고 신참들의 의견까지도 바로바로 검토되고 필요하면 수용된다. 이러한 업무방식은 유연하고 효율적인 팀워크를 가능하게 한다.

아무리 표현의 자유가 중시되는 미국이라 해도 말을 많이 하면 개인에게 불리하게 작용할 수도 있다. 능력의 한계, 즉 밑천이 바로 드러나는 것이다. 직원의 이런 행동은 관리 측면에서는 인력배치의 효율을 올린다. 직원의 전문성과 한계를 빠르게 파악할 수 있으므로, 해당 분야에 더 적합한 인력을 즉시 투입할 수 있기 때문이다. 저성과자로 분류된 기존 직원은 필요에 따라 다른 덜 중요한 일을 맡기거나 정리해고를 단행하게 된다.

관리자 입장에서는 직원이 자신의 밑천을 드러내는 현상은 조직관리를 용이하게 만들면서 관리업무의 효율을 높여준다. 항상 말이 많던 직원이 특정 사안에 대해 입을 다물고 있으면 이는 관련 지식이 없음이 분명한 것이다. 특히 정리해고 시기가 오면 관리자는 커다란 고민 없이 신속한 판단을 할 수 있다.

나의 경우 수석개발자가 된 이후에는 직원들과의 토론 시에 항상 더 난이도 있는 질문 던지기를 즐기게 되었다. 여기에는 두 가지 의도가 있다. 하나는 해당직원의 역량을 평가하자는 시도이고 다른 하나는 나의 지식에 대한 어필이다. 난이도 있는 질문을 하는 것도 개인의 능력에 해당되고 토론을 벌이면서 하나라도 더 말하는데 크게 도움이 된다.

결국 개인이 가진 모든 카드를 바로바로 까는 업무 방식은 인력배치 및 고용에 대한 빠른 의사결정에 도움을 주게 된다. 문제 발생 시 즉시 대응 가능한 직원에게 적재적소의 업무를 맡기는 일은 관리자의 주요한 능력이다. 미국에서의 잘못된 인력배치에 의한 시행착오는 실패에 대한 관용과는 다른 측면이다. 관용은 비용을 최소화하면서 효율을 높이려는 측면이지 비효율에 대해 용인하자는 것은 아니기 때문이다.

내가 일본계 회사에서 미국으로 파견된 일본인들에게 말을 아끼며 행동했던 이유는, 미국식으로 일본인들을 대하는 것이 결례일 뿐만 아니라, 무능하다고 비추어질 위험을 의식했기 때문이다. 나를 채용한 조건 중 하나는 일본문화를 이해하고 이를 실제 업무와 협업과정에 반영할 수 있는 능력이었다. 특히 연장 근무에 대한 수용 부분이 채용조건의 가장 핵심적인 사안이었다.

그런데 나의 실제 업무 방식은 아는 내용을 하나라도 더 말해야 되는 미국인들의 사고방식에 전혀 적응하지 못하는 모습으로 보이고 말았다. 결국 파견된 주재원들을 위한 미국문화의 이해에 대한 교육을 받아야만 했다. 고객사를 방문하기 이전에 직접 발표할 내용을 점검 받을 때에도 주의를 받았다. 준비 시 다른 사람들의 시간을 고려하여 리허설을 되도록 간단히 하였는데 이것이 문제가 된 것이다. 리뷰를 해주는 동료들의 시간을 절약하기 위하여 핵심만 요약해서 간단하게 리허설을 한 거였는데, 발표 내용이 너무 간략해서 준비된 내용이 빈약한 것으로 오해를 사게 된 것이었다.

내가 일본인들로부터 체계적으로 미국의 직장문화에 대해 교육을 받았다는 사실은 돌이켜보면 아이러니이기도 하다. 미국의 많은 모습들을 일본인들의 관점에서 이해하기 시작하게 된 것이다. 그다음 단계로 미국의 기업으로 이직하여 일본 고객을 상대로 미국인 관점에서 일본을 바라봐야 했다. 한국인들의 가치관은 조직문화나 생활양식에 있어서 두 나라의 중간 정도에 위치하고 있다. 한 가운데서 양쪽의 극단을 동시에 바라보게 된 것이다.

답을 알면서도 가만히 있는 모습은 미국인들에게는 효율 저하로 비친다. 따라서 계속 침묵하는 모습은 미국인들에게는 바람직한 행동이 아니다. 구성원 간의 지식 수준이 비슷하다면, 관리자는 이를 바로바로 오픈하고 공유하는 직원을 선호하게 된다. 미국인들은 실수를 두려워하지 않는 박진감 있는 토론을 선호한다. 그때그때 즉각적인 피드백이 부족한 답답한 직원은 소통능력 부족하다는 인상을 주게 되고 그렇게 인식되고 결국에는 제거 대상이 된다.

나의 경우는 실무 직원들에게 일단 토론을 할 시간을 준다. 답을 알고 있더라도 함부로 바로 말하지 않는다. 하지만 토론이 끝날 무렵에는 내 의견을 말하고 해답을 알려주는 편을 택한다. 중요한 것은 이들이 내가 토론 전부터 해답을 알고 있었다는 사실을 인지하게 만드는 것이다. 적절한 타이밍을 기다리는 과정은 상당한 인내력과 고도의 스킬을 요구한다. 나와 협업했던 많은 독일의 전문가들은 이러한 방법을 사용한다. 일본식의 신중함과 미국의 직설적인 토론 방식을 절충한 방법을 사용하는 것이다.

2.9.3. 소프트웨어에 강한 미국

미국인들이 소프트웨어에 강한 이유는 무엇일까? 이는 오랫동안 내게 큰 의문이었다. 일반적으로 스타트업을 중심으로 한 도전적 기업문화, 지식재산권에 대한 확고한 인식, 그리고 영어 기반의 프로그래밍 언어 구조 등을 이유로 꼽는다. 그러나 그들의 보다 깊은 내면을 들여다보면, 그들의 일원적 사고방식이 소프트웨어 경쟁력의 근본에 자리하고 있음을 알 수 있다.

소프트웨어 개발은 본질적으로 논리의 구조 위에 세워진다. 개발자들의 일원적 사고 체계가 무너지면, 이는 곧 코드의 결함과 실수로 이어진다. 미국인들의 사고 방식은 일관성과 효율을 중시하는 서구적 일원론에 뿌리를 두고 있으며, 이는 고대 그리스의 철학에서 비롯된 전통이다.

이들의 사고방식은 근대 미술에서 서양화의 핵심인 원근법의 발전으로 드러난다. 원근법은 한 점을 기준으로 그림의 전체 구도를 만드는 과정이 핵심이다. 관찰자 시점에 의하여 한번 결정된 기준점은 작품의 어떤 부분에서도 결코 바뀌지 않는다. 이들의 내면에는 선형적인 인과관계가 분명하고, 동양적인 다원화 관점을 불편하게 받아들인다.

소프트웨어 핵심 개발자 동료들과 대화를 나누다 보면, 이들이 극단적인 일원화 성향을 가졌다는 것을 실감할 수 있다. 우주항공 분야뿐 아니라 자동차의 경우에도 플랫폼을 개발하는 핵심 개발자들은 대부분 서유럽계 미국인들이다. 물론 인도계 개발자들이 인력 구성 면에서는 주류를 이루지만 그들을 리드하는 수석급 아키텍터는 대부분 주류 백인들이다.

내가 처음 새로운 과제를 리드하는 역할을 맡게 되면서 이들과 협업하는 과정이 상당히 힘겹게 느껴지기도 하였다. 특히 새로운 플랫폼 개발을 리드하며 하드웨어 분야의 수석 개발자로 일할 때가 가장 기억에 남는다. 관건은 어떻게 스포츠웨어 담당 수석개발자와 적절한 소통을 하는가였다. 수석 개발자들 간의 소통에 문제가 생기면, 다른 개발자들에게까지 부정적인 영향을 미쳐 협업 전체가 어려워질 수 있는 상황이었다.

미국의 전문가들은 고유한 개성이 더 뚜렷하기 때문에 이를 잘 파악하고 상황에 맞게 대응해야 한다. 나는 어디까지나 이민자 입장이었기 때문에, 일반 직장인보다 훨씬 더 강한 개인적 성향을 가진 소프트웨어 전문가들과 소통하는 일은 설계업무 자체보다 더 큰 부담이었다. 이들은 업무의 본질에 너무 집착하여, 불필요한 설명이나 감정적 표현보다는 효율적이고 목표 지향적인 소통을 선호한다.

나의 소프트웨어 전문가 동료들은, 한국과 일본에서 교육받은 나의 동양적 사고방식과는 극단적으로 대비되는 소통 방식을 선호하였다. 업무를 진행하면서 나는 소통 방식 자체를 처음부터 다시 배우는 심정으로 접근해야 했다. 이들은 극단적인 효율을 추구하기 때문에, 토론과정에서 몇 번 엉뚱한 질문을 하면 다음부터는 대꾸조차 하기 싫어하였다. 일반적인 미국인들과 달리 농담을 주고받는 것도 별로 좋아하지 않았다. 이들은 업무상 소통에 소요되는 시간낭비를 최소화하겠다는 의도를 보였다.

결국 깨닫게 된 것은 이러한 개인의 효율 중시 문화가 미국 소프트웨어에 강한 경쟁력이 된다는 거였다. 여럿이 협업을 하면서 연마해 가는 일본식 업무 방식과 달리, 개인의 역량에 많이 의지 되는 소프트웨어 분야는 미국인들에게 더 적합하다. 이들은 자신의 직속 상사라도 함부로 작업에 개입할 여지를 주지 않는다. 보완하고자 하는 사항이 있다면 담당자와 직접 협의를 해야 한다.

미국인들의 일원화 관점에 기반한 사고방식은 작업자 개인뿐 아니라 여럿이서 함께 작업할 때의 효율에도 큰 영향을 미친다. 미국이 경쟁력을 가진 운영체제나 대규모 시스템 소프트웨어는 아무리 뛰어난 개발자라도 개인 혼자서 완성할 수 있는 수준의 것이 아니다. 순수한 개인의 역량에 좌우되는 홈페이지나 모바일 앱 개발 분야에서는 미국의 상품들이 크게 뛰어나다고는 볼 수 없다. 미국의 진정한 경쟁력은 개발자들의 협업이 중요하게 작용하는 시스템 소프트웨어에 있다.

프로젝트의 규모가 더 커질수록 부서 및 개발자들 간 협업에 있어서의 효율성이 더욱 중요해진다. 협업 과정에서의 효율은 작업자들 사이의 일관성에서부터 나온다. 여러 개발자들이 모듈 단위로 작업을 하는 데 있어서, 사양설계 단계에서부터 시스템 레벨 테스트에 이르기까지 아키텍터와 코드 개발자들 간의 일관적 협업이 필수이다.

보편적으로 중급 개발자가 유닛 단위의 하위코드를 작성하고, 상위 단계의 아키텍트와 통합검증은 숙련된 상급 개발자를 투입한다. 물론 핵심 기능이나 복잡한 유닛 코드의 경우, 상급 개발자가 직접 작성하는 경우도 많다. 아키텍처 단계는 전체 시스템의 방향성과 일관성을 정립하는 핵심 과정으로, 풍부한 실전 경험을 지닌 수석급 개발자가 맡는다.

미국인들은 코드 작성 자체보다는 사양개발 과정을 더 중요시한다. 건축물을 건설할 때 시간이 오래 걸리더라도 기초부터 탄탄하게 만드는 습성이 개발자들에게 살아있는 것이다. 사양이 불확실하면 그때그때 개발자들의 직관에 따라야 하는데, 제품의 규모가 커질수록 비구조적으로 갈 수밖에 없다. 유닛과 모듈 단위로 구성된 구조적인 소프트웨어는 어느 한 부분에 문제가 생기더라도 그 부분만 수정하거나 교체하면 된다.

IT 분야에서는 짧은 주기로 사양이 유연하게 조정되는 애자일 방식을 채용하기도 한다. 어떤 사양설계 방식을 선택하더라도, 소프트웨어 분야에서는 모든 개발자들에게 일관된 관점을 제공할 아키텍처 단계에 최고의 역량을 투입한다. AWS, Google, Meta 등의 빅테크 IT 기업 또한 문서문화가 강하며, 변경에 민첩하게 대응 가능한 시스템을 가지고 있다.

사람의 목숨과 관련된 자동차나 우주항공용 코드는 반드시 유닛 단위로 작성되어야 하고 규정된 계층별 구조를 갖추어야 한다. 테스트 과정도 유닛에서 시작하여 통합시험, 시스템 시험, 인수 테스트를 거친다. 이 과정에서 개발자들은 표준과 매뉴얼에 따른 작업을 하게 된다. 일본이나 독일이 강한 하드웨어는 개발자의 경험과 직관에 더 많이 의존하는 데 반하여 소프트웨어 분야는 개념 추상화와 구조화 능력이 더 요구된다.

내가 자동차용 임베디드 소프트웨어 담당과 협업을 하면서 어려움을 겪었던 부분 중 하나는 담당자 권한의 제한이었다. 상위 코드를 담당하는 개발자에게는 하위 코드를 변경할 권한이 없었던 것이다. 어떤 문제를 해결하기 위해서 알고리즘이나 상위코드를 검토하다가 하위코드 변경이 필요한 경우 그 담당에 연락하여 별도로 부탁을 해야 했다. 각 계층의 권한이 매뉴얼에 따라 엄격하게 분리되어 있기 때문이다.

임베디드 코드 개발 업무는 전문가들 사이의 계층별 일관된 협업이 관건이었다. IT용 앱이라면 한 시간이면 끝날 작업이 전문가들이 모여서 여러 날을 소비하기도 한다. 각 계층별로 수정에 대한 무결성을 확인해야 하기 때문이다. 미국인들은 특히 임베디드 분야에서 업무의 효율성 자체보다는 국제규정과 절차에 따르는 과정을 중시한다. 미국이 IT뿐만 아니라 임베디드 강국의 위치를 확고히 하는 데에는 매뉴얼 중심의 일관적 업무체계가 주요한 역할을 한다.

논리적 사고에 기반한 일관성과 계층적 구조 설계 능력은 소프트웨어의 품질을 좌우한다. 후진국에서 작성된 소프트웨어가 수준이 떨어지는 현상은 소프트웨어의 규모가 어느 정도 이상이 되면서 나타난다. 구조화되지 않은 스파게티 코드는 어느 시점에서 결국 유지보수와 확장이 불가능한 상태에 이르기 때문이다. 담당자가 지치거나 자리를 떠난다면 대체된 개발자가 해당 코드를 처음부터 다시 작성해야 할 수도 있다.

특히 인명이나 보안에 관련된 작업이라면 매뉴얼과 프로세스에 따라 추적과 검증이 가능한 구조화된 제품을 만드는 것이 장기적인 효율 면에서 유리하다. 당장은 작업 속도가 느리지만 훗날 담당자들이 모두 교체되었을 경우에도 새로운 담당자가 해당 하위 모듈을 신뢰하여 재사용할 수 있다. 물론 코드 자체에 함께 작성되어 있는 코멘트 부분도 매뉴얼에 따른 체계적인 정보를 제공해야 한다.

미국인들이 소프트웨어에 강한 이유는 근본적으로 그들의 논리적 사고방식에서 온다. 이는 미국인 고유의 개인주의와도 관련이 깊다. 개발자의 전반적인 논리가 무너지면 이는 코드의 결함으로 이어진다. 동양문화의 강점인 집단주의적 사고와 유연성은 하드웨어 개발에는 유리하게 작용하지만 일원성이 요구되는 코드 작성에는 오히려 저해가 될 수 있다. 나 자신이 왜 코드에 약할까 평생 고민하면서 얻은 주관적인 결론이다.

미국인들의 마음속 깊은 곳에는 그리스에서 유래한 일원적 사고 방식이 담겨있다. 원근법이 적용된 근대 미술작품 속에서 창작자의 의식과 내면세계를 들여다볼 수 있다. 그 근간에는 그들 고유의 일원적 존재양식이 자리 잡고 있다. 미국 소프트웨어의 근원적인 경쟁력은 효율기반의 일원적 사고방식에서 나온다. 어린 시절부터 일원적인 논리 교육과 유일신 기반 기독교적 가치관은 이들의 사고방식에 영향을 미친다.

2.9.4. 여성인력의 전략적 활용

미국인들은 성평등과 다양성의 가치를 중시하며 여성인력의 적극적인 활용이 기업과 사회 전체의 효율성을 높인다고 여긴다. 그들은 여성의 참여가 단순한 인력 보충을 넘어 조직문화와 의사결정의 질을 향상시킨다고 믿는다. 다양한 관점의 통합이 기업 경쟁력의 핵심이라는 인식이다. 여성인력을 포용의 대상이 아니라 성과와 발전의 핵심 동력으로 인식한다.

여성은 남성이 커버하지 못하는 섬세한 부분을 다루며, 협업의 균형을 맞추는 중요한 역할을 한다. 나의 여성 동료들 역시 프로젝트 관리자로서 전반의 균형과 완성도를 높이는 역할을 하였다. 조직 간 소통과 감정 조율에서 중요한 가교 역할을 하면서, 여성형 리더십을 발휘하여 프로젝트를 안정적으로 이끌어 갔다. 특히 이민자 출신 여성 리더들이 두각을 나타내었다.

미국과 일본이 서로 다른 문화적 기반에서 각기 다른 방식의 리더십을 필요로 하듯이, 조직 내에서도 다양한 유형의 리더십이 공존하고 보완될 필요가 있다. 여직원이 많은 조직이 분위기가 유연하다는 사실은 인류의 보편적인 현상이지만, 리더로서의 여성의 두드러진 역할은 미국 조직 문화의 특성이다. 이민자 출신 여성들이 같은 남성 이민자보다 우위에 설 수 있었던 배경에도 효율을 중시한 미국식 조직문화가 있다.

내가 처음에 미국의 기업에서 일하게 되면서 느꼈던 부분은 동료들 중 여성 비율이 상당하다는 거였다. 내가 근무했던 대부분 미국 직장의 경우 소프트웨어 개발자 3할 정도는 여성인력으로 충당되었다. 기존 미국인들뿐만 아니라 아시아계 이민자들의 경우도 여성 직원이 상당수였다.

특히 인도계의 경우 여성 개발자의 역할이 압도적이다. 일본에서는 상상할 수 없는 여성인력의 전문화가 미국에서 벌어진다. 취업비자의 70%를 인도인들이 가져가는 현상도 여성인력의 활용 측면에서 설명이 가능하다. 맞벌이를 하는 이민자사회가 외벌이 사회보다 더 성공하게 되어 있다. 인도인 사회가 다른 이민자 사회를 위협할 정도의 자리를 차지하게 된 것도 여성들의 역할에서 온다.

미국에서 일을 하면서 나 스스로 변했다고 느낀 점은 협업 상대가 여성이라는 사실을 더 이상 의식하지 않게 되었다는 거다. 한국이나 일본에서 일할 때에는 항상 상대의 성별을 의식하곤 하였다. 직장의 근무 분위기가 그렇고 특히 제복을 입어야 하는 경우는 멀리서도 성별이 확연히 구분되었다.

한국이나 일본에서 일할 때는 상대가 여성이면 항상 이를 의식해야만 했다. 뭔가 좀 더 깐깐할 것이라든가, 의사결정에 유연하지 못할 거라는 선입관이 있었다. 대학 시절에도 학과 여성 동료들은 항상 남학생들보다 더 열심히 공부하고 실험하고 출석률도 더 높았다. 여직원과 함께 회식 자리를 가지더라도 혹시 술김에 실수라도 할 까봐 항상 조심해야 하는 존재였다.

미국의 회식문화가 유연하다는 부분은 여성인력의 활용에 긍정적으로 작용한다. 늦게까지 이어지는 접대나 술자리는 어느 사회에서나 여성 직원에게 더 불리하게 작용할 수밖에 없다. 미국식 회식은 음식을 함께 즐기는 것이 중심이며, 항상 술은 선택 사항이다. 레스토랑에서의 캐주얼한 식사 자리는 여직원들에게 부담 없이 참여할 수 있는 편안한 분위기를 제공한다. 메뉴 자체가 여성들이 좋아하는 음식들이다 보니, 여직원들이 오히려 회식 자리를 더 반긴다.

직원들끼리 부서 회식비로 술을 양껏 마시고 싶다면 바를 가면 되고, 여직원들에게는 절대로 강요되지 않는다. 할리우드 영화에서 여성들이 바에서 새로운 남성과 만나게 되는 장면은, 바 문화와 직장 문화와의 선을 긋는 다른 영역임을 암시한다. 내가 지금까지 근무했던 모든 조직에서는 여직원들을 바에 동행한 부서 회식은 단 한 번도 경험하지 못하였다. 팀워크를 구축하는 시스템 자체가 회식에 크게 의존하지 않다 보니, 굳이 모두가 회식에 참석하지 않더라도 성과에 영향을 주지 않는다.

미국인의 관점에서는 나라의 모든 여성이 가사일만 전담하게 된다면 전체 인력의 절반의 손실로 본다. 반면 일본의 경우 남자는 연장 근무를 하고 여성은 가사를 전담하는 것이 보편적이다, 극단적인 성별 간의 분화가 이루어지는 것이다.

예를 들어, 일본에서는 남편이 직장에서 하루 12시간을 일하고, 아내는 가사에 하루 8시간을 투입한다고 가정해 보자. 미국이라면 부부가 각각 직장에서 8시간씩 일하고, 가사일에는 4시간씩 투입한다. 이렇게 비교해 보면, 일본 부부는 평균적으로 하루 6시간씩 유급 노동에 종사하는 셈이고, 미국 부부는 8시간씩 일하는 셈이 된다. 결과적으로 미국 쪽이 평균 근무 시간이 길고 금전적 수입 면에서도 유리하게 된다.

수입뿐만 아니라 근무와 가사에 두뇌의 다른 부분을 사용하므로 창의력이 더 높아진다. 육체노동과 감정노동을 병행하면 인지적 유연성과 창의성이 향상된다. 특히 가사나 육아와 같은 활동은 감정 조절, 문제 해결, 계획 능력을 자극하여 두뇌의 다양한 영역을 활성화시킨다.

미국에서는 여성이 장기간의 육아 이후 다시 직장에 복귀하기도 쉽다, 경력 단절에 대한 사회적 제약이 일본에 비해 훨씬 적으며, 생계형 하향 재취업의 압박도 덜하다. 이는 많은 미국 여성인력이 일정 수준 이상의 전문성을 유지하고 있기 때문이다. 결국 여성의 전문성과 남녀의 분담이 미국 사회 전체의 효율성을 높이는 구조를 끌어낸다.

2.10. 끈기와 반복의 가치

2.10.1. 모든 부품을 동시에 만든다

일본인들은 새로운 프로젝트를 기획하는 경우에 그에 수반되는 모든 하위 프로젝트를 함께 진행하려는 경향이 강하다. 제조업의 경우 제품개발 착수 시에 주요 부품들에 대한 개발도 함께 착수한다. 기술역량을 갖춘 강소 기업들의 수직 계열화 덕분이다. 또한 계열사 간에 납기 준수에 대한 신뢰가 강하다는 점도 동시착수에 있어서 강점으로 작용한다.

모든 부품을 자체적으로 조달하는 과정은 상당한 끈기를 요구한다. 단기적인 성과보다는 장기적인 역량 축적을 중시하기 때문에 가능한 일이다. 이들의 협력구조는 일본인들 고유의 개량혁신의 원천이 된다. 협업을 통해 커다란 걸 조금 더 작게, 복잡한 걸 조금 더 단순하게 개선하면서 보다 나은 성능과 신뢰성을 지향한다.

1986년에 한국에서 세계 최초의 4mm 비디오 카메라를 개발하였다고 해서 그 개발책임자가 대통령상을 받은 적이 있었다. 당시 일본에서 새로 나온 8mm 카메라를 단박에 뛰어넘은 기술로 일간지 전면을 떠들썩하게 하였다. 소비자들은 이 획기적인 제품이 당장 상품화되어 구매할 수 있게 되기를 목이 빠지게 기다렸다.

하지만 이 카메라는 애초에 양산이 불가능한 시제품이었다. 시제품 카메라의 녹화기능을 담당한 핵심부품인 자기헤드는 일본의 A 사에서 공급받은 샘플이었기 때문이다. 자기헤드는 주어진 영상신호를 자기력으로 전환하고 발생시켜 테이프에 자기 정보를 저장하거나 저장된 자기 정보를 다시 읽어 들이는 역할을 한다. 헤드에서 판독된 자기정보는 전기신호로 바뀐 이후에 음성이나 화상 신호로 디코딩 된다.

당시 A 사는 해당 부품에 대한 생산 능력은 없었으며, 장기적인 양산 계획도 가지고 있지 않았다. 장인정신에 입각하여 몇 개의 시제품을 수작업으로 만들어 낸 것이었다. 일본산을 능가하는 소형 제품을 양산하려면, 계열사로부터 고성능 소형 부품을 공급받아야 하는 것이 과제의 급선무였다. 하지만 소형 카메라 대부분의 정밀 부품을 일본으로부터 공급받고 있던 시절이라, 일본을 능가하는 제품을 독자적으로 만든다는 것은 사실상 불가능한 일이었다.

결국 4mm가 일본의 8mm보다 앞선 제품이라는 대대적 광고는 시제품 조립능력에 한정된 것이었다. 시제품 조립능력 자체만으로도 당시 수준으로는 대단한 기술이었지만, 양산과 연계되지 않은 장인의 작품만으로는 전혀 수익으로 연결되지 않는다. 자동차에 비유하자면 오토쇼 전시용 콘셉트 카라고 할 수 있다.

시제품을 개발하는 경우 해당 제품에 소요되는 모든 부품개발에 동시에 착수한다는 것은 일본 특유의 경쟁력이라고 할 수 있다. 경제 규모가 작은 나라에서는 강소 기업들이 건재하고 그들의 기술 역량이 뛰어나다고 하더라도 수직계열화에 의한 동시 개발을 착수하는 데에는 무리가 따를 수밖에 없다. 일본 정도 산업경제 규모가 뒷받침되어 주어야 업계 전반에 대한 동시 투자와 수직적인 협업이 가능하다.

하지만 모든 부품을 수직계열화 하여 자체적으로 개발하는 시스템은 기술격차가 근소한 경우라면 효율이 떨어지고 전반적인 투자 비용이 올라간다는 단점이 있다. 애플을 위시한 미국의 제조 기업들은 개발 비용을 줄이기 위하여 많은 부품들을 전 세계에서 소싱한다. 글로벌 소싱은 가격 경쟁력뿐만 아니라 폭넓은 기술과 자원을 활용할 수 있다는 장점을 가져온다.

일본식 수직적 협업관계의 핵심은 그들 고유의 조직에 대한 충성심이다. 내가 일본의 S사에서 근무할 때에는, 우리가 갑자기 밤 9시에 협력사에 급하게 연락을 하여도 그들은 항상 준비된 모습으로 곧바로 응답해 주었다. 그들은 고객사의 담당 직원이 퇴근을 하면 자신들도 비로소 퇴근 준비를 하는 것으로 보였다. 물론 그들은 가족처럼 지내면서, 서로 임무를 분산하여 효율적으로 고객 대응을 하였을 것이다. 즉 고객의 요구에 즉각적인 대응이 가능한 수준의 직원들이 교대해 가면서 연장 근무를 하였을 것이라는 것이 나의 추측이다.

이들은 생태계 유지를 위하여, 그들이 소싱하는 글로벌 업체에게도 특정 기업 부품의 적용을 강제하기도 한다. 도요타 자동차에 미국의 협력업체에서 제어장치를 납품하려면 도요타 수직 계열사의 반도체 다이오드를 반드시 적용해야 한다는 명시적 규정을 그 예로 들 수 있다. 즉 그들의 생태계에 들어가려면 거기서 주어지는 부품을 사용해야 하고 거기서 납품된 시험장비를 사용해서 시험보고서를 제출해야 하는 체계인 것이다.

일본인들이 추구하는 건실한 협업 생태계 구축은 단순히 가격이 싼 부품을 얻기 위한 단기적인 소싱 전략과는 비교할 수 없는 가치를 가진다. 장기간에 걸쳐서 육성된 협력업체들은 경쟁사인 글로벌 고객사들에 대한 납품이 허용되어, 수직 계열화에서 오는 폐쇄성과 리스크를 보완하게 된다. 도요타의 수직 계열사인 덴소는 그들 생산품의 절반 이상을 글로벌 고객사에 납품하여 한때 세계 최고의 시장 점유율을 기록하기도 하였다.

2.10.2. 손해를 감수한 고집과 도전

일본의 기업들이 항상 성공의 길을 걸어만 왔던 것은 아니다. 특히 최근 들어 성장동력을 잃어버린 기업들이 늘어나고 있다. 대부분 과거에 한때 영화를 누렸던 유수 기업들이었으나 변화에 적응하지 못한 경우다. 지나친 장인정신에 대한 집착은 기업 자체의 경영 효율을 떨어뜨리는 결과를 가져오기도 한다. 개발자들의 고집을 쉽게 무시하지 못하고, 급변하는 시장의 요구에 따르는 방향 전환의 시기를 놓치기도 한다. 일본인들의 과도한 장인정신 때문에 기술 트렌드, 특히 변화가 빠른 IT 기술의 변화에 따라가지 못하게 되는 현상이 나타나고 있다.

과거에 나를 감동시켰던 사건 중 하나는 파나소닉에서 작은 CRT 여러 개를 이어 놓은 디스플레이를 개발하고 양산에까지 돌입한 경우였다. 당시 CRT는 LCD에서 밀려 시장에서 점차 사라져가고 있던 시기였는데, CRT 개발자들의 요구에 밀려 시장에서 빨리 철수하지 못한 것이다. 가족같이 수십 년을 함께해 온 고참 개발자들에게 계속 일거리를 줘야 하는 상황이 나의 머릿속에 연상되었다.

CRT 기술자들을 LCD 기술자로 재교육시키는 과정은 결코 순탄치 않았을 것이다. 결국 가족의 큰형들인 중년의 개발자들은 계속 CRT 개발에 매달리게 되고, 평면 디스플레이를 CRT로 구현하기로 가닥을 잡은 거였다. CRT 여러 개를 화면이 겹치거나 틀어지지 않게 연결하는 과정이 LCD나 플라즈마 디스플레이를 개발하는 것보다 더 어려운 기술임은 짐작이 가고도 남았다.

곧바로 신기술로 넘어가기보다는 기존의 기술을 지속해서 연마하는 장인정신에 전적으로 의존한 결과였다. 결국 가성비 때문에 상용화에는 실패하였지만 일본식 개량혁신의 결정체로 나의 기억 속에 남아 있다. 이들의 작품들은 인류의 기술사적 기념비라고 할 수 있다.

사실 미국에서도 유사한 사례는 있다. 펜실베이니아의 알투나에서 기술자들이 세계 최고 성능의 증기기관차를 개발했던 것이다. 하지만 이미

디젤 기관차의 개발이 완료되던 시점이라, 알투나는 곧바로 몰락의 길을 걷기 시작한다. 알투나 기차 박물관에는 인류 최고의 기념비적 증기기관차가 전시되어 있다.

특정 기술에만 집중하여 집착에 가까울 정도로 파고드는 개발자 정신은 때로는 조직의 이익을 저해하는 결과를 가져온다. 시장변화에 대응하여 이들의 직무를 전환시키거나 해고하지 못하는 고용의 유연성 저하가 기업의 효율을 떨어뜨린다. 개발자들에 대한 지나친 배려가, 오히려 사양산업에서 벗어나지 못하게 하고 발 빠른 방향전환을 어렵게 만드는 것이다. 가족 같은 직원들의 장인정신에 기반한 기술들이 변화의 시대에서는 그들의 발목을 잡게 된 것이다.

일본의 직장인들은 공헌감을 중요시하기 때문에 변화에 적응하지 못하여도 그대로 만족한 조직생활을 영위한다. 성취감 기반의 미국 개발자들과의 중요한 차이이다. 미국인들은 자신의 노력이 매출로 이어지지 못하면 성취감을 느끼지 못한다. 장인정신 자체만으로는 절대 행복하지 않은 것이다. 사양기술 관련 개발자는 발 빠르게 정리하고, 새로운 분야의 전문성을 가진 젊은 개발자들을 유연하게 고용하는 시스템이 IT 부문을 위시한 미국 테크 기업들의 경쟁력이 되었다.

1990년대 일본의 첫 경제위기 때, 미국식 경영을 섣부르게 시도한 일본기업은 결과적으로 더 큰 어려움을 겪기도 하였다. 반대로 일본식 경영을 고수하고 발전시킨 회사들은 위기를 극복한 이후 더 높은 경쟁력을 지니게 되었다. 미국식의 유연한 고용을 시도한 결과 직원들의 애사심이 줄어들고, 직원들 간의 유대계가 느슨해지면서 숫자로 계량되지 않는 부분에서 손실이 컸기 때문이다.

때문에 일본기업들은 급격한 변화보다는 현재의 시스템을 보완하는 차원에서 점차 유연성을 받아들이는 방향으로 가고 있다. 특히 전통적 유통업체들이 온라인 판매업으로 전환하면서 유연성을 강화하여 업계의 순위에 변화가 일어나고 있다.

나에게 가장 기억에 남는 일본인들의 놀라운 장인정신과 혁신은 샤프전자 개발자들의 4색각 Quattron 모니터에 대한 새로운 시도였다. 개발자들은 그들의 오랜 경험과 직관으로 일부 고객들에게 RGBY 4색 모니터가 더 자연색에 가까운 생동감을 준다는 사실을 깨달았다. 하지만 그들의 직관으로만 4색각의 차별성을 이해한 상태였고 근본적인 원리는 이해하지 못한 상태였다. 4색각 보유자에 대한 학술적 이론적 검증은 2010년대에야 이루어졌기 때문이다.

결국 모니터 자체의 화면은 4색각 표시 능력을 보유하였지만 소스는 3색각 신호를 사용한 제품을 선보이는 결정적인 오류를 범하였다. 소스 자체가 3색각이었기 때문에 정보의 손실로 4색각자나 색각 이상자를 위한 차별화에 완전히 실패한 것이었다. 4색각 모니터의 강점에 대한 설명은 너무 직관에만 의존하여 한계를 보였고 결국 3색각자 비평가들에 의해 3색 모니터와 성능은 동일하다는 결론에 이르러 버렸다.

결과적으로 4색각 모니터는 크게 주목을 받지는 못하고 시장에서 곧바로 사라졌다. 이론상 90%의 고객은 일반 모니터와 Quattron 모니터의 차이점을 알아채지 못하는 상황이었기 때문이다. 노랑 색각을 가진 특정 10%의 고객에게 집중해야 했는데 그 10%가 누구인지 당시에는 이론적으로 파악하지 못한 상태였다. 일본의 개발자 정신에 의한 획기적인 시도는 결국 성공에 이르지 못하고 말았다. 그 시도가 있은 10년이 지난 2016년 샤프전자는 결국 파산위기로 중국에 매각되기에 이른다.

2.10.3. 기술력에서 앞서도 적자

세계 최고의 기술력을 가진 선구자적 일본의 많은 기업들이 경쟁력을 잃어 가면서 사라져 가고 있다. 기술에서 앞서가던 기업들이 적자가 나는 주요 원인은 고비용과 과다품질이다. 많은 기업들이 이에 대한 원인분석 및 구조조정을 추진하였지만 가족 같은 직원들을 차마 버리지 못함으로써 모두가 함께 침몰하는 사태까지 발생한다. 마치 모두가 마지막 순간을 함께한다는 이른바 전함 야마토 정신이 아닐까 생각된다.

최근 들어서는 기업들의 몸집 줄이기보다는 상호 간의 인수합병에 의한 구조조정으로 경쟁력을 재고해 나가고 있다. 물론 뒤늦은 구조조정에 의한 손실이 엄청났지만 조기 퇴직자들은 서로 가족이라는 명분을 잃지 않고 퇴사 이후에도 계속 연대를 유지할 수 있었다. 차량용 시스템 반도체의 경우에도 전성기에는 열 개 정도의 회사가 세계 시장을 주도하였으나 현재는 르네사스라는 새로운 이름 아래 모두 통합이 되었다.

과다품질에 따른 제조원가 증가로 인해 소니, 파나소닉 같은 유수의 기업마저도 적자에 시달리기도 하였다. 세계 최고의 품질을 자랑하던 샤프전자의 경우 인건비 부담으로 몰락의 길을 걸었다. 최근에는 수출 상대국가에 따라 과대 품질이 경쟁력을 저해하는 요소가 된다는 비판도 늘어나고 있다. 일본의 품질 기준이 비현실적으로 높은 것일 수도 있다.

2017년 초반 140년 역사를 가진 도시바 그룹의 파산선고는 충격적이었다. 도시바의 반도체 분야는 초우량 기업이었으나, 에너지 분야에 무리한 투자를 강행했다가 막대한 손실을 본 것이었다. 미국의 자회사 웨스팅하우스에서 6조 원 정도의 손실이 발생하였는데, 사실상 금융사기를 당한 것이었다. 자회사에 이전의 경영권을 보장해 주었는데, 현지 경영진이 부실한 기업을 비싸게 매입하거나 공사계약을 불리하게 체결하는 등의 수법으로 회삿돈을 계속 빼돌린 것이었다.

자동차 안전 제어장치 설계업무의 경우 동양의 기업들은 서구의 기능 안전 표준에 따르는 데 많은 부담을 가진다. 특히 일본의 기업들은 자신들의 품질은 상당히 우수해서 기능 안전 표준을 굳이 적용할 필요가 없다고 생각한다. 하지만 전문가들 의견으로는 기능 안전과 품질은 서로 보완적이기보다도 양립하는 성격이 강하다. 즉 설계 품질이 아무리 뛰어나도 랜덤 불량은 발생할 수 있다는 것이다.

일본인들은 설계품질을 높이고 랜덤 불량을 최소화하는 노력으로 품질개선을 이루어 왔다. 기능 안전은 품질 자체의 개선보다는 불량이 발생하였을 때 이를 발견하고, 불량이 발생한 부분의 기능을 제한하는 쪽으로 이루어진다. 품질이 조금 떨어지더라도 시스템으로 보완하면, 개발자들의 노력과 인건비도 절감할 수 있다.

일본의 장인정신적 품질체계를 미국의 시스템적 보완체계가 따라잡기 시작한 것이다. 물론 어떤 경우에도 노동집약적인 장인정신을 따라잡을 수는 없다, 하지만 시스템과 매뉴얼 기반으로 어느 정도 보완을 해 가면서 충분한 설계 및 품질비용 절감을 달성할 수 있었다. 개발자들이 매뉴얼에 따르게 함으로써 고비용의 고참 개발자들을 줄이고 신참 개발자들이 매뉴얼에 따라 충분히 설계를 수행할 수 있게 한 것이다.

일본인들은 주류 기업이 보유하면서 평화롭게 유지되고 있는 존속적 기술의 하이엔드화를 진행하였다. 모든 존속적 기술이 가지고 있는 특징은 고객들이 기대하는 수준에 맞추어서 제품의 성능이 향상된다는 거다. 이러한 안정적인 성장 속에서는 위험을 회피하려는 경향이 강해져 파괴적 기술에 대한 투자를 꺼리게 된다. 정보가 불충분한 시장은 처음 진출하는 신생 기업들에 유리하기 때문에 굳이 새로운 위험을 감수할 필요가 없기 때문이다.

안정된 전통기업 입장에서는 무리한 투자를 하기보다는 개량혁신을 거듭하는 편이 실패위험이 적고 변화에 적응해야 하는 고통을 줄일 수 있다. 일본에서뿐 아니라 미국이나 한국에도 안정적인 존속적 기술의 개량에만 머무르려다 몰락한 기업이 적지 않다. 미국 코닥의 몰락 사례는 워낙 유명하고 IBM, HP, 모토로라, 블랙베리 등이 이에 해당한다. 한국에서는 새한미디어를 들 수 있다.

적자의 원인 중 또 다른 하나는 이전 장에서 언급한 수직계열화의 폐쇄성이다. 수직화된 계열사들이 협업하여 모든 부품을 자체적으로 개발하는 경우 그 비용은 글로벌 소싱 방식에 비하여 올라갈 수밖에 없다. 글로벌화된 후발 업체들이 일본과의 품질격차를 좁힐 수 있다면 일본기업들은 결국 가격경쟁력을 잃게 된다. 물론 핵심 소재 부품은 일본에서 공급하지만 그냥 부품을 판매하는 데 그치고 만다.

내가 일본계 S 사에서 독일계 B 사로 이직한 지 얼마 되지 않았을 때의 일이다. B 사 역시 S 사와 마찬가지로 일본의 완성차 H 사에 제어기를 납품하고 있었다. 나는 자연스럽게 이전 직장에서 담당하던 일본계 H 사를 위한 업무를 계속하게 되었다. 문제는 H 사에 납품하려면 H 사에서 지정한 수직 계열화된 업체에서 제작된 시험장비를 이용해야 한다는 거였다. 이 장비를 구비하지 않고서는 고객사에 의해 규정된 시험성적서를 제출하는 것은 사실상 불가능한 상황이었다.

고객사 단 한 곳을 위하여 별도의 투자를 진행하기도 그렇고 해서 해당 시험 장비를 대여해 주는 협력업체를 물색하게 되었다. 물색된 해당 업체는 아쉽게도 일터에서 차로 4시간 거리인 시카고 근방에 위치하고 있었다. 결국 시험 담당자들은 H 사 요구사양에 따른 시험성적서를 제출하기 위하여 4시간을 운전해서 왔다 갔다 해야만 했다. 평가 담당 실무자들의 고생이 이만저만이 아니었음은 물론이었다.

사실 H 사와 수직계열화된 내가 이전에 근무했던 S 사는 H 사가 규정한 모든 시험장비를 갖추고 있었다. 나는 시험 담당에게 같은 동네의 10분 거리에 그 시험 장비가 있다고 알려 주었다. 그는 상당히 기뻐하며 내가 알려준 대로 나의 이전 동료에게 바로 연락을 하였다. 내가 중재에 나서게 된 것은 서로 간에 이득이 되는 거래였기 때문이다. S 사에서는 H 고객사에 충성을 위한 과도한 투자를 한 상태였고 결국 장비와 담당자들이 노는 상황이 되어 버렸기 때문이다.

아쉽게도 S 사의 본사에서는 이를 단호히 거절하였다. 지사장은 제안을 수락하고자 하였지만 본사의 지시에 따르는 수밖에 없었다. 기술 유출의 우려가 그 주된 이유였다. 하지만 S 사는 B 사에 유출을 우려할 만한 기술은 가지고 있지 않았다. 서로 전문분야도 달랐고 경쟁 상대도 아니었다. B 사의 시제품이 S 사에 맡겨지는 상황이었으므로 사실상 기술 유출의 우려는 B 사 쪽에 있었다.

결국 일본인 고유의 조심성과 폐쇄성이 비효율을 부른 것이다. 지사 입장에서는 적자를 만회할 절호의 기회였는데, 본사 입장은 확고 하였다. S 사는 의욕적으로 많은 시험설비와 인력의 교육에 투자를 마치고서도 사업 확장에 실패하였다. 아쉽게도 나를 처음 고용하였던 J 지사장이 의욕적으로 시작했던 미주의 새로운 기술 법인은 결국 소멸되고 말았다. 돌이켜 보니 이때가 일본 테크 기업들이 내리막길을 걷기 시작한 시기다. 현지의 상황은 급박하였지만 어느 누구도 본사의 압력을 거스르지 못했던 것이다.

2.10.4. 소프트웨어에 약한 일본

자동차, 전자제품에서 미국은 물론 전 세계를 압도하는 일본 산업계도, 소프트웨어 산업에서는 면목이 없을 정도로 미국과 경쟁 상대가 되지 못한다. 모든 일본의 개인용 컴퓨터의 운영체제는 미국 MS 사의 Windows를 사용하고 있다. 한때는 일본 자체 개발한 운영체제를 사용하기도 하였으나 일본 국내시장에서도 점점 자리를 잃고 자취를 감추게 되었다.

업무용 소프트웨어도 오피스가 압도하고 있으며, 한국의 '한글과 컴퓨터'처럼 근근이 명맥을 유지해 온 '이치타로'도 점차로 거의 업무에서 쓰이지 않게 되었다. 사실상 일반적인 업무에서 일본산 프로그램은 거의 찾아보기 힘들다. 일본산 소프트웨어는 기껏해야 사내용 인트라넷 메일 운영 시스템 정도이며, 이것도 Outlook에 언제 자리를 뺏길지 모르는 상황이다.

비단 업무용뿐만 아니라, 자동차용, 방산용 임베디드 운영체제도 미국이나 유럽의 표준에 절대적으로 의존하고 있다. 일본은 한때 국가적인 사업으로 메인프레임 산업을 육성하였다. 내가 한국의 S 사에 근무하던 시절에는 일본에서 메인프레임을 도입하는 대가로 단말기 기술을 무료로 제공하기도 하였다. 단기적인 금전적 이익이나 기술보안보다는, 일본 고유의 운영체제를 보급하는 것이 시급하다고 판단한 것이다.

일본전산(NEC)은 1980년대부터 한국 원전 운영을 위한 메인프레임 시스템을 납품하기 시작하였다. 물론 하드웨어 기반의 계약에 그들 운영체제를 끼워 넣은 형태였다. 사실 그들 고유의 운영체제는 미국에 절대로 뒤처지지 않은 수준이었다. 하지만 그들의 독자적인 운영체제는 업계 표준이 아니었기 때문에 적자를 감수하면서 납품하는 수밖에 없었다. 표면상으로는 정당한 가격을 치른 것으로 되었지만 당시 한국 군부에 막대한 리베이트를 지불해야 했던 것이다.

결과적으로 일본인들은 그들 고유의 메인프레임 운영체제를 유지하는 데에는 성공하였지만, 그 사용처는 일본 국내에서도 방위산업과 우주항공 분야로 제한되었다. 한국에서 도입하게 된 부분도 그들 입장에서는 이익을 남기는 수준의 대가를 가져가지는 못하였다. 수익이 나지 않으니 운영체제 분야로의 과감한 추가 투자는 사실상 불가능한 상황이 되어 버렸다.

관료 주도형 일본의 소프트웨어 산업은 그들의 고도 성장기에 특별한 경쟁이 없는 상태에서 정부기관에 조달하는 방식으로 이루어졌다. 결국 국가 보안 차원에서 고유 운영체제를 유지하게 된 것일 뿐이고, 한국으로의 보급도 크게 유의미한 일이 되지는 못한 것이다. 벤처기업을 설립하기 어려운 환경과 IT 개발자의 장인들에 대비한 지위 하락도 그들의 경쟁력을 저하시키는 원인이라고 할 수 있다.

MS, Apple, Google로 대표되는 미국 IT 기업들 강점은, 바로 표준을 장악하고 트렌드를 창출한다는 데 있다. 하드웨어에 강한 일본기업들이, 미국회사의 소프트 트렌드를 쫓아 가기에 바쁜 상황이 지속되어 왔다. 오늘날에 이르러서는 일본인들은 그들의 독자 운영체제나 애플리케이션의 해외로의 보급은 포기한 상태가 되었다. 사실 이는 같은 제조업 강국인 독일의 경우도 크게 다르지 않다.

미국이 소프트웨어에 강한 이유는 근본적인 조직 문화의 차이에서 비롯된다. 일본식 위계조직에 대비한 미국식 역할조직은 상호 간의 장단점을 지니고 있다. 소프트웨어 산업에서는 역할조직의 강점이 확연히 드러난다. [12] 미국인들 고유의 다양성을 가진 기업문화가 소프트웨어 산업에 적합한 구조로 계속 분화하면서 진화해 온 것이다. 수많은 세균을 배양하는 과정에서 페니실린을 발견하는 상황에 비유할 수 있다. IT 산업 성공의 많은 부분이 대기업의 투자보다는 개인들의 수많은 벤처 창업에 따른 우연에서 비롯되었다. 문제는 우연의 성공을 얻기까지 수많은 실패가 뒤따라야 한다는 거다.

특히 MS Windows와 같은 패키지 SW산업은 제품이 안정되기까지 매우 높은 리스크를 가지고 있다. 일본인들의 위험을 회피하는 성향이 실패할 가능성이 높은 패키지 개발을 주저하게 만들었다. 품질이 안정되지 않은 상태에서 일단 출시하고 지속적인 하자 수정을 하는 방식도, 패키지 SW 산업이 일본인들의 완벽주의에는 적합하지 않은 이유이다.

2.10.5. 기술을 가르쳐 줄까

내가 지금까지 경험해온 표면적인 느낌으로는 기술이전에 대하여 일본인들은 상당히 철저해 보이고 미국은 나름 여유가 있어 보인다는 인상을 많이 받았다. 과거에 선진사들과 기술제휴를 하게 되는 경우 일본인들은 좀처럼 핵심적인 기술 문서를 쉽게 내놓지 않지만 미국인들은 계약서에 명시되어 있는 기술 문서를 비교적 쉽게 내준다. 일본기업과의 계약서는 상대적으로 애매하고, 미국기업과의 계약서는 분명한 것과도 관련이 깊다.

그러나 기술이전에 관용적으로 보이는 미국인들에게서 핵심 기술을 이전 받는다는 것은 현실적으로는 상당히 어렵다. 반드시 계약서에 명시되어 있는 내용에 한해서만 고급 정보를 얻을 수 있기 때문이다. 반대로 일본인들은 인간관계를 위주로 접근해 가면 계약서 내용에 구애받지 않고 핵심 기술을 배울 수 있는 길이 열린다. 일본인들의 핵심기술은 공식적으로 문서화되어 있기보다는 고참 실무자들의 머릿속에 들어 있다. 따라서 공식적인 계약서보다는 인간적인 접근에서 얻어지는 친근감이 기술 이전에 더 효과적이다.

사실 한국은 많은 기업들이 일본기업들과의 기술 제휴를 통해서 주요 기술을 얻을 수 있었다. 한국이 경쟁력을 가지게 된 자동차나 민생용 전자기기 설계기술 대부분이 미국이 아닌 일본으로부터 전수된 것이다. 이는 한일 양국이 공유하는 맥락 문화에서 비롯된다. 일본인들에게서 기술을 얻는 가장 보편적인 방법은 한국의 개발자를 일본의 제휴사로 파견을 보내는 거였다.

일본의 기업과 기술제휴 협약을 맺은 한국 기업의 직원들이 대거 연수를 떠나던 시절이 있었다. 이들은 일본 현지의 직원들과 인간적인 관계를 만드는 것을 최대의 전략으로 삼아 왔다. S 전자의 원로 선배들에 의하면 그들이 초기에 많은 시행착오를 하였던 이유 중 하나가 바로 이런 부분을 경시했기 때문이라고 한다. S 전자 출범 초기에 기술제휴선인 일본의 S

사로부터 빨리 독립하려고 노력한 것이 결과적으로 시행착오가 되어 버렸다.

L 전자의 경우 창업 초기에는 H 사를 스승으로 삼아 오랜 기간에 걸쳐서 많은 도움을 받을 수 있었다. 지금은 일본의 S 사는 사라져 버렸고 H 사는 민생기기 사업에서는 이미 경쟁력을 잃어버렸지만, 지난 세기에는 세계 최고의 기술력을 가진 기업이었다. 일본 장인들 사회에서 중요한 것은 스승에 대한 예를 갖추고 오랜 기간에 걸쳐서 가르침을 받아야 한다는 거다. 곧바로 노하우를 알려주지 않고 오랜 기간에 걸쳐서 관계가 형성되면, 그때에 가서야 하나하나 핵심기술을 알려주게 된다.

스승과 제자의 관계는 절대로 계약서에 담을 수 없는 내용이다. 제자가 진심으로 스승을 받들면 스승은 그 답례로 노하우를 전수하게 된다. 일본 사회의 이러한 관행에 한국에서 파견되어 간 직원이라도 예외는 아니다. 그러니까 어떤 인성의 직원을 파견 보내느냐 하는 결정이 기술 이전에 많은 부분을 차지한다. 결과적으로 능력이 뛰어난 파견자보다도 겸손하고 성실한 파견자가 더 많은 기술을 전수받게 된다.

과거 S 전자는 일본뿐 아니라 미국으로부터도 핵심 기술을 얻으려는 많은 시도를 하였다. 미국과의 기술 거래는 충분한 대가를 지불한다면 기술 매뉴얼을 그대로 가져올 수 있다는 이점이 있다. 그들은 인수인계가 가능한 모든 노하우를 매뉴얼화 하기 때문이다. 보통 한 번에 모든 지식을 공개하지는 않지만 처음 구매한 기술자료를 충분히 학습하고 다음 단계에 필요한 기술자료를 추가로 구매할 수 있다.

미국인들에게서 기술을 이전 받는 데 있어서 가장 큰 어려움은 많은 전문 지식이나 핵심 기술들이 각각 세부분야의 전문가들에게 분산되어 있다는 점이다. 개인적으로 기술을 이전해 주고 싶어도, 자신의 담당 분야가 아니라면 가진 지식이 한정되어 있고, 기술자료에 접근하는 것도 제한되어 있기 때문이다. 본질적으로는 미국의 전문가들은 조직 내부에서도 그들 사이의 노하우 전수에도 인색하다는 점이 기술이전에 가장 큰 장벽이 된다.

반면에 일본기업과의 제휴는 그곳에 반드시 핵심적인 실무자(key engineer)가 있으므로, 이를 잘 활용하면 많은 정보를 비교적 용이하게 얻을 수 있다. 문서상에 명시된 정보가 아니어도 구두로 적소의 컨설팅을 받고 추가적인 핵심정보를 얻을 수 있다. 보통 문서로 체계화되지 않은 정보는 최상위 시스템 차원의 정보이거나, 아주 근본적인 원천기술이 된다. 아무리 미국이라도 미처 매뉴얼화 되지 못한 데이터는 개인이 소유하고 있다.

미국의 개발자들이 노하우 전수에 인색한 기업문화는 외부에 대한 기술 지도뿐 아니라 기업 내부적으로 상당히 보편적인 현상이다. 그들은 후배 개발자들에게 기술을 전수하는 데 상당한 거부감을 가진다. 기업 입장에서도 새로운 기술이 필요하면 기존 직원을 교육시키기보다 해당 기술을 보유한 경력 사원을 뽑는 쪽을 더 선호한다.

실무자 입장에는 후배직원이 노하우를 모두 전수받고 자신의 능력을 뛰어넘어서는 상황은 절대로 피해야 한다. 정리해고 시기가 오면 더 많은 급료를 받는 자신이 먼저 해고 대상이 될 수 있다. 후배가 자신의 상사가 될 가능성도 무시할 수 없다. 동양계 이민자 출신 개발자가 순수한 마음으로 백인 후배에서 그의 모든 노하우를 전수하였다가, 몇 년 후에 그 후배가 그의 상사로 진급하고 그 밑에서 일하게 되는 에피소드가 주는 메시지는 명쾌하다.

동양계 이민자 입장에서 그의 직속 상사가 새로 채용한 젊은 백인 직원에게 모든 노하우를 전수하라는 지시를 한다면 어떻게 처신해야 할까. 정답은 기술 전수를 차일피일 미루면서 계속 다른 직장을 알아보는 거다. 혹시 관리자가 명백한 사유 없이 기술 이전을 급하게 서두른다면 이는 아주 심각한 상황이다. 노하우를 알려 주지 않고 새로운 직장을 찾을 때까지 버티는 쪽이 곧바로 정리해고 되는 쪽보다 안전하다.

사실 나의 경우도 B 사에서 한국의 M 사로 이직한 동기 중 하나가 바로 이거였다. 새로 경력 채용한 백인 직원의 역량이 나에게 상당히 위협적이었고, 어쩔 수 없이 조금씩 노하우를 전수하면서 다른 길은 모색한 것이었다. 예상대로 그는 내가 떠난 이후 계속 성장을 거듭하여 모두의 리더로 성장하게 되었다. 그의 나이는 전체 조직원 중 가장 어렸지만 팀 전체를 리드하게 된 것이다. 이런 경우는 서둘러 조직을 떠나야 하지만, 그 리더와는 좋은 관계를 유지하는 편이 미래를 위해서 좋다. 미국 생활에서 가장 소중한 네트워크의 한 부분이 되는 것이다.

일본 회사는 개발자나 연구원들을 가족으로 대하고 있는 데 반해, 미국 회사들은 개발자들을 잠재적 산업 스파이로 간주하기도 한다. 핵심 개발자라 할지라도 담당 분야와 기술자료 접근 권한에 제한을 두는 것이다. 반면 일본의 테크 기업들의 핵심 개발자들은 광범위한 접근 권한을 가지고 있다. 이는 물론 상호 간 가족으로서의 신뢰에 따른 것이다. 그들은 핵심직원들에게 그에 합당한 대우와 종신고용 원칙에 따른 혜택을 부여한다.

전반적인 핵심 기술을 가지고 있는 핵심 개발자가 광범위한 기술자료에 접근하는 시스템은 기술 보안 면에서는 취약점이 될 수도 있다. 이들이 동종업계로 옮기는 가능성에 대한 상당한 위험부담을 떠안아야만 하기 때문이다. 일본에서는 집에 업무를 가져가야 하는 경우도 많기 때문에 기술자료가 직원의 집에서 발견된다고 해도 처벌되는 경우는 없다.

일본의 핵심 전문지식을 가진 과학기술자들이 다른 기업으로 이직하는 것을 막는 시스템은, 과도한 대우가 바로 아니라 바로 일본기업 간의 담합이다. 직장을 옮기는 개발자들에게 사회적인 불이익을 줌으로써 한 직장에 오래 머무르도록 유도하는 것이다. 물론 전직한 직원 개인이 받는 불이익은 전직하게 된 새로운 회사에서 받게 된다. 일본의 어느 조직이든 굴러온 돌은 절대로 박힌 돌에 대항할 수 없는 시스템이다.

물론 핵심 노하우가 없는 직원일수록 전직에서 자유롭다. 별다른 기술정보를 가지고 있지 않은 젊은 직원들은 전직이 비교적 원활한 편이다. 이들은 또한 새로운 기업문화에 적응하는 유연성이 높으므로 다시 처음부터 해당 조직문화에 따른 실무를 교육받게 된다. 직원들의 근속연수가 늘어나고 가진 정보가 늘어날수록 전직에 대한 부담이 커지게 된다. 경력이 늘어날수록 전직이 쉬워지는 미국의 인력 시장과는 정반대 현상이다.

미국의 경우는 물론 기술자나 개발자들이 언제든지 동종업계로 옮기는 것이 가능하다. 경험이 풍부하고 실무 노하우를 많이 쌓은 전문가들은 좋은 조건으로 경쟁사로 이직할 수 있다. 기업 간 기술유출 관련 소송은 흔하지만 실무자 개인이 기술 유출 혐의로 법정에까지 가게 되는 사례는 드물다. 어떤 업무를 담당하든 핵심 직원이라도 기업 차원에서는 잠재적 스파이로 여겨, 접근권한의 분산 등 미리 충분한 대책을 세워놓기 때문이다.

그들은 참신한 아이디어와 기술은 특허권으로 보호하되 사람 자체는 소유하려 들지 않는다. 특히 미국의 테크 기업들은 핵심 정보를 효율적으로 관리하는 기술이 발달되어 있다. 이것을 관리자들이 모두 잘 이해하고 있다면 각 분야의 전문가들을 아주 원활히 굴릴 수 있게 된다. 미국의 과학기술자는 그의 오랜 경험과 전문지식으로 인해 사회적 가치가 더욱 높아지는 혜택을 누린다. [19]

References

[1] The Geography of Thought: How Asians and Westerners Think Differently and Why, Richard E. Nisbett, Free Press, 2004

[2] 흐름의 한국 축적의 일본, 국중호, 한국경제신문사, 2018

[3] 일본인과 미국인의 의식구조, 와가즈마 히로시, 큰산, 2000
日本人とアメリカ人ここが大違い, 我妻 洋, Nesco books, 1985

[4] 그리스인 조르바, 니코스 카잔차키스, 더클래식, 2014
Βίος και Πολιτεία του Αλέξη Ζορμπά, Νίκος Καζαντζάκης, 1946

[5] 무인양품은 90%가 구조다, 노력을 성과로 직결시키는 구조의 힘, 마쓰이 타다미쓰, 모멘텀, 2014

[6] 몰입, 미치도록 행복한 나를 만난다, 미하이 칙센트미하이, 한울림, 2004
Flow: The Psychology of Optimal Experience, Mihaly Csikszentmihalyi, Harper & Row, 1990

[7] 김현구 교수의 일본 이야기, 김현구, 창비, 1996

[8] 국화와 칼, 루스 베네딕트, 을유문화사, 2008
The Chrysanthemum and the Sword, Ruth Benedict, Houghton Mifflin, 1946

[9] 10 Cultural Contrasts between US & Japanese Companies, btrax, Reina Hashimoto, 2010

[10] 이기적 직원들이 만드는 최고의 회사, 유호현, 스마트북스, 2019

[11] Microsoft Overhauls the Apple Way, New York Times, Marn Cornet, July 12, 2013

[12] 실리콘밸리를 그리다, 김혜진, 스마트북스, 2018

[13] 애자일 조직 혁명, 애자일을 조직에 적용하는 비결, 스리람 나라얀, 처음북스, 2017

[14] 세계를 읽다 일본, 라이나 옹, 도서출판가지, 2018

[15] 세계가 일본 된다, 일본의 창으로 본 세계의 미래, 홍성국 저, 메디치미디어,

2014
[16] 大漢和辞典 全13巻, 諸橋轍次, 大修館書店, 1955-1960
[17] 日本古代人名辞典 全7巻, 平野邦雄,竹内理三,山田英雄 共編,吉川弘文館, 1958-1977
[18] 돈을 남겨둔 채 떠나지 마라, 조남신, 도서출판북스톤, 2017
[19] [동아광장/정재승] 특허보다 사람이 중요하다. KAIST 바이오 및 뇌공학과 교수 jsjeong@kaist.ac.kr

자율적인 미국
가족 같은 일본

초판인쇄 2025년 10월 31일
초판발행 2025년 10월 31일

지 은 이 이정원
펴 낸 이 채종준
펴 낸 곳 한국학술정보(주)
주　　소 경기도 파주시 회동길 230(문발동)
전　　화 031-908-3181(대표)
팩　　스 031-908-3189
투고문의 ksibook1@kstudy.com
등　　록 제일산-115호(2000. 6. 19)

ISBN 979-11-7457-273-8 03330

책에 대한 더 나은 생각, 끊임없는 고민, 독자를 생각하는 마음으로 보다 좋은 책을 만들어갑니다.